U0529601

本书由新疆师范大学民族学一级学科博士点、新疆维吾尔自治区"十三五"重点学科民族学资助出版

生态人类学丛书　曾少聪 主编

消逝的草原：
一个草原社区的历史、社会与生态

罗　意　著

中国社会科学出版社

图书在版编目(CIP)数据

消逝的草原：一个草原社区的历史、社会与生态/罗意著．—北京：中国社会科学出版社，2017.7
ISBN 978-7-5203-0604-1

Ⅰ.①消⋯ Ⅱ.①罗⋯ Ⅲ.①文化人类学—研究 Ⅳ.①C958

中国版本图书馆 CIP 数据核字（2017）第 149176 号

出 版 人	赵剑英
责任编辑	姜阿平
特约编辑	张宇晨
责任校对	胡新芳
责任印制	张雪娇

出　　版	中国社会科学出版社
社　　址	北京鼓楼西大街甲 158 号
邮　　编	100720
网　　址	http://www.csspw.cn
发 行 部	010-84083685
门 市 部	010-84029450
经　　销	新华书店及其他书店
印　　刷	北京君升印刷有限公司
装　　订	廊坊市广阳区广增装订厂
版　　次	2017 年 7 月第 1 版
印　　次	2017 年 7 月第 1 次印刷
开　　本	710×1000　1/16
印　　张	23.5
插　　页	2
字　　数	371 千字
定　　价	98.00 元

凡购买中国社会科学出版社图书，如有质量问题请与本社营销中心联系调换
电话：010-84083683
版权所有　侵权必究

目 录

第一章 导论：牧区社会与草原生态 ……………………（1）
  第一节 问题的缘起 ……………………………………（1）
  第二节 学术史的回顾 …………………………………（4）
    一 游牧社会及其变迁的人类学研究 ………………（5）
    二 牧区发展与草原退化的研究 ……………………（14）
    三 "游牧—定居"连续统 …………………………（20）
  第三节 理论视角：过程生态人类学与政治生态学 ……（25）
    一 过程生态人类学 …………………………………（25）
    二 政治生态学 ………………………………………（30）
  第四节 研究思路、方法与内容 ………………………（34）
    一 研究思路 …………………………………………（35）
    二 研究方法与田野过程 ……………………………（36）
    三 研究框架 …………………………………………（38）

第二章 吐尔洪盆地 ……………………………………（40）
  第一节 生态环境与资源条件 …………………………（41）
    一 生态环境 …………………………………………（41）
    二 农牧业资源条件 …………………………………（43）
  第二节 盆地的族群 ……………………………………（48）
    一 哈萨克人 …………………………………………（48）
    二 维吾尔人 …………………………………………（55）
    三 回汉居民 …………………………………………（56）
  第三节 从部落到国家：社会制度的转变 ……………（58）

一　双重制度 …………………………………………… (58)
　　二　双重制度的终结 ………………………………… (63)

第三章　牧与农 ……………………………………………… (73)
　第一节　衰落与重现：牧业的发展与变化 ……………… (74)
　　一　游牧业的生产周期 ……………………………… (74)
　　二　游牧业的生产组织形式 ………………………… (82)
　　三　游牧业的衰落 …………………………………… (90)
　　四　牧业重现 ………………………………………… (95)
　第二节　粮仓之路：农业的发展与变化 ………………… (98)
　　一　四十碗塔尔米：早期粗放农业 ………………… (98)
　　二　农业发展的条件 ………………………………… (103)
　　三　水利与开荒 ……………………………………… (106)
　　四　粮仓之路 ………………………………………… (114)
　第三节　边缘化：牧业与农业发展的困局 ……………… (116)
　　一　牧业的再次衰落 ………………………………… (116)
　　二　农业集约化的困局 ……………………………… (124)
　　三　边缘化困局难破 ………………………………… (127)

第四章　游与居 ……………………………………………… (129)
　第一节　逐水草而居：长腿的毡房 ……………………… (130)
　　一　毡房与居住形式 ………………………………… (130)
　　二　畜粪与燃料 ……………………………………… (135)
　　三　资源利用的其他方面 …………………………… (137)
　　四　资源利用的特征 ………………………………… (140)
　第二节　美好生活：无脚的房屋 ………………………… (142)
　　一　地窝子与土坯房 ………………………………… (142)
　　二　伐木为柴 ………………………………………… (149)
　　三　木材的社区关系网络 …………………………… (152)
　　四　山林消逝 ………………………………………… (155)

第五章　顺应与控制 ················ (160)

第一节　顺应自然：游牧民的环境态度 ········· (161)
一　移动性原则 ················ (161)
二　共有产权制度 ··············· (164)
三　自然禁忌 ················· (166)

第二节　控制自然：农业的环境态度及其影响 ····· (172)
一　控制自然：农业的环境态度 ········· (172)
二　社区内环境态度的多元化 ·········· (174)

第三节　自然禁忌的突破 ·············· (179)
一　追根溯源：计划经济体制下的被动突破 ···· (179)
二　公地悲剧：市场经济体制下的主动突破 ···· (181)

第六章　传统与现代 ················ (187)

第一节　哈萨克游牧民的人口再生产模式 ······· (188)
一　"胡大的旨意"：哈萨克游牧民的人口再生产 ·· (188)
二　驼背上的孕妇：生育风险 ·········· (195)
三　制度与观念：生育的社会文化情境 ······ (200)

第二节　人口转型：人口再生产模式的变化 ······ (206)
一　游牧社会的人口转型 ············ (207)
二　人口爆炸：盆地哈萨克族的人口转型 ····· (211)
三　人口积压：婚姻圈与人口流动 ········ (221)

第七章　失衡与调适 ················ (227)

第一节　自然生态失调：盆地生态环境的退化 ····· (228)
一　农田生态系统的退化 ············ (228)
二　山林生态系统的退化 ············ (229)
三　环境风险加剧 ··············· (234)

第二节　失衡：人地关系的变化 ··········· (237)
一　动态平衡：游牧时期的人地关系 ······· (237)
二　失衡：定居后人地关系的变化 ········ (241)

第三节　调适：发展道路之抉择 ··········· (247)

一　两代年轻人的抉择 ·· (247)
　　　二　盆地内的新机遇 ·· (255)
　　　三　燃煤时代 ·· (261)

第八章　移民与盆地 ·· (266)
　第一节　迁移之路 ··· (267)
　　　一　迁移的动力与条件 ·· (267)
　　　二　移民的特征与类型 ·· (275)
　　　三　移民的安置 ·· (279)
　第二节　移民的生活 ·· (283)
　　　一　集体化时期移民之经济生活 ······························ (283)
　　　二　移民经济生活的多元化 ······································ (289)
　　　三　移民的社会与文化生活 ······································ (298)
　第三节　共生：日常生活中的族群关系 ······························ (304)
　　　一　经济生产模式与共生关系 ·································· (304)
　　　二　共生关系的拓展 ··· (309)
　　　三　族际通婚与边界跨越 ··· (314)
　　　四　族际关系对社区发展的影响 ······························· (324)

第九章　结论 ·· (328)
　　　一　社区发展与草原消逝的双重过程 ······················· (328)
　　　二　社区发展与生态环境之关系的研究框架 ············ (332)
　　　三　草原社区发展的经验、教训与前瞻 ···················· (336)

附录 ··· (339)

参考文献 ·· (347)

后记 ··· (364)

图表目录

图 2—1　田野点在新疆的地理位置 …………………………… (43)
图 2—2　20 世纪 40 年代吐尔洪盆地资源与部落分布 ……… (44)
图 2—3　阔孜克村村落 ………………………………………… (47)
图 2—4　哈萨克部落世系简图 ………………………………… (60)
图 3—1　四季牧场与转场周期 ………………………………… (76)
图 3—2　焦耳巴斯阿乌尔的构成 ……………………………… (83)
图 3—3　20 世纪 50 年代初且柔奇部落的牲畜占有情况 …… (87)
图 3—4　盆地小麦与豌豆亩产的变化 ………………………… (113)
图 3—5　富蕴县和吐尔洪乡历年粮食征购情况
　　　　（单位：千克） ……………………………………… (116)
图 4—1　毡房结构及室内空间布置 …………………………… (131)
图 4—2　地窝子与两间土坯房的内部空间 …………………… (143)
图 4—3　三间土坯房的内部空间 ……………………………… (145)
图 4—4　村民院落的布局 ……………………………………… (146)
图 4—5　吐尔洪林区资源分配与利用 ………………………… (159)
图 5—1　游牧社会的移动性原则示意图 ……………………… (162)
图 6—1　哈攀及其母亲的生育情况 …………………………… (189)
图 6—2　游牧社会人口转型的四阶段 ………………………… (209)
图 6—3　全国哈萨克族和盆地哈萨克族人口的变化情况 …… (212)
图 6—4　1961—2010 年盆地哈萨克族人口增长情况 ………… (214)
图 6—5　纳比、阿合马丹的家族谱系 ………………………… (222)
图 6—6　阔孜克村第二代人口的分布与通婚范围 …………… (225)
图 7—1　灾害与牧民的灾害记忆 ……………………………… (235)

图7—2	吐尔洪盆地村落分化过程	(242)
图7—3	1985—2012年富蕴县工业总产值的变化	(251)
图8—1	盆地移民原籍地情况	(271)
图8—2	1960年前后几个主要省份粮食生产形势	(272)
图8—3	哈萨克族、回族与汉族的经济交换关系	(307)
图8—4	2012年富蕴县主要民族的人口规模	(318)
图9—1	吐尔洪盆地发展与草原消逝关系图	(329)
图9—2	社区发展与生态环境变迁分析框架	(334)
表2—1	吐尔洪盆地的植物	(45)
表2—2	20世纪40年代富蕴县哈萨克部落的基本情况	(50)
表3—1	牧民一年的生产生活周期	(82)
表3—2	20世纪40—50年代富蕴县哈萨克牧民的畜群结构	(84)
表3—3	1952年且柔奇部落牧主与牧工的经济关系	(89)
表3—4	集体化时期五畜的功能	(93)
表3—5	1952年7个互助组农业生产情况	(103)
表3—6	阔孜克村21户村民牲畜数量的变化（2002—2012年）	(117)
表3—7	巴黑海儿子们的彩礼支出	(118)
表4—1	盆地哈萨克人关于植物的本土描述	(138)
表4—2	20世纪60—70年代两间土坯房的木材需求	(156)
表6—1	阔孜克村不同代际生育子女数与生育子女死亡数	(190)
表6—2	游牧民人口转型过程中人口再生产模式之变化	(194)
表6—3	20世纪50—80年代阿勒泰地区医疗卫生条件的变化	(216)
表6—4	阔孜克村20户家庭两代人的分布与通婚范围	(223)
表7—1	20世纪50年代初哈萨克族家庭的人口规模	(239)
表7—2	家庭人口规模与经济水平	(240)
表7—3	1990年吐尔洪盆地各村的人地比例	(245)
表7—4	叶博提的包地情况	(257)
表7—5	图四海一家一年的收支情况	(263)

第一章 导论：牧区社会与草原生态

  萨伊（溪流）遍布着如金箭的细叶灌草。柔软的树枝被巧工们穹出毡房。一圈一圈，牧羊人像手镯的圆羔圈，专挑那镶满了翡翠的石头垒砌；春草满坡羊群闲游，马儿奔驰在绿茵的旷野。思念鲜草的驼群，走进灌木的山谷消失不见；石间小溪从峻峰跌下，汇集在宽谷流淌。埋头啃食的一群群牛，永远不会腻倦阿克塔勒（湖泊名）丰盛的水草；野草莓似红珠从陡山垂下，孩子们满山拾它忘了回家。卓勒萨伊的野黑加仑，似那羞涩少女回首窥看。高峰石林绝前路，风不侵林，深谷悠长。野猪狐狼天空还飞翔雄鹰，深山久居棕熊马鹿。红松直立似天柱，灌草嫩叶如稠丝。①

第一节 问题的缘起

  一直以来，人们对游牧有两种"看似相悖，实则相近"的想象，要么"野蛮""落后"，要么"自由""无拘无束"。这两种想象无疑比

---

  ① 这是当地最著名的"阿肯"朱麦海写的长诗《我的伊甸园，我的吐尔洪》的一部分。朱麦海，男，54岁，哈萨克族。此诗写于2010年，主要是为了追忆已经消逝的盆地曾经"绿色如绸带"的美景。这一首诗是笔者于2013年2月6日在吉格里拜村调查时获得。手稿是哈萨克语，笔者于2013年2月7日到富蕴县，委托学生博拉提翻译成了汉文。博拉提亦是一位年轻的阿肯，擅长写哈萨克长诗。翻译时，博拉提尽可能保留了原诗的韵律和哈萨克人的叙事方式。"阿肯"是哈萨克语"aken"的音译，意为"诗人"。普遍认为阿肯包括诗人、歌手、说书人和即兴演唱者。即兴吟诗、演唱叙事长诗（包括史诗）和与其他阿肯对唱是阿肯最重要的才能。参见莱再提·克里木别克《新疆哈萨克族阿肯弹唱的形式、内容和保护》，《新疆艺术学院学报》2007年第4期。

"人类学中高贵的野蛮人"更为久远。[1] 站在定居者和农耕民的角度来看，游牧是一种相对落后的生产生活方式。这些想象固化了游牧落后的形象，也主导了国家对游牧民或游牧社会的发展政策。20世纪后半叶以来，全球范围内的游牧社会普遍经历了以定居和农业为主要形式的有组织社会文化变迁运动，旨在"以定居让牧民不再移动，以农业改造牧业"，深刻地改变了草原地区的历史、社会与生态过程。

阿尔泰山这座庞大山系，被认为是游牧文明重要的发祥地，孕育了斯基泰、匈奴、柔然、鲜卑、突厥、蒙古等享誉世界的游牧族群。20世纪50年代后，定居和农业逐步在该地区推进。作为阿尔泰山南麓少有的水土资源条件较好、适宜农耕的春秋牧场，吐尔洪盆地被选为新疆阿勒泰地区最早的定居点之一，大力发展农业。自从"大跃进"时起，盆地内喧嚣的人群就用各种"原始"的工具兴修水利、开垦"荒地"，向绿色如绸带的草原"进军"。人们收起了毡房，舍弃了畜群，住进了暖房，挥起了手中的犁耙，过上了先辈们不曾享受的"定居农业生活"。世代游牧的哈萨克人如何接受并实践着农业的生计方式与定居的生活方式？

这些变化诱发了牧民与草原资源关系的变化。为解决牧民无种植经验的问题，一批回族与汉族移民被有组织地引入盆地，成为农耕技术的推广者。这样的安排带来了预期的效果，牧民被转化为专业化的农业生产者，盆地成了远近闻名的"粮仓"。牧民的生产方式、生活方式、人口社会结构和文化观念发生了明显变化，又反过来对其与草原资源的关系产生影响。定居改善了牧区医疗卫生条件，降低了牧民人口的死亡率，使盆地在很长一段时间中维持着高出生率、低死亡率和高自然增长率的人口再生产模式，人地关系很快失衡。定居改善了牧区生活、居住和交通条件，也加大了牧民在燃料和建材等方面的需求，人与森林的关系也很快失衡。市场经济带来了新变化，过去人们以资源满足生产生活需求，现在人们以资源求"发展"。

人与资源关系的变化最终在生态环境的变化上显现出来，主要表现

---

[1] Anatoly M. Khazanov, *Nomads and the Outside World* (Second Edition), Translated by Julia Crookenden, The University of Wisconsin Press, 1994, p.1.

第一章
导论：牧区社会与草原生态

为草原的严重退化。茂密的山林、鲜嫩的牧草、清澈的流水、甘甜的泉水不见了踪影，取而代之的是连片的麦田、稀疏的山林、干涸的泉眼和断流的溪流。20 世纪 80 年代以来，原本无缺水之忧的良田化为旱地，仰仗融雪浇灌的旱地变身荒地。20 世纪 90 年代中期以来，每年 5 月和 7 月融雪引发的季节性洪水夹杂着碎石和泥沙呼啸而下，冲毁草场、耕地和桥梁，填埋水库和水渠。进入 21 世纪，干旱持续加剧，牧民经历了 7 次严重旱灾。旱灾吞噬了粮食和牲畜，使得村民的生活举步维艰。面对旱灾，村民们茫然而不知所措。在老人们的记忆中，只有白灾（雪灾）能带来如此的重创，而在面对黑灾（旱灾）时只需通过更频繁的移动就可化解。毋庸讳言，生态退化导致了盆地社会脆弱性的增强与经济边缘化的加剧。[①] 三者相互强化，构建了盆地不可持续发展的困局。

在草原地区，吐尔洪盆地的故事绝非孤例。已有研究揭示出，种植业发展引发了草原地区人口、资源与环境关系格局的深刻变化，并进一步导致草原生态环境的退化。[②] 这些变化反映了全球化和民族国家体系中草原地区和游牧社会被边缘化的命运和无法自主发展方向的现实，揭示出外在世界的政治、经济、社会与文化力量的巨大影响。这些变化也受到了游牧社会内部经济、社会与文化及其变迁的影响。牧民在面对内外世界的变化时，也绝非被动，而是以情境为中心采取决策和行为，也对草原地区人口、资源与环境的关系格局产生影响。在这些力量的影响

---

① 社会脆弱性是指生计受到灾害和环境风险冲击和压力时，受害者应对能力的大小，由个人和集体脆弱性以及公共政策所决定。可分解为两个方面：一是带有损害力的事件对于个人或群体生计的干扰后果，即风险暴露程度；二是个人或群体适应和应对这些变化的效果，即应对能力（参见张倩《牧民应对气候变化的社会脆弱性——以内蒙古荒漠草原的一个嘎查为例》，《社会学研究》2011 年第 6 期）。脆弱性有着深刻的经济、社会、文化与政治根源，严重制约了地方社区与人群的发展。有学者将社会脆弱性定义为"双重暴露"，即全球政治和经济变化与气候风险相互作用，同时影响着特定人群的生计和发展计划（参见王晓毅等《气候变化与社会适应：基于内蒙古草原牧区的研究》，社会科学文献出版社 2014 年版，第 81 页）。这会产生严重的经济后果，表现为社区生产力发展受阻、生产边际效益递减和贫困加剧，即经济边缘化。Paul Robbins, *Political Ecology: Critical Introductions Geography*, Blackwell Publishing, 2004, pp. 76–77.

② ［澳］Colin G. Brown、Scott A. Waldron、John W. Longworth：《中国西部草原可持续发展研究：管理牧区人口、草场和牲畜系统》，赵玉田、王欧主译，中国农业出版社 2009 年版，第 34—36 页。

下，游牧社会与草原生态环境的关系表现出了复杂性和动态性，总是处在不断变化和调整的过程之中。

笔者的关注点就是这个不断变化与调整的过程，以及游牧社会转型与草原生态环境变迁的关系。笔者将吐尔洪盆地当作大社会中的"地方世界"，认为它的故事可以折射中国草原地区和牧区社会过去几十年的沧桑巨变，有助于探讨如下一些问题：游牧社会转型与草原生态环境变迁的关系呈现出何种演变轨迹？过去几十年，哈萨克人的资源管理制度、组织形式、利用行为和环境观念发生了哪些显著变化？这些变化与国家在草原地区推行的制度、政策和选择的发展路径，及其与外部世界经济社会条件的变化有着哪些联系？这些变化与哈萨克人社会结构、文化体系和人口结构的变迁存在着何种关联？这些变化对该地区的人口、资源与环境关系格局产生了哪些方面的影响？哈萨克人如何看待并应对这些变化，如何摆脱生态环境退化与社会脆弱性增强的双重困境？如何重塑草原地区人口、资源与环境的关系格局，并在草原地区重建生态文明？

第二节 学术史的回顾

王明珂指出"20世纪以来的整体人类学中，游牧社会研究从未得到主流地位，它只是被视为一种研究'田野'，而非人类学的一个分支"。[①] 在游牧世界社会经济变迁与战乱动荡中，人类学家正在失去这一"田野"，游牧社会的研究似乎已日薄西山。情况可能并非如此糟糕。首先，人类学的游牧社会研究已经形成了一套比较完整的知识谱系，尤其是20世纪60年代以来对由定居引发的游牧社会变迁之研究成果尤为丰富。游牧社会的族群研究、社会记忆、历史人类学、边界与边界跨越等议题仍是当代人类学研究的重大议题。[②] 其次，中国的游牧社会正经历着"有组织社会变迁"和定居后"再社会化"过程，不仅引

---

① 王明珂：《游牧对当代社会的启示》，载王明珂《父亲那场永不停息的战争》，浙江人民出版社2013年版，第130页。

② 同上。

发了游牧社会的深刻变迁，而且还在"发展"中导致了严重的生态退化。① 20 世纪 80 年代以来，中国游牧社会的"变迁""发展"与草原"退化"吸引着人类学家不断对之做出解释，成为游牧社会研究新的对象。② 在吸收和借鉴国外相关研究的基础上，国内游牧社会的研究也取得了丰硕的成果。

一 游牧社会及其变迁的人类学研究

游牧（Nomadism）是人类历史上存在时间最为久远的一种生计方式和文化形态。时至今日，非洲、近东、欧亚草原、南亚和南美安第斯山等地区的一些族群仍以游牧为主要的生计与生活方式。游牧民及其社会文化一直是人类学最重要的研究对象，出现了埃文斯·普理查德、弗雷德里克·巴特等人类学大家。游牧社会的研究成果成为人类学理论与方法革新的重要思想源泉，为人类学学科的发展做出了重要贡献。

（一）国外研究

埃文斯·普理查德的《努尔人》是早期人类学游牧社会研究的经典之作。他将努尔人"分枝性社会结构"③ 与其所处生态环境、生计与生活方式联系起来，阐明了生态环境、生计、生活方式与社会结构之间的功能关系。④ 20 世纪 50—70 年代，弗雷德里克·巴特⑤、菲利普·C. 萨尔兹曼⑥等人将功能主义的研究范式用于游牧族群与其他族群

---

① 崔延虎：《游牧民定居的再社会化问题》，《新疆师范大学学报》2002 年第 4 期。
② 2012 年，国际游牧社会研究最重要的刊物《游牧人》（Nomadic Peoples）出了一期中国特刊，以"中国草原的生态叙述"为主题，刊载了 7 篇中国游牧社会研究的文章。近年来在《人类生态学》（Human Ecology）等重要刊物中，来自中国游牧社会的文章持续增加。
③ 分枝性社会结构（Segmentary Structure）是游牧社会普遍持有的社会结构类型，是一种层层由小而大的社会结群，一种非经常性的"社会结构"，因应对外来敌对力量的大小而临时凝聚为或小或大的群体。通常表现为家族、氏族与各层级部落的聚合与分化。在哈萨克族社会中表现为阿乌尔、氏族、小部落、大部落、部落联盟、玉兹的逐级聚合。王明珂：《游牧者的抉择——面对汉帝国的北亚游牧部族》，广西师范大学出版社 2008 年版，第 54—55 页。
④ ［英］埃文斯．普理查德：《努尔人——对尼罗河畔一个人群的生活方式和政治制度的描述》，褚建芳等译，华夏出版社 2002 年版。
⑤ Fredrik Barth, "Ecological Relationship of Ethnic Groups in Swat, North Pakistan", *American Anthropologist*, Vol. 58, No. 6, 1956.
⑥ Philip C. Salzman, "Adaption and Political Organization in Iranian Baluchistan", *Ethnology*, Vol. 10, No. 4, 1971.

（主要是定居农业族群）关系的研究中，揭示出生态环境、经济生产模式与社会政治结构在游牧民社会结构和族群关系形成与维系中的功能。拉达·D.哈德森和内维尔·D.哈德森指出："到20世纪60年代，人类学对游牧社会的研究都受到了功能主义的主宰——强调地方系统的边界和稳定性，这意味着对游牧社会的描述总是试图重构传统的社会组织。"[1] 此类研究主要的问题在于忽略了外部经济、社会、政治条件、族群关系和历史过程对游牧社会之影响，导致不可能对游牧社会正在发生的变迁展开深入研究。

在游牧社会的研究中，20世纪60年代是一个重要的分水岭。作为人类学传统研究对象的游牧社会发生了深刻变迁，表现为传统游牧体系的衰落，社会文化的巨变，以及游牧社会更深度地嵌入民族国家体系和世界体系之中。人类学家意识到游牧社会是区域和国家系统的一部分，强调农业社会、国家或殖民机构对游牧民生存空间与社会行为的影响，出现了两种趋势。

第一种趋势强调游牧社会与外在世界的关系。在哈扎诺夫看来，游牧经济本质上是非自足的，必须与外在世界保持各种关系以获得重要资源。[2] 萨尔兹曼在1973年就指出"部落民、农民和城市居民不能作为一个自在的分析单位。每个群体的适应和经济体系都是与一个社会内其他社区密切关系的结果。对游牧社会的研究必须将之置于与农业社会、城市社会、国家体系和市场经济体系背景中进行分析"。[3] 他发现，萨尔哈迪的俾路支游牧部落被纳入国家体系后，游牧民被禁止抢劫农业村落，取而代之的是政府通过机械化的灌溉工程和各种扶持政策鼓励游牧民转向定居农业。[4]

第二种趋势则关注国内政治进程对游牧社会的影响，尤其强调民族

---

[1] Rada Dyson-Hudson and Neville Dyson-Hudson, "Nomadic Pastoralism", *Annual Review of Anthropology*, Vol.9, 1980.

[2] Anatoly M. Khazanov, *Nomads and the Outside World* (Second Edition), The University of Wisconsin Press, 1994.

[3] Salzman, P. C., "The study of 'complex society' in the Middle East: a Review Essay", *Int. J. Middle East Stud*, Vol.9, 1978, pp. 539–557.

[4] Philip Car Salzman, "Continuity and Change in Baluchi Trible Leadership", *International Journal of Middle East Studies*, Vol.4, No.4, 1973.

国家政治进程在游牧社会变迁中的作用。[1] 这一趋势延续至今，主要围绕国家直接或间接干预游牧社会，以及国家引导游牧社会实现"发展"的努力展开分析。比如，索马里政府1975年的土地改革使国内的牧民失去了占有土地和水资源的权利，导致游牧业的再生产无法维系、环境退化和地区冲突等棘手问题；[2] 国家也通过间接的发展政策、市场经济体系来推动游牧社会的变迁；基础设施建设和发展项目导致秘鲁安第斯山高地牧业社区更多地卷入市场经济之中，并逐步被转化为农民社区；在农民社区中出现了新的劳务工资关系、社会内部分化加剧和生计多元化等现象。[3] 人类学家发现，世界范围内的游牧社会都经历了农业扩张至干旱区持续加剧的影响，城市移民和牧民定居的影响，以及深度参与到市场经济——包括产品大规模售出和劳动力无产阶级化——的影响。这些进程在类型上各不相同，但又彼此联系，对牧民有着各种不同的影响。[4] 因此，在玛莎曼迪与巴斯·萨拉姆看来，二战后游牧业与其说是一种经济适应，还不如说是一种政治适应——解决游牧业存在问题的方式与其说是经济的，还不如说是政治的。如贝都因人都已定居，但变迁的动力既来自经济力量，也有来自政府的政策。但不管是哪种力量，都表明国家在游牧社会中权力的增大。[5]

在国外游牧社会的研究中，也有一部分与阿尔泰山游牧社会相关。其中一部分文献涉及了哈萨克社会，但主要来自在现哈萨克斯坦地区所做的研究，仅有少量研究涉及中国境内的哈萨克族。从研究内容来看，主要关注哈萨克族生计与社会结构，而对当代哈萨克族社会的研究比较少。

---

[1] Elliot Fratkin, "Pastoralism: Governance and Development Issues", *Annual Review of Anthropology*, Vol. 26, 1997.

[2] Unruh, John D., "The Relationship between Indigenous Pastoralist Resource Tenure and State Tenure in Somalia", *Geo Journal*, Vol. 36, No. 1, 1995.

[3] Julio C. Postigo & Kenneth R. Young & Kelley A. Crews, "Change and Continuity in a Pastoralist Community in the High Peruvian Andes", *Human Ecology*, Vol. 36, 2008.

[4] Elliot Fratkin, "Pastoralism: Governance and Development Issues", *Annual Review of Anthropology*, Vol. 26, 1997.

[5] Gideon Kressel, "The Transformation of Nomadic Society in the Arab East", *American Anthropologist*, Vol. 105, No. 4, 2003.

1938 年，阿尔弗雷德·汉德森的著作《哈萨克的社会结构》问世。书中的资料来自 1936 年 7—10 月期间他在现哈萨克斯坦所做的田野调查，主要是对俄国征服中亚前（19 世纪中期）哈萨克族社会结构所做的研究，较为翔实地记录和梳理了哈萨克族的部落氏族制度、婚姻家庭制度和社会分工。他还对蒙古的社会结构做了研究，涉及部落氏族制度、婚姻家庭制度、内部社会关系等。通过比较，他认为哈萨克社会结构受到了蒙古社会结构的影响。[①] 显然，汉德森希望通过社会结构的研究和比较回答哈萨克社会如何组织和运行的问题，这与功能主义传统并无差别。该书存在田野资料和描述不够系统和精细的问题，但却非常重要，不仅提供了 20 世纪前哈萨克人和蒙古人社会组织的民族志材料，还成为欧美人类学欧亚草原游牧社会较早的研究成果之一。

　　对哈萨克族生计与社会结构比较全面和深入的研究来自劳伦斯·克劳德。他在 1955 年发表的文章《亚洲草原游牧民社会组织的结构与原则》中对亚洲草原游牧民的社会结构做了分析，认为生活在这片区域的各个游牧社会在生活环境、生计方式、移动方式上都相近，形成了一种以父系血缘关系和具有政治功能的社会结构。[②] 同年，他在另外一篇文章《中亚游牧社会的生态环境》中进一步指出：卡尔梅克、哈萨克、柯尔克孜、塔吉克等中亚游牧社会的生计、生活方式、畜群与人群结构、移动方式等都是与环境相适应的，并且各要素之间，以及这些要素与环境之间形成了较强的功能关系。[③] 1963 年他出版了《蒙古—突厥游牧民的社会组织》一书，对中亚游牧族群的社会结构做了更为详尽的分析。如他对哈萨克族的部落制度——玉兹、大部落、小部落、氏族、阿乌尔——做了非常清晰的梳理，对传统哈萨克族婚姻家庭制度和习惯法也做了详细记录。[④] 克劳德是欧美学界早期哈萨克社会研究的集大成者，其成果是研究该区域游牧社会不可或缺的重要文献。此类研究也见

[①] Alfred E. Hudson, *Kazak Social Structure*, Yale University Press, 1938.
[②] Lawrence Krader, "Ecology of Central Asian Pastoralism", *Southwestern Journal of Anthropology*, Vol. 11, No. 4, 1955.
[③] Lawrence Krader, "Principles and Structures in the Organization of the Asiatic Steppe-Pastoralists", *Southwestern Journal of Anthropology*, Vol. 11, No. 2, 1955.
[④] Laurence Krader, *Social Organization of the Mongol—Turkic Pastoral Nomads*, The Hague: Mouton, 1963.

于一些对欧亚草原社会研究所做的宏观与比较研究著作之中。比如，在巴菲尔德《游牧者的抉择》一书中，就认为阿尔泰山区是骑马游牧民族的发祥地，并专列一章分析这一地区游牧民族的生计、社会结构、政治过程，以及他们与农耕世界的关系。①

20世纪70—90年代，欧美人类学者因冷战无法到哈萨克地区从事田野调查，成果较少，且与游牧人类学的主流趋势相脱离。这一时期，琳达·班森和英格瓦·思文凯主编的两本论文集是为数不多的研究成果。

1988年，琳达·班森与英格瓦·思文凯在《中国的哈萨克族：一个少数民族的论文集》一书中充分利用了20世纪50年代前的英文、俄文和中文资料，重构了20世纪30—40年代新疆哈萨克族游牧民的生计与生活方式、部落与社会结构、人口分布和生活状态，并对发生在该区域的重大事件对哈萨克社会之影响进行了分析。② 十年后，他们又出版了《中国最后的游牧民：中国哈萨克族的历史与文化》一书，以中国20世纪50年代后民族政策为线索，勾勒出不同时期哈萨克族社会文化受到这些政策影响的情况。他们也注意到20世纪90年代哈萨克斯坦独立后，中哈边境地区哈萨克族的流动，以及哈萨克斯坦独立对中国哈萨克族社会与文化的影响。③ 数据和资料仍然出自公布的数据和媒体的报道等文本材料。这既是两本论文集的缺陷，也是它们在方法与理论上颇具启发的地方。一方面，文本分析有其优势，既可在一定程度上弥补田野调查资料之不足，又可透析文本背后之权利关系。例如，他们发现乌斯曼在不同文献中有多种形象，在俄文文献中是反复无常的小人，在英文文献中是争取独立自治的"爱国者"，在中国大陆文献中是土匪，在中国台湾文献中是"反共先锋"。形象的塑造代表着不同政治力量的立场，也反映了20世纪40年代阿尔泰山复杂的国际国内环境。④ 另一方

---

① Tomas J. Bardield, *The Nomadic Alternative*, Prentice Hall, 1993.
② Linda Benson and Ingvar Svanberg, *The Kazaks of China: Essays on an Ethnic Minority*, Sweden: Ekblads, Västervik, 1988.
③ Linda Benson and Ingvar Svanberg, *China's Last Nomads: The History and Culture of China's Kazaks*, Armonk, NY, and London: M. E. Sharpe, 1998.
④ Linda Benson, Osman Batur, "The Kazak's Golden Legend", *The Kazaks of China: Essays on an Ethnic Minority*, Sweden: Ekblads, Västervik, 1988.

面，始终将研究置于时代与社会场域之中，就重大事件之影响和族群参与之过程进行分析，并在大世界的脉络中对游牧民的生活及其社会文化变迁展开分析。

总的来说，国外人类学游牧社会研究的关注点也发生了转移，由重构传统游牧体系转向对游牧体系变迁的关注，由强调游牧社会传统组织形态转向强调外在世界对游牧社会之影响和社会文化转型的研究。社会组织、游牧体系、适应、功能、边界、稳定性等话语淡出了人类学家的视野，取而代之的是民族国家进程、世界体系、历史过程、权力关系等新的话语体系。进入新世纪，欧亚草原社会成为游牧社会研究的新热土，但对阿尔泰山游牧社会的研究严重不足。我们对《游牧人》（Nomadic Peoples）2005—2015年十年中发表的欧亚草原游牧社会的文章做了梳理。除了综述性文章外，共有23篇文章，其中蒙古高原13篇、藏区8篇、阿尔泰山2篇。① 蒙古高原与藏区游牧社会的研究在数量上已经与东非、近东等传统研究区域相当，发展较快。阿尔泰山草原的文章仅有2篇，这与阿尔泰山作为游牧重要发源地和游牧社会主要分布区的事实不相匹配。在哈萨克社会的研究中，研究地域主要是哈萨克斯坦草原，重点关注生计与社会结构。研究资料主要来自文献，基于田野调查基础上的深度研究尚不多见。

（二）国内研究

国内对哈萨克社会的记录始于清代，如《清实录》、松筠等撰《新疆识略》、傅恒等撰《西域图志》、魏源《圣武记》、何秋涛《朔方备乘》等均较详细地记载了哈萨克三玉兹的社会经济状况。② 民国时期，哈萨克族的文献明显增多。利用"晚清民国期刊全文数据库"，笔者搜集了1879—1949年新疆哈萨克族的文献47篇（政府批文除外）。1930年前共有7篇，20世纪30年代共有9篇，20世纪40年代共有31篇之多，呈现出逐步增多的态势。从内容上来看，1940年之前更多是哈萨克族和哈萨克习俗的介绍，如1937年袁复礼的《新疆之哈萨克民族》

---

① http：// nomadicpeoples. Info.
② 孟楠：《哈萨克三玉兹考略》，《新疆大学学报》2003年第1期。

和永寿的《新疆哈萨克人之生活风习》。① 1940年后的文献则涵盖了历史、文化、社会、生产生活、政治、人口迁徙和特殊人物。数量与内容的变化显然与这一时期新疆北部草原的持续动荡相关，国人亟须了解这个相对陌生的族群。

民国时期，对哈萨克社会比较系统和成熟的研究较早见于周东郊在1940年和1947年发表在《新疆论业》《边政公论》和《西北论坛》上的4篇文章。文章比较系统地对阿勒泰地区哈萨克族的历史、生计、社会结构、人口规模与生活状态做了描述，重点对20世纪20—40年代该地区的战乱及其对哈萨克族的影响做了分析。② 之后的相关研究都建立在此基础之上。比如《新疆哈萨克族迁徙史》中的人口资料、部落社会结构、迁徙背景与线路等都以周东郊的论述为蓝本，然后又吸收了新疆各地州县市的档案材料，比较清晰地勾勒了新中国成立前后哈萨克族的社会结构、人口分布与历史渊源。③

在20世纪50年代的少数民族社会历史调查中，以杨廷瑞、王作之、纪大椿为代表的一批学者对新疆哈萨克族社会传统的生产生活方式、氏族部落社会结构、经济关系、风俗习惯与过渡时期的变化做了比较系统、全面的调查，形成了一批高水平的学术研究报告。这些报告在1988年被收入《新疆牧区社会》一书中，为研究哈萨克族社会及其变迁提供了坚实的基础。④ 书中收录的4篇报告直接出自吐尔洪盆地。20世纪80年代又相继出版了《哈萨克族简史》和《哈萨克族文化史》。前者对哈萨克族的族源、形成、发展和回迁过程做了全面梳理，并对传统的经济生产方式和社会结构做了初步分析。⑤ 后者则对哈萨克族形成

---

① 袁复礼：《新疆之哈萨克民族》，《禹贡》1937年第1、2、3期；永寿：《新疆哈萨克人之生活风习》，《边事研究》1937年第6期。
② 周东郊：《新疆阿山区概况》，《新疆论业》1940年创刊号；周东郊：《新疆的哈萨克人（上）》，《边政公论》1947年第3期；周东郊：《新疆的哈萨克人（下）》，《边政公论》1947年第4期；周东郊：《新疆阿山东部之哈萨克》，《西北论坛》1947年创刊号。
③ 《新疆哈萨克族迁徙史》编写组：《新疆哈萨克族迁徙史》，新疆大学出版社1993年版。
④ 《新疆牧区社会》编写组：《新疆牧区社会》，农村读物出版社1988年版；杨廷瑞：《哈萨克族游牧区阿乌尔》，新疆人民出版社1959年版。
⑤ 《哈萨克族简史》编写组：《哈萨克族简史》，新疆人民出版社1987年版。

与发展的自然生态环境与社会文化环境,以及不同历史阶段社会、文化、经济和政治结构做了更加系统的梳理。①

20世纪80年代以来,一些研究者对哈萨克族传统社会的社会、文化、历史与生计等做了专题研究。1982年,倪华德、苏北海发表《哈萨克族的印记口号研究》一文,收集、整理和探讨了各个部落的印记和口号,并以此分析了部落制度与游牧体系之关系。②罗致平、白翠琴对哈萨克族习惯法做了梳理,对草场与财产纠纷、人命赔偿、婚姻与财产继承等内容做了解析。③孟楠立足于史料,探讨了哈萨克族三玉兹与清王朝的关系,以及在我国的形成、扩展与分布。④贾合甫·米尔扎汗对狩猎采集、农业、商业活动也做了探讨,注意到了游牧生产的非自足性和其他生产活动在牧民生活中的价值。⑤在另一篇文章中,他又对哈萨克族的草原物质文化——衣、食、住、行——做了探讨,认为它们与游牧经济生产方式相适应,共同缔造了哈萨克族的民族文化。⑥杨廷瑞则进一步分析了游牧中人群、牲畜、草原与游动四要素之关系,并认为游牧业的所有问题都源自它们的互动。⑦

20世纪90年代以来,一些研究者开始关注哈萨克族的社会变迁,不仅在一些概论性的专著、编著中加入社会变迁的内容,也形成了以村落为中心探讨社会变迁的趋势。《哈萨克族定居村落:胡阿根村社会调查周志》是此类研究中有所创新的著作。首先,研究者以一年为周期,以"周志"的形式,较为完整地呈现了一个社区的定居前后的变化;其次,作者尝试用"再社会化"之理论对变迁做解释,并识别出了再社会化所具有的表层形式与深层内容两个层面。前者指对新的村落环境与管理之适应,后者指自身社会交往能力、生产能力和生活能力的提高与调适。社会、经济与文化的良性互动是社会发展的关键。良性互动机

---

① 苏北海:《哈萨克族文化史》,新疆大学出版社1989年版。
② 倪华德、苏北海:《哈萨克族的印记口号研究》,《民族研究》1982年第4期。
③ 罗致平、白翠琴:《哈萨克法初探》,《民族研究》1988年第6期。
④ 孟楠:《哈萨克三玉兹考略》,《新疆大学学报》2003年第1期。
⑤ 贾合甫·米尔扎汗:《新疆哈萨克族传统社会经济和社会生产》,《新疆社会经济》1999年第2期。
⑥ 贾合甫·米尔扎汗:《哈萨克族的草原物质文化》,《新疆社会经济》2000年第1期。
⑦ 杨廷瑞:《游牧业的四要素》,《新疆社会经济》1995年第2期。

第一章
导论：牧区社会与草原生态

制的构建有赖于政府与民间行为、传统与现代的互动。①

这一时期也出现了一些对社会变迁专题研究的论文和著作，主要以"牧民定居"为切入点和研究对象。周亚成指出：定居后，游牧生产习俗的变化推动了牧区经济的发展。继续改革游牧生产习俗与推进畜牧业产业化是发展牧区经济、改善牧民生活的必由之路。② 在另外一篇文章中，通过对定居前后文化生活的比较，她认为定居前的文化生活以传统内容和方式为主，定居后的文化生活呈现出多元趋势，并表现出传统与现代交融的特质。③ 她还注意到定居后的贫富分化与心理变化问题，认为可以通过制度、政策和观念引导促进牧民脱贫致富，通过心理疏导促成牧民对心理变化的调节。④ 此类研究习惯从社会文化变迁的表象入手，析分出导致变迁的内外因素，旨在呈现社会文化变迁的形式、内涵与过程。比如在王欣的分析中，外因包括政府主导的定居及其引发的生产生活方式之变化、全球化体系下市场之扩张与信息化条件下外界风气与思潮之涌入。内因是牧民主动地适应与延续和发展传统文化所做的努力。内外因素的互动使哈萨克族社会文化呈现出多元与融入主流社会文化之趋势。⑤

与上述研究不同，一些研究者不再单纯以"二元论"为框架，转向对定居牧民"再社会化"过程和定居政策之意识形态的研究。在崔延虎看来，牧民定居是一种"有组织的社会变迁"，表现为定居后社会组织、家庭经营类型和文化结构的急剧变化。定居牧民面临再社会化的过程，这是指由于生产条件、生活环境、社会制度的变革，面临对新的生活方式和环境的认识、适应与融合的过程。这包括对生态环境的重新

---

① 周亚成等：《哈萨克族定居村落：胡阿根村社会调查周志》，新疆人民出版社 2009 年版。
② 周亚成：《哈萨克族游牧生产习俗的变迁与经济发展》，《民族研究》2000 年第 3 期。
③ 周亚成等：《哈萨克族定居前后文化生活比较研究——以阿什里哈萨克民族乡胡阿根村为例》，《西北民族研究》2005 年第 4 期。
④ 周亚成、阿依登：《哈萨克族经济转型中的贫富差距调查：以胡阿根村哈萨克族为例》，《中央民族大学学报》2005 年第 4 期；周亚成：《哈萨克族牧民定居的文化心理变化与心理疏导》，《西北民族研究》2010 年第 1 期。
⑤ 王欣：《当代新疆牧区社会文化的变迁——以哈萨克族牧区为中心》，《陕西师范大学学报》2009 年第 4 期。

认知、资源利用方式与生产方式的调整、信息获得途径与机会的提供和完善、传统文化价值的发掘与文化转型的引导等。其核心是文化变迁，以及个体和群体在行为、观念和认知层面对变迁的适应。① 李晓霞通过对 20 世纪 50 年代以来新疆牧区发展政策的研究，指出"使牧民从游牧变为定居，就成为政府力求改变牧区生产落后与牧民生活艰苦的一贯不变的政策"。实质上是希望通过重新反思牧区发展政策与路径，揭示它们背后的意识形态。②

总的来看，国内哈萨克族社会变迁的研究与国外相关研究的发展过程、趋势比较一致，在田野调查的基础上形成了较为丰富的个案，并尝试用"二元论"或"再社会化"理论对之加以解释。在这些研究中，崔延虎提出的"游牧民定居的再社会化"具有较强的解释力，对近年来草原地区社会变迁的反思性研究具有指导意义。

二 牧区发展与草原退化的研究

20 世纪 90 年代中期以来，国外游牧社会的研究的焦点再次转移，政府与国际组织的发展努力、草原生态环境退化与游牧社会的边缘化成为研究重点。实质是关注"发展"语境下游牧社会面临的环境与社会风险，以及游牧社会应对这些风险的能力。国内对牧区发展与草原生态环境退化的关注暗合了近 20 年国外游牧社会的研究趋势。

（一）国外研究

1997 年，艾纽特·弗拉勤对 20 世纪 80 年代到 90 年代末游牧社会的研究做了梳理，发现大都关注政治和经济变迁，包括共有草场丧失问题、定居和城市移民，以及市场经济下快速商品化问题。他指出"20 世纪 80 年代以来游牧社会的研究有从文化生态学转向政治生态学的趋势。人类学家更加关注国际资金、国家政府在游牧区域发展努力带来的结果。三项相互联系的内容主导了这一时期的研究：游牧系统的生态适应性、支配的问题和与农业国家的关系问题，以及在游牧人群中的国际

---

① 崔延虎：《游牧民定居的再社会化问题》，《新疆师范大学学报》2002 年第 4 期。
② 李晓霞：《新疆游牧民定居政策的演变》，《新疆师范大学学报》2002 年第 4 期。

发展政策的影响"。① 在凯瑟琳·A. 加尔文看来，游牧系统的变化源自草原的碎片化与气候变迁和气候的多变性。草原碎片化由一系列社会经济因素所引发，这些因素包括：土地制度、定居农业和社会制度的变化。而且，气候变化和气候的多变性在很大程度上又由草原碎片化所引起。②

引发游牧社会变迁的力量也并非总是源自牧业社会和其所在国家，因为这些力量大多是西方发展政策与意识形态实践的结果。巴菲尔德指出：政府和国际组织不断施压，旨在使牧业资源更多地满足国内需求和出口的需要。这给游牧社会带来了三个基本问题：首先，农业民族与游牧民族的权力转换使得游牧民为中央集权的定居人群所主宰，并且似乎在与民族国家中的其他群体的竞争中也不具备任何优势；其次，为了在现代世界生存下来，游牧民必须以各种方式做出改变；最后，因对游牧经济的有效性和环境可持续性的质疑，以"公地悲剧"假设为前提，游牧民被视为环境退化的始作俑者。③ 这些因素结合起来导致了游牧体系的瓦解，游牧民被迫转向集约农业，并更深地卷入到世界经济体系之中。加尔文指出"牧业发展的机会相当之小，大多数牧业社会面临的风险正不断增加"。④

在哈扎诺夫看来，游牧民面临着比以往任何时代都多的威胁。定居人口进入引发的人口增长、矿业、工业发展和城镇化挤压了牧民的生存空间，而这通常受到了国家的鼓励和支持。全球与地方市场体系对牧民传统经济形成冲击，导致游牧社会经济边缘化的增强。现代化不仅带来了技术与社会变革，也引发了社会文化变迁。这可能导致传统社会组织、社会纽带、价值系统等方面的变化和经济不平等的持续增加。在经济全球化加速的背景下，传统牧业必须适度现代化，问题仅仅是如何以

---

① Elliot Fratkin, "Pastoralism: Governance and Development Issues", *Annual Review of Anthropology*, Vol. 26, 1997.
② Kathleen A. Galvin, "Transitions: Pastoralists Living with Change", *Annual Review of Anthropology*, Vol. 38, 2009.
③ Tomas J. Bardield, *The Nomadic Alternative*, Prentice Hall, 1993, p. 207.
④ Kathleen A. Galvin, "Transitions: Pastoralists Living with Change", *Annual Review of Anthropology*, Vol. 38, 2009.

对游牧民较少伤害的方式来实现。① 他用"老问题,新挑战"描述游牧社会的当代困境,真是恰如其分。

这一时期阿尔泰山游牧社会人类学的研究呈现出回归趋势,既是向田野的回归,也是向游牧人类学主流趋势的回归。这得益于该地区国际国内环境的变化,苏联解体与新国家之形成激发了人类学家对这片区域游牧社会的兴趣,也提供了进行研究的机会。这一时期,最重要的代表人物是剑桥大学内亚研究中心的凯若琳·汉弗瑞和戴维·斯尼斯。1992—1994年,剑桥大学组织了题为"内亚环境与文化保护"的国际合作研究课题,对内亚草原地区的社会结构、生产方式、文化变迁和环境变化进行了大规模的跨国研究。他们在俄国西伯利亚、中国西北和蒙古国选择了10个个案点进行调查,其中阿尔泰山是课题研究的核心区域。课题参加者主要来自这几个地区的地方学者,提供了该区域蒙古、图瓦、哈萨克、布里亚特等游牧族群丰富的新资料。课题形成了一批重要成果,以凯若琳·汉弗瑞与戴维·斯尼斯合编的《内亚的文化与环境》(1996年)和《游牧者的终结?——中亚的社会、国家与环境》(1999年)两本著作最具代表性。

《内亚的文化与环境》分上下两册,上册讨论了内亚土地使用结构与过程、蒙古游牧民活动的类型、草原退化与种植业转型等问题。下册的主题是"社会与文化",围绕游牧民的环境态度、动植物的文化认知、社会实践与文化再现等问题展开。下册收录了崔延虎的两篇文章,分别是《内亚游牧民对所处环境之态度的比较研究》(第1—24页)和《新疆北部草原地区社会组织的发展及其与环境的关系》(第205—230页)。第一篇文章对游牧民关于树、草、水和游牧生活的行为与态度做了分析,揭示出游牧民的环境态度与草原生态系统之间构成了一种非常复杂的网络结构,并明显受到生计实践、禁忌与宗教观念、制度与组织的影响。研究还发现,环境态度的变化受到了生计方式多元化、市场经济和游牧业衰落的影响。第二篇文章则聚焦游牧民的社会组织及其与环境的关系,对承袭蒙古汗国时期军事控制体

---

① Anatoly M. Khazanov,"Contemporary Pastoralism:Old Problems, New Challenges",载[英]当·查提等《现代游牧民及其保留地:老问题,新挑战》,知识产权出版社2012年版。

第一章 导论：牧区社会与草原生态

系与传统部族治理体系——双重制度——在20世纪逐渐拆解和重构的过程做了分析。指出，传统部落体系中微观社会组织与家庭结构仍在游牧民的生活中扮演着十分重要的角色，但市场经济和全球化的扩张可能带来新的变化。[①] 两篇文章既利用了"内亚环境与文化保护"的国际合作研究课题的调研成果，也利用了他在中国阿尔泰山长期的田野调查资料。大体来讲，《内亚的文化与环境》主要是对传统意义上游牧社会与环境之关系的阐释。

《游牧者的终结？——中亚的社会、国家与环境》一书的中心观点是对草场资源的移动性利用方式不应被视为过时的和对草原有威胁的经济形式。相反，作者指出"移动性牧业生产"有其历史的坚挺性，在俄罗斯（苏联）、中国和蒙古国国家社会主义管理体制下更是如此。研究表明，移动性不仅可以提高草原的可持续性，而且畜群的移动也会提高生产力。[②] 该书得出了一些重要结论：第一，草原退化与放牧体系流动性的丧失密切相关；第二，大规模的集体性制度安排是保持"流动性"的制度基础；第三，粗放的畜牧经济并不是一个"低投入、低产出"的落后生产体系；第四，牧民同样渴望着城镇化的现代生活，但城乡一体化过程不能以牺牲环境为代价；第五，中亚草原区域的发展显示出明显的"极化"过程——成为依赖中国和俄罗斯的中心区域的政治与经济的"边陲"，而有利于环境与经济可持续发展的"地方性知识"受到污名化的贬损；第六，与草原生态特点相契合的地方文化的衰微与环境的恶化密切相关。作者强有力地指出"该地区若真的出现'游牧的终结'，那也是非理性私有化压力所引发，这会迫使乡村生产者迁入城镇，寻求新的工作形式"。[③]

上述结论在阿尔泰山草原得到了验证，一些学者提供了中国经验。白胡纳在对新疆富蕴县和甘肃阿克塞县哈萨克社会进行比较研究后，认

---

① Caroline Humphrey and David Sneath, *Culture and Environment in Inner Asia*, Cambridge: The White Horse Press, 1996.

② David G. Anderson, "The End of Nomadism? Society, State and the Environment in Inner Asia (review)", *Anthropological Quarterly*, Vol. 75, No. 1, Winter, 2002.

③ Caroline Humphrey and David Sneath, *The End of Nomadism? Society, State and the Environment in Inner Asia*, Duke University Press, Durham, 1999.

为传统游牧文化面临着生态环境与国家政策的双重威胁。[1] 麦克则认为，官方的草原政策未反映牧民的意愿与建议，所反映的是收入高、居于都市的专家意见，这是草原退化的重要原因。[2] 色妮以在富蕴县的田野调查，从可持续发展的角度，对政府在保护草原生态与发展地区经济之间艰难平衡的现状做了分析。[3]

总之，国外人类学游牧社会的研究已经超越了地方和国家的地理与政治边界，更多地在全球化背景下探讨变迁、发展、生态环境退化与游牧社会边缘化等重要议题。研究者致力于揭示五个层次及其勾连：游牧社会传统的生计与生活方式，社会组织与文化，国家的发展政策及其影响，意识形态与世界体系之影响，以及游牧社会对这些影响的反应。但是，就国外关于新疆哈萨克社会的研究来看，还存在明显的不足。近年来已有国外学者在田野调查的基础上完成了博士论文或发表了相关学术论文，但因田野调查时间不足和对我国政府牧区发展政策、理念与路径理解的偏差，导致对哈萨克族社会转型与草原生态环境变迁的关系认识存有误区。

（二）国内研究

近年来，国内牧区社会的研究揭示出不当发展政策与路径导致了草原生态环境的退化与游牧社会的边缘化。崔延虎在关于"定居游牧民再社会化"的论述中就已经探讨了定居后草原环境向农田环境的转变，以及定居牧民资源利用行为与观念的调适问题。近期，他又通过阿勒泰汗德尕特乡的个案，对该地区牧民游牧向定居转变过程中，草原管理的制度和政策变化及其影响做了分析，揭示了制度、政策、农业扩展对当地生态环境和牧民社会的复杂影响。草原社会及其生产体系的变化表现为游牧生产的萎缩，以及牧民在保留特定畜群转场的同时在农耕与其他生计方式之间的游移。诱因是国家和新疆维吾尔自治区的现代化政策与

---

[1] Don Bedunah and Richard Harris, "Observation on Changes in Kazak Pastoral Use in Township in Western China: A Loss of Traditions", *Nomadic Peoples*, Vol. 9, 2005.

[2] Zukosky, M. L., *Grassland Policy and Politics in China's Altai Mountains*, Dissertation, Temple University, 2006.

[3] Astrid Cerny, *In Search of Greener Pastures: Sustainable Development for Kazak Pastoralists in Xinjiang*, China, Dissertation, University of Washington, 2008.

第一章
导论：牧区社会与草原生态

发展路径，这些路径影响了地方社区的经济与文化反应。研究发现，作为草场管理制度根基之文化的碎片化与草原的碎片化和草场退化相关。① 聂爱文在对雀儿沟镇的研究中，关注到了定居引发的缺水、草场碎化、劳动力转移、贫富分化等现实问题。② 在另一篇文章中，她又意识到了权力和主体性问题，试图通过对牧民"适应策略"和"参与式发展"的探讨弥补这方面的不足。③

与"发展"导致的"生态环境退化"问题之探讨相关，一些研究者转向对哈萨克族地方性知识体系的研究。目的在于，一方面梳理和总结传统地方性知识之体系，发掘其价值；另一方面，希望以传统地方性知识反思当前牧区发展路径与理念。这些研究主要关注游牧民的环境态度、环境观念和环境行为几个层面。

第一类研究中，聂爱文的两篇文章比较有代表性。她在《哈萨克族禁忌的人类学解读》一文中首先分析了牧民的语言、行为和饮食禁忌，然后对禁忌的成因做了解析。在她看来，禁忌的成因包括对自然、祖先、动植物和图腾的崇拜，以及伊斯兰教对牧民言行与饮食行为的影响。部分禁忌与游牧生活和草原环境相关，具有规约牧民资源利用行为，保护草原生态环境的功能。④《食物、信仰及游牧知识体系——新疆哈萨克族餐桌上的羊》一文通过对食羊仪式、仪式中的分工、羊肉分配等级的描述引出食羊的礼仪和禁忌，并进一步将羊置入人生礼仪和日常生活情境中探讨羊的世俗性与神圣性。借此，她阐明了牧民对牲畜、对自然的情感和态度，揭示了牧民"从自然中来，又回到自然中去的生命态度"。⑤

---

① Yenhu Tsui, "Swinging between Nomadism and Sedentarism: A Case Study of Social and Environmental Change in Nomadic Society of Altay Stepples, Xinjiang", *Nomadic Peoples* (*Special Issue*), *Ecological Narratives on Grassland in China: A People-Centred View*, Vol. 16, No. 1, 2012.

② 聂爱文：《牧民定居及其牧民未来发展——以雀儿沟镇为例》，《青海民族研究》2007年第1期。

③ 聂爱文：《定居、牧民生活以及适应策略——以雀儿沟镇哈萨克族为例》，《内蒙古社会科学》2009年第5期。

④ 聂爱文：《哈萨克族禁忌的人类学解读》，《西域研究》2002年第3期。

⑤ 聂爱文：《食物、信仰及游牧知识体系——新疆哈萨克族餐桌上的羊》，《北方民族大学学报》2011年第6期。

第二类研究中，陈祥军的博士论文比较有代表性。他以游牧过程、游牧生活为线索，对牧民的环境行为、生态观与谚语、节气等知识做系统研究。在他的分析中生态观与环境行为是两个关键概念，前者包括了与草原环境相关的宗教信仰、禁忌、习俗、谚语与传说，后者则指牧民获取和对待资源的行为方式。生态观反映了牧民对游牧与草原关系的认知，而环境行为则是在生态观影响下的实践。核心观点是游牧民的地方性知识与草原生态环境相适应，并维系着草原生态环境的稳定。当前草原生态的问题，实际上是因为在发展过程中忽视了传统游牧知识与草原生态系统的互动关系。因此，要发掘和继承传统地方性知识，并使之与现代科学技术结合，重新调整与草原生态环境的关系。[①]

从国内研究来看，在哈萨克族生计、社会结构、变迁、发展与草原退化等方面的研究已相当之多，但以一个社区为中心呈现游牧社会转型与生态环境变迁之关系和过程的民族志尚不多见。一些社区的研究类似于格尔茨[②]所说的"黄页或电话号码簿"，未能有效地将不同内容融入一致的框架之中。研究者又习惯以"传统与现代""定居前与定居后"的思路开展研究，忽略了"游牧—定居"是一个连续性的社会过程，也就很难对这一过程和过程中制度、政策、传统社会与人口结构、牧民行为等因素的互动及其作用做深入分析。

三 "游牧—定居"连续统

20世纪80年代以来，人类学研究中逐渐形成了一种将地方系统、民族国家与世界体系的影响，以及游牧社会对影响的反应融于微型社区的研究范式——"游牧—定居"连续统，并在之后30年中不断发展和成熟。着重分析定居牧业社区的生计、生活方式、社会结构和与环境的动态关系。"游牧—定居"的过程被分解为游牧、半定居、定居和定居后四个阶段，探讨不同阶段的变迁与延续。为实现这一目的，研究者选择不同阶段的牧业社区进行比较，核心议题有三个：定

---

① 陈祥军：《游牧知识与草原生态——以阿勒泰富蕴县哈萨克游牧民为例》，博士学位论文，中山大学，2010年。

② [美] 克利福德·格尔茨：《追寻事实：两个国家、四个十年、一位人类学家》，林经纬译，北京大学出版社2011年版，第26页。

第一章
导论：牧区社会与草原生态

居的动力与过程，生计与生活方式的变化，以及人口、资源与环境关系的演变。

理查德·斯曼斯科等人在1975年对游耕、游牧和游商群体由"移动到定居"的阶段做了分析，提出了"三阶段理论"，认为"在现代化和发展政策的影响下，游牧民经历了地方系统逐渐被整合进地域系统、国家系统的过程"。[①] 琳达·斯怀德认为：游牧与农耕是一个连续统，部落政治组织和土地制度决定了巴基斯坦布拉灰人由游牧到定居的转变。[②] 弗拉勤等人在对肯尼亚北部朗迪耶游牧民的研究中发现定居有很多原因，但主要是应对来自牧业经济的推力，以及城市与农业生活的拉力所致。牧民因为农业和牧业人口增长导致失去土地而转向定居，商业化的农场和牧场，以及旅游公园的扩张也是重要因素。[③]

如斯曼斯科所言，在几乎所有定居的个案中"外部行政力量的政治控制被强加进来。官僚机构认为定居的生活方式和价值观可以使牧民成为更好的公民，可以对国家经济做出更大的贡献"。[④] 这些研究揭示出定居是国家控制和改造游牧社会的主要方式，反映了国家视游牧为落后生计与生活方式的意识形态。不仅是为了实现发展和现代化，也是为了创造一种新的地理与政治边界，构建超越部落的国家认同。

定居带来了牧民生计与生活方式的转变。转变具有多层次性，产生了各种有利和不利影响。在秘鲁安第斯山区游牧社区变迁的个案中，国家一直迫使牧民定居以创造农民社区。在这个过程中，牧民坚持一种生计多元化的策略，并将有限的家户经济与劳务经济结合起来，被迫更多地参与到市场经济体系之中。越来越多的牧民选择劳务性工作并移入城

[①] Richard Symanski, Ian R. Manners and R. J. Bromley, "The Mobile-Sedentary Continuum", *Annals of the Association of American Geographers*, Vol. 65, No. 3, 1975.

[②] Ninda Swilder, "The Political Context of Brahui Sedentarization", *Ethnology*, Vol. 12, No. 3, 1973.

[③] Elliot Fratkin, Eric Abella Roth, and Martha A. Nathan, "Pastoral Sedentarization and Its Effects on Children's Diet, Health, and Growth among Rendille of Northern Kenya", *Human Ecology*, Vol. 32, No. 5, October, 2004.

[④] Richard Symanski, Ian R. Manners and R. J. Bromley, "The Mobile-Sedentary Continuum", *Annals of the Association of American Geographers*, Vol. 65, No. 3, 1975.

市，在家户内形成新的经济分工，导致了家户生计的多元化。① 这表明生计的变化主要来自政府定居政策的影响，但牧民对新政策的适应和生计策略的选择同样重要。

在一项有中国学者参与的对西藏游牧社会变迁的研究中，研究者注意到由传统的游牧向农牧兼营的转变涉及多个层面的变化。这些变化包括：永久性农业的出现，定居的村落生活，与前两者相关的饮食结构和生活方式的变化，移动空间的缩小，资源条件的恶化，生态环境的退化，食物生产的增加，以及各种传染病和非传染病的出现。② 在朗迪耶游牧民的研究中，研究者发现定居对儿童饮食结构、健康状态和成长过程产生影响。有利影响包括饮水、教育、健康和市场经济条件的改善。不利影响则是在新形成的定居社区中儿童营养条件的下降，而主要原因是饮食结构的变化所致。这一现象通过同龄组中定居社区与传统游牧社区中儿童身高和体重差别的比较得到验证。牧民定居也增加了因财富和资源分配不均导致的各种绝望情绪。总体上看，有利影响似乎并未超过不利影响。③

每一层面的变化都可能对其他层面产生新的影响，进而对游牧体系与社会文化结构产生影响。因此，不仅需要分析发生了哪些变化，还要分析变化是如何发生的，以及变化之间的链式反应。这些反应包括：与土地、国家和市场体系更密切的联系，阶级或阶层系统、非公平性和社会两极化的出现，集体主义向个体主义的转变，部落制度的崩溃与核心家庭重要性的凸显等。

生计与生活方式的变迁必然引发人口结构的变迁。这一领域是最令人类学家头疼的，因为几乎没有任何一个游牧社会有详尽的、长时段的人口统计资料。但是，人口结构对理解游牧社会结构、生计与生活方

---

① Julio C. Postigo & Kenneth R. Young & Kelley A. Crews, "Change and Continuity in a Pastoralist Community in the High Peruvian Andes", *Human Ecology*, Vol. 36, 2008.

② Jianchu Xu, Yong Yang, Zhuoqing Li, Nyima Tashi, Rita Sharma, and Jing Fang, "Understanding Land Use, Livelihoods, and Health Transitionsamong Tibetan Nomads: A Case from Gangga Township, Dingri County, Tibetan Autonomous Region of China", *EcoHealth*, Vol. 5, 2008.

③ Elliot Fratkin, Eric Abella Roth, and Martha A. Nathan, "Pastoral Sedentarization and Its Effects on Children's Diet, Health, and Growth among Rendille of Northern Kenya", *Human Ecology*, Vol. 32, No. 5, October, 2004.

第一章
导论：牧区社会与草原生态

式，以及牧民与生态环境的关系又极为重要。阿文隆·梅尔以人类学家关于非洲和中东游牧社会的研究资料为基础，运用跨文化比较方法，借用人口转型理论，建构了一个"游牧—定居"连续统的人口分析范式，具有开创性意义。

阿文隆·梅尔在1986年发表的一篇文章中指出，生产模式变化导致的社会转型对人口再生产模式产生巨大的影响。在"游牧—定居"连续统中，衡量人口结构的出生率、死亡率和人口自然增长率三项指标经历了"低、高、低—高、高、低—高、低、高—低、低、低"的转变，其实质是人口再生产模式由传统型向现代型的转变。[1] 出生率的上升主要源自社会现代化过程和定居农业的生计与生活方式。家庭或个体冲破部落或血缘群体的羁绊，通过土地、国家和市场经济体系中理性化的行为实现发展。财富由子辈流向父辈，孩子具备了工具性价值，进而促使人们生育更多的孩子。公共卫生服务体系的发展和完善带来了死亡率之下降。两者相平衡，就使得人口自然增长率随着定居的进程而上升。这一过程通过11个游牧社会"游牧—定居"转变过程中人口翻倍周期的变化得到印证。定居牧民人口翻倍的周期为31.5—12.15年，这一数字远低于半游牧民的63.01—16.11年和游牧民的63.01—23.1年。[2] 定居后一段时间，子女边际效益下降，财富由父辈流向子辈，人们的生育行为趋于理性，出生率开始下降，人口自然增长率也随之下降，形成了"低出生率、低死亡率和低人口自然增长率"的现代人口再生产模式。

人口转型必然对牧民与草原资源、环境的关系产生影响。然而，是否导致资源的过度利用和草原的退化，或者说过度利用与草原退化的程度，则与国家宏观的人口与经济政策相关。里卡多·F.纽伯特发现蒙古国环境退化比中国内蒙古轻，原因在于蒙古国牧区增长的人口为"乡村—都市"的移民浪潮所消解。这与中国严密的户籍制度和对城乡

---

[1] Avinoam Meir, "Demographic Transition Theory: A Neglected Aspect of the Nomadism-Sedentarism Continuum", *Transactions of the Institute of British Geographers*, New Series, Vol. 11, No. 2, 1986.

[2] Avinoam Meir, "*Comparative Vital Statistics along the Pastoral Nomadism-Sedentarism Continuum*", *Human Ecology*, No. 1, 1987.

人口流动的限制造成牧区人口过快增长、超载过牧和草原严重退化的情形形成了鲜明的对比。人口变化对环境的影响通过宏观经济变化,尤其是制度因素和农业因素表现出来。① 这意味着,定居后的各种变化并不是孤立的,它们之间可能互为因果地产生新的影响,并且只可能在相应的社会情境中才会发生。

"游牧—定居"连续统的研究形成了三个基本结论:首先,游牧向定居的转变并非定居前与定居后两阶段论设想的那样简单,而是一个连续的过程,呈现出阶段性和动态性特征。转变既给游牧社会带来了有利的影响,也带来了各种消极影响,但转变本身并不意味着"发展"。其次,定居不仅应被视为国家改变游牧社会落后的生产与生活方式所做的努力,也应被视为国家控制和改造游牧社会的重要方式,并有着创建新的国家认同的目的。最后,转变伴随着生计与生活方式、人口与社会结构、生态环境等方面的变化,而且各种变化之间存在链式反应。

研究也存在两个严重的缺陷:首先,在一个微型社区中,游牧社会所处的生态环境与资源条件、生计与生活方式、社会与人口结构、牧民行为等因素究竟如何与外在的意识形态、国家制度、政策、社会经济条件的变化产生关联,它们又如何推动了社会变迁;其次,范式忽略了两个关键问题——游牧社会的社会文化结构究竟发生了哪些变化,以及这些变化又如何影响社会与生态环境的变迁。对这两个问题的解答必须借鉴政治生态学理论。

显然,"游牧—定居"连续统是一种典型的过程研究范式。必须指出的是范式本身也有一个发展过程,由强调动力、生计与生活方式,逐渐转向过程中人口、资源与环境关系的变化和牧民的决策模式,再引入政治生态学链式解释路径和社会文化体系的碰撞与交融将之转化为一个政治与社会文化变迁过程。正如社会变迁是连续性过程一样,"游牧—定居"连续统研究范式也具有连续性,并仍在不断发展和完善。

---

① Ricardo F. Neupert, "Population, Nomadic Pastoralism and the Environment in the Mongolian Plateau", *Population and Environment: A Journal of Interdisciplinary Studies*, Vol. 20, No. 5, May, 1999.

第一章
导论：牧区社会与草原生态

第三节 理论视角：过程生态人类学与政治生态学

本书致力于去揭示发生在吐尔洪盆地的人口、资源与环境关系格局不断变化和调整的过程，以期对游牧社会转型与草原生态环境变迁的关系做出解释。这两项议题是当代生态人类学的核心议题，过程生态人类学（Processual Ecological Anthropology）和政治生态学（Political Ecology）为本书的分析提供了具体的理论与方法。笔者将以这两种理论与方法为指导，在吐尔洪盆地这个大社会中的"地方世界"展开分析。

一 过程生态人类学

1984年，谢丽·奥特纳在一篇人类学学科史的文章中宣称"20世纪60—80年代，人类学领域的理论不仅是从结构和系统向个体和实践的转移，更是从静止的、共时的分析向历史的、过程的分析的转移"。[1] 过程、行动者、决策、主体性和实践等概念取代了文化模式、社会组织、功能与结构等话语在人类学学科中的地位，以揭示社会文化变迁的机制，标志着过程研究时代的到来。[2] 在生态人类学中也出现了过程研究范式，旨在对人群与其所处生态环境的动态关系、人群面对环境问题或风险做出的回应进行研究。该范式也受到了生态系统研究新变化的影响。一方面对模式化、平衡和自我维系的生态系统进行批判，另一方面强调生态系统的运作过程与弹性特质、个体的适应策略与抵御风险的能力。[3] 20世纪70—80年代，过程研究范式取代了文化生态学与新功能主义，成为生态人类学主流的研究范式。之后，它又与人类学政治经济

---

[1] ［美］谢丽·奥特纳：《20世纪下半叶的欧美人类学理论》，何国强译，《青海民族研究》2010年第2期。

[2] ［英］艾伦·巴纳德：《人类学历史与理论》（修订版），王建民等译，华夏出版社2008年版，第86页。

[3] Andrew P. Vayda and Bonnie J. Mc. Cay, "New Dirctions in Ecology and Ecological Anthropology", *Annual Reviews of Anthropology*, Vol. 4, 1975.

学合流，形成了政治生态学。① 因此，过程研究范式扮演了承上启下的角色，不对其做系统梳理，就不可能认清生态人类学的过去、现在与未来。

1980 年，本杰明·奥尔诺夫梳理了生态人类学早期发展过程，分为三个阶段。第一个阶段是 20 世纪 30—60 年代，代表人物是莱斯利·怀特和朱丽安·斯图尔德，以"文化进化论"和"文化生态学"为核心。其中，文化生态学的影响最大。第二个阶段是 20 世纪 60—70 年代，代表人物是哈里斯、拉帕波特和维达，以文化唯物主义和系统论为核心，统称为"新功能主义"。第三个阶段是发端于 20 世纪 70 年代末的过程研究范式②，代表人物有维达、罗伯特·内亭和邦尼·麦凯等，转向了强调行动者或个体模式的过程研究。③

生态人类学中的新功能主义致力于解释人群与生态环境之因果与功能关系，并评估社会组织和文化所扮演的角色。认为，特定人群的社会组织和文化是让该群体成功利用环境资源而做出的功能性适应，但又不超出环境的承载力。④ 理论有几大特征，既是优势，也是劣势。首先，持"平衡中心观"，研究重点从自然如何刺激或抑制社会文化形式，转向社会文化形式如何发挥作用，维持与自然的关系。⑤ 他们比文化生态学更重视人群对生态环境的再造，但忽略了与自然关系的可变动性，并在概念框架中剔除了不适应、紊乱、矛盾、冲突与非平衡等导致变迁的因素。其次，人类的活动被视为与非人类是平等的，醉心于生态系统内的能量转换和系统恒定过程的研究，建构了一套准确描述食物生产方式的模式。然而，这套模式本质上是一种生态简化主义。以哈里斯为例，

---

① Paul E. Little, "Environments and Environmentalisms in Anthropological Research: Facing a New Millennium", *Annual Review of Anthropology*, Vol. 28, 1999.

② Benjamin S. Orlove, "Ecological Anthropology", *Annual Review of Anthropology*, Vol. 9, 1980.

③ Emilio F. Moran, *Human Adaptability: An Introduction to Ecological Anthropology* (Second Edition), Westview Press, 2000, p. 102.

④ Benjamin S. Orlove, "Ecological Anthropology", *Annual Review of Anthropology*, Vol. 9, 1980.

⑤ [美] 谢丽·奥特纳：《20 世纪下半叶的欧美人类学理论》，何国强译，《青海民族研究》2010 年第 2 期。

第一章
导论：牧区社会与草原生态

采纳由环境因素经由技术到社会组织、仪式活动和信仰体系等文化特征的路径来追溯它们之间的关联性，以解释这些文化特征背后的唯物理性。新几内亚马林人的杀猪仪式起着保持种群规模和避免雨林环境恶化的作用，夸扣特尔人的夸富宴维持了部落内食物分配的均衡，印度教徒赋予牛神圣性则成为维持农业食物链的重要环节。① 再次，研究单位是人群而非文化，迷信承载力的概念，致力于记录环境容量与人口容量。拉帕波特曾说"文化没有介入生态关系"，从而将社会、经济、政治、文化和个体能动性等因素都拒之门外。②

20世纪60年代以来，急剧的环境退化和不断增多的环境风险预示了生态人类学新功能主义被抛弃的命运，这也是人类学功能主义没落的一部分。格尔茨指出"功能论之所以对研究变迁有困难，其主要原因之一，在于它不能平等对待社会过程和文化过程。二者几乎不可避免地被忽视或被放弃，仅成为简单的前缀和'镜像'"。③ 现在，前缀与镜像成为关注焦点，人类学家亟须回答"变迁是如何发生的"。反思来自过程研究与马克思主义人类学，它们的影响在20世纪70年代达至顶峰。过程研究来自英国人类学对结构—功能主义的反思，转向更加倾向于个体和行动中心的研究范式。④ 马克思的思想在法国的结构马克思主义与美国的政治经济学中都有所体现。前者关注亲属关系、继嗣、婚姻、交换、家庭组织这类要素，给这些要素注入政治和经济内容，即赋予它们"再生产"这个马克思主义的光环，以描述丰富而复杂的社会进程图景。后者把注意力集中到跨地区的政治经济体系上，研究资本主义渗透对当地造成的影响，强调外部力量冲击以及社区对这种变量的承受力和

---

① ［美］马文·哈里斯：《母牛·猪·战争·妖巫——人类文化之谜》，王艺等译，上海文艺出版社1990年版。
② ［英］凯·米尔顿：《环境决定论与文化理论：对环境话语中的人类学的角色探讨》，周建新等译，民族出版社2007年版，第73页。
③ ［美］克利福德·格尔茨：《文化的解释》，纳日碧力戈等译，上海人民出版社1999年版，第166页。
④ ［英］艾伦·巴纳德：《人类学历史与理论》（修订版），王建民等译，华夏出版社2008年版，第86—87页。

适应性。①

　　几种理论的关注点有差异，但都认可行动者视角与决策模式在社会变迁研究中的价值。人群不再是一个无差异的整体，内部存在个体间的差异性和多样性。研究者需要对人群中行为的多样性，以及对行动者在微观社会、经济、政治和文化条件中做出行为选择的过程进行研究。②关于这一点，弗雷德里克·巴斯在 1967 年《社会变迁的研究》一文中说得再清楚不过。他说"对变迁的研究应该重点关注行动者在时间与资源分配方面的社会行为，并强调变迁过程的重要性和连续性之本质。借此可以更清楚地揭示，在现实中人们资源和时间分配究竟在哪些方面发生了变化。这些可观察的变化又如何产生了系统化的影响，并导致了更重要的变迁。社会形式或整个社会都可被视为一种形态学的创造，也应被视为一系列过程的副产品，关键在于揭示它们是如何被创造的"。③社会不应被视为群体和个体互动的原因，而应被视为互动的结果。④

　　将行动者视角与决策模式引入生态人类学，就避免了新功能主义中环境与文化简单对应之功能关系分析，以及过度强调平衡而无力解释变迁的困境。因人的行为和决策受到社会组织与文化的制约和影响，也就将社会与文化结构重新引入生态人类学，为从社会与文化结构、人的行为与决策、社会情境的角度探讨生态环境之变迁提供了可能。所以，奥尔诺夫指出"决策模式将它们整合为一种变迁机制，导致了对社会组织和文化的强调。社会文化系统影响行动者的目标、行动者利用资源的分配、和他们操作时的限制性因素"。⑤ 1977 年，《美国人类学家》（*American Anthropologists*）做了一期生态人类学特刊。收录的 11 篇文章

---

　　① [美] 谢丽·奥特纳：《20 世纪下半叶的欧美人类学理论》，何国强译，《青海民族研究》2010 年第 2 期。

　　② Benjamin S. Orlove, "Ecological Anthropology", *Annual Review of Anthropology*, Vol. 9, 1980.

　　③ Fredrik Barth, "On the Study of Social Change", *American Anthropologist*, New Series, Vol. 69, No. 6, Dec., 1967.

　　④ Thomas Hylland Eriksen, *Small Places, Large Issues: An Introduction to Social and Cultural Anthropology* (Second Edition), Pluto Press, 2001, p. 84.

　　⑤ Benjamin S. Orlove, "Ecological Anthropology", *Annual Review of Anthropology*, Vol. 9, 1980.

第一章
导论：牧区社会与草原生态

中，7篇分析的是个体行动者的理性和外部限制塑造个体行为的方式，对新功能主义倚重的承载力、动态平衡等概念不再强调。不仅如此，这些文章分析的都是复杂社会而非小规模社会。复杂社会中，时间深度的重要性和不同群体的系列反应表明了历时变迁的重要性，以及外在于地方的各种关系和获得外部资源的重要性。① 这些研究成果的集中呈现，标志着生态人类学过程研究时代的到来。

过程研究范式有两项核心议题。第一项议题，理解人口、资源与环境关系的历史与社会变迁的过程。新功能主义认为环境容量设定了人口容量，人们会通过社会与文化制度控制人口规模以维系与生态环境的静态平衡。一旦平衡被打破，灾难就会降临。1965年，伊斯特·博塞洛普否定了这种典型的马尔萨斯式推论，认为人口增长的压力可以成为技术进步的催化剂。人口压力导致集约化农业而非相反，这会重塑人群与生态环境的关系。② 这一假说产生了持久影响，生态人类学家开始关注人群对人口压力的回应方式，找到了一把可解释人群与生态环境关系及其变迁的钥匙。罗伯特·内亭（Robert McC. Netting）是著名的生态人类学家，也是新功能主义向过程研究范式转变的参与者。他主要在非洲做研究，比如尼日利亚北部的克夫雅人（Kofyar）。人口、资源与环境的关系、关系的变迁和变迁产生的影响是其核心议题。内亭也关注原始部落民的战争，认为人口压力是诱因，战争可能导致地方生态环境关系的变迁，并引发流行性疾病。③

第二项议题，分析环境问题与个体或群体行为的相关性，在情境中揭示人们如何应对环境问题。莫兰提供了牧场主应对干旱而做出决定的过程，不同阶段的决定构成了"事件流"，由此推动人与环境关系的演

---

① Benjamin S. Orlove, "Ecological Anthropology", *Annual Review of Anthropology*, Vol. 9, 1980.

② Ester Boserup, *The Conditions of Agricultural Growth: The Economics of Agrarian Change under Population Pressure*, Aldine Publishing Company, Chicago, 1965.

③ Robert McC. Netting, "Household Organization and Intensive Agriculture: The Kofyar Case", *Journal of the International African Institute*, Vol. 35, No. 4, Oct., 1965; Robert McC. Netting, "Fighting, Forest, and the Fly: Some Demographic Regulators among the Kofyar", *Journal of Anthropological Research*, Vol. 29, No. 3, Autumn, 1973; Robert McC. Netting and John Caldwell, "On Anthropology and Demography", *Current Anthropology*, Vol. 28, No. 2, Apr., 1987.

进。干旱前，牧场主以天然饲草喂养牲畜。进入干旱期后，如果牧场主要保持畜群规模，他便无法依靠天然饲草，必须储存谷物或干草。当干旱持续加剧，他就得购买谷物、干草和水。在不得已的情况下，他可能会将仙人掌用作牲畜的食物。事实上，进入干旱期后，牧场主就可能出于生计和环境的需要出售部分或全部牲畜。牧场主的决定取决于其对干旱的观察、干旱对居住地的影响和对机会成本的计算。[①]

综上，过程研究为解释人群与生态环境之动态关系提供了一种颇为有效范式，有三个显著特征：其一，视有意或无意的人类行为产生的结果为需要解释的对象；其二，强调情境的重要性，情境不仅包含行为的物质与制度条件，也包括意图、目的、知识和行动者的信仰；其三，特定个案中的行为解释并不必然导向规律总结，而是一种经验性判断，即行为、行动者的自我解释与情境之间可理解的关联。[②] 范式主要的问题是仍将人群与生态环境的关系视为人群或是社区的内部事务，对外在的意识形态、制度政策、社会经济条件变化的影响关注不够。事实上，在人群与生态环境关系变迁的问题上，外部因素通常是诱发与推进因素。20世纪80年代中期后，研究者将国家和全球化力量融入研究中，转向了政治生态学。

二 政治生态学

政治生态学继承了过程生态人类学的遗产，但更进一步认为环境变迁与生态条件是政治过程的产物。对大多数人而言，环境变迁的成本和益处在行动者中的分配是不平等的，不可避免地会强化或弱化现存社会经济中的不平等，暗示了行动者与其他人之间权力的变化。研究应倾向于去揭示赢家和输家、隐藏的成本和环境后果中的权力差异。[③] 政治生态学尝试解释社会环境的变迁和处于各种政治、经济、社会、文化条件

---

① Emilio F. Moran, *Human Adaptability: An Introduction to Ecological Anthropology* (Second Edition), Westview Press, 2000, pp. 104-105.
② Andrew P. Vayda, "Explaining Why Marings Fought", *Journal of Anthropological Research*, Vol. 45, No. 2, Summer, 1989.
③ Paul Robbins, *Political Ecology: Critical Introductions Geography*, Blackwell Publishing, 2004, p. 11.

第一章
导论：牧区社会与草原生态

之中的连接，并揭示权力关系的重要性。最终是强调生态系统是政治性的，而且我们关于自然的观念也是由政治和经济过程所决定的，至少也是受其影响的。政治生态学尤其重视当地人、边缘群体和弱势群体的观点，其工作是对特定的社会与环境条件"去自然化"（De-Naturalize），呈现出它们也是，而且不可避免地是权力结果之延伸。[①]

1988年，托马斯·巴西特梳理出政治生态学研究的几个基本模式：第一，不同需求层次中人类与环境关系的情境分析；第二，历史分析方法，强调资源管理的地方体系在整合到全球经济体系中的变化；第三，强调国家对乡村经济的干预，特别是对土地利用模式的影响；第四，关注底层社会对变动了的生产、消费等社会关系的反应；第五，对地方社会易变性的敏感把握。[②]

丽莎·格扎盎指出：政治生态学提供了解释复杂政治协商过程——是生态互动关系不可分割的一部分——的理论框架。在认识到这种互动的复杂性的基础上，尝试对环境退化和公民权利受损做出更有效的分析。作为一种跨学科的方法，政治生态学结合了政治经济学和文化生态学，将两者置入一个分析框架之中，从而提供了研究人类与环境复杂的、动态互动的一种有效视角。通过将关注点集中在地方、国家和国际场域的关联性上，学者们就可以呈现超出了地方地理和政治边界的生态关系。[③] 政治生态学已经形成了退化与边缘化、环境冲突、保护与控制和环境认同与社会运动等四大议题，发展出"自然的破坏"与"自然的建构"两种解释性理论。[④]

认识和理解自然系统的破坏是政治生态学的内在组成部分，认为经济和政治变迁预示了生态转变。从环境角度而言，无害的地方生产体系

[①] Paul Robbins, *Political Ecology: Critical Introductions Geography*, Blackwell Publishing, 2004, p. 12.

[②] Thomas J. Basset, "The Political Ecology of Peasant-Herder Conflicts in the Northern Ivory Coast", *Annals of the Association of American Geographers*, Vol. 78, No. 3, 1988.

[③] Lisa L. Gezon, "Of Shrimps and Spirit Possession: Toward a Political Ecology of Resource Management in Northern Madagascar", *American Anthropologist*, New Series, Vol. 101, No. 1, Mar., 1999.

[④] Paul Robbins, *Political Ecology: Critical Introductions Geography*, Blackwell Publishing, 2004, pp. 14–16.

正转向对自然资源过度利用的生产体系。而这一转变依赖于国家对发展之干预，以及日益被整合到区域与全球市场之中。这可能会导致贫困的增加，而且又反过来引发对资源的过度开发。类似地，在国家权力或外部公司终结了传统共有产权或输入新的外国制度后，可持续的社会管理被假设为不可持续。与之相关的假设是：现代主义者致力于提高地方人群生产体系的努力导致了相反的结果——降低了地方实践的可持续性和资源分配的公平性。①

有两个重要假设：退化的可逆性与在同化条件下生产者的边缘化。② 第一个假设是环境的退化。在转变的初期需要越来越多的投入以保持先前的状态。在很多个案中，出于抵制系统和滞后效应的问题，退化可能表现出一如既往且难以回转的势头。第二个假设是经济边缘性的下降，尤其是在全球贸易领域与不规则市场条件下竞争性的增强。代价和风险被转嫁到个体生产者。生产者为了平衡其损失转而从环境体系中提取更多的资源。这预示着在边缘化不断加剧和具有破坏性的社会变迁不断加深的条件下，尤其是在那些允许持续的经济利用的地方，不可预知的区域范围内的生态转变（退化）在初始阶段会加剧，而且难以逆转。因此，环境条件的下降可以预期首先会对那些最边缘化的群体和个体产生影响，会导致对生态体系的利用和需求的增长。③

在解释环境显化和经济边缘化如何发生时，研究者普遍采用了链式解释（Chains of Explanation）的模式。解释始于当地人生计与生活方式中对资源的利用方式，以及当地人与其他资源利用者的关系。在一些研究中，还会进一步揭示当地人资源利用方式与传统社会与文化结构的关

---

① Paul Robbins, *Political Ecology: Critical Introductions Geography*, Blackwell Publishing, 2004, p. 14.
② 政治生态学"边缘化"（Marginalization）的概念综合了新古典经济学、生态学和政治经济学中"边缘"的概念。在新古典经济学中，"边缘"（Margin，经济学中又译为"边际"）是指生产力的限度，也即出现边际效益递减现象；在生态学中，"边缘"是指在干扰下，生态系统要么不稳定或对变迁表现出脆弱性，要么很难恢复；在政治经济学中，"边缘"社区是指处于社会权力外围的社区。参见 Paul Robbins, *Political Ecology: Critical Introductions Geography*, Blackwell Publishing, 2004, pp. 76 – 77。在本书中，"边缘化"主要指的是经济学和生态学意义上的"边缘"，即边缘化的生态环境和经济生产边际效率递减现象，以及两者的相互强化。
③ Paul Robbins, *Political Ecology: Critical Introductions Geography*, Blackwell Publishing, 2004, pp. 130 – 132.

第一章
导论：牧区社会与草原生态

联。也就是说，生态环境、资源利用方式、社会与文化结构、其他族群的资源利用构成了环境变迁的第一链条。在第一链条之外，还存在着国家的制度、政策和外部社会经济条件的变化。变迁的政治和经济条件改变了决策者所处的情境，并设定了当地人对环境利用的条件。因此，"自然的破坏"理论所要揭示的是为何环境系统发生了变迁，环境变迁是如何发生，以及变迁与社会、文化、政治与经济条件之间究竟有什么关系。

当政治生态学家说自然是"建构的"，究竟指的是什么？它是指关于环境过程的类型、概念、理念或实体并非是自然的和不可避免的。即便它们呈现出这样的方式，即现象的历史可以被追溯，其发明可以被发现。政治生态学家坚信这些过程、概念、理念或实体在当前政治社会情境下有其负面性或是帮助社区精英控制权力。更重要的是，这一政治主宰了自然体系的命运。在政治生态学家看来，上述事项既然不是无可避免的和有其历史的，就可以被摘下面具还原它究竟是什么，并可以被重新发明或改变，以确保一个更好的和更可持续的未来。①

建构主义者②认为那些范畴（地方的、科学的或其他的智慧），可能足以抓住现实中的某些特征，但与其他可能的分类相比并不见得更准确。任何分类都聚合了一些现象，同时也排除了一些现象，而不是以一种比其他可选择方式更为精确的方式运行。"科学的"评定不过是赋予武断分类更多的社会和政治重要性或信仰而已。这些概念对经验事实的反映是不完整的、不完全正确的、带偏见的和理解有误的。③

"自然的建构"理论有三个要点：首先，关于自然的知识是一种话

---

① Paul Robbins, *Political Ecology: Critical Introductions Geography*, Blackwell Publishing, 2004, p. 109.

② 建构主义又可具体分为激进的建构主义与温和的建构主义。激进的建构主义认为环境是我们想象中值得争议的发明，坚持社会情境的条件决定了我们理解世界的观念，环境冲突是围绕着自然观念的争斗。温和的建构主义认为实在的世界是真实的和独立于人的分类体系的，但是实在世界通过主观概念、体系和社会条件下的科学方法做了修改。在现实研究中，大部分研究者采纳的是温和的建构主义，要么关注对客观事实的曲解，要么关注科学知识的社会偏见。本书的建构主义指的是温和的建构主义。参见 Paul Robbins, *Political Ecology: Critical Introductions Geography*, Blackwell Publishing, 2004, pp. 114 – 116。

③ Paul Robbins, *Political Ecology: Critical Introductions Geography*, Blackwell Publishing, 2004, pp. 114 – 115.

语,隐含的是拥有不同自然知识的人群对利用自然资源权力的争夺。罗德瑞克·纽曼在对坦桑尼亚自然保护区的研究中指出,源自盎格鲁—撒克逊文化传统的"荒野"观念被强加到非洲自然景观之上,创造了一种之前并不存在的"环境"。在这个过程中,游牧民被限制在"保护区"之外,失去了传统的牧场。① 其次,自然的知识是多元的,每一种知识(包括科学知识)都有其合理性与不足,因此应当重视当地社会本土知识的价值。最后,科学知识应该以更为灵活的方式吸纳本土知识。在此,并不是以本土生态知识取代科学知识,而是如政治生态学家皮特和沃茨所强调的,"并非简单地重新发现消逝的知识和管理实践,而是更好地理解这些规约体系中哪些方面得到了传承,以及在什么条件下它们可以成为发展策略的另一种可能"。②

对游牧与农耕关于自然的知识与想象是本书的一个重要主题。最近,荀丽丽探讨了一个草原社区自然之"失序"与社会之"失序"相互构建之过程,以及这一过程与国家对"自然"和"社会"改造的密切关联。尤其重要的是,她探讨了改造与构建过程中"自然"秩序的知识论述的转换,认为自然秩序的认知与观念体系为制度的建立与重置提供了合法性的支撑,知识论述的转换影响着资源利用的"自然观"与"行为实践"。③ 对游牧与农耕关于自然的知识与想象的比较,可以揭示"改造落后"的意识形态对游牧社会转型与草原生态环境变迁所产生的影响。

第四节 研究思路、方法与内容

国内外相关研究清楚地表明国家制度、政策与引入的发展路径、理念对牧业社区发展与生态环境关系的复杂影响,揭示出牧业社区发展与生态环境复杂的动态关系。如前所述,国外研究者受客观研究条件的限

---

① Paul Robbins, *Political Ecology: Critical Introductions Geography*, Blackwell Publishing, 2004, pp. 148 – 149.
② Ibid., p. 13.
③ 荀丽丽:《"失序"的自然:一个草原社区的生态、权力与道德》,社会科学文献出版社 2012 年版,第 77—78 页。

第一章
导论：牧区社会与草原生态

制未能对新疆哈萨克族社会做深入的田野调查，而国内研究者对"游牧—定居"连续统中发展与生态环境的复杂动态关系的研究不够。因此，如何利用国内外游牧社会和生态人类学研究的理论与方法，在扎实田野调查的基础上，以一种更为动态的观点来探讨国内草原社区发展与生态环境的复杂关系，仍是值得深入思考的问题。

一 研究思路

首先，视牧民定居为"游牧—定居"的连续性过程。牧民行为、人口社会结构、制度与政策、自然资源与生态环境之间的"链式反应"是影响草原生态环境在平衡与失衡之间转换的关键因素。涉及的每一个具体问题（如生计与生活方式、人口与社会结构）同样是一个连续性过程，具有阶段性，需要对不同阶段之间的转换进行探讨。在"游牧—定居"连续统中，社会文化的变迁与生态环境的变迁是共时对应的，两者通常互为因果。因此，要重视社会文化与生态环境在时间序列中变迁的轨迹，并揭示两者的关联与互动过程。

其次，研究涉及内外两个系统。生计、生活方式、人口与社会结构、资源条件与生态环境交织在一起，构成了草原社区内的社会生态系统。外部系统指的是盆地之外的社会、经济与政治环境，涉及不同时期国家的制度、政策、地方经济与社会条件等。这些外部因素相互勾连，构成了影响和制约盆地发展、资源利用与生态环境关系的外部社会系统。内外两个系统存在信息、能量的交换，通过反馈彼此调整、密切互动。

再次，牧民的资源利用行为是内外系统连接的关键。人类行为中的习惯，其广泛来源正是外部的限定条件和制度化过程中各种力量的汇聚。[1] 然而，社会结构并非总是导致一致性、稳定性、连续性或者协调，它总是服从于创造性的解释，个体的操纵和再演绎，以及另一文化的行动。[2] 个体的行动产生于传统的形态，并超越和再造传统。弗雷德

---

[1] [英]奈杰尔·拉波特、乔安娜·奥弗林：《社会文化人类学的关键概念》（第二版），鲍雯妍等译，华夏出版社2009年版，第2页。

[2] 同上书，第7页。

里克·巴特强调应该对人们在特定环境中对时间和资源的安排的策略性决定进行研究。① 回到本书的主题，就是要考察不同时期牧民应对内外系统及其变化时资源利用行为的选择。视内外系统及其变化为行为的原因和情境，而视生态环境的变化为行为的结果，将内外系统、资源利用行为与生态环境纳入到同一个分析框架之中。在具体研究中，以典型个案呈现人们在内外系统的脉络中如何利用资源，如何创造性地改变资源利用的方式。

最后，由于农业与游牧都反映了特定的关于自然的知识与想象，因此还需要分析"游牧—定居"连续统中两种知识、想象的碰撞、冲突与融合过程。就本书的主题而言，需要对两种生计与生活方式所持的生态观、资源观、环境态度和资源利用禁忌等方面进行比较。从资源利用行为入手，逐层解析传统的观念与禁忌在哪些方面发生了变化，以及变化是如何发生的。目的是为了揭示意识形态在草原游牧转型与草原生态环境变迁之关系的演变过程中所扮演的角色。

二　研究方法与田野过程

本项研究是关于阿尔泰山游牧社会转型与草原生态环境变迁之关系的过程研究，以吐尔洪盆地作为田野调查地点。调查过程以田野调查方法为主，倚重参与观察、深度访谈、个人生命史和谱系法。田野调查分为六个阶段：2011 年 6—8 月，2012 年 1—3 月，2012 年 6—8 月，2012 年 10—11 月，2013 年 2—5 月和 2014 年 2 月，用了近一年的时间。

2011 年 6—8 月，关注吐尔洪乡哈萨克族牧民传统的游牧过程、盆地农业发展过程和草原生态环境退化情况。访谈了 60 余位牧民和吐尔洪盆地的定居哈萨克村民，也对相关单位的县乡（老）干部做了访谈。此外，还到阿勒泰地区和富蕴县档案馆查阅、收集了相关档案材料。

2012 年 1—3 月，关注盆地的历史、族群与农业发展的阶段性特征。在盆地 13 个村落（自然村）中选择阔孜克村为调查点。对年龄在 70 岁以上的 20 位老人（主要是男性）做了访谈，并对其中的 8 位做了

---

① ［英］莱顿：《他者的眼光：人类学理论入门》，蒙养山人译，华夏出版社 2005 年版，第 106 页。

口述史。基本弄清楚了盆地哈萨克族、回族、汉族的历史与构成，以及新中国成立后制度与政策变化给牧业和农业带来的影响。

2012年6—8月，关注盆地哈萨克族人口与社会结构的变化。运用谱系法，绘制了阔孜克村30户①村民三到四代的家庭谱系，对家庭的代际结构、通婚情况进行梳理。获得了县乡人口变化的数据，基本弄清了定居后哈萨克族人口的变化情况。另外，对30位年龄在70岁上下的老年妇女的生育经历做了口述史，旨在弄清楚游牧与定居后生育行为与人口再生产模式的变化，以及导致变化的因素。

2012年10—11月，调查了哈萨克族村民资源利用行为与观念的变化。访谈对象包括有游牧经验的老人、不同时期的大队和村干部、民间医生、护林员、水管员等。通过访谈，获得了不同时期村民对山林、水草和其他资源的利用情况。还到大桥林场获得了吐尔洪盆地周边山林的变化情况，并对2位林场老职工和4位吐尔洪周边山林的护林员做了访谈，弄清了盆地周边山林、水草资源的变化情况。还对40位年轻村民在资源压力下的生计选择，以及新的生计结构下家户生活的变化做了调查。

2013年2—5月，关注盆地回族、汉族移民的移入过程及其对社区发展、资源与族际关系的影响。此阶段笔者以吐尔洪乡政府所在地为中心，往返于13个自然村，弥补了前一阶段在阔孜克村所做调查的不足。笔者定期到富蕴县的相关部门查阅资料，或是对老干部进行访谈，以验证所获得的资料。也在中途返回乌鲁木齐市3次，一是略做休息，二是对前一阶段的田野资料进行整理。在乌鲁木齐期间，笔者将田野中获得的资料和感到的困惑与新疆牧区研究的专家进行交流，听取他们的意见。

2014年2月，笔者又返回盆地做了20天的补充调查。

在田野调查中，笔者有幸结识了2位至关重要的报道人。第一位是

---

① 1958年公社化时期吐尔洪盆地成为富蕴县主要的粮食生产区域，2500余名牧民首先定居于阔孜克村。1960—1977年，先后从阔孜克村分化出5个哈萨克族村落，并再次从分化出的村落中分化出另外3个村落。目前，阔孜克村有245户村民，主要是1958年定居于此的50—60户村民的后代。笔者选择了其中的30户，运用谱系法调查家庭的代际关系、婚姻关系，以此反映家庭代际关系与婚姻关系的变化。

阔孜克村的贝勒海（男性，69岁），于2012年8月结识。他不仅对盆地发生的各种事情有着清晰的记忆，有写日记的习惯，而且对盆地的过往和现实中的问题有着不同于其他村民的认识。他将自己撰写的书稿（《吐尔洪人民的历史：贝勒海之所见》）交给了笔者。两年来，笔者与译者一直致力于翻译这本20万字的手稿，从中获得了大量重要信息。第二位是吐尔洪村的喀特兰（男性，76岁），于2012年2月结识。他是一个牧主的儿子，对新中国成立后历次政治与社会运动、制度与政策变化有着深刻的洞见。在调查中，笔者时常与两位报道人探讨调查提纲、调查中的新发现、遇到的新问题和对这些问题的认识。他们总是不厌其烦地与笔者交谈，容忍笔者的"无知"，提供新的线索，帮助联系访谈对象。

三 研究框架

第一章和第二章主要是为本书的研究提供相关的背景知识。第一章介绍了问题的缘起及学术史，并对论文拟采取的研究理论、思路、方法和框架加以解释。第二章对田野点的基本情况做了简要介绍，涉及生态环境与资源条件、族群与人口情况和社会制度的转变三个方面。

第三章、第四章与第五章主要涉及村民资源利用方式及其观念变化的问题。第三章考察20世纪50年代以来盆地牧业与农业的发展变化，揭示村民生计资源利用行为的变化。第四章从"游动"与"定居"的视角，分析两种生活方式下的资源利用行为，揭示其对盆地生态环境的影响。第五章对不同资源利用方式背后关于自然的态度、资源的价值观念和资源禁忌进行比较研究，分析在实践中牧民在这几个方面的变化或突破。揭示出，牧民在关于自然的态度、资源的价值观念和禁忌方面并不是单向度的，具有双重性，根据情境摇摆于游牧与农耕之间。

第六章对"游牧—定居"连续统中哈萨克人人口再生产模式的变化进行分析。一个总的变化趋势是由传统型的人口再生产模式向现代型的人口再生产模式转变。出生率、死亡率和人口自然增长率经历了"高、高、低"向"高、低、高"，再向"低、低、高"的转变。人口再生产模式的转变受到定居的生活方式、农业的生计方式、不同时期体制对劳动力的需求、国家生育政策变化和哈萨克人生育的理性化等因素的影响。吐尔洪盆地的人口规模经历了较长时期的快速增长，导致人口与资源压力凸显，使其成为盆地生态环境退化的重要影响因子。

第七章对盆地人与生态环境关系由平衡向失衡转变的过程，以及人们应对失衡的策略做了分析。平衡向失衡的转变与资源利用行为、资源观念和人口与社会结构的变化都有着十分密切的关系，而这一关系又是国家牧区政策、制度和发展策略在一个牧民社区中的集中呈现。转变表现为草原生态系统、农田生态系统和山林生态系统的退化，以及人地关系的失衡。值得注意的是，人地关系又与定居后社会的流动性与婚姻圈的变化等社会结构因素相关。在这一章，笔者还对盆地居民、地方政府与国家为改变失衡状态所做的各种努力及其效果进行了分析。揭示出，草原地区生态环境退化往往具有不可逆性，调适的难度比预期要大。

第八章对移民在盆地经济社会发展与生态环境退化中的作用做了探讨，对哈萨克、回、汉三个族群的关系做了分析。移民包括回族与汉族移民，大部分属于生存型移民。他们参与了盆地农业的扩展、水利的兴修和山林资源的利用。改革后，移民生计的多元化进程促成了他们与哈萨克人共生关系的巩固和发展，深刻影响了三个族群在文化与社会结构领域的融合。研究发现，若是忽略了移民的作用和族际关系的影响，就注定不能完整地揭示盆地过去几十年的历史、社会与生态的复杂关系。

本书以两个主题的探讨作为结束：第一，吐尔洪社区的发展与草原消逝的过程，以及这一过程对理解和反思当代中国草原地区发展与生态环境关系的启示；第二，生态人类学在处理一个微型社区发展、资源与生态环境关系时的分析策略。

要特别说明的是，除了历史与政治人物外，文中出现的人名皆为化名。

第二章　吐尔洪盆地

吐尔洪盆地位于阿尔泰山东段南麓，是一个山前断裂盆地。阿尔泰山这座绵延 2000 多公里的庞大山系，位于中国、俄罗斯、哈萨克斯坦、蒙古国交界处，按西北—东南走向横亘于亚欧大陆中部，间隔于漠南漠北草原与哈萨克草原、西伯利亚平原之间，又隔碛与东部天山相望，平均海拔 1000—3000 米。阿尔泰山自然生态和游牧生产方式之间天然的相适性，却使它成为古代欧亚草原大通道的重要一环，也是沟通漠南漠北草原与西域绿洲、中亚草原之间的枢纽。① 在汉文史籍中，阿尔泰山被称为"金山"，是斯基泰、匈奴、柔然、鲜卑、蒙古等游牧民族的摇篮，也是游牧的重要发源地之一。

18 世纪中叶以来，游牧于阿尔泰山北麓斋桑泊地区的哈萨克人沿着额尔齐斯河谷回迁阿尔泰山南麓，即现新疆阿勒泰地区。回迁的哈萨克人继续游牧，在此繁衍生息，逐步成为该地区的人口较多族群。20 世纪 50 年代以来，国家有组织地在这一地区组织哈萨克牧民定居和发展农业，迁入擅长农业的维吾尔族、回族和汉族移民，形成了一些农牧兼营的多民族社区。盆地就是这类社区的典型代表，在行政上隶属于阿勒泰地区富蕴县吐尔洪乡，是乡政府所在地，也是富蕴县主要的粮食产区。

笔者从 2011 年 6 月开始在盆地做田野调查，在之后的两年中多次

---

① 贾丛江：《关于汉唐时期汉文文献所录阿尔泰山游牧人活动情况的几个问题》，《新疆文物》（内部刊物）2011 年第 1 期。近年来，东阿尔泰山的考古发掘取得重要突破，在额尔齐斯河两岸的台地发现了多处游牧人群的墓葬群和岩画，其中相当大一部分就分布在吐尔洪盆地周边。参见中山大学历史人类学研究中心等《东阿尔泰山的古代文化遗存》，《新疆文物》（内部刊物）2011 年第 1 期。

就本书关注的主题进行调查。在这个简短的章节中，不可能介绍盆地生产、生活、社会组织与文化观念等每个方面，只是从生态环境与资源条件、族群构成和社会制度变迁三个方面对盆地的背景做一番简略描述。这些背景知识是认识盆地历史、社会与生态复杂关系必不可少的前提条件。

第一节　生态环境与资源条件

"吐尔洪"在蒙古语中意为"绿色的绸带"，与古诗"天苍苍、野茫茫，风吹草低见牛羊"的寓意一样。20世纪50年代以前，盆地水丰盈、草丰茂、林茂密，是飞禽走兽的乐园，也是哈萨克游牧民最重要和最好的春秋牧场。在此，对盆地的生态环境和资源条件做细致的描述，并对它们与游牧业和农业的关系做一番简略的说明。

一　生态环境

"富蕴"现在被解释为"天富蕴藏"，但在哈萨克语中富蕴县被称为"柯克托海"——绿色的丛林。1959年以前，富蕴县的县政府就位于与吐尔洪盆地相邻的柯克托海盆地。富蕴县位于新疆维吾尔自治区北部，阿尔泰山东段南麓。东界青河县，西邻福海县，南面伸入准噶尔盆地与昌吉州的奇台、吉木萨尔、阜康等县毗邻，北靠蒙古人民共和国，国境线长205公里。全县地域为东经88°10′—91°31′、北纬45°00′—48°03′，东西宽约180公里，南北长约413公里，距离乌鲁木齐市682公里（东线距离），总面积54277.5平方公里。[①]

富蕴县北依阿尔泰山，南临额尔齐斯河和乌伦古河，由东北向西南以明显的四级阶梯倾斜下降，整个地形处于褶皱状态，地貌类型包括山区、盆地、河谷、戈壁与沙漠。在总面积中，山区约占28%、丘陵约占24.3%、平原约占34.4%、沙漠约占12.5%。[②] 该县远离海洋，纬

[①] 富蕴县史志编纂委员会：《富蕴县志》，新疆人民出版社2003年版，第2页。
[②] 富蕴县地名委员会：《新疆维吾尔自治区富蕴县地名图志》（内部资料），1989年，第1页。

度偏北，属大陆性寒温带干旱气候。气候特点是：春旱多风，夏秋短暂，冬季漫长而严寒。降水量少，蒸发量大，气候干燥，日照充足，气温日差和年差都比同纬度其他地方大，是全国主要的干旱地区之一。地貌的多样性与气候的多变性，限制了农业的发展。然而，富蕴县却拥有丰富的草原类型与资源，为游牧提供了得天独厚的资源条件。全县草场面积为72266500亩，有效利用面积为50905118亩，可利用率为70.44%。草场植被分为9个大类，6个亚类，125个植被类。草原类型包括了高寒草甸、高山草甸、草甸草原、山地草原、荒漠化草原、草原化荒漠、荒漠草原、低温地草甸草原和沼泽草场。①

牧民将草场分成夏牧场、春秋牧场和冬牧场。夏牧场主要分布在高山、亚高山带及中心森林带。春秋牧场分布在阿尔泰山前山带的低山丘陵，以及额尔齐斯河与乌伦古河之间的平原荒漠。冬牧场主要分布在河谷，以及准噶尔盆地西北缘的沙漠前山区低山的阳坡和沟谷。牧民每年3月中旬出冬牧场，逐渐转入乌伦古河之北，进入春秋牧场。此一阶段，春秋牧场的利用时间约为75天。牧民在喀拉通克附近分别经过吐尔洪盆地和库额齐斯盆地进入夏季牧场。进入吐尔洪盆地后，牧民又分别从东北和西北两个方向沿着额尔齐斯河谷，进入夏牧场，向低山、中山和深山牧场转移。夏牧场的利用时间为90天，尔后自高山牧场逐级向中山、低山和春秋牧场转移。此一阶段，春秋牧场的利用时间约为85天，在12月5日进入乌伦古河之南的卡拉麦里山附近。冬牧场利用时间为110天。

吐尔洪盆地位于富蕴县城东北24公里处，属于低山丘陵地区，地势平坦，海拔1200—1400米。盆地东与喀拉通克乡和青河县为界，西邻柯克托海镇、铁买克乡和大桥林场，总面积约为60平方公里。东北、西北、西南为群山环绕，只是向西开了一个口子通往柯克托海镇。在当地村民的意识中，盆地与柯克托海之间的东风农场、盆地西北5公里的苏尔特和盆地西南5公里的恰尔干也属于盆地的范围。从转场线路来看，吐尔洪盆地正处于春秋牧场与夏季牧场的连接处，是牧民转场的必

---

① 富蕴县农业区划办公室：《新疆维吾尔自治区富蕴县农业区划》（内部资料），1988年，第77页。

经之路。

吐尔洪盆地是理想的春秋转移草场，属低山丘陵气候区，包括山地草原和沼泽草场两种草原类型。盆地分为内外两个空间，内部空间包括平原和湿地两种地貌类型，外部空间包括山之阳面、山之阴面和山间河谷三种地貌类型。东北、西南和西北是绵延的群山。群山之阴面与溪流两侧生长着以乔木为主的密林，密林下是山地草原。群山之阳面被各种灌木包裹，密不见石。溪流在进入盆地后，汇入自东而西横穿盆地的吐尔洪河。吐尔洪河又汇入盆地西北部的阔克塔勒（旱柳）湖，并最终向西汇入额尔齐斯河。吐尔洪河与阔克塔勒湖的两侧是茂密的灌木林和丰茂的沼泽草场，各种灌木和牧草覆盖了河谷与山脚之间的广阔地带。

图 2—1 所示为田野点在新疆的地理位置。

图 2—1　田野点在新疆的地理位置

二　农牧业资源条件

"绿色之绸"之名在 1956 年《新疆综合考察报告》中得到了验证。书中描述盆地的生态环境特征为：该地区降水量较多、森林浓密，林下苔藓层和落叶层覆盖很厚。吐尔洪盆地具有最广大的淤积平原，其上生长着一片好草，其间蔓生芦苇的沼泽——称科克（阔克）塔勒湖。吐尔洪河流过盆地向西流入库额尔齐斯。[①] 2012年2月25日，吐尔洪村76岁的老人喀特兰根据记忆，为笔者绘制了20世纪40年代吐尔洪盆地的资源与部落人口分布示意图（见图2—2）。图分为内外两个空间，即盆地内的平原和外围的山地。虚线以内为平原，虚线之外为山地。耕地以外的地方皆为灌木与牧草杂生的草场。

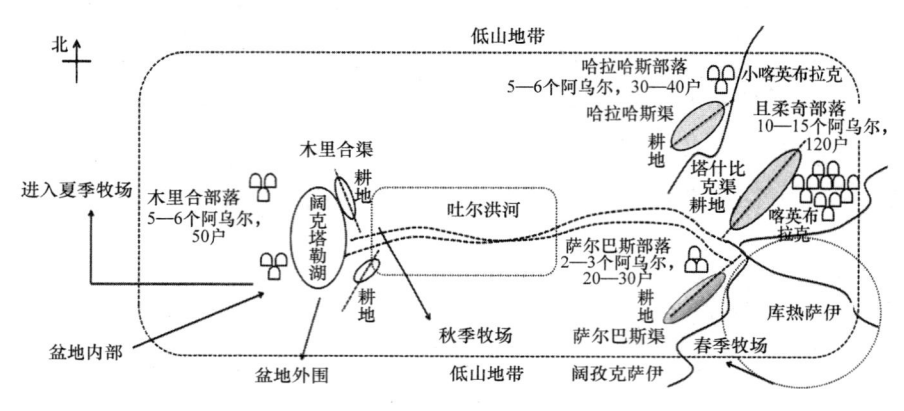

图2—2　20世纪40年代吐尔洪盆地资源与部落分布

森林主要是落叶松、云杉和白杨等树种，混生着相当多的荒漠小灌木和灌丛，草则以小丛旱生禾草占优势。沼泽草场植被单纯，主要有芦苇、香蒲和沙草科植物。植被的覆盖度为40%—65%，草丛高度为10—25厘米。在牧民的描述中，吐尔洪河谷和阔克塔勒湖的植被最为茂密，人们用"狗鼻子都穿不过去"或"羊群会迷失其中"来形容。通过访谈，我们搜集到了盆地26种植物的资料，包括8种灌木、4种乔木和14种草。我们查阅了《新疆阿尔泰山脉野生植物图谱》（以下简称《图谱》）[②]，弄清楚了植物的哈萨克语名与植物学学名的对应关系（见表2—1）。

---

① 中国科学院新疆综合考察队：《新疆综合考察报告（1956年）》（内部资料），科学出版社1957年版，第5、10页。

② 王仁：《新疆阿尔泰山脉野生植物图谱》，新疆科学技术出版社2011年版。

表 2—1　　　　　　　　　吐尔洪盆地的植物

序号	哈萨克名	国际音标	学名	拉丁学名	植物类型
1	别特给	betege	狐茅	Festuca ovina	草
2	比达列克	bjdajq	滨草	Ammophila breviligulata Fernald	草
3	加勒布孜	ʤalbəz	薄荷	Mentha arvensis L.	草
4	奇特鳖	xetpe	神香草	Hyssopus cuspidatus Boriss	草
5	喀拉吾领	Qara θleŋ	黑三棱	Sparganium	草
6	齐	Xj	芨芨草	Achnatherum splendens	草
7	加巴依炅依士哈	ʤabajə ʤoŋxqa	野苜蓿	Medicago falcata L.	草
8	炅结勒肯	ʤolʤelKen	车前	Plantago asiatica L.	草
9	煮桑	ʤwsan	蒿草	Artemisia	草
10	叶尔门	Jermen	野艾	Artemisia Vulgaris L.	草
11	克勒椰叶尔门	Kjelə jermen	一枝蒿	Artemisia rupestris L.	草
12	巴克巴克	Baq baq	蒲公英	Taraxacum mongolicum	草
13	阿克古勒却普	Aqgul xθp	茉莉花	Jasminum sambac (L.) Ait	草
14	阿克煮桑	Aq ʤwsan	茵陈蒿	Artemisia capillaris Thunb	草
15	吾需哈特	uxqat	刺毛忍冬	Lonicera hispida L.	灌木
16	额尔海	əryaj	接骨木	Sambucus racemose L.	灌木
17	斯勒别	səlbe	—		灌木
18	托布罗合	toblyə	绣线菊	Spiraea salicifolia L.	灌木
19	哈拉哈特	qaraqt	黑加仑	Ribes nigrum L.	灌木
20	喀拉海	qarayaj	锦鸡儿属	Caragana Fabr	灌木
21	阿尔夏	Arxa	圆柏	Sabina Chinensis (Linn.) Ant	灌木
22	喀孜勒哈特	qəzlqat	红醋栗	MUNAKKA	灌木
23	塔勒	Tal	旱柳	Salix matsudana Koidz	乔木
24	铁列克	tereK	杨树	Populus laurifolia	乔木
25	喀音	qajəŋ	柳树	Salix alba L.	乔木
26	喀拉哈依	Qarayaj	松树	Larix sibirica Ledeb. Fl. Alt	乔木

盆地土壤类型以栗钙土为主，草甸土也有分布，土层较深厚，地势

平坦，比较适合小麦和豌豆的种植。另外，盆地也有着丰富的动物资源，周边山区有旱獭、水獭、河狸、熊、貂、鹿、灰鼠、银鼠、獾猪、蛇、狼、狐狸、野鸡、野鸭等20余种野生动物，有哲罗鲑（大红鱼）、细鳞鲑（小红鱼）、鲤鱼等十余种野生鱼类。[1]

盆地的水资源也相当丰富，东北山区中的各条山涧溪流汇聚于吐尔洪河。吐尔洪河自东而西穿越盆地，向西经柯克托海汇入额尔齐斯河。年均降雨量在312.4mm左右，主要依靠冬季降雪。降雪始于10月20日前后，终于次年4月底，并主要发生在10月20日—11月20日期间。积雪天数约为147天，最大积雪厚度在89cm，冬春两季寒潮袭击次数达10余次。积雪在每年的5—7月融化，为盆地带来两次山洪，水资源主要来源于此。每年6月上旬，盆地会迎来两次集中的降雨。山涧溪流两侧和山地与平原的交汇地带存在大量泉水，也是牧民人畜饮水的主要来源之一。此外，盆地是全县仅有的2个浅层地下水较充足的地区之一，地下10—20米即可获得优质水源，可开采量为1855万立方米。[2]

对盆地农牧业生产有重要影响的气候特征主要是霜冻。霜冻通常始于9月10日前后，终于次年5月30日，无霜期不到100天，年均气温在-2.10℃，最低气温可达-49.8℃。[3] 新中国成立前，牧民转场到盆地和在盆地停留的时间皆以有无霜冻为限制条件，而定居后农业生产也主要受制于霜冻的周期。

因有较好的水资源和土壤条件，1958年后盆地被确定为富蕴县主要的粮油生产区。自1958年以来，盆地修建了48公里的南北大渠和2座小型水库，打机井48口，开垦耕地6万多亩，占全县净耕地的27.67%。自20世纪70年代以来，盆地就成为富蕴县的"粮仓"，年均交粮占全县的40%以上。"吐尔洪丰收，富蕴足"的说法遂在全县传开，"粮仓"之名逐渐取代了"绿色之绸"的美誉。

定居的哈萨克村落分别沿山或背靠吐尔洪河而建，耕地环绕村

---

[1] 富蕴县农业区划办公室：《新疆维吾尔自治区富蕴县农业区划》（内部资料），1988年，第10—11页。
[2] 富蕴县史志编纂委员会：《富蕴县志》，新疆人民出版社2003年版，第48页。
[3] 同上书，第58—63页。

落。耕地包括旱地、水浇地和草场。旱地主要分布在南北大渠与山脚的中间地带，无法灌溉，只能依靠融雪滋养。草场分布在吐尔洪和其他小渠沟两侧，面积相当有限，供村民在春秋两季放养牲畜。水浇地分布在南北大渠之间，依靠水库蓄水灌溉。盆地6万余亩耕地中，70%是水浇地，30%是旱地，草场不在计算之列。图2—3是盆地最早的农业村落——阔孜克——的村落与资源分布图，盆地其他村落的情况与之相似。"阔孜克"相传是20世纪20年代之前一位牧主的名字，此地是他的春秋草场。另一说法是："阔孜"是羊羔之意，此地原本是适于羊羔放牧的草场，故以草场命名。该村是笔者调查时间最长的村落，共持续了5个月。

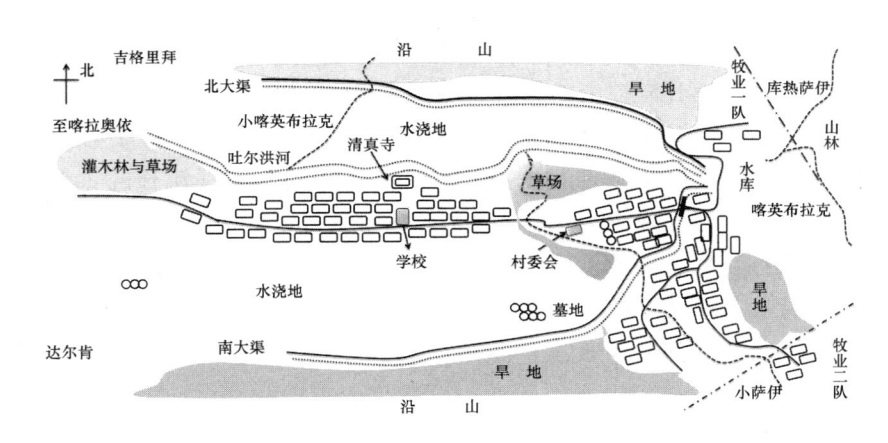

图2—3 阔孜克村村落

注：在哈萨克语中，"布拉克"是"河流"的意思，"喀英"是"柳树"的意思，因此"喀英布拉克"就是"长满柳树的河流"。"萨伊"是"小溪"的意思。

吐尔洪盆地村民的经济生产结构比较单一，绝大部分村民仍以农牧业为主。受气候的影响，主要的农作物是小麦和豌豆，少部分村民种有土豆、蔬菜和黑加仑，无其他经济作物。绵羊、山羊和牛是普遍饲养的牲畜，另有少量的马，没有骆驼。盆地没有工业，只是在乡政府两旁的街道有部分村民从事商业活动。2010年，富蕴县农牧民的人均收入接近6000元。但是，吐尔洪盆地村民的人均收入仅接近这一水平的60%，是该县人均收入水平最低的地区。

第二节　盆地的族群

阿尔泰山自古就是一个多族群共居的区域。1946年的人口调查表明，阿勒泰地区生活着哈萨克、蒙古、汉、维吾尔、回、乌孜别克、塔塔尔、锡伯、满、归化（俄罗斯）等十个族群。① 根据吐尔洪乡边防派出所提供的资料，2013年盆地有哈萨克、汉、回、维吾尔、东乡、撒拉、蒙古等民族的村民，是一个典型的民族互嵌型社区。

一　哈萨克人

"哈萨克"（Kazakh）这一名称出现于15世纪。一些学者认为，15世纪60年代，中亚锡尔河下游的部分牧民在克烈汗和加尼别克汗的率领下迁到巴尔喀什湖以南的楚河流域。由于他们是为反抗和摆脱阿布尔海尔汗的压迫统治而东走，因此得名"哈萨克"，意为"避难者"或"脱离者"。② 历史学家普遍认为，哈萨克族是我国源远流长的古老民族，是由古代居住在中国西部地区的许多部落和部族，经过长期的历史发展过程逐步融合而成。主要族源是乌孙、康居和奄蔡。③ 17世纪时，哈萨克社会处于统一的哈萨克汗的统治之下，以七河④为中心，在东南部、中北部和西部分别形成了三个半独立的地区集团——大玉兹、中玉兹、小玉兹。⑤

周东郊指出"民族移动是最近二百年阿山（阿尔泰山）最大的事件"。⑥ 18世纪，在沙俄向中亚殖民压力和清政府平定准噶尔叛乱后，当时靠近清政府边界的大玉兹和中玉兹的哈萨克部落逐渐内附，进入伊犁河谷、塔尔巴哈台和阿尔泰山地区。清乾隆三十二年（1767年），哈

---

① 周东郊：《新疆阿山区概况》，《新疆论业》1940年创刊号。
② 《哈萨克族简史》编写组：《哈萨克族简史》，新疆人民出版社1987年版，第7页。
③ 苏北海：《哈萨克族文化史》，新疆大学出版社1989年版，第27页。
④ 七河地区主要指今伊赛克湖与巴尔喀什湖之间及其以西的一些地区。［俄］巴透尔德：《七河史》，赵俪生译，中国国际广播出版社2013年版。
⑤ ［日］佐口透：《新疆民族史研究》，章莹译，新疆人民出版社1993年版，第294—317页。
⑥ 周东郊：《新疆阿山区概况》，《新疆论业》1940年创刊号。

第二章 吐尔洪盆地

萨克阿布赉汗上表清廷，表示归顺内附，并请求回阿尔泰、塔尔巴哈台等故地定居。1770年，哈萨克中玉兹中阿巴柯勒依（柯勒依又写为克烈）大部分、乃曼一部分由卡尔巴山、斋桑泊旁渡过额尔齐斯河到达当时属于中国的阿尔泰山西段南麓，以后逐步向东散布到现在阿勒泰全地区。①

哈萨克人进入阿尔泰山东段南麓的富蕴县稍晚，记录始见于道光十五年（1835年）九月。科布多参赞大臣富呢扬阿向清廷奏报，"越境潜居之哈萨克，现在已经搬移者二千余户。惟伊扎噶土带领六百余户，借称惧怕额尔格呢克等处哈萨克抢夺，不敢西去，转向东移，至花额尔齐斯"。②"花额尔齐斯"又译"华额尔齐斯"，为额尔齐斯河上游支流。富呢扬阿所奏报地区，即今新疆阿勒泰地区富蕴、青河一带。重回阿勒泰后，哈萨克族先是租用蒙古贵族的牧地，后逐渐购买或占据了这些牧地。史载，17世纪时卫拉特蒙古的杜尔伯特部迁入额尔齐斯河两岸游牧，后迁入现蒙古国科布多地区。清收复西域（1757年）后，又将此区域分封给新土尔扈特部、新和硕特部和乌梁海左右翼。③吐尔洪盆地是乌梁海蒙古右翼贝子旗的辖地，与和硕特旗相邻。④老人的记忆与史料相符，他们指出"吐尔洪盆地、喀拉通克原皆为蒙古贵族的牧地。哈萨克族到此后，先是租用，后几个部落联合购买了这些草场"。周东郊详细记录了这一过程：

> 三部蒙古人的丁口素来不繁，在乾隆年间新土尔扈特与新和硕特二部的人口不过八千三百五十人，加上阿尔泰乌梁海部不过一万七八千人，阿山地方广大，水草丰足，境外的哈萨克人乃不断内移。在最初清廷还加以限制，即冬季准其入阿尔泰境，夏季展放卡伦，他们还得迁出去。但经时一久，地方官吏迁就事实，到了光绪

---

① 《新疆哈萨克族迁徙史》编写组：《新疆哈萨克族迁徙史》，新疆大学出版社1993年版，第41页。
② 白剑光：《晚清阿尔泰边防研究》，博士学位论文，河北师范大学，2009年，第60页。
③ 周东郊：《新疆阿山区概况》，《新疆论业》1940年创刊号。
④ "中央研究院"近代史研究所编：《中俄关系史料·外蒙·中华民国六年至八年》，"中央研究院"近代史研究所1959年版。

初年，阿尔泰东西山均有哈萨克人的踪迹，阿布赉的第六世艾琳君王亦移入当时还归塔尔巴哈台管辖的沙乌尔山地方。

入阿的哈萨克人均属柯勒依族计有十二大氏族部落，每一部落有台吉一名，他们最初移入时每年尚给蒙古人地租，久而久之，也就不履行这个义务，蒙哈两族争端日多……民初外蒙侵阿尔泰，新土尔扈特部多半移入迪化区，乌梁海部的居民自此以后，又多为外蒙掳去，因之阿山区的蒙民日减。……而哈民因生活条件优越，逐渐繁殖，加以欧战前后及俄国革命后逃入的哈民，到今天，阿尔泰地区又成了哈族人的天下。①

20世纪40年代，富蕴县哈萨克人主要来自木里合、哈拉哈斯、萨尔巴斯、且柔奇四个部落，少部分人来自依铁里、恰合拜、贾的克、白都哈拉等部落。1947年，周东郊对各部落的头人、管理户数，在富蕴县的户数做过统计（见表2—2）。② 在老人们的记忆中，木里合游牧的区域主要在现库尔特乡和喀拉通克乡，哈拉哈斯在现喀拉通克乡和吐尔洪乡，萨尔巴斯在现杜热乡与吐尔洪乡。20世纪30年代之前，萨尔巴斯人数应该较多。在1933—1934年马仲英入疆引发的战乱中，大部分萨尔巴斯的牧民东迁哈密，后迁入甘肃阿克塞县。

表2—2　　20世纪40年代富蕴县哈萨克部落的基本情况③　　　　单位：户

部落	头人（台吉）	总户数	富蕴县的户数	主要的管理者
木里合	尕里木	2500	600	副总管2名、扎楞2名、臧根10名
哈拉哈斯	哈列里	1800	340	副总管1名、扎楞6名、臧根5名

---

① 周东郊：《新疆阿山区概况》，《新疆论业》1940年创刊号。
② 周东郊：《新疆阿山区东部之哈萨克》，《西北论坛》1947年创刊号。
③ 恰合拜部落是柯勒依12个部落中建太开的下一级部落，与且柔奇、哈拉哈斯、木里合、萨尔巴斯不是同级部落。白都哈拉应该与恰合拜部落的情况类似，但不能确认究竟是哪一个部落的次一级部落。

续表

部落	头人（台吉）	总户数	富蕴县的户数	主要的管理者
且柔奇	达列里汗	—	114	臧根3名
萨尔巴斯	哈布都拉	—	40	—
依铁里	波浪白	1000	100	—
恰合拜	加里		50	
贾的克	开肯	—	12	—
白都哈拉	道列奇		10	

盆地的哈萨克人来自且柔奇、哈拉哈斯、木里合和萨尔巴斯四个部落。辛亥革命前，阿巴柯勒依部建太开部落的小部落"塔什比克"也在盆地游牧，并留下了一条名为"塔什比克"的水渠。"塔什比克"是建太开部落一个以母亲名字命名的小部落，人数不多。相传，因拒绝向清政府交税，他们迁移到了青河县，后又东迁哈密、巴里坤等地。具体迁出盆地的时间并不清楚，也缺乏相应的记载加以验证。塔什比克部落迁出后，水渠为且柔奇部落所占，因此又有人将塔什比克渠称为且柔奇渠。四个部落中，且柔奇人数最多，其次是哈拉哈斯、木里合与萨尔巴斯，分别为120户、30—40户、50户、20—30户（见图2—2）。且柔奇部落由臧根"恰里"管理，哈拉哈斯部落由哈列里台吉及其继承者瓦黑提台吉管理，木里合部落由比萨里克和臧根蒙巴依管理，萨尔巴斯部落则由臧根巨科依管理。几个臧根中，恰里在牧民中的威望最高，能言善辩，擅长与人打交道，20岁时即被选为臧根。

对盆地的哈萨克族而言，20世纪三四十年代是一个动荡不安、反复迁徙、充满痛苦记忆的年代。这一时期，主政新疆的盛世才出于政治和经济目的竭力控制阿勒泰地区的哈萨克族，以"肃清"和召开"蒙哈柯代表会议"的形式，将阿山（现阿勒泰）地区哈萨克族有影响的部落首领、宗教人士、比①、巴依（牧主）抓到乌鲁木齐囚禁。满凯、哈列里等

---

① "比"是哈萨克族的执法人员，负责处理民刑案件。比必须能言善辩，娴于辞令，熟悉哈萨克习惯法，善于处理各种诉讼案件。最著名的比可直接参与国家大事，为可汗出谋划策。由于比有很大的权力，有些比利用手中的权力成为部落头目，比由原来选举制也逐渐成了世袭制。参见《哈萨克族简史》编写组《哈萨克族简史》，新疆人民出版社1987年版，第189页。

消逝的草原

40多位宗教领袖、头人、比死于狱中,其中就包括了富蕴县哈萨克人的一些重要首领,如木里合的台吉尕里木和哈拉哈斯的台吉哈列里。吐尔洪年长的哈萨克族村民从父辈那里继承了对这场灾难的记忆。

> 30年代末,爷爷库热阿依与吐尔洪、柯克托海的其他巴依、臧根、台吉一道被国民党(盛世才)抓到了监狱里,并在监狱中死去。我们阿乌尔里的一个名叫努尔哈力的穷人也被抓了,和我父亲关在一起。这个人说,一天晚上,被抓的这些人被蒙上眼睛带走了,据说都被拉出去打仗。在被带走的路上,他看见路边的一个芦苇荡子,跳到里面躲着。国民党的士兵见一直没有动静,以为他被淹死了。这个人躲在芦苇中,用芦管呼吸,逃了回来。根据努尔哈力的回忆,当时和爷爷、父亲一块被抓走的还有另外7个人:赛力江巴依、居江巴依、奥塔力甫巴依、阿依尔江(且柔奇的比官)、巴巴(穷人)、努尔哈力(穷人)、马木尔巴(穷人)。①

1939年,主政新疆的盛世才利用毛拉夫案件,将吉木乃县萨吾尔山哈萨克族阿尔登伯克批捕,并刑讯逼供让其污蔑艾林郡王和阿山行政长官沙里福汗。12月,盛世才在柯克托海逮捕了阿山区宗教领袖阿合特阿吉。同时,政府组织了一个以督署参谋长周征棉为委员长的阿山视察委员会,其任务是收缴民枪,并于次年1月分东西两路收枪。一系列事件最终激起了阿山哈萨克人的反抗,始点就在吐尔洪盆地。战争导致大批生活于此的哈萨克族牧民遂东迁哈密、巴里坤、奇台、阜康等地,部分甚至迁移到了甘肃和青海。②

> 二月二日夜,往东山一路收枪的柯克托海县长徐尔麟、阿山视察委员会委员王明阁等,在哈拉布鲁红(吐尔洪)地方一牧民家中被杀。领头人是阿合特开比(哈列里台吉之兄)、阿依木汗台

---

① 2012年11月8日在拜依格托别村对柯列海(男,77岁)和喀列艾克海(男,62岁)的访谈。

② 周东郊:《新疆的哈萨克人(下)》,《边政公论》1947年第4期,第37—42页。

吉、阿布色依提、木沙臧根、尔斯汗、则尼等。当夜，他们率领二三百牧民攻打柯克托海县府和公安局；因攻打公安局不利，率众退回哈拉布鲁红……联络布伦托海（福海）及青格里河（青河）等县，以及柯克托海县之夏库尔台、沙尔托海两地牧民参加暴动。①

1940年9月，新疆省政府提出和谈，接受暴动牧民的四项要求，维持了短期和平。1941年5月，新疆省政府聘请由苏联专家组成的矿业考察团进入承化（现阿勒泰市）。哈列里台吉及其子热海提煽动说，盛世才已将阿山让与苏联。阿山牧民再次暴动，与省政府时和时战，但以失败告终。暴动残部在木里合部落牧民乌斯曼②率领下，逃到青河、富蕴两县的北部山区和青河县东部的布尔根河一带。1942年，乌斯曼从外蒙古获得武器、弹药、布匹、糖、茶的支持，实力增强。次年6月，乌斯曼与达列里汗③再次暴动，与盛军对峙，次年控制了青河、富蕴两县。1945年9月13日，在达列里汗游击队与三区民族军的联合攻击下，阿山解放。9月20日，乌斯曼抵达承化，当上了阿山区专员。1945年9月，三区革命政府与国民党举行了和平谈判，次年7月1日成立了联合政府。然而，三区革命政府内部并不团结，联合政府成立后

---

① 新疆社会科学院历史研究所：《新疆简史》（第三册），新疆人民出版社1987年版，第342—343页。
② 乌斯曼·斯拉木（1899—1951年），男，富蕴县库尔特乡人。关于乌斯曼的活动可参见《新疆哈萨克族迁徙史》编写组《新疆哈萨克族迁徙史》，新疆大学出版社1993年版，第99—108页。也可参见 Linda Benson and Ingvar Svanberg, *The Kazaks of China: Essays on an Ethnic Minority*, Sweden: Ekblads, Västervik, 1988。还可参见 Justin Jacobs, "The Many Deaths of a Kazak Unaligned: Osman Batur, Chinese Decolonization, and the Nationalization of a Nomad", *The American Historical Review*, Vol. 115, No. 5, December, 2010。
③ 达列里汗·苏古尔巴耶夫（1906—1949年），男，哈萨克族，生于科布多大臣所辖的乌列盖（现蒙古国境内）。民国十九年（1930年）春，返回其父游牧地，被委任为且柔奇部落的台吉。1940年，收缴民枪事件后，他被盛世才委任为承化县副县长。1941年，柯克托海牧民再次暴动后，他到苏联阿拉木图东方大学就读。1943年，达列里汗假道蒙古回到阿山区布尔根河流域的牧民游击队，制定了游击队内线作战方针，在承化、福海、布尔津等地指挥牧民游击队作战10多次。1945年10月，出任阿山行政区副专员兼阿山骑兵团团长。1948年，他出任阿山区"新盟"领导人后，多次发表演说，号召阿山人民做好准备迎接中国共产党领导的人民解放战争的胜利。1949年8月，达列里汗赴北平参加中国人民第一届全国政治协商会议。8月27日，途经苏联贝加尔区上空时，飞机失事遇难。参见阿勒泰地区地方志编纂委员会《阿勒泰地区志》，新疆人民出版社2004年版，第1207页。

消逝的草原

乌斯曼便与达列里汗、三区革命政府分裂，投靠国民党。国民党支持乌斯曼，希望借此瓦解三区革命政府。1947年2月，乌斯曼与三区民族军战火重燃。

战争给阿山各族人民带来了沉重灾难，迁移是寻常百姓躲避战火的唯一选择。一些零散的记录为我们了解这一时期哈萨克人的生活提供了线索。据记载，仅1940年5月就有3470顶毡房、19880人被迫迁徙，青河哈萨克族牧民受影响最大。吐尔洪、柯克托海与青河为邻，未能免遭波及。仅1946年12月3日，柯克托海移居奇台五马场的哈萨克族牧民38人，毡房9顶。① 1944年，参加乌斯曼部哈萨克牧民达数千人，有近20万头牲畜被裹胁。同年，吴忠信主政新疆后成立了由各族有影响人物组成的"宣抚队"。阿山宣抚队由艾林郡王为领队，到青河、富蕴及邻近福海一带宣抚，将流散的4000余哈萨克牧民找回到了承化附近，在布尔津又召回了150余人。② 吐尔洪盆地的牧民主要迁到了奇台、吉木萨尔和阜康，部分牧民迁到了青河和蒙古国，一些老人仍保留了这段迁移记忆。

  1947年时乌斯曼带700人马来和达列里汗来打仗。在战乱时期只为求得一块安生之地，当时在长辈们的带领下逃到了现在的阜康天池一带。逃过去的大概有1000户，1户最多是7—8人，共计7000—8000人。我们一家全部逃走，我自己是长子，在那边结婚。妻子也是这边的人，逃到那边的。我们家当时牲畜不多，但因为逃的过程中要跨过额尔齐斯河，所以只保住了大畜。在那边的生活肯定是不如这边的，一切都得从头开始，所以每天吃的每天赚。③

周东郊曾就这段历史做过评论，他写道："（民国）三十二年后，阿山民变，虽已变质，然如乌斯曼、苏莱曼人，亦不过亡命中，假外

---

  ① 《新疆哈萨克族迁徙史》编写组：《新疆哈萨克族迁徙史》，新疆大学出版社1993年版，第103页。
  ② 新疆社会科学院历史研究所：《新疆简史》（第三册），新疆人民出版社1987年版，第395、383页。
  ③ 2012年2月10日在阔孜克村对宰勒恩（男，86岁）的访谈。

力，图事功，即达列里汗诸人，在今日又何尝有行动与思想之自由。多年战乱，牲畜亡失，家室零散，老弱沟壑，壮者牺牲，昔日和平安静之东山，已为烽火所烧毁。今乌斯曼率领牧民退北塔山，余者陷处水深火热中，有者窜逃入迪区（乌鲁木齐），亦失生产凭依。"①

然而，迁移的影响不应被夸大。老人们提到，上述迁移的地区也是吐尔洪哈萨克牧民的习惯性牧场。在遭遇雪灾时，按照传统也借用这些地区牧民的草场。另外，乌斯曼属于木里合部落，而该部落与哈拉哈斯同源，是同兄弟的后代。因此，在很多牧民的记忆中，迁走时是多少牲畜，回来时仍然是多少牲畜，只是未有增长。部分牧民于1948年、1949年重新回到了吐尔洪盆地，继续游牧。但大部分牧民是1950—1958年在政府的帮助下，陆续返回吐尔洪的。且柔奇部落在1951年最早搬回来，之后是哈拉哈斯部落、木里合部落和萨尔巴斯部落，一直持续到1958年公社化之前。②首先回迁的是巴依（牧主）和有大畜的牧民，其次是无大畜的贫困牧民。在这个过程中，政府除了到奇台、阜康等地做动员、宣传党的政策之外，还为贫困牧民提供回迁的大畜，并为他们发放救济粮和小畜。

回迁的牧民，大部分仍然游牧，部分无大畜的阿乌尔率先定居，建立了互助组。到1956年，富蕴县二区（包括现吐尔洪乡、恰库尔图镇、萨尔托海和喀拉布勒根乡）已有哈萨克族牧民5076人。隶属于吐尔洪乡的约有4000人，他们在1958年合作化中被分到了吐尔洪公社的农业队、牧业队和富蕴县公私合营第一牧场。留在吐尔洪盆地、定居于阔孜克村从事农业生产的约有2500人。到2013年，盆地哈萨克族人口为6933人，占盆地人口的81.2%。另外，除了上文提到的四个小部落，还有少部分来自阿巴柯勒依部的建太开、贾的克、蔑尔乞提等小部落，也有部分乃曼部落的村民。这些村民主要是通过婚姻、工作关系移入。

二 维吾尔人

历史上，富蕴县还有少量维吾尔人。根据周东郊的记载，民国时期

---

① 周东郊：《新疆阿山东部之哈萨克》，《西北论坛》1947年创刊号。
② 2013年1月17日在阔孜克村对达乃（男，69岁）的访谈。

阿山（现阿勒泰地区）的维吾尔人商人比农人多，但在青河县有维吾尔人的农庄。在1946年的人口调查中，富蕴县的维吾尔人有15人。① 到2013年，吐尔洪盆地的维吾尔族有37人，主要集中在阔孜克村。这部分维吾尔人是1954年修建阔孜克村清真寺，从奇台、哈密、吐鲁番和喀什等地聘请的工匠。37名维吾尔族村民就是他们的后裔。

> 我的父亲是一个木匠，1954年从吐鲁番过来的。阔孜克的阿訇恰里（恰里不是阿訇，而是且柔奇部落的臧根）让父亲过来建清真寺，就说牧民们定居了需要一个清真寺。春天开始建，秋天就建好了。清真寺共2层，外面是用红砖。父亲请了一些人，一起建的清真寺。这些维吾尔族是从奇台、喀什噶尔过来的，但在清真寺建好后大部分人都离开了这个地方。父亲在清真寺建好后，留了下来，被请到了铁木加工厂给当地的哈萨克人教木工。②

吐尔洪盆地的维吾尔族与哈萨克族频繁通婚，在生产生活、语言、文化习俗、行为方式、社会交往等方面与哈萨克族无异。哈萨克族村民常说"这里的维吾尔族都哈萨克化了"，而维吾尔族也认可这一说法。大部分第二代和第三代维吾尔族后裔已经不会维吾尔语，和祖籍地没有联系。因此在此地，从学术意义上将维吾尔族与哈萨克族区分的意义不大。

三 回汉居民

周东郊也记载了民国富蕴县哈萨克人之外的其他族群人口的情况，包括：乌梁海蒙古人106户、白俄罗斯人20户、汉人20户、塔塔尔人5户。③ 在1946年的人口调查中，富蕴县的汉族仅为142人、回族3人。④ 汉族主要是挖金客与商人，其次是公务人员，以及在阿山置不动产常住的汉族移民，人数不多。回族则以农人居多，也有部分青海撒拉回族。本书涉及的汉族与回族主要是在1960年后进入吐尔洪盆地的移民。在

---

① 周东郊：《新疆阿山区概况》，《新疆论业》1940年创刊号。
② 2013年1月21日在阔孜克村对易米提（男，62岁）的访谈。
③ 周东郊：《新疆阿山区东部之哈萨克》，《西北论坛》1947年创刊号。
④ 周东郊：《新疆阿山区概况》，《新疆论业》1940年创刊号。

此，仅对汉族与回族的情况做一个简单介绍，具体情况在本书第八章中进行探讨。

1960—1970年间，富蕴县政府接纳了甘肃、宁夏、河南约70户的回族、东乡族和撒拉族移民，将之集中安置在喀拉奥依村，称之为回族队。之所以称为回族队，一是因为该村汉族和哈萨克族人口所占比例仅为30%；二是因为东乡族、撒拉族村民都认为自己与回族村民没有区别，并认同"回族"的称号。回族、东乡族、撒拉族移民主要来自甘肃临夏，只有2户来自宁夏，1户来自河南。移民的生产生活习俗、社会交往方式与文化传统基本一致，在内部很少区分族群身份，并频繁通婚。对外三个族群都称自己为"回族"，只是在户籍统计和调查者问起时才进一步说明族群身份。此外，在回族作为一个主要族群存在的情况下，东乡族和撒拉族出于政治、经济等方面的原因对回族的依附程度比较高。因此在此地，从学术上区分三个族群的意义不大，为了行文方便，文中统一称他们为"回族"。[①] 他们参与了水库的修建、耕地的开垦和农业的发展进程。到2013年，该村有回族411人、东乡族188人、撒拉族11人，合计占盆地人口的7.1%。

1960—1980年，富蕴县政府分三批接纳了来自甘肃、河南、安徽、山东、四川等地的汉族移民120余户。1960—1970年约40户汉族移民被安置到喀拉奥依村。1965年流入的30户汉族移民，后在吐尔洪水库修建后被安置在塔斯托别村。另外，1970—1980年流入的78位汉族移民（未婚男性）被安置到现乡政府所在地，组建基建队（社队企业），负责公社和牧场的公用设施建设。之后，又有一些汉族通过婚姻、投靠亲戚或老乡移入。到2013年，汉族835人，占盆地人口的9.7%。

到2013年，这个多民族社区就包括了10个哈萨克族聚居村、2个汉族聚居村和1个回汉共居村。哈萨克族聚居村包括：阔孜克、达尔

---

① 东乡族与回族之间，问题极小，因在新中国成立前东乡族曾被认为，亦自认为就是回族，新中国成立后才正名为东乡族。同时因为宗教上完全相通，所以东乡与回族之间的差别除语言外，在其他方面是很小的，迄今许多东乡族的群众仍然自称"我们回族"如何如何，这也说明群众中间并不太意识两族的差别。东乡地区的回族主要在唐汪区，在这里没有听到两族群众之间有什么纠纷。参见国家民委《民族问题五种丛书》编辑委员会甘肃省编辑组《裕固族东乡族保安族社会历史调查》，甘肃民族出版社1987年版，第79页。

肯、吉格里拜、康阔勒特克、吐尔洪、托普铁列克、阔克塔勒、拜依格托别、阔克铁列克和库热特克。2个汉族聚居村是塔斯托别和隶属于吐尔洪村的基建队。1个回汉共居村是喀拉奥依。另外，盆地东北和东南两侧的山地草原是吐尔洪乡克孜勒塔斯牧业村（牧业一队）和哈拉吉拉牧业村（牧业二队）的春秋牧场。

第三节 从部落到国家：社会制度的转变

新中国成立前，新疆的哈萨克牧民处于双重制度的管理之下，一方面是传统的部落制度，另一方面是国家对哈萨克社会的管理制度。[1] 清与民国时期，中央政府无力完全控制哈萨克社会，通过赐予哈萨克社会上层爵位和职位的形式控制哈萨克社会的部落精英，再通过部落精英实现对整个社会的控制。中央政府并不直接干预部落内部事务，传统的部落制度仍是哈萨克社会维系精英与牧民关系的基础。随着1958年畜牧业社会主义改造的完成和人民公社制度的建立，哈萨克人被纳入了国家的有效治理之中，传统部落制度逐渐退出了历史舞台。

一 双重制度

哈萨克族的部落制度以血缘为纽带，在氏族部落社会组织的基础上自然形成。自下而上的社会组织包括阿乌尔、氏族、部落、大部落、部落联盟，每一级的组织都有推选或世袭的头人。[2] 在这套制度中，阿乌尔是最低一级的社会组织，也是牧民基本的生产生活单位，通常由5—10户三代或四代近亲组成。阿乌尔的形成来自父系家庭的裂变。儿子

---

[1] "双重制度"由崔延虎教授在剑桥大学做访问学者时（1992—1993年）首次提出。核心观点是：草原资源主要由各个游牧族群的社会组织——部落——管理，并为部落的"习惯法"所制约。清政府在阿勒泰草原建立旗制后，草原资源的使用权仍然掌握在部落首领之中，但是清朝地方政府可以协调草场的使用，收取、征用牲畜作为赋税或贡品。民国时期，一方面部落制度开始衰微，另一方面新疆政府在草原地区普遍建立了地方政权形式，"双重（管理）制度"开始向政府一方倾斜。但是在使用草场的决策上没有出现大的变化，传统的游牧制度与古老的牧道一样，仍然被实践着。参见崔延虎《新疆北部草原地区可持续发展研究——草原社会、经济、文化、环境与可持续发展》（打印稿），2001年，第60页。

[2] 安俭：《中国游牧民部落制度研究》，甘肃人民出版社2005年版，第168页。

婚后，父母即在自己的毡房（名为老房子，哈萨克语中称之为"玉孔岳义"）旁边搭建一个小毡房（名为小房子，哈萨克语中称之为"卧秃"），这就是阿乌尔的原型。一个阿乌尔内的牧民一起居住和放牧，并由放牧经验丰富、有威望、富有的年长牧民——阿乌尔巴斯——所管理。在一些有牧主的阿乌尔中也可能存在非亲缘关系的成员，通常是贫苦的牧工和与阿乌尔成员有姻缘关系的牧民。非亲缘关系的成员通常通过收养与阿乌尔巴斯建立拟血缘的关系，或是与阿乌尔成员通婚建立姻缘关系。杨廷瑞对这一社会组织有着准确的描述：

> 这种牧庄（阿乌尔这一类基层社会组织），是游牧区的生产、社会和行政的"三合一基层组织"，犹如连接社会（干、枝）与家庭（叶柄、实把）之间的"梗"。……牧庄是游牧（部落）社会、游牧社区的所有和体现。从它身上能体现和看到几乎从经济到伦理的全部游牧社会、社区人与人的社会关系。[1]

阿乌尔之上是不同级次的血亲集团，名为"耶利"。"耶利"是阿勒泰的哈萨克人对家庭以上较大的血亲集团通用的总称，如柯勒依耶利、哈拉哈斯耶利、霍姆森耶利（哈拉哈斯耶利次一级组织）。[2] 在哈萨克汗国时期，7辈以下的阿乌尔组成名为"阿塔阿依马克"的社会组织。13—15个"阿塔阿依马克"组成名为"露乌"的社会组织——氏族，是外婚的单位，哈拉哈斯、且柔奇、木里合、萨尔巴斯即是这一级组织。几个"露乌"组成"阿洛斯"，即部落，阿巴克柯勒依就是这一级组织。[3] 在吐尔洪，牧民视柯勒依为大部落，视哈拉哈斯等12个耶利为小部落。霍姆森为代表的这一级耶利不具有重要性，但小部落与阿乌尔一样对牧民的生产生活有着直接和重要的影响。草场以小部落为单位划分，阿乌尔以小部落为单位聚集。在社会组织上，每个小部落都有一个部落头人，负责处理相关事务。每个小部落都有"比"，负责处理

---

[1] 杨廷瑞：《游牧业的四要素》，《新疆社会经济》1995年第2期。
[2] 王作之等：《阿勒泰哈萨克族柯勒依部落的氏族制度遗迹（1953年春）》，载《新疆牧区社会》，农村读物出版社1988年版，第211页。
[3] 苏北海：《哈萨克族文化史》，新疆大学出版社1989年版，第332—333页。

消逝的草原

部落之间和部落内不同阿乌尔之间的纠纷。

部落制度以哈萨克社会分支性社会结构（见图2—4）为基础，通过不同层级亲族组织的头人实现对社会的管理。已有研究揭示出，部落一级的头人通过世袭而产生。部落之下各级组织的头人则以经验知识，以及建立在经验知识之上的威权为基础推举产生。① 换言之，在哈萨克社会内部存在着一套以部落制度为基础的社会管理制度。这套制度一直延续至20世纪50年代，在牧区畜牧业社会主义改造中才寿终正寝。

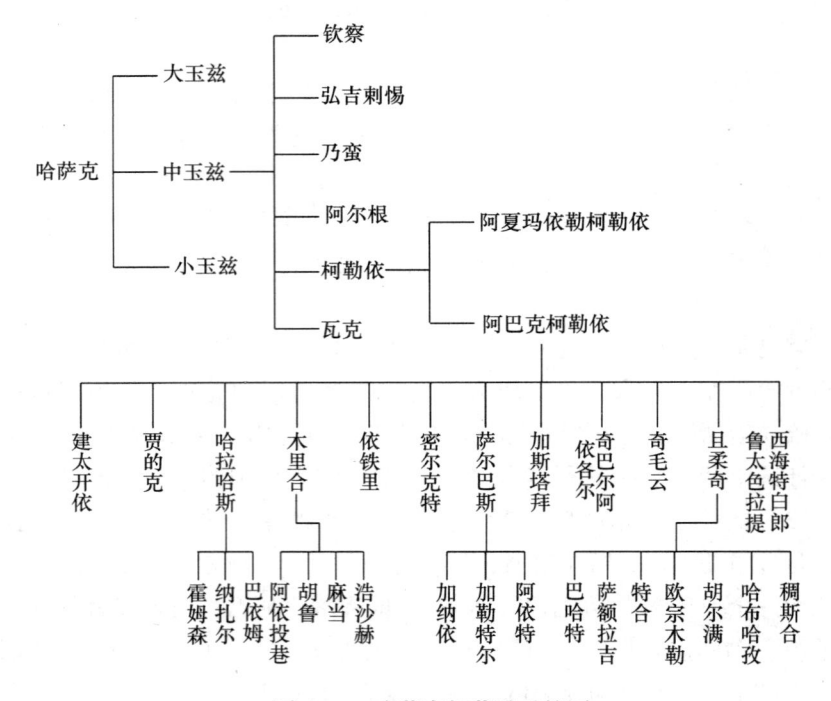

图2—4 哈萨克部落世系简图

与部落制度并存的是中央政府在阿尔泰山推行的一套制度体系。乾隆平定准噶尔后，在西北边疆推行了两项重要制度，即设置军府和编旗设盟。军府制是一种行政管理制度，目的是加强对边疆少数民族的监督

---

① 王明珂：《游牧者的抉择：面对汉帝国的北亚游牧部族》，广西师范大学出版社2008年版，第58—60页。

和控制、加强边疆地区的军事力量和巩固边防。乾隆二十六年（1761年），清朝在彻底平定准噶尔后，鉴于阿尔泰山及周边地区的重要性，设科布多大臣，受乌里雅苏台将军节制。① 光绪三十一年（1905年），科阿分治，在现新疆阿勒泰地区设阿尔泰办事大臣。盟旗制度侧重于对边疆少数民族上层人士既得利益的保护，在阿尔泰山就包括了乌梁海蒙古、土尔扈特与和硕特蒙古。军府制与盟旗制二者相辅相成，相互补充。

这两项制度本不涉及哈萨克人，但一系列事件改变了这样的局面。清平定准噶尔后，大量哈萨克人内附，并进入阿尔泰山游牧。初期，清对哈萨克人的态度是驱逐出卡伦，并不将哈萨克人视为天朝子民，以避免给边防带来新的矛盾和问题。但是，哈萨克人在中亚遭到沙俄的压迫，仍坚持内附。同治元年（1862年），库库岱之子阿吉公带领柯勒依12个部落迁到阿尔泰山南麓的哈巴河、额尔齐斯河、萨吾尔山一带游牧，据估计有4万人之多。② 光绪七年正月二十六日（1881年2月24日），中俄签订了《中俄改定条约》，又称《中俄伊犁条约》，确定了人随地走的原则，内附的哈萨克人成为天朝臣民。哈萨克人自然纳入了军府制体系之中。蒙古人逐渐迁出阿尔泰山后，盟旗制度失去了重要性，如何管理不断内附的哈萨克人成为新的重点。清政府以爵位和职位委任大小部落头人，形成了一种部落制度与君主专制制度结合的管理形式。爵位和职位包括公、台吉、乌库尔台、扎楞、臧根、千户长、百户长、五十户长等。③ 新疆建省（1884年）前，阿尔泰地区有一个公和四个比。建省后，设公一员、大臣二员、乌库尔台四员，公的权力最大。公、台吉是哈萨克社会的贵族，世袭制，其余的则由哈萨克社会内部选举产生。

因此，在阿尔泰山存在着两套社会管理体系。一套来自中央政府，是中央对该地区统治的象征，是中央到地方垂直管理系统的一部分；另一套脱胎于哈萨克人原有社会结构，是贵族政治与平民政治的组合，有

---

① 白剑光：《晚清阿尔泰边防研究》，博士学位论文，河北师范大学，2009年，第43—44页。
② 房若愚：《新疆哈萨克族人口规模变迁及分布》，《新疆大学学报》2005年第4期。
③ 安俭：《中国游牧民部落制度研究》，甘肃人民出版社2005年版，第170—171页。

一定的自主性。两套体系的功能定位也不一样，前者负责屯垦、戍边、军政、外事和不同族群关系的调节，后者负责哈萨克社会内部事务的管理。两套体系也存在事务上的关联，获得爵位和职位的公、乌库尔台、台吉等接受地方官员（如科布多参赞大臣、阿尔泰办事大臣）的考核。作为帝国的一部分，哈萨克人亦要承担臣民的义务，要向清政府缴纳赋税，这是政府对哈萨克社会管理的重要标志。

> 1889年（光绪十五年）以前是缴纳牲畜头数的百分之一。在这以后，改为定额租。……阿尔泰地区的哈萨克族从光绪三十二年（1907年）起每年缴纳租马四百匹。1905年（光绪三十年），清朝政府把阿尔泰从科布多划出，另设阿尔泰办事大臣。此后，阿尔泰的哈萨克族每年要给清政府缴纳六百匹马。[1]

双重制度在实际运行中涉及两个层面：首先，通过传统的部落制度实现哈萨克社会内部的管理，并处理部落精英与牧民之间的关系；其次，通过授予部落头人爵位和职位的方式，借助部落精英实现对哈萨克社会的管理，并处理国家与他们之间的关系。两种制度并行不悖，国家的管理制度并不能取代传统部落制度，也没有能力直接控制牧民。对普通牧民而言，部落制度是真实的，并时刻发挥着效力。国家是外在的，与国家的关系是头人关心的问题。

民国时期，双重制度得到了延续，但国家对哈萨克社会的管理有进一步强化的趋势。在1925年之前，富蕴县隶属于布伦托海县（1942年改为福海县）。1925年国民政府设立了柯克托海设治局，到1941年更名为富蕴县。[2] 这揭示出中央政府一直致力于更有效地管理哈萨克社会，并逐步在这一地区扩张国家的权力。这引发了一系列社会与政治后果，包括：境外势力乘虚而入，不同政治人物粉墨登场，哈萨克人数次反抗，阿山陷入了持续的动荡之中，百姓流离失所。毋庸讳言，阿山动乱有境外势力（外蒙古）的挑唆、官员的腐败、对矿产资源的争夺、

---

[1] 《哈萨克族简史》编写组：《哈萨克族简史》，新疆人民出版社1987年版，第214页。
[2] 富蕴县史志编纂委员会：《富蕴县志》，新疆人民出版社2003年版，第30页。

肃清和收缴民枪高压政治等原因，但本质上是国家权力扩张导致的与地方社会自主性的冲突所致。政府力求变双重制度为单一体系的控制，而哈萨克社会力求维持现状。周东郊在《新疆阿山区东部之哈萨克》一文中曾对此有所分析。

> 民国二十九年二月，阿山民变，起于富蕴，其因，反对盛氏之特务统治，而目的在实现东山之哈民自治。三十年六月再变，亦起于富蕴，其因为反对苏联矿业考察团入东山，目的仍在实现东山之哈族自治。此两次民变，皆因高压政治促成，暴动者初未提任何反对汉人反对祖国之口号，其向政府所提出之要求，亦不过取消公安局，释放被押牧民，不许他种势力入东山，及允许哈人自治耳。①

二 双重制度的终结

凯若琳·汉弗瑞和戴维·史尼斯指出，中亚草原地区的发展显示出明显的"极化"过程，成为依赖中国和俄罗斯的中心区域的政治与经济边陲。② 上文分析说明，"极化"是一个渐进的和曲折的过程，而"双重制度"的终结是一个重要表征。在阿尔泰山南麓，这一过程初步完成于20世纪50年代，与行政下乡、政党下乡和政策下乡三条进路相关。③ 三条进路分别指向行政体系的建立、新精英的培养，以及"不斗、不分、不划阶级"和"牧主、牧工两利"等政策。实质是将牧区社会整合到国家体系之中，使国家意志在牧区得到传达和实施，这对哈萨克社会转型与草原生态环境变迁都产生了深远的影响。

1950年3月3日，新疆军区独立团进驻承化（阿勒泰市），几天后独立团的一支队伍进驻柯克托海。3月21日，富蕴县人民政府在柯克托海成立。新生的人民政府很快地在盆地建立并推行了新的管理制度。1952年3月，县里的四个干部瓦黑提、色克依、巴巴胡马尔、买米拉

---

① 周东郊：《新疆阿山区东部之哈萨克》，《西北论坛》1947年创刊号。

② Caroline Humphrey and David Sneath, *The End of Nomadism? Society, State amd the Environment in Inner Asia*, Duke University Press, Durham, 1999.

③ 刘鑫渝：《土地制度变迁视野下的哈萨克牧区社会——以新疆新源县为例》，博士学位论文，吉林大学，2011年。

（皆是部落头人、阿訇和有影响的老人）到阔孜克动员牧民建立了旨在发展"农业"和实现定居的互助组——冒英塞里克或乌云木。① 哈拉哈斯部落的贫苦牧民卡彼都拉率先建立了11户组成的互助组。根据袁广岳和张绍祖的调查，吐尔洪牧区（与二区的范围相当）在1952年就建立了22个互助组。② 笔者将22个互助组的资料与老人们核对，可以确定其中的11个就在盆地及其周边地区。

1953年11月富蕴县第二区成立，下辖吐尔洪、恰库尔图、萨尔托海、喀拉布勒根四乡，区政府位于盆地的阔孜克村。县、区、乡的垂直体系建立起来，其下是已经组织起来的常年互助组和临时互助组，并通过选举产生了互助组组长。从组长所具备的特征来看，与阿乌尔巴斯所具有的特征并无明显差异。在哈萨克传统社会中，获得阿乌尔的领导权主要来自于辈分、知识、品德和能力，以及在此基础上的权威。阿乌尔巴斯并非完全由牧主担任，但牧主成为头人的可能性更大。这不仅是因为他有较多的牲畜，其他成员必须依附于他，也是因为牧主通常对当地的资源、环境更熟悉，并有管理草场和畜群的经验和能力。在牧民看来，财富（主要是牲畜）是通过劳动、知识和智慧而创造。老人们常说"那些人（牧主）都是靠自己的双手养活自己"。在一些阿乌尔中，牧主及其家庭承担了阿乌尔内主要的放牧任务。通过权威获得领导权，仍然是新"精英"们的成长道路。但与传统精英不同的是，新精英主要来自贫苦牧民，并愿意和能够扮演政府与群众中间人的角色，不但要具有民间基础，还必须得到官方的认可。

也应该注意到在公社化之前，新的管理制度并未取代传统的部落制度。1958年前，政府在牧区执行了"不分、不斗、不划阶级"，"保护发展包括牧主经济在内的畜牧业经济、牧工牧主两利"政策。大部分

---

① 1953年，土尔浑（吐尔洪）牧区的互助组有22个，其中且柔奇氏族18个，哈拉哈斯氏族4个。互助组有三种类型：一种是从播种到碾场，共同生产，按投籽种的数量分配果实的"乌云木"，有6个。另一种是互助播种、各自管理收碾的"冒英塞里克"，有9个。第三种从内容上说介于两者之间。但或称"乌云木"或称"冒英塞里克"，没有规定，有7个。参见袁广岳等《富蕴县土尔浑牧区的农业生产互助组（1953年4月）》，载《新疆牧区社会》，农村读物出版社1988年版，第83页。

② 袁广岳等：《富蕴县土尔浑牧区的农业生产互助组（1953年4月）》，载《新疆牧区社会》，农村读物出版社1988年版，第83—107页。

牧民仍然以部落划分草场，以阿乌尔为单位转场。传统的部落头人在这一时期仍享有权威，瓦黑提、恰里等人甚至被吸收进了县、区政府之中。在具体工作中，得到部落上层、巴依、宗教人士的支持至关重要，而且通常需要通过他们得到群众的支持。比如，在1956年富蕴二区各项工作总结中，就提到了这样一个实例：

> 今年，全区共卖给国家羊毛72727公斤、驼毛7000公斤、山羊绒733公斤、山羊毛196公斤、马鬃169公斤，各种皮子2705张，肠衣2449根。之所以能较好地完成畜产品收购的任务，主要是做了以下几项工作的：我们除了利用各种机会（如库尔班节）向群众宣传把畜产品卖给国家的意义外，还在收购秋毛时召集了两次上层人士及牧主座谈会，反复地给他们讲了把畜产品卖给国家、支援国家建设的道理。到会者一致表示愿意把畜产品卖给国家。会后，由这些人组织成各乡的畜产品收购委员会，通过他们再到群众中去宣传。经过长期的宣传后，群众一般都懂得了把畜产品卖给国家的意义。在收购时又采取了到每户去按实际情况进行预购，这样群众才能把今年可用的毛卖给国家。①

1956年，自治区政府发出了"畜牧业社会主义改造"（简称"牧改"）的口号，认为牧区虽未进行民主改革运动，但基本完成了民主改革任务，就使畜牧经济中产生和增加了社会主义因素，就使我们对畜牧业经济实行社会主义改造具备了条件。因此，对畜牧业进行社会主义改造不仅是必需的，而且也是可能的。② 从笔者查到的资料和调查情况来看，这一过程并不容易。新疆牧区到1955年8月，临时互助组2740个，常年互助组330个，入组牧户15846户，仅占总户数的13%强。③ 在盆地，牧改首先是要在互助组的基础上组建初级牧业生产合作社，然

---

① 《第二区1956年各项工作基本总结》（内部资料），1957年1月19日。
② 王恩茂：《关于牧业社会主义改造问题——一九五六年五月二十一日在新疆第三届牧区工作会议上的报告》，《牧区政策文献汇编》（内部资料），1985年，第44页。
③ 梁达新：《新疆维吾尔自治区的畜牧业》，畜牧兽医图书出版社1958年版，第132页。

后再向高级社转变。到1956年，第二区参加互助组的户数仅有237户，只占总户数的23.9%。① 在牧民中，还普遍出现了各种顾虑和担忧。

有些组员对建社还存在不少顾虑：哈比都拉（卡彼都拉）组的阿不夏提说"乳牛役畜多，耕畜折股入社后，是否还记工分。我有7头乳牛，入社后，奶子是否还归我自己。入社牲畜能否有权借给别人"。马木提组的托乎它尔说"入社后，牲畜是否归公，别人的牲畜我是否也能宰着吃"。还有的问"牲畜入社后，是否可以随便拉回来使用了"。妇女们说："入社后，奶子怎么挤，搬家用的牲畜怎么办。"另外，缺少劳力户说"若得的工分少、生活艰难怎么办"。②

牧民的顾虑和担忧根源在两个方面：首先，牲畜折价入社、统一调配和计工分获取收益的方式，违背了哈萨克社会传统的"草场共有私用"和"牲畜合放私有"的生产制度；其次，入社后，牧民不能随时调用牲畜，这给牧民转场、挤奶等日常生产生活带来不便。然而，即便存在这些担忧和顾虑，合作社还是在质疑中建立起来了。1956年12月，以卡彼都拉常年互助组为基础，吸收周围比道拉、马木提两个常年互助组参加，共计34户，在阔孜克建立了新生牧业生产合作社。同时，又在苏尔特建立了规模相当的金星牧业生产合作社。即便如此，牧民对合作社的顾虑和担忧也从未消失。

怕互助组合作，想办法逃避社会主义改造。如一乡的脱乎他尔互助组，去年的收益并不坏，今年经过整顿后又散了。散的原因是：他们公开地说："互助组是合作社的前身。这个我们已经看见了。今年互助组明年合作社，很快就共产了。"……又如一乡的热苏说："……200多匹马没有舍得吃两匹，眼看着这些东西都不是我的了。"……部分群众不管你说什么，你尽管说，做不做由我。

---

① 《第二区1956年各项工作基本总结》（内部资料），1957年1月19日。
② 《富蕴县二区建设简报（第一期）》（内部资料），1956年11月15日。

> 如四乡的乡长说：群众真的很难发动，你说叫他孩子念书，他说我的孩子要放羊。你说搬吧，他却说不搬……这次统计中，有的群众不管你说什么，他都不登记。实在烦了，就胡乱说一些数字。①

在牧民的顾虑、担忧中，合作社迅猛推进。1958 年年初，二区和三区政府上报富蕴县政府，提出在年内完成牧改工作，在吐尔洪建立一个公社和一个公私合营牧场。是年 6—9 月，区政府到夏牧场做了组织动员，告知牧民在秋收后牲畜将折价入社。8 月 20 日和 10 月 20 日，在盆地的拜依格托别先后两次完成了牲畜上交的工作。根据计划，拥有 700 只羊单位以上的牲畜（牧主）划归富蕴县公私合营第一牧场，700 只以下的牲畜划归吐尔洪人民公社。牧场分布在恰库尔图乌伦古河的两岸和苏尔特盆地，并按照牲畜类型组成不同的放牧组，包括羊队、马队、牛队和骆驼队。吐尔洪公社包括两个部分，即在盆地和恰库尔图的 4 个农业队和在恰库尔图的 2 个负责公社畜群放牧的牧业队。

在实际操作中，确立了牲畜之间的折算标准：一峰骆驼算 8 只羊，一匹马算 6 只羊，一头牛算 5 只羊。凡是牲畜数量达到 700 个羊标准单位的牧户就被划定为牧主。盆地共有近 20 户被划为牧主，其中且柔奇 8 位、木里合 7 位、哈拉哈斯 3—4 位。在牧主焦耳巴斯的两位侄子——柯列海、喀列艾克海兄弟——的记忆中，焦耳巴斯有绵羊和山羊 4000 来只、马 100 来匹、骆驼 40 峰、牛 40 头。这些牲畜被分给了 20 户牧工放牧。这 20 户牧工用的夏季牧场、冬季牧场和春秋牧场也都是焦耳巴斯的牧场。

尽管牧改工作如期完成，组建了人民公社和牧场，但却也遭到了牧民的抵制，甚至激烈的反抗。1958 年 9 月 11 日，三区（现杜热乡）的加米西提汗、恰瑞、达列里汗·买切勒发动"武装叛乱"，数日内发展到 360 多人，有枪 20 余支、马 600 多匹。9 月 28 日和 10 月 1 日，叛乱分子在喀拉通克、柯克托海等地打死官兵 25 人。② 叛乱直到次年 6 月才被平定。在这次叛乱中，且柔奇部落的臧根恰里也被牵连进去，作为

---

① 《1957 年吐尔洪区春季各项生产工作简报》（内部资料），1957 年 5 月 24 日。
② 富蕴县党史研究室：《峥嵘岁月》（内部资料），2012 年，第 13—14 页。

消逝的草原

"班德"（哈语，意为土匪）被抓，并死于阿勒泰哈巴河县的监狱中。恰里的女儿哈热雅仍记得当日的情形：

> 1958年公社合营时出的班德，原因主要是这些牧主不愿意把牲畜交出来，也有些人反对公私合营。当时我们听到从哈拉哈斯部落里的几个人带头成了班德，杀死了拜依格托别那里的一个士兵，抢走了他的枪。后来我父亲也被称为班德，原因就是上级怀疑他，因为他当时是一个部落首领，可能想的这个人跟那些人是有关系的。10月的一天，我们一家人都在家，铁斯肯拜（当时富蕴县公安局的工作人员）带10来个人来到我们家，先跟我父亲打了个招呼说"您在家啊"。我父亲说"我不在家，还能去哪儿啊"。然后他们进屋坐了下来，屋外站着几个士兵。一会儿，铁斯肯拜跟我说"去叫一下阿汗，我们过来收劳动力的，要挖渠"。阿汗是我父亲的外甥，家在离我家不远处，我跑过去带他来到家。他一进屋，我们听到枪声了。一瞬间，我父亲和阿汗被绑走了。我们哭着留在家里，很不理解。当时父亲也没有给自己部落的人说不要把自己的牲畜交出去，也没有在民间做反对共产党的宣传，无缘无故被抓。2006年，在县城开政协会议时，父亲被说成没有罪。我的弟弟去参加了这个会，给了个证。我父亲那些年当部落首领、当臧根、建学校和清真寺。谁都服从他，换来的却是一场灾祸，最终被称为班德，交出了他的命。①

起初，给笔者的印象是"班德"应主要来自牧主，因为他们的牲畜更多，抵制和反抗合作社的可能性也就越大。实际情况并非如此，一些老人提到成为班德的有牧主，但主要是在新中国成立后逐渐积累起牲畜的一般牧民，因为他们的牲畜发展更为不易。因班德受到牵连的，还有另外58位牧主、阿訇（宗教人物）、巴图尔（英雄）等哈萨克社会的传统精英。1958年冬，这些精英被通知到阿勒泰地区开会，之后即被扣押、流放，部分在流放中去世，部分人平反后回到了盆地。

---

① 2013年1月26日在吉格里拜村对哈热雅（女，73岁）的访谈。

第二章
吐尔洪盆地

有些人不是牧主,是穷人。这些穷人是比较能干的,就害怕这些人以后会反对共产党。有些人是巴依,有的是臧根,有的是比,其实他们对共产党根本就没反对。很多人也没有牲畜,只是放牧,慢慢自己富裕起来的。搞集体化、公社他们也没有反对,他们(政府)怕的就是出问题,这些人将会成为带头人。后面这些人,大部分人被洗冤了。与恰里一起被抓的有确科依、阿甫扎里汗、库马什、阿汗,这些全都是一些穷人,也都是且柔奇的。这些人都很勤奋、能干,都是和国民党打过仗的人。他们说乌斯曼肯定不是一个人,都是其他人帮他出名的。像这样的穷人也被抓走了,还有很多。……共产党当时在这边的影响力不大,巴图尔(英雄)的影响力比较大。①

显然,"牧改"之目的并非仅限于"畜牧业的社会主义改造",而是对牧区社会的"社会主义改造"。在很多牧民的记忆中,在公社化之前,传统部落头人的威望仍在,并具体负责部落、阿乌尔内部事务。前文引用的文献也验证了牧民的记忆。因此,要完全实现"牧改"之目的,除了要改变传统游牧业的生产形式与关系,还必须对哈萨克社会进行改造。一位被流放的牧主的儿子直言"镇压班德和流放牧主,本质上是为了实现对哈萨克社会的控制"。原因有两个:首先,被流放、抓捕之人并非都是牧主,但都是在哈萨克社会有威望之人;其次,这些人都是在上交了牲畜之后被抓。换言之,即便对"牧改"和"公社化"心怀不满,但并不影响这两项工作的推进。不管镇压班德和流放牧主的原因和目的是什么,但从结果上看传统哈萨克社会的精英退出了当地社会的政治舞台。《关于二、三区牧改报告的批复》中的一段话很好地揭示了镇压班德所取得的效果。

在这次剿匪工作中,我们一方面打掉了叛乱匪首巨开和哈力曼,这不但对我县广大农牧民是一次广泛而又实际的镇反宣传教

---

① 2012年2月7日在吐尔洪村对喀特兰(男,76岁)的访谈。

育，是一次实际深刻的阶级教育，拔掉了牧改工作中的主要障碍，为我县社会主义改造和社会主义建设的"大跃进"扫清了道路。……削弱对那些旧的封建上层在群众中的影响。因此，我们必须很好地在干部和群众中贯彻阶级路线，……在牧区呢，就要依靠贫苦的劳动牧民，这是我们坚定不移的最根本的阶级路线。[1]

在传统精英退出政治舞台的同时，一批新精英崛起了。新精英包括了两类人员：首先，通过互助组，政府培养了一批有别于传统部落头人的"精英"。到1957年，吐尔洪已经培养了10名党员，另外还有若干名团员，并成立了团支部和党支部。[2] 这些"精英"成为1958年公社化后吐尔洪公社、大队和牧场的主要负责人。其中，1952年、1956年率先在吐尔洪建立互助组和新生牧业生产合作社的卡彼都拉最具代表性。根据其侄子脱和陶（男，69岁）的说法，卡彼都拉是一介贫民，为人正直、讲公平、能听进他人的建议、有能力，上能够与政府沟通，下能够及时地传达上级的指示。因此，他不但成为互助组和合作社的负责人，而且也是吐尔洪最早的党员。吐尔洪村托克尼（男，83岁）老人原是巴依的牧工，但因曾在柯克托海与俄罗斯族人生活，懂汉语和俄语。1953年二区政府成立时，他成为书记的翻译，很快入党，工作到退休。

其次，拥护合作化或是顺从合作化的传统精英转身成为新的精英。在且柔奇部落，最富的巴依并非焦耳巴斯，而是奥塔力甫。一个机缘让奥塔力甫一家免遭波及，安然地躲过了这一劫难，而且其子也成功地成为公私合营第一牧场的副场长。1957年，二区政府发布通知，要选拔有影响的巴依到北京开会。二区政府的副区长阿克巴依是焦耳巴斯的岳父，所以首选之人为焦耳巴斯。焦耳巴斯因担心牲畜无人照料，最后区政府选择了奥塔力甫的儿子斯科作为替代者到北京开会。斯科归来后，随即将自己的500头牲畜交给了新生合作社。在1958年的牧改中，因

---

[1] 中共富蕴县委员会：《关于二、三区牧改报告的批复》（内部资料），1958年7月4日。

[2] 《1961年中共吐尔洪公社党委工作报告》（内部资料），1961年12月15日。

积极响应了合作化运动,斯科被任命为公私合营第一牧场的副场长。奥塔力甫最终在恰库尔图安享晚年,直至93岁才去世。

老人们对新精英的评价不尽一致,如一些老人就认为卡彼都拉做事"机灵",与"圆滑"的意思相近。机灵的不止他一个人,因为斯科也很机灵地捐出了自己的牲畜。与传统精英对公社化公然或私下的抵制、抱怨不同,新精英毫无保留地贯彻执行了上级的命令,并借此获得了信任。依靠这些新精英,国家实现了对哈萨克社会的直接管理,并保障了国家政策的顺利推进。

与传统精英一道退出的还有传统的部落制度,双重制度最终在1958年被人民公社制度所代替。部落的地理与社会边界被打破,国家通过公社、大队、小队三级制度管理牧民。牧民不再游牧,而是被有组织地编入国家的管理体系之中,成为公社管理的、从事农业生产的村民。这样就使国家纵向垂直的组织形式得到加强。部落丧失了大部分政治、经济与社会功能,只保留了协调牧民婚丧嫁娶等日常生活行为的功能。[①] 新制度下,小队取代了阿乌尔的位置。公社化之前,牧民见面以"你是哪个阿乌尔的"为开场白,实际是确定对方的部落归属。公社化后,牧民仍以"你是哪个阿乌尔的"为开场白,但所询问的是对方属于哪个公社或生活的地域。

1966年5月,公私合营第一牧场与吐尔洪人民公社合并,成立了富蕴县国营第一牧场。时任吐尔洪公社第一副书记的余维厚指出,合并的原因来自两个方面:首先,公私合营第一牧场的经营效益并不理想。到1965年牧场的牲畜规模仍为3万头/只牲畜,与成立之初相比增长并不明显,远低于吐尔洪公社牧业队5万头/只牲畜的规模。其次,牧场没有农业的支持,冬草储备和牧场职工的粮食需求得不到保障。[②] 合并后,牧场与公社的牧业队重新组合划分为五个牧业队,并得到了农业队饲草和粮食的支持。这并未改变盆地村民的生产生活,他们仍是以小队为单位进行生产生活的农业队的村民。

---

① 崔延虎:《穿越城镇游牧:都市化进程与牧道的窘境》,《中国都市人类学通讯》2001年第3—4期。
② 2013年1月16日在富蕴县城对余维厚(男,76岁)的访谈。余维厚在1966年5月到1971年12月任富蕴县国营第一牧场第一副书记,主管牧业。

1984年，盆地各个村落都完成了包产到户，人民公社制度解体。第一牧场改为吐尔洪乡，下辖14个农业村和5个牧业村，12个农业村在吐尔洪盆地。农业队在1984年秋完成了包产到户，次年春耕由各个家庭独自完成。对当地的哈萨克村民而言，包产到户确实是一场重大的变革，因为个体家庭不再是传统部落制度与人民公社制度中不具重要性的组织，而是第一次成为一个独立的生产生活单位。

　　已有研究表明，二战后，各个国家都致力于有组织地引导或推进游牧社会融入民族国家体系，使之由"落后"步入"现代"。尽管方式、过程各不相同，但改造游牧社会的部落制度和社会政治结构，都被视为实现这一目标的前提条件。在吐尔洪，双重制度向国家推行的单一制度的转变，一方面让哈萨克社会更进一步地融入地区和国家体系，另一方面也使国家具备了更有效地管理哈萨克社会的能力。在后文中，我们将会看到这一转变是盆地生计与生活方式、人口与社会结构、生态环境变化最重要的制度背景，也使村民与国家的关系发生了深刻的变化。对村民而言国家是真实的，每一次政策的调整和外部世界经济、社会与政治环境的细微变化都直接影响着他们的生活。

第三章　牧与农

新中国成立以来，盆地最大的变化无疑是"农业的发展"和"牧业的衰落"。从查阅到的政策文献来看，政府在1952年就提出在有条件的地方发展农业。但有两个前提：一是从事农业的应是失掉牲畜、无法继续以牧为生的贫苦牧民，二是要坚持自愿和不妨碍畜牧业发展的原则。① 但是，从现实层面来看，发展农业被认为是富蕴县这个纯牧区实现"粮食自给"的关键。因此，上述两个原则在1958年公社化运动中都被抛之脑后。1958—1959年大规模的"开荒"在盆地上演，彻底改变了原有生计结构。1961年，"西北地区第一次民族工作会议"针对盲目"开荒"做了严肃批评，指出"在牧区生产上放弃了'以牧为主'的方针，认为农业先进，畜牧业落后，企图以农业改造牧业，变牧业区为农业区，盲目地大量开垦牧区草原，严重地破坏了牧场，使许多地方畜群的冬窝子（冬牧场）无法安排（这在许多地方同安置移民不适当也有很大关系）"。② 这说明，农业在牧区已开始扩张，并具有了一定的重要性。

要在这么一个水草丰茂的纯牧区发展农业，除了需要引进农耕技术与理念之外，还需要建立一套完整和有效的社会控制形式，以确保农业的有序发展。有效的社会控制形式已在1958年建立起来，这是盆地牧业与农业发展变化的制度性背景。几十年来，盆地的牧业和农业走上了

---

① 张邦英（中共中央新疆分局第三书记）：《关于新疆农业区实行土地改革与牧区工作方针、任务的报告（节选）（一九五二年八月）》，《牧区政策文献汇编》（内部资料），1985年，第19页。

② 《西北民族地区第一次民族工作会议纪要（一九六一年八月四日）》，《牧区政策文献汇编》（内部资料），1985年，第88页。

截然不同的发展轨迹。前者先是衰落,后是重现,表现出了反复性特征。后者则呈现出一路向前的发展轨迹,并最终由辅助性的生计模式转变为主导性生计模式。进入21世纪,牧业与农业双双陷入困境,导致盆地经济的边缘化。毫无疑问,发生在盆地内的生计变化都能找到外部世界制度、政策和社会经济条件变化的印记。经济边缘化是生计模式自身演变、外部世界影响和人群抉择共同构建和强化的产物。本章致力于呈现生计模式转变的动态过程,并对当前盆地经济的边缘化进行解释。

第一节 衰落与重现:牧业的发展与变化

新中国成立前富蕴县是一个纯牧区,吐尔洪盆地是牧民最重要的春秋牧场,牧民通过季节性的移动利用草场资源。本节首先描述传统游牧业的生产、组织与分配形式。对传统游牧业的详细描述是理解盆地牧业发展与变化的起点,也是本书的基点。而后,转入对人民公社时期牧业的衰落进行探讨,分析牧业衰落但未消失的原因,以及牧业生产的变化。最后,对包产到户后村民重新发展牧业的方式,牧业重现的过程进行探讨。

一 游牧业的生产周期

"逐水草而居"常被用于描述游牧民传统的游牧生产,给人以游牧业完全受制于自然的假象。埃文斯·普理查德正确地指出"在年度周期及年度周期的各个部分内,努尔人的时间估算系统是一系列自然变化的概念化表达,参照点的选择决定于这些自然变化对人类活动所具有的意义"。[1] 所有的时间都是结构性的,都是对于并行的、协调的或合作的活动,即一个群体运行的概念化表达。[2] 换言之,游牧业尽管是顺应自然的一种生计方式,但在本质上仍是一种以满足牧民生产活动、人畜资源需求为目的的生计方式。在游牧业中,草场、牲畜、人群和移动是

---

[1] [英]埃文斯·普理查德:《努尔人——对尼罗河畔一个人群的生活方式和政治制度的描述》,褚建芳等译,华夏出版社2002年版,第122页。

[2] 同上。

四个基本要素，移动将其他三要素连接起来，而游牧业的所有形式、内涵和问题皆由这四要素的互动产生。①

不同于"逐水草而居"的表述，吐尔洪的牧民以"羊赶雪，雪赶羊"来描述游牧生产。以一年为周期，冬季牧场和夏季牧场是两个相对固定的放牧点，春秋两季受融雪和降雪的影响，人畜在这两个点之间通过频繁的移动利用不断变动的水草资源。冬季牧场到夏季牧场的距离约为430公里，每年牧民往返转场将近900公里，搬迁少则40—50次，多则90次。移动的必要性和移动的规律取决于草场水草资源在时空分布上的非平衡性。②牧民根据草场资源的非平衡性将牧场分为四季或三季牧场，在不同的时段完成相应的工作，以求在不改变草原生态环境的情况下合理地利用资源，并满足人畜的生产生活需求。陈祥军准确地概括了牧民四季的工作重心，即冬季"保畜"、春季"接羔"、夏季"抓肉膘"、秋季"抓油膘"。③下面我们按照冬、春、夏、秋的顺序，以四季的工作重心为线索，依次说明牧民转场和对不同草场资源利用的规律（见图3—1）。

冬季牧场主要分布在横亘于准噶尔盆地大沙漠北缘的卡拉麦里山岭④的北坡——当地人称之为"南戈壁"，以及乌伦古河河谷地区。南戈壁除部分沟底有少量的灌木外，别无其他树林，但植被较密。此处冬季雪小风多，积雪较少，气候较温暖，牲畜可安全过冬，是理想的冬季牧场。绵羊、山羊、马和骆驼能够比较轻松地刨开积雪，以干枯的小蒿

---

① 杨廷瑞：《游牧业的四要素》，《新疆社会经济》1995年第2期。
② 草原生态系统的非平衡性是指：干旱区草原气候的多变性，降水变化率大，且自然灾害偶发性强。因此，从管理的含义来说，由于气候多变和自然灾害多发，饲养多种牲畜可以分散风险，同时根据降水多少移动畜群，可以最有效地利用自然资源和减少牲畜损失。在非平衡生态系统中，牧民追求的更多是牲畜这种生产性资本的增加，维持生存和畜牧业是他们追求的目标。参见张倩《草场管理的生态学基础：平衡与非平衡生态系统理论的结合》，载王晓毅等《非平衡、共有和地方性——草原管理的新思考》，中国社会科学出版社2010年版，第11—13页。
③ 陈祥军：《游牧知识与草原生态：以新疆富蕴县为例》，博士学位论文，中山大学，2010年。
④ 卡拉麦里山岭东起青河县，向西延伸到滴水泉以西，全长约150公里，在富蕴县境内有100多公里，最高峰为海拔1452米的库伊温都尔峰。卡拉麦里是喀拉玛依特的转音，哈萨克语，意为富饶的地方。参见富蕴县地名委员会《富蕴县地名图志》（内部资料），1987年，第127页。

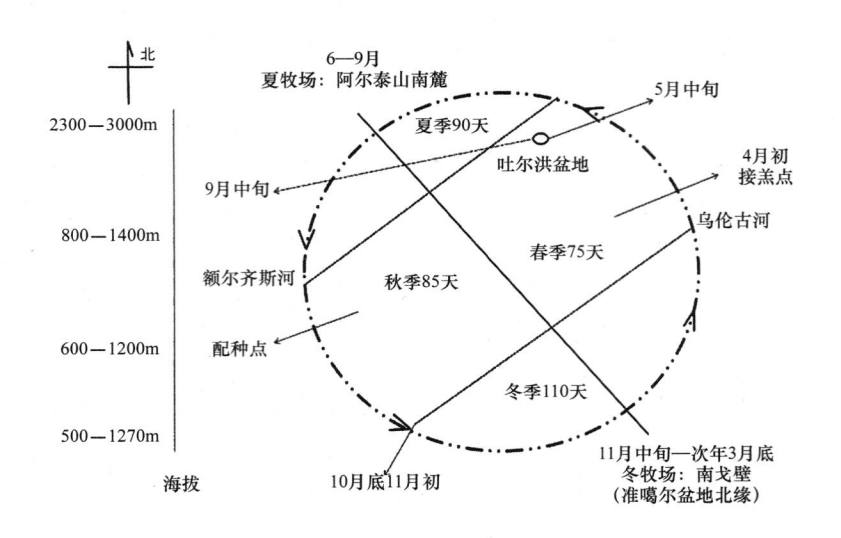

图 3—1 四季牧场与转场周期

群落为食。尽管地表无径流、少有泉水，但牲畜可以通过舔舐积雪、牧民可以融化雪水获得饮用水。每年，吐尔洪乡与喀拉通克乡约 10 万牲畜在此过冬。乌伦古河河谷主要是牛群过冬之地，因为牛并不具备破冰、刨雪觅食的能力，需要人工圈养。牧民 11 月至冬季牧场，3 月底出冬季牧场，主要取决于积雪融化的时间。

在冬季，寒冷的天气和无营养的枯草是对牲畜最大的危害，也是牲畜掉膘的根本原因。掉膘威胁着畜群的存活，尤其容易造成怀孕母畜死亡，因此牧民所有的工作重心都是为了"保畜"。初入冬季牧场，牧民的首要工作就是修整羊圈，用前一年留下来的羊粪砌成 1 米多高的风墙，以防狼、挡风、御寒。每年都需要将圈内已经冻硬的羊粪铲出，重新铺上干羊粪，以保持圈内干燥、温和。所以谚语说道"呼啸的狂风不可怕，没修好的棚圈才可怕""野外冻地里的牲畜会枯瘦如柴，棚圈干粪上的牲畜会活蹦乱跳"。定期对羊圈加固、维修和翻新就使之成为牧民的"固定资产"，也就在一定程度上使得冬季牧场具有了"私有化"的特征。这主要由冬季相对固定的放牧方式所决定。正如尼哈迈提·朋加尼所说，春、夏、秋三季是以部落为主的游动放牧，冬季则是以"阿乌尔"为单位的定居放牧。因此，每个阿乌尔都有较为固定的放牧范围和地界，并在范围和地界内从事割草、筑棚修圈的工作。①

四季牧场中，冬季牧场最为重要，拥有一块好的冬季牧场，就意味着畜群的生活有了保障，就无须在秋季出售大部分的牲畜，就可能成为一位有较多牲畜的巴依。前文提到的焦耳巴斯，他的爷爷苏莱曼从木里合部落的比"角塔卡吉给"那里获得了名为"库仍温都尔"的冬季牧场。② 依靠这块优良牧场，他们逐步积累起牲畜，最终成为且柔奇部落第二富有的巴依。冬季牧场主要为牧主和富裕牧民的阿乌尔所控制，贫穷的阿乌尔仅有条件较为恶劣的牧场。

依据降雪和积雪的深浅，冬季放牧的技术略有差异。初冬积雪很薄，未完全覆盖枯草之时，羊群在牧场内随意移动采食——哈萨克人称之为"满天星"的放牧方式，目的是尽可能充分地利用干枯草秆和灌木落叶，利用时间通常在15—20天左右。在积雪完全覆盖牧草之后，牧民以羊圈为中心，按照东北、东南、西北、西南、偏北和偏西等方向将牧场划为几个区域，实行分区轮牧。在具体的区域，先利用高地、阴坡和较远的地方，因为降雪和结冻时间较早。在积雪变厚和寒潮来临时，再利用低地、阳坡和较近的地方。依据草场的大小和分区的情况，每个区域利用时间在7—10天不等。羊圈周围半径300—400米的地方不会放牧羊群，主要用于坐骑采食。

进入3月，冬季牧场的气温逐渐回升，准噶尔盆地最南缘的沙漠地带积雪最早融化，无饮用水源迫使人畜逐步向春季牧场转移。牧民在3月20日前后离开冬季牧场，根据冬季牧场与春季牧场距离的远近，通过3—8次的搬迁陆续抵达春季牧场。春季牧场可利用到5月底6月初，时间约为60—70天不等。因母羊即将临产，转场中要控制羊群的速度，每天行进约5—6公里，仅相当于其他季节的一半。随着羊羔的成长，移动的速度渐渐增加，但仍然受制于积雪融化的速度。

---

① 尼合迈提·朋尼加：《新疆哈萨克民族在解放前的经济社会情况》，载《新疆牧区社会》，农村读物出版社1988年版，第205页。

② 库仍温都尔是准噶尔盆地沙漠北缘的一座荒山，是卡拉麦里山岭的最高点，海拔1452米，山顶呈红褐色。北侧山沟为牧民重要的冬季牧场，以白草为主，蒙古语意为"赭色的山峰"。1964年，吐尔洪公社在该山北侧山沟修建了三座木质房屋，用作冬季牧场办公室，沿用至今。富蕴县地名委员会：《富蕴县地名图志》（内部资料），1987年，第134页。

春季牧场位于额尔齐斯河与乌伦古河之间的低山、丘陵与平原地带，地表无径流，人畜用水皆来自尚未融化的积雪。解决人畜用水的方式是在秋季牧场向冬季牧场转移时在低洼处筑土坝，蓄积融化的雪水。从草原类型上讲，春季牧场属于荒漠草原，牧草资源极为匮乏。但春季又是牧业生产最为重要的季节，因为这是牲畜繁育的时节，一年的收入皆取决于此。谚语云"牧民一年的辛苦，就是为了春季羔羊的顺利生产"，因此拥有2—3处好的接羔点至关重要。背风向阳的沙窝子（沙丘）是最理想的接羔点，因为有沙子的地方就暖和，积雪最先融化，青草也最先生长出来。但是，沙丘又不能太高，沙子不能太厚，否则牲畜行走吃力，不利于采食。

这一时期，牧民所有的工作都以"接羔"为中心。接羔前，牧民需要修建好单独的羔羊圈，备好接羔袋、饲草料、绳索、照明用具，还要安排足够的帮手。产羔期间，在水源充足的情况下，牧民需要让牲畜每天喝两次水，并尽可能延长牲畜采食的时间，以让母畜尽可能多地运动和采食青草。放牧时，牧民要随身携带接羔袋，以防母畜随时可能会生产。一个毡房内，男人们分头放牧羊群和照顾瘦弱、临产的母畜。女人们则负责照顾小羊羔。每晚，都需要安排专人负责守夜接羔，以保证羔羊的成活率。

在放牧技术上，也有诸多讲究，仍以接羔为中心。4月初，牧草返青，畜群容易出现"跑青"现象。这是指牲畜受到青草味道的诱惑，为吃到更多更好的牧草会到处乱跑。这导致牲畜不仅吃不饱，反而消耗体力，甚至流产。因此，牧民采取"挡头放牧"，避免"跑青"现象。又采取"先放高处，后放低处"划区轮牧的方式，主要是因为母畜在怀孕初期便于到较远的牧场。较近的牧场则留给临产和瘦弱的母畜。接羔前的一个月，对母畜需采取"四慢"的放牧方式——慢出圈、慢进圈、慢行走和慢喝水，又需避免牲畜吃到霜冻的草以防止母畜流产。

到4月底，接羔就基本完成，牧民赶着畜群逐渐沿乌恰沟向吐尔洪盆地转移，并在盆地东北侧山涧溪流的山地草原停留下来。一方面，牧民在此完成余下母畜（主要是大畜）的接羔，另一方面利用融雪滋养的山地草原。对这些山地草原的利用时间约为一个月，在近山的积雪开始融化后再向夏季牧场转移。这一时期，牧民的移动相对较少，以山涧溪流为中心，分区轮牧。6月初，阿尔泰山的前山地带积雪开始融化，并逐渐扩展至中山牧场和高山牧场。牧民分别从盆地西北和东北方向，沿着额尔齐斯河谷向夏季牧场转移。

夏季牧场位于阿尔泰山东段南麓的高山带和中山带，海拔在1400—3100米左右的范围，东北方直达中蒙边境的友谊峰。依据海拔、气温和融雪时间的早晚，牧民将夏季牧场分为中山牧场和高山牧场。夏季牧场的利用时间始于6月初，终于9月底，约3个月。夏季牧场的积雪随着海拔的升高逐步融化，牧草则随着积雪的融化获得新生，牧民最终在7月底转入高山牧场。茂密的森林覆盖整个夏季牧场，其下生长着各种嫩草。山间有溪流、泉水，人畜饮水皆依靠它们，因此夏季放牧主要以水源为中心。

在哈萨克人的心中，阿尔泰山丰美的夏季牧场是"胡大"赐予的礼物，是天然的育肥场。牲畜在经历了严冬的考验和长距离迁徙后，特别是新生的小畜，亟须在夏季获得充分的营养以应对下一个严冬。牧民都知道夏季是给牲畜"抓肉膘"的时节，谚语说道"夏季牧羊好，春季产羔多"。因此，夏季的工作重心就是"抓肉膘"，要让牲畜吃到新鲜的牧草，并尽量延长牲畜吃草的时间。在牧民的经验中，夏季要赶着牲畜放，在到达夏季牧场的初期，牧民以"满天星"的方式让牲畜自由采食，时间在15—20天左右。接着，牧民就以毡房和水源地为中心，按照东南西北四个方向将牧场划分为6—8块区域，实行分区轮牧。

世代的经验积累成了一系列的放牧技术或策略，并根据融雪时间、早晚温差、地形等因素适时调整。中山牧场融雪早于高山牧场，因此牧民实际上是沿着积雪消融的线路行进的，而由冬季牧场向春季、夏季牧场的转移被当地人形象地称为"羊赶雪"。一天之内，早晨在山的阳坡，下午在山的阴坡。因为，早晨牧场气温寒冷，在阳坡放牧人畜皆不会感到寒冷。下午，畜群渐渐移动至山的阴坡，此时天气温良，畜群免去了燥热之苦可以安静觅食。以地形而论，平地上午朝西放，下午朝东放，以背对太阳。在山地有起伏之地，上午放低地，中午到地势较高的迎风处放牧，下午再回低地，旨在延长畜群吃草的时间和充分利用牧草。早晨与下午放牧时，牧人需走在畜群的后面，随着羊群吃草的速度前行。到一定距离后，调转畜群，牧人走在畜群前面，控制畜群吃草的速度，避免畜群乱跑。这样做的目的在于既充分利用草场，又防止畜群走丢。

　　高山牧场在每年的8月15日前后降下初雪，之后逐渐向下覆盖整个夏季牧场。牧民就需要逆转方向逐步向中山牧场、秋季牧场转移。这一过程被牧民形象地称为"雪赶羊"。有经验的牧民可根据夏季牧场牧草生长的情况判断秋季牧场、冬季牧场的牧草生长情况，或是由阿乌尔巴斯派人到秋季牧场、冬季牧场察看情况，再结合降雪的情况决定何时转场和转移的速度。

　　秋季牧场与春季牧场的位置基本重合，所以牧民常将两者合并，统称为春秋牧场。但实际上，在利用上两者存在比较明显的差异，这主要是由工作重心的差异所决定的。因秋季牧场尚无降雪，亦无融雪可用，因此牧民首选河谷和山间盆地。牧民最重要的秋季牧场就是吐尔洪盆地，主要是利用东西向横穿盆地的吐尔洪河两侧的草场。如前所述，春季牧民主要利用的是山涧溪流的山地草原，到秋季则利用河流和阔克塔勒湖两侧的沼泽草场。沼泽草场以部落为单位划分，牧民以阿乌尔为单位加以利用，时间持续到10月底。之后，再向南返回额尔齐斯河与乌伦古河之间的荒漠草原。

　　秋季的工作重心是"抓油膘"，花谢结籽的秋草是最富营养的牧草。实际上，春季在到达盆地后，牧民有意识地不利用河谷和湖泊两侧的沼泽草场，其目的就是为秋季保留优良牧草。在老人们的记忆中，沼泽草场生长着齐腰深的牧草，羊群进去后很难被发现，确是"风吹草低见牛羊"的美景。所有的工作都围绕"抓油膘"展开，比如初到秋牧场时首先就要精选出膘好体壮的牲畜，将老弱瘦小的牲畜卖掉，目的是留下可以熬过严冬的牲畜。牧民常用"十一个月的辛苦，一个月的收获"来描述这一过程。

　　依据气候和地形，牧民总结出了一套秋季放牧的技术。在秋季，采用"晚出早归"的办法，这主要是因为早晚都会出现霜冻，而牲畜采食霜冻的牧草后容易生病。牧民根据地形采取不同的放牧策略。地势平坦的戈壁，牧人需走在畜群之前，控制畜群移动的速度，并要把畜群挡成一条直线，当地人称之为"平地一条鞭"。目的在于，一方面让牲畜尽可能充分地利用牧草，另一方面避免体质好的牲畜抢食牧草。在低山区域放牧，牧民让畜群随意移动、分散觅食，采用满天星的方式，只是每隔一段时间将畜群聚拢，以免走失，这叫"山地满天星"。

秋季另一重要工作是配种，始于11月初，终于12月初。畜群生育的时间需严格控制，生育过早，来年的青草尚未返青，母畜和幼畜都可能在饥寒中死去。配种过晚，进入冬季母畜开始掉膘，身体虚弱，受孕率就低，幼畜难以成活。因此，到6月公畜开始发情后，牧民就需要将公畜与母畜隔群，直到11月才合群放牧。一只种公羊可配种25—30只母羊，因此根据畜群的规模牧民在9月出售牲畜时就处理一批公羊。配种点与接羔点重合，并严格遵循分区轮牧的方式，避免过度采食造成来年牧草不盛的情况。

在降雪的驱迫下，牧民逐渐向乌伦古河以南的冬季牧场转移。根据距离的远近，牧民搬迁5—10次不等，多者甚至达到20余次，日均行进15—20公里不等。沿途停留的地点每年都固定不变，只是水草好的地方就多停留几天，水草不好之地可能仅停留1日。秋季牧场向冬季牧场转移最为辛苦，乌伦古河以南降雪后牲畜的移动速度就减半，以避免出汗引起感冒，造成牲畜掉膘。最为艰险的莫过于跨越乌伦古河，因此牧民只有在10月底11月初河水变少后方能通过。牧民用小木筏将人运过去，牲畜则选择在河床宽阔、水浅的地方蹚过去。若是河水太大，则以6只羊为一组，用绳子捆绑，由最好的马和最强壮的小伙子牵着绳子游到对岸。上岸后把绳子一拉，羊就自然散开，此法名为"弹簧法"。[1] 牧民最终在11月底返回到冬季牧场，并在此度过严冬。

在整个转场过程中，牧民除了要按季节完成保畜、接羔、抓肉膘、抓油膘的工作外，还需要完成剪毛、打草、挤奶、制毡等生产任务。总之，牧民一年的生产皆在转场过程中完成。表3—1中，笔者详细整理了牧民一年的生产情况，其中农业生产的情况在下一节再做详述。

---

[1] 陈祥军：《游牧知识与草原生态：以阿勒泰富蕴哈萨克牧民为例》，博士学位论文，中山大学，2010年，第148页。

表 3—1　　　　　　　牧民一年的生产生活周期

季节	主要工作及其说明
春季	1. 重点是"接羔"。2. 对临产的母畜采取"四慢"的放牧方式，避免母畜受到惊吓及吃到霜冻的草，以防流产。3. 2月中旬—4月初，包括：修建独立的羔羊圈，备好接羔袋、饲草料、绳索、照明用具，安排好足够的帮手。4. 接羔期间，妇女负责烧茶做饭和照顾小羊羔。一个男人出去放牧羊群，另一个照顾瘦弱和临产的母羊。晚上还需一人专门守夜接羔。5. 5月初给山羊抓绒，然后剪骆驼毛和马鬃尾。5月底6月初给绵羊剪春毛。6. 5月中旬在吐尔洪盆地犁地、播种
夏季	1. 重点是"抓夏（肉）膘"。2. 8月初给当年产的羔羊剪毛。时间根据膘情和顶毛情况而定，谚语："随顶茬，随剪收""抓绒剪毛要适时，提前推迟都损失"说的就是把握时间的重要性。在这之后，就开始对其进行"断乳或断奶"。3. 各种娱乐活动：赛马、摔跤、姑娘追、叼羊、婚礼、割礼、剪发礼等
秋季	1. 重点是"抓秋（油）膘"。2. 选畜与售畜。3. 剪秋毛：9月，母羊、羯羊、大公羊开始第二次剪绵羊毛——秋毛。4. 9月中旬收割农作物，并在9月底开始在河谷地带打草。5. 配种
冬季	1. 重点是"保畜"。2. 修整羊圈。3. 给骆驼做"衣服"：冬季准噶尔盆地异常寒冷，这些"棉袄"主要是为了御寒。4. 其他工作：妇女们除了烧茶做饭、捡柴火外，多制作花毡子、刺绣等

二　游牧业的生产组织形式

笔者已说明阿乌尔是哈萨克族游牧业的生产组织形式，也已说明阿乌尔形成的规则。在此笔者拟阐明为什么选择以阿乌尔为生产单位，这与游牧业的规律和需求有什么关联。在说明这一问题之前，笔者拟对20世纪40年代吐尔洪的阿乌尔组织形式做进一步的补充。阿乌尔的成员通常来自三到四代同一父系祖先的后裔，具有明确的血缘关系。但是，大多数阿乌尔也包括部分通过姻缘或经济上的依附关系加入的成员，"阿乌尔"内全体成员都有血缘关系或都没有血缘关系的现象是不常见的。[1]

---

[1] 杨廷瑞：《哈萨克族游牧区的"阿乌尔"（1959年）》，载《新疆牧区社会》，农村读物出版社1988年版，第222页。

以杨廷瑞分析的且柔奇部落的 6 个阿乌尔为例，有 3 个存在非血缘关系的成员。我们以焦耳巴斯阿乌尔（见图 3—2）的情况进一步说明这一问题。这一个阿乌尔共有 9 户，6 户皆为阿哼别克的后代，另有哈纪巴依、哈木若、恩巴尔三户来自且柔奇、木里合和建太开部落。哈纪巴依与焦耳巴斯为结拜兄弟，而恩巴尔又与哈纪巴依存在姻缘关系。因此，在这一个阿乌尔中，加上拟血缘关系和姻缘关系的就达到了 8 户。根据 1953 年的调查资料，这三户是阿乌尔内的牧工，主要负责畜群的放牧。① 这三户都是贫苦牧民，无牲畜和草场，依靠自己的劳动并依附于焦耳巴斯阿乌尔生存。从各种调查资料和笔者对老人们的访谈可以看出，焦耳巴斯阿乌尔的情况应该比较常见。

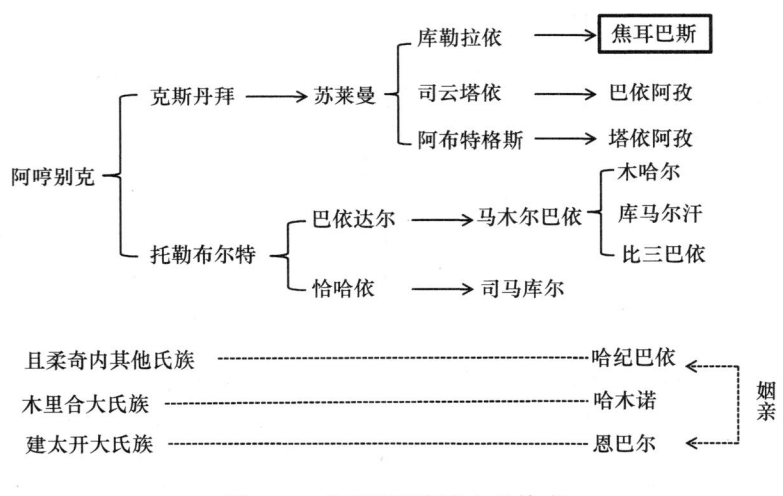

图 3—2　焦耳巴斯阿乌尔的构成

出现这一现象的主要因素有两个：首先，游牧业生产的自然和社会风险较高。不管是雪灾、旱灾等自然风险，还是战争、部落冲突等社会风险，都可能引起某一个阿乌尔畜群的伤亡，最终导致阿乌尔的解体。解体后，阿乌尔成员就可能通过姻缘或经济上的依附关系加入其他阿乌

---

① 程秉樾等：《富蕴县且柔奇氏族牧工工资的现状（1953 年 5 月）》，载《新疆牧区社会》，农村读物出版社 1988 年版，第 122—127 页。

尔之中；另外，作为游牧业的生产单位，根据畜群规模和分工合作的需求，一个阿乌尔始终需要保持一定的户数和人口规模。在20世纪50年代哈萨克牧区的调查中，都提到一个阿乌尔通常由5—10户组成。以杨廷瑞分析的6个阿乌尔为例，共有53户牧民，3847头/只牲畜。每个阿乌尔平均8.8户，户均72.5头/只牲畜。[1]

以阿乌尔为单位分工合作完成一年生产的决定因素首先来自畜群结构。巴菲尔德指出"欧亚草原的游牧依靠利用广阔的，但却是季节性的草原和山地草场。……如蒙古牧民所说畜群的构成是五畜：绵羊、山羊、马、牛和骆驼。当然，马和绵羊最为重要，但理想的组成是五畜皆有，以满足家庭生计和交通的需要，并实现家庭或部落在牧业生产中的自足"。[2] 表3—2的数据来自20世纪40—50年代的统计资料，不仅说明存在五畜结构，也揭示出结构相当稳定。[3]

表3—2　20世纪40—50年代富蕴县哈萨克牧民的畜群结构　　单位:%

年份	范围	马	绵羊	牛	山羊	骆驼
1949	全县	9.82	73.68	5.97	8.07	2.46
1955	全县	8.4	69	9.3	11.1	2.2
1956	二区	7.6	69.6	8.3	12.5	2

总的来说，哈萨克牧民形成了"小畜多，大畜少"的畜群结构，而且绵羊所占的比重最大。劳伦斯·克劳德注意到了这一现象，认为主要因马和牛对山区和干旱区的适应能力较弱所致。在非山区和较为温润的欧亚草原，马和牛的比重就会上升。比如，1920年哈萨克斯坦草原马、绵羊、牛、山羊、骆驼的比重为12:51:24.4:8.4:2.2。[4] 当地牧民

---

[1] 杨廷瑞：《哈萨克族游牧区的"阿乌尔"（1959年）》，载《新疆牧区社会》，农村读物出版社1988年版。

[2] Thomas J. Barfield, *The Nomadic Alternative*, Prentice Hall, 1993, p.137.

[3] 1949年的资料来源于《富蕴县志》，新疆人民出版社2003年版，第110页。1955年的资料来源于《1956年新疆综合考察报告》（内部资料），科学出版社1957年版，第210页。1956年的资料来源于《富蕴县第二区1956年各项工作基本总结》（内部资料）。

[4] Lawrence Krader, "Ecology of Central Asian Pastoralism", *South Eastern Journal of Anthropology*, No.4, Winter, 1955.

从牲畜习性、生产与生活功能对此做了解释。认为，气候的多变性与地貌的多样性对食性广、迁徙与觅食能力强的山羊和绵羊有利，但却对水草条件要求高、迁徙与觅食能力弱的牛不利。牛的繁殖能力又不及山羊和绵羊，生产功能相对较弱。山羊和绵羊还可以大量提供皮、毛，具有较强的生活功能。因此，山羊和绵羊对牧民贡献最大，数量也最多。马和骆驼的繁殖能力不及牛羊，生产功能比较弱，但有较强的生活功能。一户牧民需要10来匹马，5—6峰骆驼作为乘骑和转场运输中的畜力。

传统的游牧业可被视为"以生计为目标的生产"，旨在通过多元的牲畜结构尽可能满足生产生活的需求，不会为了追求利润而选择单一牲畜类型的集约化生产。① 因此，牧民通常都拥有五畜，但大部分人的牲畜数量相当有限，无力组成一个单一或组合畜群放牧。且柔奇部落6个阿乌尔户均牲畜仅为72.5头/只，但实际上拥有牲畜的数量相当不均衡。6个阿乌尔中有1户牧主，拥有1000头/只以上的牲畜。另外，8户拥有100—350头/只的牲畜，27户拥有20—50头/只的牲畜，18户拥有不到20头/只的牲畜。② 牧工再勒阿布丁告诉笔者，200只羊为一个放牧群，50—70匹马或牛为一个放牧群，骆驼可独自觅食。从放牧的技术层次来讲，大部分牧民无力独自组成一个放牧群，而富裕牧户（特别是巴依）则有好几个放牧群。合理地利用劳动力、合理放牧畜群必然要求突破家户为单位的生产形式，以阿乌尔为单位进行放牧。合群放牧是阿勒泰牧业生产的主要形式，又包括四种具体形式：合伙放牧、捎带放牧、伙雇牧工放牧和公雇牧工放牧。③ 在吐尔洪，主要是合伙放牧，也就是数户牧民将各自的部分或全部牲畜合并起来，各出劳动力轮流分工放牧。

牲畜的习性也要求对不同的牲畜分群放牧，并在不同季节依据牲畜年龄、性别和其他因素更进一步地分群。谚语中有着大量牲畜分群放牧

---

① ［美］马歇尔·萨林斯：《石器时代的经济学》，张经纬等译，生活·读书·新知三联书店2009年版，第94页。
② 杨廷瑞：《哈萨克族游牧区阿乌尔》，新疆人民出版社1959年版。
③ 杨廷瑞：《阿勒泰牧民合群放牧牲畜的几种形式（1953年）》，载《新疆牧区社会》，农村读物出版社1988年版，第108—109页。

的说法，如"长满荚蒾的地方要放养骆驼，嫩草如茵的地方放养牛群，坡陡山高要放养山羊，芦苇丛生的地方要放养马群"。羊群按照雌雄、发情期和繁殖期的特点细分为（种）公羊群、牧羊群和羊羔群（仔畜群）。在配种期之前，公羊群与母羊群需分群放牧。新生的羊羔在可独自觅食后将与母羊群分群放牧，若是母羊群在山的阴坡，则羊羔群就在山之阳坡，到晚上时再重新聚合让羊羔吃奶。又以马为例，共分为种马群、公马群、雌雄性马群。种马群由 5—15 匹不等的母马、小马驹和 1 匹公马组成，公马群由 20—30 匹不等的中性马（去势）、2—3 岁性未成熟的公马组成，雌雄性马群则由 1 匹公马和 5—10 匹未达生育年龄的小母马组成。① 马群也按照这三种分类分群放牧，这就需要多个劳动力。仅以羊群而论，除了需要 1—2 位在毡房周边照顾老弱瘦小的羊群外，还至少需要 4 位牧民完成放牧工作。杨廷瑞分析的 6 个阿乌尔户均人口仅为 5.2 人，除去老人、妇女和未成年子女，单个家庭显然无法满足畜群分群放牧的劳动力需求。哈萨克谚语"一群绵羊容易管，一只绵羊不易放"所表达的就是这个意思。

  游牧业生产中的某些工作——接羔、配种、转场等，需要的劳动力远远超出了家庭劳动力，只有通过劳动力的互换或将劳动力集中起来共同分担才可能完成这些工作。另外，游牧生产也并非仅仅涉及畜群的放牧，还涉及生产工具的制造，以及农业、狩猎等其他生计方式。一个阿乌尔中不仅需要放牧人，还需要铁匠完成马具、马蹄和日常用具的制造，需要木匠制作毡房、床、窗户、橱柜和各种生产用具，甚至还需要专门打猎的人。且柔奇部落的阿訇巴依阿乌尔，11 户中有 1 户制靴、3 户打猎和 1 户木匠，有 1 户放牧羊羔群，有 1 户放牧马群，有 1 户放牧其他羊群。② 因此，游牧业的生产规律、劳动力需求和日常生产生活的需求使牧民发展出超出家庭单位的生产组织。人类学家发现欧亚草原所有的游牧社会都有类似于"阿乌尔"的生产组织，比如蒙古族的阿寅勒、柯尔克孜的朱尔特。在接下来的分析中，我们将会看到以阿乌尔为

---

  ① 陈祥军：《游牧知识与草原生态：以阿勒泰富蕴哈萨克牧民为例》，博士学位论文，中山大学，2010 年，第 102—106 页。
  ② 杨廷瑞：《哈萨克族游牧区的"阿乌尔"（1959 年）》，载《新疆牧区社会》，农村读物出版社 1988 年版，第 226 页。

单位的游牧业不仅是一种生计方式，而且具有鲜明的社会性，具有重要的社会意义。

长期以来，广泛流传着"哈萨克社会没有乞丐"的说法。以笔者在牧区调查的经验来看确实如此，你无须担心住所和食物，因为不管是哪一座毡房都会为路人无偿提供住宿、奶茶和馕。同时，我们也已经知道牲畜在不同的阿乌尔、阿乌尔内不同成员之间占有并不均衡，且确实存在无畜户。且柔奇178户牧民共有牲畜22517只（折合绵羊数），其中有60户的牲畜少于60只羊单位，占总户数的33.7%（见图3—3）。老人们告诉笔者，牲畜数量少于50只羊单位的家庭是无法自足的。正如上面已经提到的，从放牧的规律来看大部分家庭无法组成一个放牧群。这就产生了一个问题，即无牲畜者或有少量牲畜者如何生存，通过何种方式来解决生存问题。

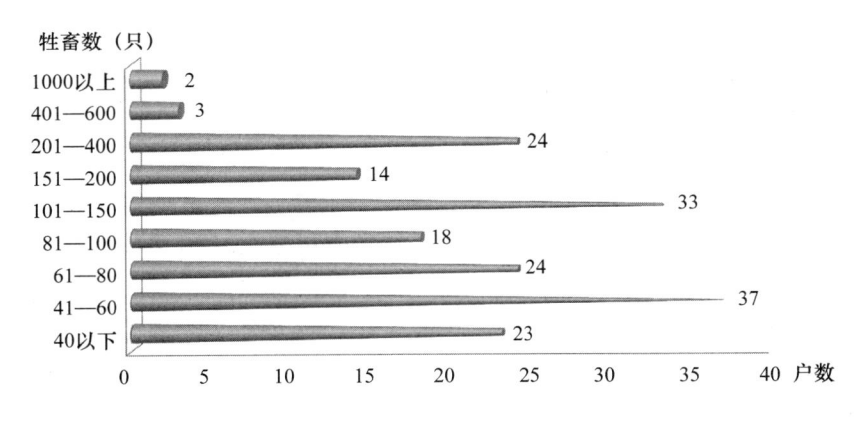

图3—3 20世纪50年代初且柔奇部落的牲畜占有情况

资料来源：杨廷瑞等：《富蕴县哈族且柔奇氏族畜牧业生产发展中的四个问题（1953年4月）》，载《新疆牧区社会》，农村读物出版社1988年版，第67页。

游牧业的生产单位是阿乌尔，实际上分配单位也是阿乌尔。在哈萨克社会中，原则上牲畜归个体家庭所有。然而，准确地说牲畜在一定程度上讲是属于阿乌尔的，而非单个的家庭。我们再以焦耳巴斯阿乌尔为例来说明这一问题。柯列海兄弟提到，焦耳巴斯之父库热阿依去世后，将畜群首先传给了自己的父亲达旦。柯列海的父亲达旦于1945年为盛世才所抓并死于狱中，后将畜群传给年仅20岁的焦耳巴斯。此外，库热阿依的两个弟弟司云塔依、阿布特格行和两个叔伯兄弟司马库尔、马木尔巴依曾共同为木里合部落的比"角塔卡吉尔"放牧，之后获得了库仍温都尔牧场。也就是说，在这个阿乌尔中，除了三户牧工，牲畜实际上是作为同一父系祖先后裔的资产，只是名义上归属于焦耳巴斯。事实上，在牧业生产中的劳动，以及畜肉、畜产品的分配上并无明显的等级差别。而且，正如柯列海的父亲为焦耳巴斯娶妻一样，焦耳巴斯也对具有亲缘关系成员负有责任和义务。田野中，笔者先后访谈到6位巴依的后人，在他们的记忆中牲畜及畜产品都是作为一个阿乌尔的资产加以分配，而非单个家庭所独占。

当然，在阿乌尔中存在非血缘关系的成员，主要是巴依或富裕牧户阿乌尔的牧工。在这两者之间，主要存在着劳动力与牲畜、畜产品，以及日常生活用品的交换关系。比较幸运的是1953年的一份关于且柔奇部落的调查报告为我们提供了详细的交换信息。笔者将报告中的信息让牧主的后人和年老的牧工进行核对，其中3位牧主与牧工的交换关系比较准确。

对表3—3的信息进行分析，可以得出三点基本认识：首先，牧主与牧工存在较为密切的交换关系。在交换中，牧主提供牲畜、畜产品和日常生活用品。一些牧工还提到转场时可以无偿借用牧主的大畜转场，在冬季可以利用牧主的牧场放牧自己的牲畜。牧工则提供的是劳动和各种服务。事实上，除了为牧主放牧牲畜外，牧工还需承担帮助牧主转场、接羔、配种、挤奶、割草和制作奶制品等日常工作。其次，交换建立在各自的需求之上，具有互助性质。对牧主而言，家庭成员无力照顾所有的牲畜，必然需要其他牧民的劳动。同时，多余的牲畜与畜产品并不值钱，无处交换，但对牧工来说则是不可或缺的生产生活资料。最后，交换并非完全表现为经济关系，普遍存在的血缘、拟血缘与姻缘关系使交换成为一种义务。以牧工哈纪巴依为例，1950年焦耳巴斯在奇台收留了他，结为"弟兄"。1952年，焦耳巴斯为他娶妻成家，并分给其一个小毡房"阔斯"（哈萨克语）以及锅、壶等生活用品。

表3—3　　　　　1952年且柔奇部落牧主与牧工的经济关系

牧主姓名	牧工姓名	牧工年龄	牧主与牧工的关系	牧工报酬
焦尔巴斯	哈继巴依	26	结拜兄弟	一顶小毡房、简单工具，帮其娶妻，无其他工资
	阿布得凯尔	21	雇佣	每月1只绵羊，管吃穿
	阿乌阿里	40	雇佣	每月1只绵羊
	库马尔汗	34	雇佣	每月1只绵羊
	恩巴尔	22	雇佣	每月1只绵羊
	赛依拉达	42	雇佣	夏天每年1只中等羊，15只羊的奶和毛，冬天每月1只大羊
阿维特勒布	巴拉哈义	27	雇佣	每月2岁绵羊1只
	苏尔丹	32	雇佣	4个月2只大羊
	恰纳石依	45	雇佣	每月1只2岁羊
恰里臧根	居哈依	26	雇佣	全年1只绵羊，管吃穿
	木里提	不明	叔侄	2只绵羊，管吃穿

资料来源：程秉樾等：《富蕴县且柔奇氏族牧工工资的现状（1953年5月）》，载《新疆牧区社会》，农村读物出版社1988年版，第122—127页。

此外，游牧业生产还需要各种副业的支持，包括制靴、打铁、木工和狩猎。因此，阿乌尔不仅是一个生产组织，毫无疑问也是一个社会组织，是牧民生产、消费和生活的单位。在这个单位内，通过分工合作满足一年生产生活的需求，又通过频繁的内部交换和牲畜、畜产品的再分配保障每个成员的生存。正如王明珂所说，"游牧人群尽可能以最小的人群单位——家庭与牧团——来从事游牧生计活动，如此能最有效地利用分散且经常变化的水、草资源，并及时逃避各种风险"。[①] 因此，牧民始终是作为一个阿乌尔的成员出现，而非某个家庭的成员。牧民相见时，首先要问的就是"你是哪个阿乌尔"的，而非家庭。

---

① 王明珂：《游牧者的抉择：面对汉帝国的北亚游牧部族》，广西师范大学出版社2008年版，第56页。

也应该注意的是阿乌尔内的成员多有血缘关系，或是存在拟血缘关系与姻缘关系。因此，互助与交换就不应被单纯地从经济目的解释，而是应该看到超越经济目的的社会性特征。乎麦海是公认的能人，但经常拒绝参加同部落的各种托依（仪式性的聚会）和恰依（日常性的聚会），并拒绝给予同部落成员以经济上的帮助。结果，尽管大家都认可其经济能力，但在村落中却被众人有意或无意地冷落、轻蔑，被斥责为"无礼"之人。因此，对牧主来说，一方面与牧工的交换与互助具有经济目的，但另一方面则来自亲缘关系、姻缘关系赋予的情感、责任、义务以及社会对其应承担职责的压力。另外，在传统哈萨克社会中，牧主或富裕牧民是阿乌尔巴斯的主要人选，而成为阿乌尔巴斯不仅需要知识、财富和辈分，还需要具备社会公认的公正、慷慨和负责的道德品质。正是在这个意义上，游牧不再只是一种生计和资源利用方式，已深刻地嵌入于社会文化结构之中，具有了深刻的社会属性。我们会看到，正是这种社会属性成为牧业重现的重要资本。

三 游牧业的衰落

当代中国游牧社会的研究揭示出，游牧业的变化主要受到了国家力量的影响，最重要的莫过于人民公社制度和联产生产承包责任制。人民公社时期，吐尔洪盆地这类草原社区致力于农业的发展，导致了游牧业的衰落。联产生产承包责任制则重新赋予了牧民生计选择的自主权，为游牧业的重新发展创造了条件。在此，我们先对牧业的衰落做探讨，在下一部分再探讨游牧业的重现问题。

新中国成立后，战乱的消除、政府对贫苦牧民的扶持和对牧主"不斗、不分"的政策，为牧业的发展创造了条件。且柔奇部落178户牧民，1949年拥有17127只（头）牲畜，到1952年就拥有了22517只（头）牲畜，增长了131.75%。[①] 1953年，卡彼都拉以其所在的阿乌尔为基础，建立了第一个互助组，10户牧民仅有牲畜214只（头）。互助组除了放牧自己的牲畜外，还为牧主奥塔力甫放200只羊和50头牛，

---

① 中共中央新疆分局研究室等：《解放后三年多来阿勒泰牧区生产的发展（1953年5月）》，载《新疆牧区社会》，农村读物出版社1988年版，第54页。

每年获得近30只羊羔。依靠牲畜的自我繁殖和代牧所获，到1955年就拥有了800只（头）牲畜，增长了3.7倍。① 和卡彼都拉互助组一样，大部分牧民的牲畜数量都增加了，甚至没有牲畜的牧民也拥有了20—30只（头）牲畜。与一般牧民相比，牧主的牲畜数量增加更多。在恰里藏根长女哈热马斯的记忆中，1952年整个阿乌尔仅有近1000只（头）牲畜，1958年时已有近2000只（头）牲畜。数据支持了这些记忆，1955—1966年二区马、绵羊、牛、山羊和骆驼分别增长了23.16%、27.41%、24.51%、29.02%和10.43%。②

还有两个因素也促进了牧业的发展，而且都与政府的政策和努力相关。首先，有计划地组织牧民储备冬草。这在一定程度上改变了以前完全依靠冬季牧场的情况，增强了应对雪灾的能力。仅在1955年秋，二区就储备了3537543公斤的冬草，主要来自湖草、野苜蓿和农作物的秸秆。其次，削减狼灾和防治疫病。仅1956年，就打死大小狼28只、獾猪7只、大小熊19只、捕蛇1040条，还对6000只小畜接种了口蹄疫疫苗。疫苗的注射使得幼畜的成活率达到了97.82%。储备冬草、削减狼灾与防治疫病对牧业发展的促进可用1952年的一组数据加以说明。1952年，且柔奇部落冻死、野兽咬死和病死的牲畜1685头（只），占当年出生牲畜的17%。调查者曾目睹尚未埋掉的死骆驼，而牧区对病骆驼束手无策。③

曼德斯切德认为，集体化时期草场、牲畜产权制度的变化导致了游牧业的衰落。④ 在吐尔洪，畜牧业社会主义改造和人民公社制度导致了游牧业的急剧衰落，并持续了25年左右的时间。部分牧民试图抵制或对抗这一进程，但镇压班德和流放"牧主"消解了抵制与对抗。国家又通过建立公私合营第一牧场和吐尔洪公社，打破了传统部落制度的地理与社会边界，真正地将牧民纳入到国家体系之中。

---

① 《富蕴县二区建社简报》（内部资料），1956年11月15日。
② 《一、二、三区春季生产完成情况（1956年1—5月）》（内部资料），1956年6月。
③ 杨廷瑞等：《富蕴县哈族且柔奇氏族畜牧业生产发展中的四个问题（1953年4月）》，载《新疆牧区社会》，农村读物出版社1988年版，第68—69页。
④ A. Manderscheid, "Decline and Re-emergence of Nomadism: Tibetan Pastoralists Revive a Nomadic Way of Life and Production", *Geojounal*, Vol. 53, 2001, pp. 173–182.

在这个过程中，牧民被分流。牧工多数被集中到一牧场，利用牧主的冬季牧场和夏季牧场。吐尔洪公社则一分为二：包括吐尔洪盆地和乌伦古河恰库尔图河段为中心的农业队与牧业队。牧主及其家庭成员多被分到农业队，承担了"开荒""修渠"等最为繁重的工作。一般的牧民家庭，成年但未婚的青年男女，以及部分放牧技术好的牧民被分到了牧业队，其他成员则被分到了农业队。家庭成员的分流在牧业重现过程中扮演了极为重要的角色。同时，笔者将以"村民"而非"牧民"来指代吐尔洪盆地的居民。

人员的分流也伴随着牲畜的分流。根据余维厚的回忆，1958年一牧场和公社的牲畜数量都在3万只（头）左右。1966年，公私合营第一牧场与吐尔洪公社合并，成立了富蕴县国营第一牧场。合并的原因是，一牧场没有农业，在冬季没有足够的饲草，以至于到1966年牲畜数量未有明显的增长。公社的牲畜大部分被集中到了牧业队，旨在实现牧业和农业的专业化生产。同时，为满足饲草、畜产品、牲畜、粮食的需要，牧业队与农业队形成了交换关系。农业队在古尔邦节、肉孜节等节日和农业生产高峰期需要的肉食部分从牧业队调拨，牧业队需要的粮食和饲草则从农业队调拨。这样就在公社内形成了农牧业相互支撑的关系，牧业队的牲畜数量到1966年就发展至5万只（头）。农业队仅留下了耕地的畜力、干部的坐骑和满足日常吃奶用的绵羊和山羊。

2012年10月27日，笔者在阔孜克村遇到了曾在1976—1996年担任达尔肯村书记的易河山。他详细列举了达尔肯村五畜的情况，并说明了畜群结构在两个方面发生的显著变化：首先，小畜的比例上升，大畜的比例下降；其次，小畜中山羊的比重上升，绵羊的比重下降。1976年，达尔肯村1286头/只牲畜中，马、牛、绵羊和山羊的比重分别为：6.9∶6.9∶46.6∶38.8。大畜中，骆驼仅6峰，所占比例不足1%。

畜群结构的变化源自牲畜功能的变化。定居和农业深刻地改变了五畜在村民生产生活中的功能。如表3—4所示，骆驼的数量首先减少甚至消失，这主要是因为定居取代了游动的生活方式。山羊和绵羊的比重有所上升，这是由大畜比重下降所致。农业发展后谷物成为主要的食物来源，进而弱化了山羊和绵羊的食物功能。但山羊和绵羊仍很重要，因为它们仍然是村民节日、仪式（尤其是婚礼）、孕妇和病者所需肉食的来源，也为新生婴儿和年老者提供畜乳。马和牛的比重尽管降低，但功能明显增强，被用于耕地的开垦，以及犁地、播种、收割、打柴等生产生活中所需的畜力。类似的变化也发生在18世纪后半叶到19世纪初的哈萨克斯坦草原。因为俄国开始控制哈萨克人移动的自由和推进定居过程，大畜在哈萨克人生产生活中的重要性增强了。①

表3—4　　　　　　　　　**集体化时期五畜的功能**

牲畜	用途与具体数量
马（90匹）	1. 2—3架收粮的马车，4匹/架 2. 4—5个打谷机，2匹/个；3台收割机，3匹/台 3. 15—16个拉柴火的马爬犁，1匹/个 4. 打草、开地、耕地、犁地的畜力：90匹马 5. 干部坐骑各1匹马，2匹巡逻马
公牛（30头）	收割、拉柴火、犁地、耕地的畜力
奶牛（50—60头）	为新生小孩（2周岁前）、病人和老人供应牛奶
绵羊（600只）	孕妇、病号的肉食：两个孕妇分享1只羊 冬宰：400只羊 婚礼：1只大羊/户 春耕劳动力用肉：3—4只育肥羊
山羊（500只）	为婴儿供应山羊奶，两个小孩分享1只山羊的奶子 集体打草用肉：3只 割麦子等各种竞赛用肉，数量不定
骆驼（6峰）	放牧户的转场搬迁：6峰

山羊比重上升较快的另一个原因是定居后水草资源条件的变化。定居后，盆地内的草场都被开垦为耕地，仅留下了山脚和山沟的草甸草场。这些草场不平且碎石较多，不适宜绵羊的放牧，选择更多的山羊是对这一变化的适应。

牧业生产的组织形式也发生了重要变化，而且绝大部分村民脱离了

---

① Anatoly M. Khazanov, *Nomads and the Outside World* (Second Edition), Translated by Julia Crookenden, The University of Wisconsin Press, 1994, pp. 47-48.

牧业生产。一个大队通常约有1000—1200只（头）牲畜，并根据牲畜的种类和畜群的数量分为5—7个放牧群。以达尔肯村为例，1户放90匹马、1户放30头公牛、1户放50—60头奶牛、2户放600只绵羊、2户放500只山羊。在此，户并非指一个家庭的全部成员，而是指一对夫妇，因此全队的放牧人不到15人。放牧人也要在农忙时回到盆地，参与犁地、耕地、收割等主要的农业劳动。与传统的阿乌尔不同，夫妇就是一个放牧单位，并且只负责单一畜群的放牧。

另一显著变化是移动性减小。每个农业队都在盆地东北或西南5—15里处获得了一条山沟作为夏季牧场，在春耕完成后即由承担放牧任务的夫妇将牛、绵羊和山羊赶到这些地方。在其他季节，畜群被赶回盆地。春秋两季，畜群主要利用山脚的草甸和吐尔洪河、阔克塔勒湖两侧的沼泽草场。秋收后，畜群返回盆地，利用田地中的麦茬。在积雪将盆地整个包裹后，则由放牧的夫妇负责圈养，饲草来自农作物的秸秆。马群的放牧相对特殊，夏季仍被放到中蒙边境的高山牧场。在其他季节被赶到盆地周边山坡的阴面。这是因为马群对牧草质量的要求较高，在冬季马可以刨雪破冰觅食。骆驼则被放到喀拉通克附近的戈壁，只需定期派人去喂盐和查看。移动性大大缩小了，由在四季牧场之间的长距离移动转变为在盆地与山地草原间的短距离移动。从某种意义上讲，公社时期的牧业已不再是游牧，而是具有了半游牧的特征，即"冬营地定居，干草喂畜，井水饮畜，夏营地仍然游牧"。[①]

畜群的另一组成部分是村民的自留畜。尽管数量有限，但却成为包产到户后一些家庭牧业重现的基础。公社化初期，家庭无牲畜，完全脱离了牧业。这对哈萨克村民的生活带来了相当大的困扰。牧民的饮食结构主要以肉乳为主。25种主要食物中，16种由奶子制成。[②] 村民在节日、人生礼仪中也必须消耗相当数量的肉乳。在调查中，笔者深切认识到畜乳对村民的重要性。哈萨克人真是"无乳不欢"，吃饭、客人来访或家人闲聊都要煮上一壶热腾腾的奶茶，端上奶疙瘩、奶酪等乳制品。

[①] 王建革：《农牧生态与传统蒙古社会》，山东人民出版社2006年版，第251页。
[②] 杨廷瑞：《畜乳与牧民生活》，载《新疆牧区社会》，农村读物出版社1988年版，第129页。

老人们仍然习惯在夏季随着畜群到夏季牧场,因为不仅可以免受蚊虫和酷热之扰,还可以享受鲜奶。1962年,为解决牧民吃肉、吃乳、用皮、用毛和乘骑的问题,政府出台了"自留畜"的规定。每户村民获得了3—5只山羊或绵羊。

然而,自留畜的规模从未能发展壮大。这有两个方面的原因:首先,政府自留畜政策的反复无常,让村民不敢贸然扩大牲畜数量。事实上,自留畜第一次发放到村民手中时,有的家庭在不到一个月内就将之吃光。牧改的经历使得村民担心牲畜会再次被征收。这种担心在1966年、1972年、1974年变成了现实,一些家庭积累的10来只牲畜被作为"资本主义的尾巴"割掉了。更多的时候,自留畜被吃掉或是卖给柯克托海的工人。保留最少量的牲畜被作为对随时可能丧失牲畜的抵抗,也以此避免政治压力。其次,自留畜的数量太少,但村民在节日、仪式、生育、疾病和其他方面的需求并未减少,这使得牲畜根本不可能积累下来。到1984年包产到户时,一个家庭通常仅有5只左右的自留畜,部分家庭没有自留畜,甚至一些村民不记得拥有过自留畜。

四 牧业重现

20世纪80年代中期,畜牧业生产责任制逐步在牧区推行,深刻地改变了牧民的生产生活。畜牧业生产责任制的形式是"牲畜作价归户",之后又以家庭为单位划分了草场的使用权。崔延虎注意到,这一政策改变了传统游牧业"草场公有私用"的形式,出现了新的、以家庭为单位的草场与社会边界。"致富"的动力驱使牧民尽最大可能扩大畜群规模,这是因为政府和牧民都视增加畜群为致富的捷径。[1] 在盆地,村民通过各种途径重新获得了牲畜,并发展壮大了牧业。

1984年,盆地完成了包产到户,除了获得耕地外,每户牧民都获得了1—2匹马或1—2头牛。但村民运用各种途径获得了牲畜,这些途径有的基于传统游牧业的知识、技术和社会关系,有的则是农业发展后

---

[1] Yenhu Tsui（崔延虎）, "Swing Between Nomadism and Sedentarism: A Case Study of Social and Environmental Change in The Nomadic Society of The Altay Steppes, Xinjiang", *Nomadic People* (*Special Issue*): *Ecological Narratives on Grassland in China: A People-Centred View*, Vol. 16, No. 2, 2012.

提供的新路径。这些途径可归纳为三种，即通过知识与技术获得牲畜、通过社会关系获得牲畜和通过农作物交换获得牲畜。具体到家户，人们往往同时运用两种或三种策略。

阔孜克村 56 岁的喀拉海是当地出名的赤脚医生，也以能干和能吃苦闻名。1984 年，喀拉海已经 27 岁，和妻子育有两子，已与父亲分家。包产到户时仅分得 1 头耕牛，但其在牧业队的弟弟每年秋天转场到盆地时会给他 1 只羊。作为医生，偶尔在给牧民治病中可得到 1—2 只羊作为报酬或酬谢礼。大儿子初中毕业后辍学，为牧民代牧三年，月收入 300 元，另外年均还可获得 3 只羊。通过这些途径，到 1995 年前后，喀拉海就拥有了 30—40 只羊、5—6 头牛和 3—4 匹马。

在牲畜的选择上，喀拉海主要饲养山羊。因为山羊善于爬山，特别是在春季积雪快消融时可以爬过山脊，到山的阳坡觅食。在阴坡尚有积雪的情况下，他早上跟着山羊上山，用铁锹为之凿出一条道路。山羊还具有独自回家的能力，到中午的时候它自己可以找到路回来，所需人力较少。山羊的另一特性是繁殖力强，食草料却不多。实际上，利用山羊的上述特性尽可能快地壮大畜群，是大多数新分出年轻家庭的选择。当然，勤劳和控制消费也是喀拉海家庭牲畜发展的关键。为储备更多的饲草，他在早晨到坟地割其他人不愿意要的牧草。在消费上，他被认为是阔孜克村的"吝啬鬼"，因为他不购买摩托，也从不找人代牧。到 2008 年，家里已有山羊和绵羊 100 只、牛 15 头、马 8 匹，成为村子里的富裕户。

喀拉海的个案，有几个方面是大多数村民获得牲畜和发展牧业的方式。首先，牧业队亲戚的资助。资助具有互助性，因为村民获得牲畜的同时，通常也要给亲戚一定的粮食和饲草。这种互助显然只有在农业发展后才可能出现，甚至有村民用农作物直接与牧民进行物物交换。其次，代牧是有剩余劳动力家庭获得牲畜的重要途径。部分村民甚至在一定时期内放弃了农业，将耕地交由自己的兄弟耕种，专门为牧民代牧，将村民手中零散的牲畜集中起来到夏季牧场放牧。最后，普遍选择小畜而非大畜为牧业发展方向，利用小畜繁殖能力强的特点壮大畜群。一些村民以 1 头牛 5 只山羊或绵羊、1 匹马 10 只山羊或绵羊的比例获得牲畜，逐步发展了牧业。

还有一部分人利用技术与牧民交换获得牲畜。1958年，公社将制靴匠、木工、铁匠和有其他技术的社员集中到阔孜克村，组建了社队企业"铁木加工厂"。铁木加工厂共有28户，有约70人在面粉厂、铁厂、木厂、皮革厂、马鞍子厂工作。他们主要负责公社办公用品和各种生产生活用具的制造。公社制度的终结导致牧民所需的生产生活用具无处供给，这为这部分村民利用技术与牧民交换牲畜提供了可能。

1984—1985年，阔孜克村的托勒翁（48岁）跟铁木加工厂的一位老木匠做学徒，成为木匠。20世纪90年代，他专门制作木箱、桌子、椅子、木床、木门、箱子、衣架子等牧民生产生活用品。牧民春季转移到盆地时告知托勒翁所需的家具，并带来制作家具所需的木材，到秋季回到盆地时取走。他不收现金，而是收取绵羊或山羊。折算的标准很简单，一个木箱1只羊、一张桌子或椅子也是1只羊。当然，为婚嫁家庭制作家具一次就能换得7—8只羊。1990—1994年，他年均可换得20—30只绵羊。再依靠绵羊的自我繁殖，到1995年就拥有了100来只绵羊。在他看来，钱不能生钱，但绵羊却可以产羊羔。这一观点生动地揭示了牧民的财富观念，谚语云"移动的畜群，就是我们的银行"。与木匠相比，铁匠交换的牲畜要少很多。56岁的喀诺拉曾在铁厂工作，擅长制作马掌和维修农具。如果牧民需要8个马掌，在秋季下山时会与他约好，次年春季到盆地时取走。4个马掌加2个马镫可以换1只小羊。马掌与马镫消耗的速度都远不如家具快，需求也没有家具多，因此收入明显低于木匠。

实际上，这种以技术交换牲畜的途径在传统哈萨克社会也普遍存在。无牲畜或牲畜数量少的牧民通常会让一到两个儿子学习制铁、木工、制靴等技术，并通过为阿乌尔或牧主提供服务换得牲畜和乳制品。哈萨克族很多谚语都揭示了这一点，如"手艺是流淌不尽的清泉，知识是永不泯灭的明灯""手艺人的手是金子，诗人的言语是金子"。[①] 总的来讲，除了以粮食和饲草交换牲畜这一途径之外，其他的途径都是传统的知识、技术、社会关系在新时期的重新运用。

在很多村民的记忆中，1995—2000年是家庭牲畜数量最多、日子

---

① 黄中祥：《哈萨克词汇与文化》，中国社会科学出版社2005年版，第221页。

最好过的时期。资料显示，到1990年吐尔洪乡的牲畜最高饲养量达到了20万只（头），出现了24户牲畜达500只（头）的家庭。其中，拜依格托别村的个案最有代表性。1993年，全村100户，576人，有牲畜3015头（只），户均30.15头（只）。其中，牛516头、马181匹、绵羊1055只、山羊1265只。63%的牧户拥有30只以下的牲畜，25%的牧户拥有31—60只牲畜，8%的牧户拥有61—90只牧畜，4%的牧户拥有90只以上的牲畜，最富裕者有233只牲畜。[①] 在新的历史条件下，牧业在盆地复现和快速发展，并呈现出蓬勃发展之势。

第二节 粮仓之路：农业的发展与变化

"游牧"，从最基本的层面来说，是人类利用农业资源匮乏之边缘环境的一种经济生产方式。[②] 正如哈扎诺夫所指出的，游牧业是所有传统生产形式中唯一能够掌握和利用如此广阔区域潜在资源的一种生产形式。然而，游牧业有着自身无法克服的局限性，即其非自足性，表现为不能满足牧民日常生活最直接的需求。[③] 实际上，所有的游牧民都不完全依靠游牧业，总是与农耕社会存在着各种交换，或是在生态环境允许的地方种植农作物。历史上，吐尔洪的哈萨克牧民一方面与奇台、福海等地的农民用牲畜交换粮食，另一方面也从事小规模的粗放农业。粗放农业在1958年后为大规模的集约农业所取代，盆地也成为富蕴县的粮仓。这一节，笔者致力于去探讨盆地农业的发展进程，呈现盆地的"粮仓之路"。

一 四十碗塔尔米：早期粗放农业

盆地农业始于何时难以考证，只是长期以来一直流传着肯谢恩·黑

[①] 杜荣坤等：《中国少数民族现状与发展调查研究丛书：富蕴县哈萨克族卷》，民族出版社2001年版，第223—224页。

[②] 王明珂：《游牧者的抉择：面对汉帝国的北亚游牧部族》，广西师范大学出版社2008年版，第3页。

[③] Anatoly M. Khazanov, *Nomads and the Outside World* (Second Edition), The University of Wisconsin Press, 1994, pp. 69 – 70.

第三章 牧与农

牙克拜（1788—1881年）带领众人开渠种粮和四十碗塔尔米的传说。从肯谢恩的生平来看，至迟到19世纪末吐尔洪就有了比较"原始"的农业生产。肯谢恩出生于富蕴县且柔奇部落的一个贫苦家庭，自幼参加农业生产劳动。1817年，他带领数户人家从哈巴河县迁出，四处寻找水草丰美之地，所到之处皆倡导开渠种粮，足迹遍布阿勒泰全境。相传，他带领吐尔洪的牧民首先在大喀英布拉克和小喀英布拉克修建了水渠，并以部落名称呼它们——塔什比克渠（且柔奇所占）和哈拉哈斯渠。根据老人们的描述，水渠相当简陋。先是在河道平缓处筑起2—3米高的土坝，之后在河流汇入盆地的冲积扇上开一渠口，通过土渠将水引入耕地之中。盆地还有以部落名称命名的萨尔巴斯渠和木里合渠。从文献资料来看，直至20世纪40年代盆地的水渠和农业都很有限。在周东郊的记录中，富蕴县的水渠主要位于柯克托海和喀拉通克，共可灌溉5750亩的耕地。① 1916年，谢晓钟（又名谢彬）在新疆考察期间途经吐尔洪盆地一带，记录了他所见农业之情况。

> 自此循河岸行，十二里二次子河（华额尔齐斯河——额尔齐斯河上游，笔者注）渡口，哈民二十余家，夹岸而牧，南岸尚有种熟之地……二十二里，苏布图水，夹岸皆熟地……十三里固尔图水，源出西北山中，东南流百余里，入于华额尔齐斯河，上流沿岸有种地者……哈喇通古，与华额尔齐斯河沿，皆地腴草茂，可兴农业。②

水渠既开，农业也随之发展起来。然而，在如何分配耕地的问题上牧民却犯难了。此时，且柔奇部落的比"乌夏白"赶往青河县，向阿巴柯勒依的大比官（名字不详）求教。大比官根据耕地面积和在大喀英布拉克生活的牧民户数，将耕地分为40块，每户耕种一碗塔尔米的面积，这就是"四十碗塔尔米"的传说。塔尔米是哈萨克牧民传统的农作物，也是牧民饮食结构中最重要的谷物类来源。此种谷物具有耐寒

---

① 周东郊：《新疆阿山区概况》，《新疆论业》1940年创刊号。
② 谢晓钟：《新疆游记》，中国国际广播出版社2016年版，第297页。

消逝的草原

耐旱的特性，产量尚可，是新疆北部草原地区牧民的普遍选择。乌夏白曾在奇台生活，目睹了当地维吾尔人如何种植塔尔米、如何灌水、如何收割的全过程，并用40只绵羊换来了40碗塔尔米。在老人的记忆中，每个部落可能只有500亩的耕地。1953年的调查也支持了这一说法，且柔奇部落共有2604亩耕地。因为采用了3—4年轮耕的耕作制度，实际每年耕种的土地仅为这一数字的1/3—1/4。木里合部落与且柔奇部落耕地面积基本相当，但哈拉哈斯和萨尔巴斯两个部落的耕地可能只有它们的1/3—1/2。因此，新中国成立前盆地的耕地面积只有1500亩上下。

在传统游牧社会中，农业历来不被重视，牧民也不愿意在农业上投入精力和劳动。哈萨克谚语"挖渠一辈子富不了""吃口袋粮的人永不得饱"很好地说明了这一点。除了解决非自足性问题外，种地的原因还有两个：首先，吐尔洪地处偏远，没有市场交换粮食。距离最近的农区是奇台县和福海县，秋季部落头人安排牧民赶着畜群到这些地方与农区交换粮食。每年，用骆驼可驮回500公斤左右的粮食，但每户牧民年均需要3—4石的粮食。[1] 有能力交换的主要是牧主和富裕牧民。因此，自己种地是解决粮食唯一可行的方式。蒙古地区的经验表明市场经济越发达，牧民从事农业者越少，缺少交换渠道农业就会增多。[2] 其次，20世纪上半叶的持续动乱，使牧民的牲畜大幅减少，迫不得已务农者增加。在新中国成立前的三四十年里，牲畜的减少迫使阿勒泰地区20%—60%的牧民兼营了农业，农业在牧民生活中具有了一定的重要性。[3]

从事农业者主要有两类人。第一类是无畜户，或是牲畜数量少的牧民。他们在出冬季牧场后，就跟随牧主于5月初到达盆地，并从他们手中获得籽种。整个夏天，他们都生活在盆地，照看庄稼，直到收获。牧主通常会为他们留下几只喝奶的山羊和绵羊。秋收后，他们需

---

[1] 杨廷瑞：《畜乳与牧民的经济生活》，载《新疆牧区社会》，农村读物出版社1988年版，第129页。
[2] 王建革：《农牧生态与传统蒙古社会》，山东人民出版社2006年版，第263页。
[3] 中共中央新疆分局研究室等：《解放后三年多以来阿勒泰牧区生产的发展》，载《新疆牧区社会》，农村读物出版社1988年版，第52页。

要将产出的1/2—2/3交给牧主,然后继续跟随牧主向秋季牧场转移。第二类是以牧为主兼营少量农业,这是大部分牧民的选择。他们在5月中下旬春耕后,转场到夏季牧场,其间返回盆地浇两次水。不管是哪一类人,播种量都相当有限,一般只有几斗,甚至撒下几帽子籽种便算了事。

农业生产力相当低,亩均产量甚至不足20公斤。这主要与耕作制度和生产工具相关。谢晓钟途经天山时,对哈萨克人的农耕情况做过描述。他写道,"哈民穷无牲畜者,亦知种地,耕地之法,效仿缠民,其犁一具,驾以二牲,田无畴列,但横斜欹曲,掀土而播其种,迎风飏洒如繁星。旱地一犁之后,任其自长"。① 杨廷瑞对此做了这样的描述:游耕、不施肥、不中耕除草、不选种、不轮作、不精修渠道,本是肥地,连种三几年后就薄而弃之,另开生荒,这样就浪费土地,破坏草原。加之受虫、冻、旱、兽危害,常常歉收失收。② "广种薄收"最常被用于形容此种生产形式,而且定居后的村民也认可这一说法。但如果站在游牧业的立场,就可以理解为什么牧民要采取粗放的,而非精耕细作的农业。王建革发现,在蒙古地区,农业生产精耕细作的程度按照纯牧区、以牧为主的牧区、半农半牧区、以农为主的牧区逐步强化。牧业的移动性越强,农业生产也就越粗放。③ 农业对于哈萨克牧民只是附属产业,是对游牧业的补充。农业要求定居,游牧必须移动,粗放农业恰恰适应了游牧的这种特点才得以生存。如拉铁摩尔所说,"游牧经济的社会原则——移动性,也不允许农耕、冶金和工业跳出它们原有的附庸地位"。④

生产工具也相当简单,且柔奇部落仅有23架洋犁(改造犁在内),23架土犁,106把铁锹,102把镰刀,38把坎土曼。⑤ 洋犁是苏联制造

---

① 谢晓钟:《新疆游记》,中国国际广播出版社2016年版,第146页。
② 杨廷瑞等:《富蕴县哈族且柔奇氏族畜牧业生产发展中的四个问题(1953年4月)》,载《新疆牧区社会》,农村读物出版社1988年版,第67页。
③ 王建革:《农牧生态与传统蒙古社会》,山东人民出版社2006年版,第272—274页。
④ [美]拉铁摩尔:《中国的亚洲内陆边疆》,唐晓峰译,江苏人民出版社2010年版,第54页。
⑤ 杨廷瑞等:《富蕴县哈族且柔奇氏族畜牧业生产发展中的四个问题(1953年4月)》,载《新疆牧区社会》,农村读物出版社1988年版,第67页。

的单挽与双挽犁，主要是从苏联人在柯克托海办的农场中用牲畜交换而来。土犁则是北方旱作农业常用的单铧犁。牧民将种子装入帽子之中，骑着马撒播种子。播完种子，随即犁地，后有一人跟着用坎土曼将种子掩埋。待种子发芽出苗后，浇水一次（漫灌），之后便转场至夏季牧场。6月底，阿乌尔巴斯会派3—5个劳动力返回盆地进行第二次浇水。到9月返回时，牧民用镰刀割下谷穗，就地用石头碾压，扬干净，装袋。所以，又有"春季骑马撒种，秋季挥镰收割"的说法，与蒙古牧民粗放的"漫撒子"农业是一样的。

新中国成立后，到公社化之前盆地的农业取得了一定发展。1952年3月春耕前，县里的四个干部瓦黑提、色克依、巴巴胡马尔和买米拉到吐尔洪，对牧民说："你们今后合在一起种地，有几个人出几个人，有几个耕畜出几个耕畜，不论你我在一起干，如果有10个马也都拿出来。"卡彼都拉率先响应了号召，以哈拉哈斯部落10户牧民为基础组建了互助组。互助组包括三种形式：一种是从播种到碾场，共同生产，按投种子数量分配果实的"乌云木"，共6组。一种是互助播种、各自管理收碾的"冒英塞里克"，共9组。还有一种介于两者之间，共7组。[①] 从规模上看，冒英塞里克与阿乌尔的规模相当，并主要是原阿乌尔的成员。而乌云木则超出了阿乌尔的规模，正因如此乌云木内的矛盾多且效果并不理想。

互助组成立后，首要工作就是开垦更多的耕地，每一个互助组都制订了农业发展计划，明确每年新开垦耕地的面积。春耕后，互助组内除了承担放牧任务的牧民外，都留在盆地用镰刀割去灌木和草秆，再用铁锨将灌木和草的根刨出。秋收后，牧民再用马拉犁、牛拉犁翻土，以便于次年耕种。一架犁年均需犁8亩地，深要达15厘米。经过几年的努力，到1957年以阔孜克村为中心就开垦出12544亩地。[②] 也一改只种塔尔米的习惯，开始种春小麦、糜子、燕麦和大麦等农作物。表3—5是7个互助组作物投入与产出的情况。几种作物中，小麦种植面积最大，

---

① 袁广岳等：《富蕴县哈族土尔浑牧区的农业生产互助组》，载《新疆牧区社会》，农村读物出版社1988年版，第83页。
② 《1961年"中共吐尔洪公社党委工作报告"》（内部资料），1961年12月15日。

产出是投入的9倍有余。然而，若按亩产计算则与新中国成立前并无太大差别，因此仍是一种粗放农业。

表3—5　　　　1952年7个互助组农业生产情况　　　　单位：斗

名称	户数	麦子 投入	麦子 产出	燕麦 投入	燕麦 产出	大麦 投入	大麦 产出	糜子 投入	糜子 产出
乔科依	9	30.5	244	2	20	2.5	34	2.65	159
塞里	14	27	189	14.7	147	1.5	15	2.1	84
黑沙	9	20.2	282	7	—	6.75	78	2.95	148
恰里杜	11	2.3	314	0.2	—	—	—	2.1	63
巴依哈孜	13	31.1	165	13.4	119	7.1	49.7	3.95	177
库木尔塔依	8	17.5	147	2.5	13	3.5	16	1.7	52
科克依	10	17.4	4.5	1	—	2	—	1.3	—
合计	74	146	1345.5	40.8	299	23.35	192.7	16.75	683

资料来源：1952年吐尔洪牧区22个阿吾勒中有明确产出的7个阿乌尔的数据。

农耕制度和生产工具并未明显改进，几乎没有田间管理。1956年二区政府的工作总结中就提到：只注意到扩大耕地面积，而没有注意到改进耕作技术。牧民只管播种、收割、浇水和拔草，而不管其他的施肥、耕作等问题。除哈比道拉（卡彼都拉）互助组在部分土地上施肥外，其余很（少）有人施肥，又加上耕作粗糙，所以耕地面积虽然扩大了，但实际收获却还停留在去年的水平上。[①] 这说明，只要牧业仍然是牧民主要的生计方式，只要移动性未有变化，粗放农业的生产方式就不可能得到根本改变。

二　农业发展的条件

1957年春季，富蕴县政府要求二区在该年新增1800亩的耕地。这让二区的负责人们犯了难，因为他们感觉已无耕地可开。在实地调查后，他们发现并非无地可开，而是不同部落草场占有的不均衡所致。

---

① 《第二区1956年各项工作基本总结》（内部资料），1957年1月19日。

消逝的草原

1952—1956年所开的地主要是贫穷阿乌尔的草场,以及部落之间的公地。木里合部落在阔克塔勒湖两侧拥有大片草场,4个阿乌尔种着少量的耕地,但其余都"荒着"不给人种。因此,二区政府决定召开一次部落上层的沟通会,希望能够打破部落传统的地理边界,统一调剂土地资源,扩大耕地。

> 在这次调剂土地的工作中,阿合伯、乎尔满等同志起了一定的作用。在开始调剂时他们首先召集了有关的阿吾勒(阿乌尔)头,进行座谈,让他们主动地让出多余的土地,然后统一地分给合作社及其他的牧民,保证了合作社及种地牧民及时播种。在处理一些零星土地时,他们一般都先和地主人商量,……并要求他们做具体的播种计划(这样主要是为了防止他嘴说种地而实际上不种)。如果故意霸占土地,就不客气地批评他。如有个叫虎马尔汗的牧民,他给区长说别人把他的地犁了,要求处理。区长去一看,别人犁的是荒地,当时就给他指出,这种行为是不对的。区长并向他保证,他能种多少,就给他多少,但地他霸占是不行的。这样做的结果是把很多零星荒地开垦出来了。①

这产生了一个问题:为何要在一个纯牧区开荒种地,而且需要在这么短的时间内就完成。意识形态、粮食需求与支撑牧业发展是最主要的原因。1952年到1957年,在自治区主要领导的讲话中,反复强调要克服"重农轻牧的思想",并要求控制无序的开荒,坚持以牧为主和定居游牧的发展路径。这说明,牧区普遍存在着"牧业落后"的观点,一些人认为"工业最好、农业次之、牧业最差"。②"牧业落后"论也成为20世纪60年代后"牧民不吃亏心粮""牧民定居"的意识形态背景。③ 事实上,东西方文明总是习惯以农耕文明评价游牧世界,将游牧民斥为落后、野蛮和愚昧。而且正如哈扎诺夫所说,这些想象甚至比

---

① 《1957年吐尔洪区春季各项生产工作简报》(内部资料),1957年5月24日。
② 新疆社会科学院经济研究所编印:《牧区政策文献汇编》(内部资料),1985年。
③ 李晓霞:《新疆游牧民定居政策的演变》,《新疆师范大学学报》2002年第4期。

"高贵的野蛮人"更早。① 更为糟糕的是,"牧业落后"的意识形态主导了民族国家对游牧社会的改造,而改造的路径就是以农业取代牧业,以定居取代游动。

在此,需要回答另一个问题,即:为什么国家和自治区反复强调要避免无序、盲目开荒,但开荒还是一如既往地发生了。正如丹尼尔·罗森博格在蒙古国集体化中所揭示的"国家政策持续受到了地方环境和反应的影响"② 一样,发展农业也有现实需要的因素,旨在实现"牧区的粮食自给",并在此基础上支持牧业的发展。1954—1957 年,胡李牧每年秋收后都和其他4 位牧民组成一组,每个人用5 峰骆驼到青河、奇台驮运粮食至柯克托海(县政府所在地)。与他一起的还有另外三个组,一只骆驼一次可驮回100 千克麦子,往返一次需要4 天,直至11 月大雪封路。直到1997 年,富蕴县粮食才实现自给。粮食局的老干部告诉笔者:富蕴县本地产粮甚少,外调粮食路途远且无好路,尤其在公社体制下调运粮食需层层审批,发展农业以自给是唯一的出路。1962 年全国牧区工作会议就提到,"大跃进"时期无序、盲目地开垦破坏了草原,但又认为"不能不考虑粮食的现实情况"。③ 20 世纪70 年代的调查报告鲜明地指出:"它(农业)自力更生地就地解决了饲草和口粮的供应问题,减轻了国家的负担,增加了农牧民的收入。"④ 因此,现实的需求赋予了变草原为农田合法性。

另外,为克服传统游牧业"靠天养畜"的弊病,新生的人民政府一直致力于解决牲畜过冬的饲料和饲草。毫无疑问,发展农业也被认为是解决这一问题的关键。公社化时期,在吐尔洪公社内形成了农业队与牧业队之间粮食、饲草、牲畜和畜产品的交换。每年9 月,艾达海

---

① Anatoly M. Khazanov, *Nomads and the Outside World* (Second Edition), The University of Wisconsin Press, 1994, p. 1.

② [美] 丹尼尔·罗森博格:《蒙古人民共和国畜牧业生产的集体化》,载张倩《游牧社会的转型与现代性(蒙古卷)》,中国社会科学出版社2013 年版,第29 页。

③ 新疆社会科学院经济研究所编印:《牧区政策文献汇编》(内部资料),1985 年,第150、163 页。

④ 黄种植:《因地制宜地种好饲料和口粮,促进畜牧业生产的发展:青河县畜牧业经济调查专题报告之一》,《新疆畜牧业经济调查(1978—1982)上辑》(内部资料),1982 年,第7 页。

(73岁)驾着四匹马拉的大车往返于恰库尔图与吐尔洪盆地,每次将三吨的粮食或饲草拉到恰库尔图,往返5次。公社有三辆马车专门负责这一任务,运出的粮食占总产量的1/2,饲草占2/3。正如余维厚所说,农业提供的饲草、粮食和饲料成为牧业发展的资本,而无农业支持的一牧场最终落得了破产和被合并的下场。

当然,要发展农业还需要具备相应的自然与社会政治条件。笔者已在第二章详细说明了吐尔洪盆地的自然资源条件,在此仅对盆地发展农业的局限性与优势做进一步的补充。局限性非常明显,无霜期短使盆地只能种植春小麦、油菜、豌豆和土豆,而且产量相当低。优势包括土地连片、平坦、土壤肥沃,年均降雨量为314.2毫米,有丰富的水资源,有利于机械化农业的发展。吐尔洪盆地与喀拉通克沟、铁买克盆地一起被作为富蕴县的小麦与油料区,其中吐尔洪盆地耕地占这一区的60%以上。

调剂土地的个案说明耕地的扩大必须突破部落制度的羁绊,必须打破部落的地理边界,在盆地范围内统一调配资源。农业的发展还必须解决水利设施的问题,需要整治河道,修筑渠道,需要整个部落甚至多个部落的协作。在地接新疆的扎帕查地区,蒙古革命后,农业发展的主要限制条件是劳动组织。因为游牧民分散,不易集中,修渠恰恰需要劳动力集中。[①] 不仅水利需要劳动力的集中,"开荒"也需要劳动力的集中,这就需要突破部落的社会边界。通过牧改、镇压班德、流放牧主和新精英的培养,新生的人民政府终结了双重制度,创造了"公社—大队—小队"的地理与社会边界。我们会看到兴修水利与开荒都是在公社,甚至跨公社的范围内调配动力,以班、营、连等具有准军事性质的组织在短时间内完成的。

三 水利与开荒

吐尔洪盆地原有的几条水渠显然无法满足扩大耕地的要求,因此,第一要务便是兴修水利。水利包括两个部分,即沿着盆地两侧山脚而修的南北干渠和吐尔洪、二十三公里(阔克塔勒湖)的两个水库。水利

---

① 王建革:《农牧生态与传统蒙古社会》,山东人民出版社2006年版,第245页。

始于南北干渠，终于二十三公里水库，前后持续了近20年。在这20年中，始终奉行"以小型为主，配套为主，社队自办为主"的建设方针。所以，几乎这一时期富蕴县所有的水利工程皆为土坝，坝基不稳，为水库决堤和最近十多年缺水埋下了隐患。

根据设计，水渠从喀英布拉克、库热萨伊等山涧溪流与吐尔洪河交汇处向南北两个方向，沿着南北山脚向西分别修建，名为南干渠和北干渠。南干渠的终点在托普铁列克村，最终向南与喀拉通克的北干渠相接，长25公里，1958年9月开工，次年3月竣工。北干渠终点在拜依格托别，长16.5公里，1959年5月开工，是年8月竣工。80岁的艾善，维吾尔族，1954年因修建阔孜克村的清真寺随父亲搬到了吐尔洪。1958年9月，他被抽调到水渠施工队，负责为修渠的村民打馕和做饭。他指出，村民每户出1—2个劳动力，就地搭建毡房，共有约300人参与了水渠的修建。

根据性别、年龄和工种，人们被分为三组。妇女和老人先用刀、镰刀和锄头除去水渠及两侧的灌木和杂草，刨去根，并将之用骆驼和牛驮回大队食堂（清真寺）。最强壮的小伙子紧随其后，用铁锹、坎土曼和锄头挖出口宽4—6米，深2米的水渠，日均需要完成1米的任务。其他男性则用柳条和芨芨草编织而成的抬耙、木框和少量的手推胶轮车将挖出的土运走，仅留下大小不一的石块用于铺底。当然，所有的工作都需要后勤保障，尤其是工具的制造和维修，铁木加工厂承担了这一任务。在这些工作中，挖渠最累、活最重，被分配给了在牧改中被打击的巴依、阿訇等上层的后人。

与干渠配套的是位于盆地东北侧的一道土坝。此处是喀英布拉克、库热萨伊和吐尔洪河的汇流处，两侧是石头荒坡，无树，爬山松等灌木将山坡包裹密不透风。在此筑坝有三个原因：首先，山涧溪流在此汇集，有充足的水源保障；其次，两侧的山坡皆为巨石，不会因蓄水滑坡；最后，河流汇集处形成了一大片的冲积扇，沙层仅3—4米，之下即是黄土，不易渗漏，具有蓄水条件。冲积扇由里向外逐步扩散，最狭窄处有200—300米宽，最宽处达700—800米宽。冲积扇蔓生着各种灌木、芦苇和牧草，并在其中心形成了一个小型湖泊。冲积扇在靠近阔孜克村时形成了一块天然的台地，湖泊的水顺着吐尔洪河汇入阔克塔勒湖。1959年，公社组织劳动力在冲积扇最狭窄处修建了3米高的土坝。修建土坝有两个原因：一是为了防洪，每年5月和7月的季节性洪水自山而下，对盆地村民的生活及耕地造成了威胁；二是为了蓄水，以在枯水期为耕地提供水源。

村民仍是首先用镰刀、铁锹、锄头和坎土曼清除坝内的灌木和各种草类。毡房就搭建在坝内，20人一个毡房，作为一个组负责完成指定任务。有5个组，共100余人，耗时3个月。村民就地掘土，刨去沙层，直至出现黄土为止。这些土被用抬耙、木框和手推胶轮车堆积起来，形成一个宽约10米、高约3米的土坝。另外，有一个组用两匹马拉着碾石，来回碾压新添加的生土。当然，在土坝的修建过程中，巴依、阿訇、上层的后人仍然被分配从事最苦、最累的工作。喀特兰和另外7位村民被安排开凿京什克萨伊通往喀英布拉克的山洞，目的是将更多山涧溪流的水引入坝内。他们分两组，一组进到山洞用榔头、铁钎等凿开巨石，另一组则将碎石搬运到洞外。更让他伤心的是，妻子在修渠时因被安排的劳动过多，一天都未能及时为第二个孩子哺乳，以至于孩子在次日凌晨去世。这成为老人心中永远的伤痛，是难以忘却的记忆。

水利修建中对劳动力的调配也突破了大队和公社的边界。因为，任何一个公社都无力依靠自身力量完成干渠之修建，必须在全县范围内统一调配劳动力。1958—1962年，富蕴县先后修建了吐尔洪乡南北干渠、杜热乡南北干渠、温都尔喀拉北大渠、喀拉布勒根乡南北大渠和喀拉通克乡南北干渠等38条干渠，长达374公里。在很多村民的记忆中，1958—1960年就是不停地修渠，从一个地方到另一个地方。1959年冬，23岁的胡李牧被调往恰库尔图参加水渠的修建。在这个过程中，他亲历了修渠之艰辛，看到了因饥荒、疾病和疲劳相继死去的村民，并庆幸自己还能活到现在。

  1959年2月，我们徒步带着马过去，带着4—5个毡房，途中烧雪融水，吃点馍馍再接着走。途中，我们遭遇了暴风雪，很多人被冻死在路上。恰库尔图正是最冷的时候，大家又累又冷，只能靠架火来取暖。现在想想当时真的特别苦（老人开始抽泣）。地里都没有食物，我们只能去找死掉的动物的尸体。但管理者不让我们吃，说会传染疾病（肺结核）。他们把那些动物的尸体集中没收，并在上面尿尿，制止我们吃。但没用，我们还是会拿回来一些吃，没有办法。当时有一次劳动、二次劳动的说法。就是劳动的人有饭吃，未参加劳动、无能力劳动和病人三个一起分得一小碗饭吃。有一个队的人都死掉了，但人们都不在乎，死了就拉过去埋了。我们的队长叫赛提汗，特别苛刻，当时我们一屋子人都是病人，他都会拿着鞭子让我们出去干活。我都感叹，怎么会有这样的日子。①

南北干渠的走向决定了盆地耕地开垦的范围，直至今日水浇地仍分布于干渠之间，而旱地则分布在干渠与山坡之间。干渠和土坝解决了耕地扩展所需的水源问题，为进一步"开荒"创造了条件。1958年12月，公社在集中劳动力兴修水利的同时，也开始大规模地开荒。以阔孜克村为中心，男人们5人一组负责开地，女人们则5—10人一组将割掉、砍掉的树木、灌木用骆驼、马和牛驮到公社食堂用作柴火。吐尔洪河搭建了很多毡房，一个毡房可容纳20余人，但谁也记不清楚究竟有多少人参与了开荒。春耕和秋收的时间之外，喀拉通克、铁买克、喀拉布勒根等乡的村民也带着毡房参与进来。这些地方开荒时，盆地的村民也被组织过去。

第一步工作是要用刀、镰刀、锄头、铁锹等工具清理遍布盆地的树木、灌木和草，主要是灌木。一直以来，盆地都是作为牧民的秋季牧场，很少利用灌木，灌木相当茂盛，高者可达1—1.5米，根系发达，因此清理起来也最费力。被砍倒的树木和灌木被分为建材和柴火，分别被拉到铁木加工厂和公社食堂。部分粗壮的树木被用于建房，而藤条类的灌木则被用于搭建房屋的顶棚。草的清理比较容易，只是需要将草皮翻到地下。村民用牧民的表述方式描述了他们对草场的热爱："地上都长着新鲜的嫩草，开地就像切羊肝一样。"

第二步是犁地，将草皮翻到地下。每个男人都获得了一把洋犁或土犁，由一头牛或一匹马牵引。谁也记不清楚自己究竟开垦了多少耕地，但是公社用精神和物质手段奖励先进者的方法极大地调动了人们的热

---

① 2012年8月23日在阔孜克村对胡李牧（男，77岁）的访谈。

情。事实上，这一方法在集体化时代被反复用于开地、春耕、秋收、打草等农忙高峰期，通过竞赛和奖励机制刺激提高工作效率。胡李牧在开地展开的评比中，不仅获得了一朵红花，而且还获得了奢侈品——一包墨盒烟。

  我不知道我们开了多大面积。当时会评哪个地开得好不好，给开得好的在地头绑一朵红布扎的花，给先进者别一个小别针。为了红花，我们就使劲开地。有一个可笑的事，当时有一个人叫多度克，他开地的时候把他挖的土往身后抛，这样刚挖好的地又被填上了。从那以后，就有了一个有趣的说法：如果有人干得不好，就会说你不要跟多度克一样干活，好吗。红花是流动的，我们也得到过，但我忘记是几次了。当时还会给我们发烟、糖和香皂，一个星期奖励一次。我得到过一盒墨盒烟，味道特别好。所有人都抽烟，有一个人得了大家都围过来，一休息就抽。①

  丹尼尔·罗森伯格发现：在蒙古国集体化过程中，政府通过将奖励与特定经济行为直接挂钩，政府就可以对游牧社会的生产进行完全的控制。竞赛、动员、奖牌、颁奖、奖金和公众认可这类精神激励也是社会主义激励体系中的一部分。② 类似的激励措施不仅调动了村民的积极性，也树立和维持了一种"克服和战胜自然"的社会风气，而且个人只有通过在这场与自然的"战争"中的表现获得认可、地位、威望和可能的政治上升机会。笔者最重要的报道人贝勒海就是在打草、收割、犁地的竞赛中表现突出，才在1976年被任命为机耕队的队长。事实上，公社时期几乎所有的干部都是在竞赛中崭露头角，鲜有的参军机会也总是被这些人所把握。

  第三步是清理土地中的碎石和平整土地。越是靠近山脚，碎石越多。妇女们跟在男人们后面，随手将碎石捡入筐中，并将之堆到道路两

---

① 2012年8月23日在阔孜克村对胡李牧（男，77岁）的访谈。
② [美] 丹尼尔·罗森伯格：《蒙古人民共和国畜牧业生产的集体化》，载张倩《游牧社会的转型与现代性（蒙古卷）》，中国社会科学出版社2013年版，第28页。

侧，用于铺路。同时，越是靠近吐尔洪河，沼泽就越多，地也就越不平坦。对沼泽的处理比较复杂一点，先要挖一条小渠，放掉水，而后再清除树木、灌木和草。犁地后，用手推车将挖渠所产生的土运过来填平。实际上，河谷仍然保留了大片的灌木林和草滩未开垦。原因有两个：首先，要为农业队的牲畜，特别是耕畜保留一片春秋放牧的草场；其次，河谷地势很低，而且灌木相当茂盛，不易清理。自水库而下，吐尔洪河上游两侧较为狭窄、地起伏较大，至今仍然是阔孜克村民的打草场。中下游则相对平缓，无成片的灌木林，已被开垦为耕地。1961年，公社党委的工作报告对这一时期农业取得的发展做了总结。

> "大跃进"的前一年（1957年）全吐尔洪区共有耕地12544亩，粮食计100余万斤，平均每人只有100斤以下。1959年公社化后第一年，我社总播种面积扩大到32000余亩，比1957年增长了1.5倍。粮食总产量已达330万斤（油料总产45万余斤，平均每人800斤以上），比1957年增长了7倍。从此结束了我社依靠从外地调粮吃饭的历史。到今年，……我社总耕地已达5万余亩，比1957年增长3倍以上。今年遭受特大的旱灾的情况下，估计总产达210万斤以上，仍比1957年增长1.4倍，以我社4000人计算仍平均500斤以上。①

在此，有几个数据是需要做考证的，因为显然与实际不相符。根据报告，1957年粮食的单产为79千克/亩，而1959年就达到了103千克/亩。事实上，直到1967年，盆地粮食的单产一直徘徊在25千克/亩上下。另外，32000亩的耕地面积并不假，但实际上相当大一部分耕地因没有足够的劳动力而没有耕种。根据最早一批回族、汉族村民的说法，到1961年喀拉奥依仍未有人种地，只有阔孜克、达尔肯和吉格里拜的耕地种了。根据这三个村耕地的情况，比较保守的估计是已经种了1.5万亩左右的耕地。但不管如何，农业确实在盆地如火如荼地兴盛起来，初步奠定了盆地农业发展的基础。

---

① 《1961年"中共吐尔洪公社党委工作报告"》（内部资料），1961年12月15日。

消逝的草原

之后几年,尽管集中多个公社劳动力开荒的盛况不复再现,但在春耕和秋收外的时间公社仍然组织村民开荒。开荒进程也伴随着人口的分流和村落的扩展。随着人口和劳动力的增多,公社先后多次从阔孜克村分出20—30户不等的村民到其他地方建立新村。或是将年轻未婚村民组织起来,建立民兵连、机耕队、拖拉机站,逐步形成一些新的村落。村民所到之处,不仅要兴建房屋,而且也承担着进一步拓展耕地的任务。耕地面积和有效耕种面积进一步扩大,到1965年已经开垦出水浇地4万余亩、旱地2500余亩。因此,开荒是一个连续的过程,从1952年互助组一直持续到20世纪70年代初。

耕地扩展带来一个问题,1958年修建的土坝蓄水能力有限,根本无法满足4万余亩耕地的灌溉。为此,富蕴县决定重修水库,在冲积扇与阔孜克村相交的台地上修建一个规模更大的调节性水库。水库计划于1964年12月开工建设,1968年投入使用,坝高18米,坝长780米,设计库容556万立方米,实际库容360万立方米,可以灌溉4.5万亩耕地。水库的修建除了调动整个公社的劳动力外,还有计划地在1961—1966年接收了500多名内地的汉族与回族移民,以及20余位南京支边青年。公社将单身的汉族、回族村民和支边青年组建为水利队,常年负责水库的修建工作。在农闲时期,也从各个生产队抽调劳动力。水库的修建采用了准军事建制,任命余维厚为营长,其下组建了由党员领导的3个连、13个排,共有常年劳动力425人。①

人们仍然在冲积扇上挖了20多个地窝子,每个地窝子可容纳20—25人。和上次一样,首先清理的是树、灌木和草,而后清除沙层。但越是靠近台地,沙层越厚,几乎见不到底。实在没办法,人们只好在沙层上堆土筑坝。起初,坝基设计为40米,用手推车从盆地运黏土过来,再用拖拉机来回碾压。但是,随着坝基的增高,越往高处,堤坝就越窄,达不到18米的设计高度。无奈之下,就在面向阔孜克村一侧增加了10米的坝基。为了赶工期,这10米的坝基是由夹杂着石块和流沙的土夯实而成,这为后来堤坝渗水埋下了隐患。此外,由于靠近闸门的堤坝修建于冬季,以至于筑坝的黏土已经结冻,不管用什么工具根本就不

---

① 《关于吐尔洪水库设立营指挥部的报告》(内部资料),1966年12月8日。

可能夯实。1968 年，正是用冻土夯筑的堤坝首先渗水，而后决堤。决堤发生在 1968 年春天第一次山洪来临之时，人们用沙袋装上土、石头试图堵住缺口，甚至将一辆拖拉机推了下去。两天后，缺口终于被堵住。然而，隐患依然存在，因为人们不可能将堤坝推倒重来。

随着村落的扩展，政府又于 1976 年在阔克塔勒湖的出口处修建了一条 150 米宽的土坝，建成了"二十三"公里水库。在这条土坝落成之前，阔克塔勒湖的水通过吐尔洪河的尾端，向西流向柯克托海，并最终注入额尔齐斯河。水库的建成进一步为盆地农业的发展创造了条件，为阔克铁列克和库热特克两个村近 4500 亩耕地提供灌水。1964 年，新疆维吾尔自治区党委第一书记王恩茂提出了建设社会主义新农村的目标，具体包括：好渠道、好道路、好林带、好条田、好居民点——简称"五好建设"。吐尔洪公社随即将分散的土地规整为条田，修建条田与南北干渠之间的引水渠，初步建成了较为完善的灌溉系统。

到 20 世纪 70 年代末，盆地的耕地已经发展至 5 万余亩。图 3—4 显示，盆地的耕地中 2/3 为水浇地，主要种植小麦。完善的灌溉系统较好地解决了灌水问题，自 1970 年以来小麦单产平稳上升，除 2007 年有明显下降外，起伏较小。1/3 的旱地主要种植豌豆。由于主要依靠季节性融雪的渗透浇灌，受降水年度和季节性的影响，起伏较大。尽管粮食与豌豆亩均产量都很低，但完善的水利系统克服了水资源年度和季节性非均衡的弊端，有力地支持了农业的发展。

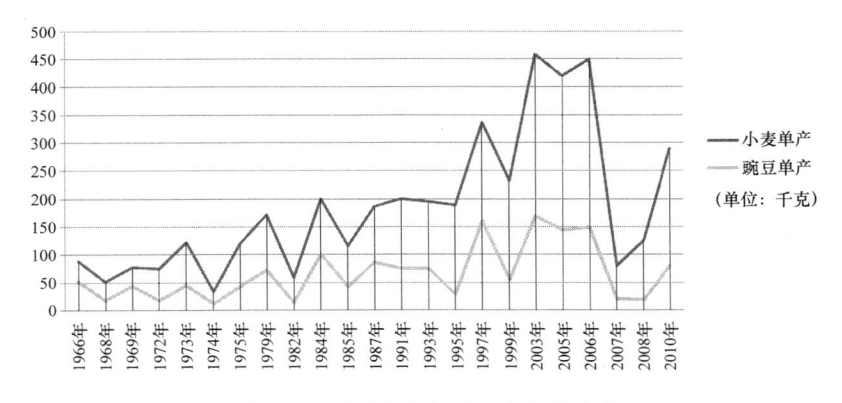

图 3—4　盆地小麦与豌豆亩产的变化

四　粮仓之路

1964 年，吐尔洪公社引进了 4 台国产东方红 – 54 型链式拖拉机和 1 台朝鲜千里马 – 28 轮式拖拉机，拉开了机械化耕作的序幕。10 名小伙子被选中到县里参加拖拉机培训班，贝勒海也在其中。3 个月的培训，除了拖拉机使用技术外，还包括农业生产机器（如脱谷机）和新式农具（五刃犁、五滑犁、架子犁、大滑犁、小滑犁等）的操作。到 20 世纪 70 年代，公社拥有了较为完善的农业生产机械，包括：16 台链式犁地拖拉机、11 台轮式运输拖拉机、6 台收割机和 2 台大型脱谷机。农业机械不但提高了生产效率，而且节省出的劳动力向山脚进军开垦了更多的耕地。以链式拖拉机为例，一台拖拉机包括 1 位主驾、1 位副驾、1 位学徒和 1 位维修人员，日均犁地 70—80 亩。每台拖拉机负责一个大队的犁地任务，一年犁地 25 天左右，可犁地 2000 亩。在收割的季节，一台收割机可完成 3000 亩地的任务。

除了机械生产工具，还包括一些改进了的、依靠畜力的半机械化生产工具。比如 2 匹或 4 匹马拉犁、2 头牛拉犁，4 匹马牵引播种机、收割机，4 匹马或牛牵引运输车，以及人踩踏板脱谷机。工作效率不如机械化的生产工具高，但比人力要强出不少。比如，4 匹马牵引播种机一次可播种 10 行，马拉犁和牛拉犁日均可犁地 3—4 亩。每个大队都拥有数量不同的半机械化生产工具。

这一时期，耕作技术也有了明显的改进。然而，哈萨克村民对耕作技术的改进记忆模糊，反倒是回族、汉族移民为我们提供了相当丰富的材料。可能的原因是，移民都来自农耕民族，因此，哈萨克村民粗放的种植技术给他们的印象更为深刻。在移民最初的记忆中，哈萨克村民种地就是"胡整"。典型的证据是不施肥、不能识别杂草、不除草、不会浇水。提到最多的就是"骑马播种"，而且撒下去的种子成堆不分散。这导致小麦出苗不均匀，严重影响作物产量。每次获得移民提供的证据后，笔者都和哈萨克村民讨论这些证据，结果是大部分证据都得到了验证。杂草是一个例外，哈萨克村民指出：在他们心中，草并无好坏，因此没有杂草一说。而在传统禁忌中，只有在最气愤时才会拔一束草对着苍天诅咒对方。放牧时，牧民都很清楚哪一块草场有毒草，但他们从不试图清除之，而是尽可能快地赶着牲畜穿过这片草场。类似的例子还有农家肥，1965年12月自治区发布了《关于加强肥料工作的意见》，号召广积农家肥。但直到1976年，农家肥的使用量仍然很有限。这主要是因为，游牧过程中，牲畜的粪便通过牲畜的流动反补给草场，无须牧民收集和发酵。

农耕技术的改进主要依靠两种途径：首先，公社的制度性安排和技术指导。田野中，笔者一直试图弄清楚村民如何掌握了农业生产的节令和规律。根据我们在博乐、温泉、精河和呼图壁牧民定居点的调查经验，农业生产的节令和规律是定居牧民最难掌握的技术。对老人们的访谈结果令人失望，因为没有人能够准确地描述这个过程。他们只是提到生产都是按照公社、大队的指令和技术员的要求来进行的。这说明，集中劳作的制度和技术员的指导免去了村民适应的过程，而长期农业生产实践让村民逐渐内化了节令与规律。

其次，回、汉村民对哈萨克村民潜移默化的影响。比如农家肥的使用就首先来自喀拉奥依村的回族、汉族村民，之后在公社的安排下扩展到哈萨克村落。近年来，36岁的叶博提通过承包的方式种了100亩左右的耕地，是阔孜克村少数以农业为主的家庭。他通过同学关系认识了喀拉奥依、塔斯托别两村的几个回族、汉族农民。叶博提与这些同学保持着密切的往来。春耕前，他会专程拜访这几位朋友，请教播种、春耕、化肥和农药使用、除草等技术和知识，并依据降水和气候变化及时对种子品种进行调整。在他看来，哈萨克村民只要愿意学习，在3—5年内就可以掌握农业生产的全部知识。

水利、生产工具和种植技术的改进推动了盆地农业的发展。图3—5的数据由富蕴县粮食局所提供，揭示了吐尔洪乡粮食生产在富蕴县的重要性。自20世纪70年代初以来，吐尔洪乡的粮食产量一直稳居全县之首，不仅实现了自足，而且每年向国家交粮300万斤，产量和交粮都占富蕴县40%左右。近年来，因为牧民定居工程的加速推进，乌伦古河流域的耕地面积进一步扩大。受粮农补贴政策的影响，村民选择增加粮食生产的面积，缩小经济作物的种植面积。以哈拉吉拉村（吐尔洪乡的牧业二队）为例，定居村民都获得了50亩的耕地。2007年以前，村民普遍选择种葵花、打瓜之类的经济作物，或是将之承包给包地老板。2007年后，80—120元/亩的粮农补贴使种粮成为有利可图的事业，粮食播种面积已经占耕地的1/4以上。尽管如此，2010年盆地仍占全县征粮的27%。盆地成为富蕴县名副其实的"粮仓"，"吐尔洪丰收，富蕴县足"的说法在全县流传开来。

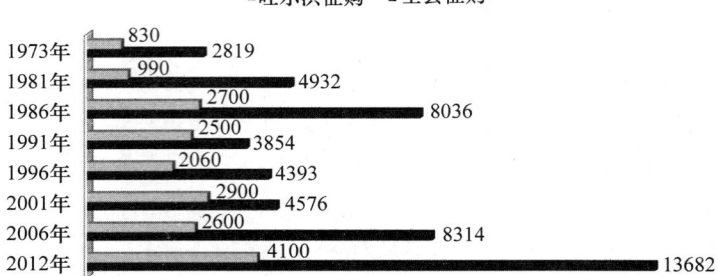

年份	吐尔洪征购	全县征购
1973年	830	2819
1981年	990	4932
1986年	2700	8036
1991年	2500	3854
1996年	2060	4393
2001年	2900	4576
2006年	2600	8314
2012年	4100	13682

图3—5　富蕴县和吐尔洪乡历年粮食征购情况（单位：千克）

第三节　边缘化：牧业与农业发展的困局

20世纪90年代中期，盆地牧业与农业呈现出一派欣欣向荣的形势，人们生活富足，迎来了发展的"春天"。然而，这是一种假象。进入21世纪，盆地的牧业再次衰落，农业在集约化道路上步履蹒跚，旱灾肆虐，人们的生活陷入困境。从政治生态学的角度来看，经济边缘化已然降临。本节将呈现盆地经济的边缘化过程，并致力于去揭示该过程与发展路径的关系。

一　牧业的再次衰落

2012年，笔者对杜荣坤等人对拜依格托别村调查的村民做了再调查。笔者发现当年牲畜多的牧户，子女多未成家。当年牲畜少的牧户，多是新组建的小家庭，或家中有病号或变故。拥有牲畜最多的牧户在之后十年因孩子结婚、分家，牲畜数量已经大为减少。事实上，牧业复兴大概只持续了10—15年，在新世纪的十多年内盆地的牧业总体上停滞不前，甚至呈现出再次衰落的迹象。

2000年前后，阔孜克村尚有近3000只（头）牲畜，到2013年仅有近1500只（头），减少了一半，户均仅为6.1只（头）。在这个过程中，有一部分家庭的牲畜有了增长，但大部分家庭的牲畜数量都减少了。尽管无畜户只是极个别的现象，但相当大一部分村民饲养的牲畜已不能为家庭经济带来多大的收入，而是用于满足日常生活肉食、畜乳和畜毛的需求。为了更直观地呈现牲畜数量变化的情况，笔者对该村21户村民2002—2012年牲畜数量的变化做了调查（见表3—6）。2012年，21户拥有牲畜为499只（头），仅相当于2002年的49.2%。2012年户均23.76只（头），比2002年少了一倍有余。

表3—6　　阔孜克村21户村民牲畜数量的变化（2002—2012年）

单位：只/头、万元

类型	户数	2012年牲畜数量	2002年牲畜数量	牲畜减少	2012年出售牲畜	牧业收入
20只（头）以下	10	107	238	131	28	5.3
21—39只（头）	7	195	503	308	42	7.7
40—60只（头）	4	197	272	75	7	1.7
合计	21	499	1013	514	77	14.7

究竟是哪些因素带来了这么巨大的变化呢？在此，先讲一个颇具传奇色彩家庭的个案，然后再结合其他家庭的个案来揭示变化究竟是如何发生的。

45岁的阿肯米亚是阔孜克村的村民，其父亲在1964年因工作关系调到吐尔洪邮局工作。父亲对马情有独钟，擅长养马，能识好马，1984年在青河县军马场买了一匹军马。20世纪80年代末，牧民和农民的生活条件都已大为改善，婚礼、割礼和乡镇活动都会举行传统的赛马会。每年，父亲带着这匹军马到富蕴、青河、福海和奇台等县参加约40场的赛马会。赛马的第一名可获得一头牛或几只绵羊，这匹马几乎每场都能拔得头筹。到1987年，家中就拥有了20匹马、30头牛、100来只羊，成为村中首富，并在 1987 年建了全村最好的房子。自 1989 年以来，阿肯米亚及其两个姐姐先后结婚，父亲为他们支付了较高的彩礼和嫁妆。这导致了到 2000 年牲畜数量仍与 1987 年相当，甚至略有减少。2002 年父亲生了重病，在之后几年中往返于乌鲁木齐、阿勒泰市、北屯市和富蕴县进行治疗，直到 2006 年去世，耗尽了家中所有牲畜。到 2013 年，家中仅有 8 头牛，没有绵羊和山羊。

事实上，调查的家庭中普遍存在着这一过程：从大家庭分出的小家庭，牲畜在 5—10 年内增长到峰值，随后因子女就学、婚姻、分家和疾病又逐步降低至谷底。52 岁的巴黑海（女）已为前四个儿子支付了 19—21 头大牛，如果将聘礼中的现金折合为牛，则支付了 25—27 头牛。她尚有 1 子未婚，无疑家中现有的 5 头牛也保不住了（见表 3—7）。

表 3—7　　　　　　　　巴黑海儿子们的彩礼支出

儿子	成婚时间	彩礼 牲畜	彩礼 现金（元）	彩礼现金折合成牛
大儿子	2005 年	7 头大牛		
二儿子	2007 年	6—7 头牛	4000	1 头大牛
三儿子	2010 年	2 头牛	8000	1 头大牛、1 头小牛
四儿子	已订婚	4—5 头牛	10000	2 头大牛
五儿子	未婚			
合计		19—21 头	22000	

这些个案表明，家庭牲畜之多寡与家庭的生命周期息息相关。所谓家庭生命周期，是指单个家庭所存在的从诞生、发展直到死亡的整个运动过程。[①] 它随着组织者的年龄增长和需要不同呈现出明显的阶段性，以结婚、生育、子女养育、子女成年离家和配偶死亡等生命历程事件作

[①] 杨善华：《家庭社会学》，高等教育出版社 2006 年版，第 8 页。

为划分标志。① 在传统生育模式下，家庭经济与家庭生命周期阶段的演进存在着规律性的对应波动关系。② 在盆地，村民在婚后会在父母的家庭住2—3年，直到第一个孩子的出生或是自己的弟弟成婚。之后分家，小家庭获得少量的牲畜和耕地，按当前的平均水平仅有2—3头牛和4—5只绵羊或山羊。在孩子们尚未成年，不能参加劳动时，牲畜会以较慢的速度增长。到第一个孩子成年，家庭的牲畜可能会达到20—30只（头）的规模。当孩子们成年，多余的劳动力会用于帮人代牧或外出务工，获得的收入作为资本购买更多的牲畜。所以，父母在45—50岁，孩子尚未婚配时，家庭牲畜的数量最多，就可能达到50—100只（头）的规模。但随着孩子们成婚、分家，牲畜不断被细分。夫妇双方年迈的父母也进入晚年，不仅需要供养，而且疾病、死亡也会接踵而至，不断消耗已有牲畜。此时，夫妇也逐渐年老，无力再扩大牲畜规模。

　　2013年10月，笔者在阔孜克村参加了三次婚礼，婚礼中亲戚之间牲畜的赠送引起了我们的注意。我们开始收集近五年该村婚礼中的礼物清单，发现这些清单简直就是牲畜的清单。在盆地，男方在订婚后向女方支付彩礼，正如巴黑海为儿子们支付牛一样。由于牲畜的减少，近年来通行的标准是4—5头牛，额外再支付1万元左右的现金。进一步调查表明，现金也通常是通过出售牲畜获得。在巴黑海为四儿子支付的4—5头牛中，仅有1头来自自己的家庭，她老公的两个兄弟各出了1头牛，另外左右邻居也出了1头牛。实际上，她为前三个儿子支付的聘礼也是这样筹集的。除了婚礼，葬礼、割礼、新房落成的托依（聚会）、孩子升学的托依等传统的、现代的仪式和聚会中普遍存在着牲畜的交换。

　　从理性计算层面来看，牲畜的赠送都有预期的回报，并且最终都会实现。因为，每个家庭都会在特定时候举办这些仪式和宴会。但同时，因为交换主要发生在亲属、邻里和同部落村民之间，因此牲畜的赠送又

---

　　① 王跃生:《家庭生命周期、夫妇生命历程与家庭结构变动——以河北农村调查数据为基础的分析》，《社会科学战线》2011年第6期。
　　② 吴兴旺:《家庭生命周期与家庭经济周期性波动规律———项以少数民族相关材料为主的实证研究》，《民族研究》1999年第4期。

具有道德义务和情感。理性计算、道德义务与情感构成了牲畜流动的"人情伦理"。① 所有人都不愿被视为"无礼之人",而是会遵从"人情伦理"自愿或被迫加入到牲畜的交换中。78岁的阿尔凯2012年在礼物上花了7000元,包括三个哥哥儿子的婚礼4500元、儿媳妇哥哥儿子的婚礼1000元、村里和朋友的各种托依1500元。阿尔凯一年农牧业收入的总和是1万元不到,但他认为参加的仪式和托依都非常重要,因为都是亲戚。为筹集两个哥哥儿子婚礼的礼钱,他卖掉了1头小牛(3000元)。对村民来说,礼物的赠送是一项"昂贵"的负担,他们形象地说"2012年,吐尔洪有两大灾难:一是旱灾,一是托依灾"。在考虑礼物交换这类社会结构因素后,可以发现通过牲畜的流动,单个家庭生命周期的变化也可能被转化为整个社区牧业发展的限制因素。

制约社区牧业发展的另一主要因素是农牧业对劳动力的争夺和牧业生产资料的匮乏。很多村民都提到,在春耕、灌溉、秋收等农忙季节没有足够的劳动力兼顾牧业生产。要兼顾农牧业的发展,需要有3—4个劳动力从事牧业,有至少2—3个劳动力从事农业。2013年,盆地有2463户,8562人,户均仅为3.4人。这说明,大多数家庭是无法同时兼顾农牧业发展的,也解释了为什么那些孩子成年但未婚的家庭牲畜数量较多的现象。实际上,很多家庭不得不依靠牧业队的亲戚在冬季和夏季帮着放牧少量的牲畜。

各村仅在东北和西南的群山中拥有一条山沟作为夏季牧场,其他季节都需要圈养牲畜或利用盆地少量的河谷、山脚草地。大部分村民在冬季需要从奇台、福海等农业较好的县购买饲草,在夏季则需要将牲畜交给牧民代牧。2007—2013年,饲草价格从15—20元/亩飙升到80—100元/亩,这主要是近年来持续干旱引发的农业减产所致。小畜的代牧费从5—7元/只上升到12—15元/只,大畜的代牧费则从70—80元/夏季上升到120—150元/夏季。生产资料匮乏迫使村民购买饲草和请人代牧,但后两者价格的上涨加大了牧业的生产成本。2013年1—2月调查期间,很多村民选择出售1/3,甚至1/2的牲畜以减轻对饲草的需求,

---

① [美]阎云翔:《礼物的流动:一个中国村庄的互惠规则与社会网络》,李放春等译,上海人民出版社2000年版,第142页。

并用出售牲畜的钱购买更多的饲草。2012年，阔孜克村的木拉提到年底尚未收回代牧费，而实际上很多家庭所需支付的代牧费不过100—150元。

总之，不管是从盆地、村落的层次，还是从个体家庭的层次，重现后的牧业在短暂的兴旺后经历了十多年的停滞，甚至再次衰落。对大部分村民而言，拥有更多的牲畜仍然是他们的梦想，因为牲畜依然是家庭财富的象征。事实上，当走进一户院子，很快就可以通过圈棚的大小、饲草的多寡判断一个家庭的经济水平，因为牧业仍然是村民现金收入最重要的来源。2000年以来，持续的干旱不仅增加了牧业生产成本，更迫使村民出售牲畜以求生存，出现了大量无牲畜或牲畜数量少的年轻家庭。乡政府不得不为这些家庭发放5—10只绵羊，希望村民利用这些牲畜逐步积累，重振牧业。然而，效果似乎并不理想，很多牲畜已经因为各种原因被食用、出售或是赠出。

20世纪80年代以来，重现的牧业在生产形式上也发生了一些显著的变化。主要表现为牧业生产组织形式的变化，有两种趋势：首先，以家庭为单位的牧业生产成为主流；其次，传统游牧业生产的组织形式阿乌尔在一定程度上复兴。同时，变化也具有阶段性。在牧业重现与复兴的阶段，绝大部分家庭都参与到牧业生产之中。最近十多年，随着牧业的停滞与再次衰落，部分家庭逐渐退出了牧业生产。

1984年秋，盆地完成了包产到户，家庭成为生产单位。在这个过程中，县乡两级政府与村一级的干部、群众就是否也将每个村的夏季牧场划分到户产生了严重的分歧。政府认为，既然是国家的政策，就应该毫不迟疑地执行，并且制定出劳动力、半劳动力划分夏季牧场面积的标准。但在村干部、群众看来，若将夏季牧场划分到户，意味着每个家庭获得的草场都不足以支持牧业的发展。最终，政府做出了让步，夏季牧场保留了传统"共有私用"的性质。

1986—1987年，在每年5月10日前后，各个家庭的老人先带着牲畜到夏季牧场，年轻人在完成春耕后于5月底也到夏季牧场放牧。村中对夏季牧场的利用做了不成文的规定，比如统一时间上山，按年度调换使用草场，以避免草场使用的纠纷。老人在夏季牧场一直待到9月中旬，而青年人则根据农时不时返回村子浇水、施肥和收割庄稼。对于未分家有着足够多劳动力的家庭而言,同时兼营农牧业,在村落与夏季牧场之间往返并无问题。但是,对年轻家庭,特别是子女尚未成年的家庭来说,就很难平衡农牧业的劳动力分配。一些汉族、回族村民和老干部提到,包产到户后的几年,村民对农业的态度发生了重要变化。田地中的杂草高过麦子,不按时令播种、施肥的情况时有发生,而且主要是年轻家庭。在哈萨克族村民看来,其实并非是不关心农业,而是劳动力实在不足以应付农牧业的需求。

  到 20 世纪 80 年代末,一些已经分家,并各自独立的家庭开始重新在生产上组合起来。几个家庭的耕地由 2—3 个兄弟耕种,牲畜则交给另外 2—3 个兄弟带到夏季牧场放牧。在产品的分配上,自家耕地的粮食仍归自己所有,当然牲畜及畜产品也是如此。这样,在几个兄弟之间就形成了新的分工,其实质是传统阿乌尔的分工合作模式。阔孜克村的马海自 1988 年开始就和丈夫一起到夏季牧场放牧,除了自己的牲畜,还包括丈夫三个哥哥家的牲畜,自己弟弟家的牲畜。耕地则由丈夫的三个哥哥负责照料。秋季返回盆地后,她将牲畜交回到三个哥哥和自己的弟弟手中,同时将粮食和饲草拉回自己家中。直到 2002 年,马海一直到夏季牧场放牧,村中与之类似的还有 4 个家庭。此外,马海也为村中牲畜少或是劳动力不够的家庭代牧,获得畜产品(乳、毛)。类似的情况在去集体化后的蒙古国也发生了,汤马斯·波特斯坎奇认为,集体的解散将牧户推回到基于近亲关系合作和编组的状态,其实质是对之前稳定的政治与经济系统(公社制度下的分工合作、各种社会支持)消失后的一种适应行为。①

  最近十几年,村民牲畜的减少使部分家庭在夏季退出了牧业生产,将牲畜交给其他村民或牧业队的牧民代牧。他们仍然在冬季圈养牲畜,并主要依靠农业提供的饲草。退出是理性计算投入与产出后做出的。对于仅拥有 10 来只(头)牲畜的村民而言,单独抽出劳动力从事牧业在经济上并不合算。自 2000 年以来,越来越多的村民选择将牲畜交给牧

---

  ① [波兰]汤马斯·波特斯坎奇:《蒙古人民共和国畜牧业经济的去集体化(1991—1992):经济和社会后果》,载张倩《游牧社会的转型与现代性(蒙古卷)》,中国社会科学出版社 2013 年版,第 44—45 页。

业队的亲戚代牧,无须支出代牧费,只是畜产品由代牧者所用。此外,村民还有可能需要在接羔、配种等牧业生产环节为亲戚提供无偿服务,并在秋收后给予饲草。在村民与有亲缘关系牧民之间的互助仍然存在,而且对彼此都负有道德责任与情感。

退出的另一因素来自代际间游牧知识传承的断裂。继续从事牧业生产的村民多为中年人和老年人,他们多少都有放牧的经历,具备放牧的知识。随着这两代人退出生产领域,年轻村民已经不再具备放牧的经验和知识。76岁的黑马丹是当地著名的牧马人,为公社放牧马群30余年。20世纪80—90年代,他不仅为村民代牧,甚至为牧民代牧。一些牧民专程到家中邀请他出山,并向他学习放牧技术。但是,他的孩子们从小都未曾接触牧业,对农业的熟悉程度远远超出牧业。因此,尽管三个儿子各有5—10只(头)的牲畜,但都交给曾向他父亲请教的牧民代牧。游牧知识在一个定居社区内未能得到有效传承,这导致第三代村民逐步退出了牧业生产领域。相关研究表明,知识传承的断裂可能是当代牧区社会一个普遍现象。移动性的减少、传统牧业组织体系的瓦解和老人权威的丧失都可能导致游牧知识的传承出现断裂。[①]

退出牧业生产的决定也受到了外部社会经济条件变化的影响。2005年以后,随着富蕴县矿产资源开发的兴盛,到矿山、企业务工成为大部分年轻人的选择。根据对阔孜克村外出务工者的调查,务工收入多在2000—3000元/月。这一收入水平,远高于在家从事农业和牧业的收入。因此,年轻村民在初中或高中毕业后多半不愿意继续留在盆地,甚至一些中年村民也做出了这样的决定。2000年,38岁的乌米克遭遇了人生最重大的挫折。为给妻子治病,他在1998—1999年卖掉了50只绵羊、11头牛和3匹马,还欠了1.5万元的债。显然,农牧业无助于他偿还借款,改善家庭经济。迫不得已的情况下,他带着长子到喀拉通克铜矿打工,主要是在建筑工地当小工,两人月收入达2000元。到第二年,他不仅还完了借款,还重新修建了房屋。乡政府将他作为典型在全乡宣讲其务工的经历,认为他走出了一条致富之路。2012年11月笔者

---

① 陈祥军:《游牧知识与草原生态:以新疆富蕴县为例》,博士学位论文,中山大学,2010年,第180页。

访谈他时，他刚从喀拉通克回来，并告诉笔者明天就要到喀拉通克，与儿子一道继续打工。在他看来，牧业不再是吐尔洪发展的方向，年轻人必须走自己的路才可能拥有一个更好的明天。

二 农业集约化的困局

在经历 20 世纪 50—70 年代的疯狂扩张后，盆地农业进入了集约化发展的新阶段。包产到户时，依据水源、地形的情况将水浇地分为三等，每个劳动力获得 6—8 亩水浇地，每个家庭获得 15—20 亩不等的旱地。在耕种旱地时，村民总是以渐进的方式向山脚多犁几行，逐步吞噬了山脚的草场。没有准确的数字说明旱地面积究竟扩大了多少，但村民们估计扩大了将近一倍。20 世纪 90 年代中期以前，这些被吞噬的旱地还仍然是牧业队牧民的过渡性草场。旱地的扩张最终也将牧民推向了更远的山谷，而村民也失去了春秋的放牧地，无形中增加了对麦秆、豌豆藤等干草的需求。但是，这一时期农业最大的变化是集约化，表现为化肥与农药的广泛使用，进一步提高水的利用率所做的各种努力，以及农业劳动强度增强等几个方面。

1985 年春耕前，吐尔洪乡政府从乌鲁木齐调运了 50 吨化肥，并将化肥一袋一袋地送到村民家中。回族和汉族村民很高兴，因为他们正愁无处购买化肥。然而，几乎所有的哈萨克村民都将化肥退了回去。这让乡政府很恼火，因为在他们看来不施化肥和化肥使用面积太少是粮食产量无法提高的重要原因。村民并非不知道化肥可增产，而是因为对"投入"与"产出"的计算并不完全以农业为基础。如前所述，牧业在这一时期重新发展起来，并且无论是在生活上还是经济上都成为家庭经济最重要的组成部分。从产出的角度来看，牲畜的扩大再生产总是比农业要容易，特别是在农业受气候、资源和环境严格限制的地方更是如此。对村民而言，将更多的资金和劳动投入到牧业而非农业是明智之举。农业在家庭经济中主要提供粮食和饲草，因此只要"有粮"就无须增加农业生产的投入。村民对除草剂或人工除草的排斥也是基于相同的原因。

变化在 5 年后发生了，村民开始在播种和中耕中投入少量的化肥，尝试使用除草剂，这主要是因为耕地退化所致。在扎克尔的记忆中，

1987年刚开始种地时，土地都是"泡泡的，犁起来连土块也没有，土是黑土"。三年后，土的颜色逐渐转变为灰色，五年后逐渐转变为土黄色。犁地也比以前费力，犁起来全是土块。这与内蒙古东部的情况是一样的，土地退化的顺序为"黄黑土—灰黄沙土—黄沙土——白干土"。[1] 解决之道似乎只有增加农家肥和化肥一条道路，别无他途。1994年，扎克尔开始使用化肥，20亩地用了50千克底肥，2012年则用了6袋子化肥和6袋子底肥（1袋子等于50千克）。然而，产量的提高并不如化肥使用量增长快。在使用化肥的同时，村民更积极地收集和施用农家肥。村民将牲畜的粪便收集起来，在夏季和秋季晾干。经过一个冬天的发酵之后，在犁地前将之撒到土地中，与化肥拌在一起，作为底肥以增加土壤的肥力。

杂草始终是制约盆地农业发展的重要因素，包括野燕麦、野豌豆、狗尾草和野油菜等。1976年的调查表明，塔斯托别、吐尔洪、康阔勒特克的杂草占总株数的比例为44%—47%。[2] 公社化时期，组织人力拔草是解决杂草的主要办法。但包产到户后，单个家庭无力完成这项耗时费力的工作，所以到1990年村民普遍选择了除草剂。化肥和农药的普遍使用可能也与牧业的发展相关。1995—2000年是牧业发展的一个高峰期，对干草和饲料的需求迫使村民增加在农业上的投入，以维持或提高产量。

集约化的另一个表现是提高水的利用率。一直以来，渗水严重制约了水库的蓄水，使之不能达到12.5米的设计水位。每年两次的洪峰时常将大坝置于决堤的危险之中，南北干渠因土质结构同样渗水严重。村民都知道，只要春耕后一周和麦子出苗一周后能浇上水，就可保证80%—90%的收成。为了保证两次灌水，县政府在1992年拨了300万元专门用于水库堤坝的加固和水渠的无渗漏处理，带来了十余年的丰收。为更有效地利用水资源，种植技术也发生了一些细微的变化。如，通过引进新式犁工具，犁地的深度从15厘米增至30厘米，以此增强耕

---

[1] 王建革：《农牧生态与传统蒙古社会》，山东人民出版社2006年版，第304页。
[2] 徐汝林：《富蕴农业的发展和改革》，《富蕴县政协文史资料》（内部资料），2008年，第32—33页。

地涵养水分的能力。

为解决水的问题，乡政府在盆地打了48口40—50米深不等的机井，同时鼓励村民改变漫灌的浇水方式，推广滴灌。然而，机井和滴灌的效益并不理想。一方面，塔斯托别、喀拉奥依和阔孜克的4口机井根本就不出水，或是出水很少；另一方面，滴灌的水源来自水库。乡政府沿着南北干渠修建了14个养水站，用水泵将大渠的水引入养水站储存作为滴灌用水。然而，持续的干旱导致水库蓄水不足，大大降低了滴灌的效益。这是一种"密集型资源开发体制"，即高度依赖资本和技术投入的自然资源利用模式和经济增长方式。这使草原生态危机，特别是水资源危机，陷入进一步加剧的风险当中。[1] 在村民看来，乡政府采取的这些措施都是治标不治本。

55岁的刘耘田1982年调到吐尔洪水管站，负责管理水库和协调各村用水。在他看来，并非无水，而是水库无能力蓄积水源。水库的土坝结构带来了渗水的问题。尽管在1992年对堤坝进行了加固，但渗水始终无法彻底解决。这导致水库不能承受12.5米的蓄水位，实际蓄水位最高只能达到11米。村民们也指出，每年山里融雪形成的山洪，有一半的水必须放掉。刘耘田认为堤坝需要加固，但关键是要清理库底的淤泥。几十年来，定居后生产生活的需求已经导致山林和山地草原的萎缩和消失，洪水夹杂的泥沙已经在水库底部形成了3—4米的泥沙层。几条河流汇集处已经见不到水库的影子，而是成为一个新的冲积扇，新生出一片茂密的旱柳林。这不仅弱化了水库的蓄水能力，而且也加重了堤坝所承受的压力。

南北干渠太小也是制约水资源合理利用的一个因素。盆地目前有13个村，其中9个完全依靠水库实现灌水。浇水的秩序由远及近，最远的村最先浇水，轮流一遍需要20天的时间。这就带来一个问题，出苗后浇第一次水，之后需要在6—10天内浇第二次水。因此，即便水库有水，也不能及时和充分地保证作物能够浇上2次水。乡政府计划最近几年在吐尔洪水库上面的喀英布拉克再修建一座小型水库，希望能够更

---

[1] 王晓毅等：《气候变化与社会适应：基于内蒙古草原牧区的研究》，社会科学文献出版社2014年版，第153页。

多地截流季节性洪水，以蓄积更多的用水。但在村民看来，不能只是加固、抬高堤坝和修建新的水库，而是要与周期性清除淤泥和拓宽南北干渠相结合，才有可能充分发挥水库的功能。

劳动力和劳动强度的增加也是农业集约化的重要表现形式。包产到户后，随着牲畜的增多，村民对农业提供的干草和饲料的依赖性也随之增强，而这又带来了村民对农业生产态度的转变。很少再有春耕后举家转场到夏牧场的情况了，成年男子增加了农业生产中灌溉、播种、田间管理和收割等农事活动的劳动强度。女性承担起了更多的生产劳动任务，农忙时也参加播种、田间管理和收割这一类劳动。田野调查在5—9月最为艰难，因为很难找到一个空闲的村民与你交谈，而大部分的访谈都只能安排在晚上11点之后。村民们感叹"在农忙的时候，连烧奶茶、喝奶茶的时间都少了"。这一情况与崔延虎在阿勒泰县汗尕乃特所发现的一致，农业在村民家庭经济中重要性的增强导致了劳动强度的增大，实际上是定居牧民再社会化的结果之一。[1]

三 边缘化困局难破

综上所述，盆地的牧业和农业都陷入了困局，发展乏力。农牧业生产条件恶化、成本增加、边际效益递减、收入减少和普遍贫困构成了一条因果关系链，使盆地陷入经济边缘化的深渊。2010年，富蕴县人均年收入接近6000元，而盆地人均年收入不到4000元。去掉生产生活支出后，大部分牧户所剩无几，甚至入不敷出。牧民无力维持农业再生产，没有能力购买种子、化肥、农药等农资，只有通过银行贷款解决。2012年，大部分牧户都背负了3万—5万元贷款。家庭收入以偿还贷款利息的形式流入银行，形成"春季贷款，秋季还贷，年无所获"的恶性循环。为发展牧业，政府为贫困村民发放9只绵羊，希望通过牲畜的再生产为脱贫创造条件。按照协议，政府3年后将按发放数量回收牲畜。事与愿违，村民不仅因无力承受高成本或解燃眉之急而出售牲畜，还背负了9只绵羊的债务。

仔细探究过去几十年盆地生计转变的轨迹，就会发现政府在盆地选

---

[1] 崔延虎：《游牧民定居的再社会化问题》，《新疆师范大学学报》2002年第4期。

择了从环境中提取更多资源以维护和推动农业扩张和集约化的道路。他们也和进化论者和极端现代主义者一样,认为游牧在文明的阶梯中落后于农业,而通过采取现代技术实现农业的集约化是这些地区最好的道路。生态学家 G. W. 柯克斯、M. D. 阿特金斯曾说,"从社会经济的观点来看,这可能是合乎逻辑的,但我们不能忽略发展农业需要一种合理的生态学观点。我们应该意识到,集约农业生态系统与过去分布在某个地区的自然生态系统在结构和机能上常有明显的不同"。① 本章的内容说明,集约化农业严重地破坏了盆地的生态环境,违背了干旱区、半干旱区草原的生态法则。生态环境的边缘化反过来制约了农牧业的发展,进一步导致村民家庭经济的边缘化。

在此就产生了两个至关重要的问题。首先,这条道路究竟是可持续的,还是不可持续的?其次,在这条道路上,村民究竟会获得什么?无疑,乡政府改善盆地水利系统的努力值得肯定,在短期内会改善农业生产的条件,提高农牧业的生产能力,并改善村民的经济生活。但长远来看,以加大对生态环境索取求发展的道路并不是最理想的选择。因为它首先会导致再次过度地利用自然资源,正如过去几十年所发生的那样。而且正如保罗·罗宾斯所指出的,"环境条件的下降可以预期首先会对那些最边缘化的群体和个体产生影响"。② 面对边缘化困局,人们究竟应该如何抉择?

---

① [美] G. W. 柯克斯、M. D. 阿特金斯:《农业生态学》,王在德译,农业出版社 1987 年版,第 103 页。
② Paul Robbins, *Political Ecology: Critical Introductions Geography*, Blackwell Publishing, 2004, p. 132.

第四章 游与居

"游"与"牧"通常被结合在一起，以"游牧"的名义出现，那些通过周期性移动实现畜牧业生产专业化的人群被称为"游牧民"。然而正如巴菲尔德所言，尽管"游"与"牧"通常组合起来运用，但在最基本的层次上这是两个概念。前者指的是移动，而后者指的是一种生计形态。[1] 大体来讲，"游"是与"居"相对应的概念，主要指人的生活方式。"牧"与"农"是相对应的概念，主要指人的生计方式。

在游牧时期，"游"与"牧"的组合有其道理，因为生计的过程亦是生活的过程。两者资源利用的时空情境高度重合，而且同步发生，难分难解。定居后，情况发生了明显变化。生计层面的资源利用主要发生在盆地内围空间，核心是将草原生态系统转换为农田生态系统，表现为对农田生态系统资源的提取。生活层面的资源利用主要发生在盆地的外围空间，表现为对周边山林生态系统资源的提取，核心是满足在居住、建材、燃料等方面的基本需求。对草原生态系统的影响也不一样，生计层面主要是农田生态系统，生活层面则是山林生态系统，而两大系统之间又存在相互影响的过程。

本章旨在呈现从"游"到"居"的过程中，人们与生活相关的资源利用行为变化的轨迹。以往哈萨克社会的研究文献提供了丰富但零散的资料，这些资料将补充田野资料的不足。欧亚草原其他游牧社会的研究资料提供了比较的基础，可利于探讨定居对人们资源利用行为影响之异同。当然，生活方式及由此引发的资源利用行为的变化也总是离不开各种制度、政策、社会与经济的影响，也对这些条件产生影响。

---

[1] Tomas J. Barfield, *The Nomadic Alternative*, Prentice Hall, 1993, p. 4.

第一节　逐水草而居：长腿的毡房

游牧不仅是一种生计形式，也是一种生活方式。1936年出版的《中国经营西域史》描述新疆天山以北牧区人民的生活时，提到"游牧人员不营居室，住于穹庐，夏逐牲畜放牧于山阴旷野，谓之夏窝，冬季则驱牲畜于山阳谷内以避寒，谓之冬窝，羊、马、牛、驼等为主要产品食肉饮乳，而衣皮毛，人之财富以畜数计。亲友相见，则问其牲畜安否"。[①] 其中对牧民生活之描述与古人无异，如西汉时远嫁乌孙的细君公主就说其生活是"穹庐为室兮旃为墙，以肉为食兮酪为浆"。在类似的描述中，牧民生活的最大特点就是无固定住宅的居住形式，以及以肉乳为主的饮食结构。在此，笔者并不打算对牧民日常生活（衣食住行）做系统的描述，而是重点对牧民日常生活中的资源利用做深入探讨，主要包括毡房之构造与功能、燃料之来源和日常生活中其他方面的植物利用。在此基础上，探讨和分析牧民日常生活中资源利用的主要特征。

一　毡房与居住形式

对牧民而言，长腿的、可移动的牲畜就是他们的财富，是他们"移动的银行"。与"农民"建居室以"生于斯死于斯"不同，为了照顾牲畜，牧民发明了可随时拆卸组装和移动的"毡房"。在哈萨克语中，毡房被称为"宇"，又因外表覆盖白色的毡子，内部布置十分考究，人们称之为"白色的宫殿"。不仅饮食起居和剪羊毛、照顾弱羔、刺绣、制毡等生产生活活动皆在毡房中完成，家人聚合闲聊、邻里互访、婚丧嫁娶等社会和文化生活也主要发生在毡房之内。因此，毡房就是牧民安身立命之所。牧民可以无牲畜，但却不能无毡房。

毡房分上下两个部分，下半部呈圆柱形，上半部呈穹形（见图4—1）。牧民用横竖交错相连而成的红柳木制成3.2—3.5米宽、1.5—1.7米长的栅栏，再用4—8块栅栏围成圆柱形围墙。栅栏分两种，一是名

[①] 曾问吾：《中国经营西域史》，转引自崔延虎《游牧民定居再社会化问题》，《新疆师范大学学报》2002年第4期。

为"凤眼"的宽眼栅栏,另一种是被称为"网眼"的窄眼栅栏。前者轻便,但却不经风雨。后者虽然笨重,但却可经受风雪。在红柳木交错之处用牛皮绳扎紧,可随时收拢和散开。牧民又用芨芨草编成草帘,围在栅栏之上。这是一项巨大的工程,一顶毡房需要数千根长短一致的芨芨草,且每根都用红、黄、绿、白、黑等彩色毛绒编织成和谐的图案。然后,再在草帘之上围上畜毛制成的围毡,作为毡壁。为保护毡壁和撑杆不受损,还需用宽约25—40厘米的五色毛绒编织而成的麻绳拦腰扎紧。下半部最后的一个部分是门和吊挂围席。双扇木门上雕有花纹,高1.5米,宽0.8米,多以杨木和松木制成。为防雪、防水,毡房门离地面较高,又为避北风多面向东南而开。毡房门外挂有用芨芨草编织的夹有一层花毡的吊挂围席,冬天放下挡风雪,夏天卷起通风凉爽。

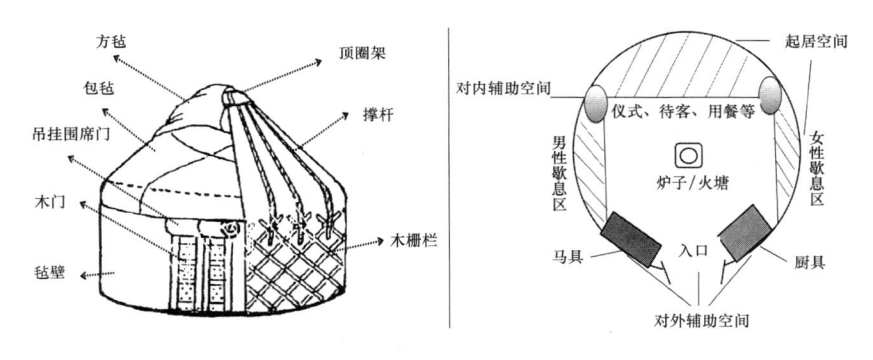

图4—1 毡房结构及室内空间布置

毡房的上半部呈穹形,由几十根撑杆搭成骨架与顶圈组合而成。通常情况下,4块围墙需65根撑杆,8块围墙则需90根左右。撑杆由红柳木制成,长约3—3.2米。红柳木因其质地柔软、火烤后可弯曲成各种形状,是制作撑杆的最佳木材。此树只能在秋天叶子掉落后利用,在春天利用则因其正在生长,取下后容易变形。叶子未落之时,树皮也难以剥掉。撑杆下接毡壁,并用1米多长的细毛绳捆扎。顶端插入打有洞眼的顶圈架之中。顶圈架由三截木头加工而合成,接口处用牛皮包扎。柳树因坚硬、不易折断和火烤后可弯曲成圆形而成为制作顶圈的上佳材料。也有牧民用4根或6根圆细木交叉成半圆形,镶嵌在顶圈顶上,呈锅底朝天形。当然，在穹形的骨架上和顶圈上仍需用毡子包裹以防风、防寒、防雪和防雨。骨架上的毡子被称为包毡，而顶圈上的则被称为方毡。方毡白天揭开，以通风、排烟和接受阳光，雨天和夜晚则用一个杆子将其合上。

毡房所用的材料都很简单易得，栅栏、撑杆、顶圈来源于当地盛产的旱柳、杨树、松树与柳树，草帘来自沼泽草场随处可得的芨芨草，毡子则主要用绵羊和山羊毛。当地不仅盛产这些材料，而且像旱柳、芨芨草都是丛生植物，可在次年重新生长。对灌木、草、树的合理利用建立在对它们习性丰富的认知之上。

从结构上看，毡房是适应多变草原气候与环境的居住形式。依据季节气候和一天内温差之变化，毡壁的厚度略有变化，热时卷起毡壁，而天气转凉后放下毡壁。牧民也通过围毡层数的多少来控制室内温度。冬季用二到三层毡子，夏季则用一层。一年之中，不仅气候变化颇大，牧民还随时可能遭受风灾和雪灾。因此，毡房必须具有应对强风、暴雨和暴雪的功能。毡房轻细骨架羊毛包裹毛细的轻型结构，类似于薄壁壳体[①]，正好克服了这一难题。毡房搭建好后，还需要在毡壁与撑杆接合处牵下数条绳索，将之系在打入地下的木桩和搬来的石头上，以防止被风吹倒。

毡房所具有的最大特征是便于"移动"，是适应游牧生产的一种居住形式。牧民可以在很短的时间内将毡房拆卸完，并将之与生产生活用具一道捆扎停当。几乎所有的牧民都练就了一手"绑驮子"的绝活，在崎岖的山路上颠簸，家当绝对不会松散。所以，哈萨克人常说"烧一壶茶水的时间，就可以将毡房拆卸、捆扎，并用骆驼、牛和马驮运上路"。搬迁时，驮家当的骆驼由指定的阿乌尔内的姑娘、年轻媳妇骑马牵着骆驼先行。最为高大的骆驼驮毡房的顶圈架，上面用漂亮的地毯或毡子覆盖。没有骆驼的家庭则用犍牛搬迁，有专门负责驮运顶圈架、木栅栏以及其他贵重物品的犍牛，被称为"尚额拉克特牛"——驮顶圈架的牛。无大畜的牧民，多为牧主或富裕牧民搬迁，然后附带上自己的东西，或是借用他们的大畜转场。姑娘、小媳妇们先行抵达目的地，烧

[①] 叶尔森：《哈萨克族毡房建筑空间解析》，硕士学位论文，天津大学，2009年，第25页。

上奶茶静候赶着畜群的男人们。男人们只需 2 个小时就可将毡房搭建起来。

夏季与秋季之间的转场，牧民通常在搬迁前一天即将毡房拆掉，把所有东西都用绳索绑起来，只留下当晚在野外过夜的床褥。在这段时间，牧民通常不像其他季节每日都搭建毡房，而是搭建小的、简易的毡房——阔斯——过夜。阔斯为圆锥形，无房墙，用数十根直的撑杆撑成骨架，木圈顶常为正方形或圆形，撑杆直接插入木圈顶的洞眼之中。撑杆上无须芨芨墙篱，只需用单薄的骈毡围上即可。与毡房相比，阔斯更为简易，搬迁也更为容易。

冬季向夏季牧场的转场，牧民就要辛苦很多，每到一处都需要及时搭建毡房。在到达冬季牧场后，毡房的用处就少了很多，因为牧民主要住在名为"雪夏拉"的圆顶房屋之内。此种房屋外形与毡房大致相同，只是围墙乃是用石块或土坯砌成，高 2.5 米，上面有类似撑杆的细椽子。椽子下端固定的围墙之上，上端则连接在屋子的顶圈，然后放上编制好的芦苇席或树枝，其上再抹上一层泥。雪夏拉比毡房有更强的防风御寒的功能，加上冬季牧场比较固定且放牧半径较小，因此成为牧民冬季的主要住所。

毡房另一个主要特征是"面积虽小，但空间区划明细，可以满足多种需求"。如图 4—1 所示，毡房内面积多为 20—30 平方米，以火塘或炉子（近代以来火塘逐渐由铁炉所取代）为中心，可以分为起居空间、对内辅助性空间和对外辅助性空间。[①] 每一个空间的功能设置各不相同，对空间之利用又各有规定。

起居空间是家人活动、待客、吃饭、睡觉和做家务的场所。以毡房门的朝向为标准，右侧是男性成员的座位和歇息区，按照辈分、长幼秩序自上而下安排座位。毡房左侧为女性成员的座位和歇息区，同样遵循辈分和长幼秩序。火塘或炉子后方中央则是牧民做礼拜和接待宾客的区域。就餐时，餐桌摆放在中央靠近火塘的地方。晚上歇息时，年长的夫妇就寝于右侧，而未婚儿女位于左侧。

[①] 叶尔森：《哈萨克族毡房建筑空间解析》，硕士学位论文，天津大学，2009 年，第 26—27 页。

在毡房中，并没有类似卧室之内的空间以强调个人的隐私。个人的隐私很少被提及，包括长辈在内的家庭成员个体的活动都受到严密监督。但是，这并非意味着个体没有隐私生活，事实上仍然存在保护个体私密的空间设置。新婚夫妇通常在毡房外支起阔斯，以保证夫妻生活的私密性。中央、右、左之间是一个弧形的小空间，上面摆放着箱子、衣物和被褥，是一个室内的辅助空间。其实质是在不同起居空间中做了一个隔断，具有保护夫妻、年轻人隐私的功能。有的时候，未成年的孩子和客人通常被安排到中央就寝，将左侧的空间留出来给已婚但未分家的夫妇。夫妇在面向火塘的方向拉一帘子，其功能与阔斯和隔断相同。这一结构性的安排看来在哈萨克社会中具有普遍性，并且历史上也没有太大的变化。20 世纪 30 年代，阿弗瑞德·汉德森在哈萨克斯坦草原对夏季毡房空间设置做了如下的记录：

> 实际上很多家庭无力承担扩展的计划（儿子婚后分帐），通常是几个儿子和他们的妻子仍然居住在父亲的毡房里。如果几代人同住，祖父及其妻子睡毡房的左侧，儿子与儿子的媳妇在右侧，而孩子、客人和其他所有人在中间（从外进入毡房门的方向，笔者注）。如果一个儿子和他的妻子住在毡房中，尤其是一个新婚的儿子，他们可能会用一个帘子隔离出一个空间。这并不是说存在明显的回避制度，仅仅是为了私密性。当一个人进入时，毡房的左手位最尊贵，是一户之长的位置。①

毡房门的两侧是对外辅助性空间，右侧是摆放马具的地方，左侧是厨具之所在。很明显，这种区分与起居空间一样遵循的是男女的性别划分。同时，毡房后方右侧还有拴马桩。因此，客人在毡房后方右侧拴完马之后，很方便地从右侧进入毡房内。毡房也是从事生产的地方。春天接羔时，毡房便是护理病弱羔犊的“医院”。夏季要酿制酸奶，提取奶油，做各种奶制品，毡房又是牧民们生产乳制品的“车间”。毡房内还是孩子上学的课堂和娱乐的场所。办热情的婚礼、忘情地欢歌时，他们

① Alfred E. Hudson, *Kazak Social Structure*, Yale University Press, 1938, p. 39.

的笑声、歌声回荡在座座毡房内外,洒满哈萨克草原。①

正如哈萨克族毡房所展现的,房屋空间绝非一个简单的物质空间,还是一个社会和文化空间。空间的安排既以满足牧民日常生产生活的需求为目的,但在具体的安排中又体现出性别、辈分和年龄等社会结构因素。同时,通过箱子、被褥和帘子,夫妇和孩子有效地在一个狭小空间内维护了生活的私密性。阎云翔指出"住宅不仅仅是物理意义上的空间,同时还包括社会空间。在房屋结构的背后蕴藏着更为深刻的社会空间原则,人们就是通过这些原则来组织日常生活和界定人际关系的"。②在此,需要强调的是,毡房是适应草原生态环境、游牧生计和生活的一种居住形式。牧民用最简易和随手可得的材料,在最小的空间内满足了几乎所有的功能需求,是一种有限度的资源利用方式,在客观上避免了对草原资源的过度索取。

二 畜粪与燃料

牧民对畜粪的态度令人印象深刻。他们喜欢用羊粪烤馕,喜欢用牛粪煮肉,认为这些食物有一种特殊的香味。在烹煮食物时,牧民会随手抓起畜粪饼放入火塘或炉子之中,然后再继续做手里的工作。在牧民的世界里,畜粪并不肮脏,而是具有多种用途的资源。在努尔人的社会中,牛粪被用作燃料,涂抹在牛营里草屋的外墙,制作保护伤口的粘贴剂,还可以用于染发、漱口和洗脸,甚至在各种仪式上也有用途。③蒙古人的歌曲也时常出现畜粪,如腾格尔的歌曲《蒙古人》直译过来就是"出生在牛粪烟雾弥漫的蒙古包里的我",《远去的母亲》原意为"拾牛粪的母亲"。④在哈萨克牧民的生活里,畜粪是主要的燃料来源,尤其在冬季牧场和春秋牧场更是如此。

牧民的燃料来源有季节性的差异,冬季牧场和春秋牧场的部分地区

---

① 苏北海:《哈萨克族文化史》,新疆大学出版社1989年版,第528页。
② [美]阎云翔:《私人生活的变革:一个中国村庄里的爱情、家庭与亲密关系(1949—1999)》,龚小夏译,上海书店2006年版,第139页。
③ [英]埃文斯·普理查德:《努尔人:对尼罗河畔一个人群的生活方式和政治制度的描述》,褚建芳等译,华夏出版社2002年版,第37页。
④ 刘书润:《这里的草原静悄悄:刘书润解说草原生态和文化》,知识产权出版社2012年版,第92页。

燃料主要是畜粪。进入吐尔洪盆地之后，燃料主要是干枯、倒掉的灌木和乔木及其枝丫。燃料来源的差异主要受到了森林资源分布的影响。森林资源主要分布在北部山区，占全县林地面积的98.3%。河谷次生林主要分布在乌伦古河流域，仅占全县林地面积的0.89%，以乔木为主。这些乔木起着防风固沙、调节气候的作用，是春秋草场与荒漠草原的隔离带。荒漠灌木林主要分布在南戈壁，生长着抗风沙与耐干旱盐碱的小灌木丛植物，包括旱生梭梭、沙拐枣、柽柳等。这些旱生灌木是适合当地环境，防止草场沙化，维护草原生态系统最重要的生态因子。[①] 一旦河谷和南戈壁的林地消失，牧民就会丧失最为重要的冬季牧场和春秋牧场，直接危及生存。因此，牧民绝不会牺牲草场而砍树。牧民从不会砍伐乌伦古河谷的树木，在有需要的时候砍下树枝作为引火材料。所以，河谷的树木只有树干和树冠，形似巨伞，却无枝干。

在这些地方，牧民主要以牛粪和羊粪为燃料。畜粪主要来自棚圈，因为牲畜移动中所产生的粪便最终要回归草场，在客观上增强了草场的肥力。老人们估计，有约50%的畜粪被用作燃料，其余的则留在了草场。牧民将棚圈的畜粪干垛起来，堆在棚圈两边，这项工作主要由妇女完成。在传统哈萨克社会中，棚圈两侧畜粪的多少、垒砌的整齐程度不仅是富裕与否的标准，也是判断女孩是否勤劳的主要依据。另外，作为燃料的畜粪也有差异，牛粪易燃但火力较弱，羊粪不易烧但火力强。从功能上讲，作为燃料的畜粪有两种用途：一是烹煮食物，二是冬季供暖。"雪夏拉"中通常设有土制火墙，畜粪燃烧的热量通过火墙为室内供暖，而畜粪"燃之无臭味，焰大而无烟"的特点避免了对居室空气造成污染。

一些研究对畜粪的燃烧值做了测算，并将之与树木、草和农作物秸秆做了比较。畜粪中羊粪为3752.37卡/克，牛粪为4057.19卡/克，远低于灌木、乔木的平均值4644.50卡/克，也低于草和农作物的平均值4221.54卡/克和4113.02卡/克。[②] 同时，畜粪的含水量相当高，需要

[①] 富蕴县农业区划办公室：《富蕴县农业区划》（内部资料），1988年，第9页。
[②] 张国荣：《缺能山区不同树草种、畜粪和秸秆的燃烧值比较》，《宁夏农林科技》1990年第6期。

长时间风干祛湿。尽管有这两个不足,牧民仍然愿意用畜粪做燃料,有两个方面的原因:首先,避免了对干旱区、半干旱区乔木、灌木和草的过度索取;其次,用作燃料的畜粪也对草场的增肥有效。畜粪通常是上一年留下来的,因为放牧地当年的粪便浊湿而不能利用。经过水洗、风干,畜粪的自然发酵已经停止,有机质渗入到草场之中,不会造成肥分的损失。与烧草、灌木相比,这对草原的破坏最小。由于畜粪是前一年的,燃料供给与周期性的迁移产生关联,这也是牧民不易变换冬季、春季放牧点的原因之一。因此,畜粪做燃料是欧亚草原社会普遍的选择,而且选择的理由也大同小异。[①]

在转入吐尔洪盆地之后,牧民对畜粪的依赖程度大为减少,并主要利用干枯、倒掉的乔木和灌木。这些地方有茂密的山林,牧民只需要在毡房半径200—300米的范围内就可以轻易获得充足的燃料。事实上,新中国成立前在靠近城市(如阿勒泰市)的地方,有的牧民兼营拉柴、驮柴、卖柴的生计,或是以柴火与城市居民换取粮食。牧民下山时,通常会用牛驮运2—3捆干柴以在秋季和冬季用于引火。由于移动是季节性和周期性的,以满足生活需求为主的薪柴获取行为不会对山林植被产生明显的不利影响。总的规律是,山林多的地方,牧民多以灌木、乔木为燃料,在荒漠则多以畜粪为燃料。

三 资源利用的其他方面

生态人类学的研究表明,地方文化清楚地知道与之密切相关的植物、动物和物质资源,而且擅长把握它们的习性和转瞬即逝的利用机会,以满足日常生活之需求。[②] 我们对哈萨克游牧民生产、生活和疾病治疗中对植物资源的利用做了较为系统的调查,发现哈萨克人形成了植物资源的利用体系。这种体系是人群在对植物认知的基础上,为了生存而利用植物所形成的知识体系。由于对植物的认知是多样化的,利用也

[①] 王建革:《内蒙古草原传统的游牧生态及其在近代的变迁》,载《中国经济史上的天人关系学术讨论会论文集》,中国农业大学出版社1999年版,第236页。

[②] Virginia D. Nazarea, "A View of a Point: Ethnoecology as Situated Knowledge", *The Environment in Anthropology: A Reader in Ecology, Culture and Sustainable Living*, Edited by Nora Haenn and Richard Wilk, New York University Press, 2006, pp. 34–35.

是多样化的，利用方式则是非专业化的。① 表4—1也揭示出植物在牧民生活中的三种功能，即生产功能、生活功能和疾病治疗功能。

表4—1　　　　　盆地哈萨克人关于植物的本土描述

序号	植物	习性与形态描述	功能描述
1	狐毛	生在平原有水的地方，不是很高，一丛一丛的	各类牲畜的饲草
2	滨草	生在平原，比较高，形似小麦	各类牲畜的饲草
3	薄荷	生在湿地（尤其是泉水旁），高50—60厘米，叶子多且宽，有香味，采摘时间不固定	各类牲畜的饲草、消食与退烧的草药
4	神香草	生在山的阳面，有爬山松（圆柏）的地方就有，叶宽，非常矮，根如树枝一般硬，与薄荷的气味相近，夏天采用	治疗擦伤、感冒、发烧和抽筋的草药
5	黑三棱	生长在湿地，融雪后生长，叶子如手指一般宽	牛喜食的饲草
6	芨芨草	生长在湿地、盐碱地，长得比较高，比较大，比较硬，一丛一丛的	用于编制床榻席和围毡，制作奶制品的过滤袋
7	苜蓿	不择地，主要生在平地，花为黄色，马最喜爱的食物	马喜食的饲草
8	车前	生在湿地（水渠边）和路边，30厘米高，根宽，有3—4根茎。春天生，7—8月熟后采摘	泡水饮用治疗前列腺炎和肾病
9	茵陈蒿	生长在低矮山坡和夏季牧场无树之地，30厘米高，无叶，外面裹一层绒，不成丛，有香味	各类牲畜的饲草，泡水治疗前列腺炎和肾病
10	野艾	生长在平地和深山，有香味，味苦。吃了这种草的山羊肉质鲜嫩，且有香味	山羊喜食的饲草，用于消毒治疗皮炎，捣碎浸水后热敷治疗关节炎

---

① 崔明昆：《民族生态学理论方法与个案研究》，知识产权出版社2014年版，第191页。

续表

序号	植物	习性与形态描述	功能描述
11	一枝蒿	生在峭壁上，有"神奇的叶尔门"之名，根稍宽，秋季成熟后采摘	镇痛、消食的草药
12	蒲公英	生长在湿地，10厘米高，一丛一丛的，叶子较宽	消肿、通乳和治疗擦伤的草药
13	茉莉花	生在山阴面的湿地，5月生而6月死，高20厘米，开白色花朵，开花时连根拔起采摘	感冒、牙疼、头疼、耳朵疼和嗓子疼的草药
14	杨树	生长在山之阴面，比较粗壮，质地柔软，不易开裂，秋季后方可利用	用作柴火，树干掏空后可做各种桶和盆，可做捣碎食物的臼杵，树皮可做饲草，叶子捣碎进水后热敷治疗感冒
15	柳树	生长在山之阴面，质地坚硬，不易折断，遇火变软后可弯曲，长圆球状树瘤，根部自然弯曲	用于制作毡房顶圈、衣服挂架，根部用于制作马鞍，树瘤用于制作木碗，用树杈制作衣帽架
16	松树	生长在山之阴面，树皮不平，树皮上生长着泡泡——油胶	用红松树皮制作衣服染料，制造各种家具，用作柴火。油胶有消食的功效
17	圆柏	生长在山之阳面，随处可见，一丛一丛的，不易开裂	用焚烧后的灰给毡房、畜圈祛湿，并给患口蹄疫的牲畜消毒。用枝条制作汤勺。叶子捣碎，泡水，敷在人身上治疗发烧和关节炎
18	绣线菊	生长在山之阳面和平原地带，1米高，丛生，经火烤后可出油	用于制作马鞭和扫帚，油可用于治疗皮肤病，叶子也可做饲草
19	忍冬	生长在湿地，比绣线菊稍高，质地坚硬，一丛一丛的	用作柴火
20	接骨木	生长在山之阳面，质地坚硬，细长	用于制作毡毯的木杆和柴火
21	斯勒别	生长在山之阳面，质地坚硬，不易腐烂	用作骆驼穿鼻的木头
22	旱柳	生长在河谷，质地柔软，一丛一丛的，数量多，秋天叶子掉落后可利用	用于制作毡房的房杆、坎土曼、铁锹的手柄等

生产功能指植物作为饲草，以及作为生产工具的原材料。饲草主要是各种草，但也可能包括灌木与乔木的叶子和皮。在草料不足（如旱灾与雪灾时）的情况下，牧民剥下杨树皮或采摘绣线菊的叶子作为牛、绵羊、山羊和骆驼的饲草。生产工具的原材料主要来自灌木，比如用旱柳制作手柄，用接骨木制作敲打毡毯的木杆。

生活功能主要指利用植物满足牧民日常生活的需求。人们的衣、食、住、行都离不开植物，大到毡房的骨架、衣服的染色、燃料的获取和马鞍的制作，小到与食物相关的过滤袋、臼杵、碗和汤勺等。在生活中，往往是一物多用，甚至是物尽其用。比如，芨芨草既是制作过滤袋的原料，也是制作围毡、草帘、草席和门帘的原料。牧民还善于利用植物的不同部位来满足不同的需求。以柳树为例，根被用于制作马鞍，树干被用于制作顶圈，树瘤则被用于制作木碗。

疾病治疗功能指植物在人畜疾病治疗中的运用。感冒、发烧、肺炎、关节炎和擦伤是人畜常见的疾病，受到气候的多变性和生产生活的移动性之影响，多在冬春两季暴发。胃病、消化不良、心脏病、高血压、前列腺炎和肾病在人群中高发，这与牧民以肉乳为主的饮食结构相关。一些疾病主要在畜群中出现，比如口蹄疫和羊蹄糜烂，这与环境特征和动物习性相关。以羊蹄糜烂为例，在沼泽、河流、水渠等湿地觅食时，绵羊的蹄子容易因长时间浸泡而开裂。牧民对每种疾病的病因非常清楚，在植物习性与病因间建立对应关系，擅长对症下药。药物的获取比较容易，牧民在转场过程中随手摘取，晒干后存留。利用方式也比较简单，碾碎后泡水喝和热敷是常见方式，流行性疾病则以烟熏和植物焚烧物涂抹的方式治疗。另外，食疗也是一种方式，接骨木、山里红和黑加仑等灌木的果实被制成果酱食用，以降血压。总之，药物的获取和利用皆以简单实用为特征，一般牧民皆可掌握。

四　资源利用的特征

哈萨克游牧民的资源利用呈现出两个基本特征：其一，利用建立在对资源特性丰富细微的认知基础之上；其二，利用是以生活需求为目的的行为。

第四章 游与居

20世纪60年代，一门旨在描述人们对其自身环境模式的理解的学科逐渐形成，主要涉及当地人的植物分类、动物分类、土地形式等几个方面，并尝试进一步揭示他者认知世界的方式，被统称为民族生态学（Ethnoecology）。哈萨克人植物的认知主要包括植物的习性、形态特征和在牧民生产生活中的功能三个方面。表4—1整理了牧民关于盆地13种草、5种乔木和4种灌木的本土描述。① 本土描述与植物学的描述有所区别，不够系统，不够精确，是高度经验性的和生活化的观察和认识，有四个显著特征：首先，对植物生长环境和生长时间的描述相当细致，比如山区分阴阳、采摘分时间。以灌木为例，多在秋季树木成熟后利用，避免制成的工具变形。这在哈萨克谚语中也有反映，比如"云杉长在山里，酸梅长在园里""沙漠不长芦苇，坏人不懂羞耻"等。其次，对植物的特性非常了解，包括质地的软硬、丛生或单生、有无气味、形态与外观等。再次，对牧草的认知总是以牲畜的习性为前提。生长在湿地的牧草比较适合牛群而不适合羊群，这与牛的适口性和羊蹄不能长期浸泡的特性相关。野艾味苦，其他牲畜皆不喜食，唯山羊喜食，故有"长野艾的地方，山羊不会饿死"一说。在哈萨克人的谚语中，有很多类似的描述，比如"长满荚蒾的地方要放羊骆驼，嫩草如茵的地方放养牛群，坡陡山高要放养山羊，芦苇丛生的地方要放养马群""其他牲畜吃不到草时，山羊的草还绰绰有余"，等等。最后，在描述灌木与乔木时，总是以植物特性与其生产生活功能的对应关系为重点。

资源利用的第二个主要特征是以满足日常生活需求为目的。经济人类学的研究中，长期存在视狩猎采集经济为"糊口经济"的传统，认为狩猎采集民的生活岌岌可危。然而，萨林斯却指出这些人过着一种"原初丰裕"的生活。他们生计的追求是间歇性的，经济目标也是有限的，甚至连他们客观的经济能力也未充分发挥。② 这说明，经济目标本身可能会限制人们对地方性资源的开发，即便人们具备更有效的开发能力。牧民的生活也呈现出这一特征，他们从不会为了超出生活需求而砍

---

① 我们搜集到了蒿草、锦鸡儿属、黑加仑、红醋栗四种植物的哈萨克语名称。通过查阅《哈汉辞典》，找到了与之对应的学名。然而，我们没有搜集到这四种植物的本土描述。

② ［美］马歇尔·萨林斯：《石器时代经济学》，张经纬等译，生活·读书·新知三联书店2009年版，第21页。

伐树木和灌木，他们的家当总是几峰骆驼或几头犏牛就可轻松搬走。在吐尔洪这种相对孤立的社区，只需要提供能够满足其成员生存的产品即可，即便是与奇台、福海等地农区存在交换，也仍是以满足粮食需求为目的。人类学的研究表明，游牧社会拥有的物质财富都不会太大、太多，这不仅是因为生活必须遵循游牧业移动的原则，也是因为生活需求的目标是有限度的。

需求的有限性有利于维系人与资源、草原生态环境的平衡关系，因为这会导致缺乏生产过剩产品的动机以追求更高的经济目标，客观上避免了对资源的过度索取，也就起到了保护草原生态环境的功能。

第二节 美好生活：无脚的房屋

定居是国家为促进牧区发展、加速牧区现代化进程而推行的有组织的社会变迁。在政府看来，定居不仅有利于游牧业向集约农业的转变，而且也有利于改善牧民在居住、教育、医疗、卫生和交通等方面的条件。有意思的是，愿意定居的牧民往往也是出于同样的考虑，如孩子可以上学、老人方便就医等。不管是在政府的宣传中，还是在牧民的期望中，定居都是一幅"美好生活"的蓝图。然而，蓝图总是与现实保持着一定的距离，并始终夹杂着各种意想不到的复杂难题。这一节，笔者将对定居后村民的居住形式与燃料变化，并分析它们的变化所反映的资源需求的变化，以及影响村民获取资源的经济、制度与社会结构因素。

一 地窝子与土坯房

长久以来，笔者都对哈萨克村民的居住形式及其变化感兴趣。首先，调查中了解到盆地先后经历了4次建房热潮，前三次的建筑材料主要来自木材，这无疑增加了对山林资源的需求。其次，吐尔洪盆地有长达8个月的时间需要供暖，皆靠木柴。居住形式的变化对供暖形式，以及木柴需求有着长期的和深远的影响。此外，居住形式的变化既反映了人们生产生活和经济水平的变化，从另一个角度看也反映了社会结构的变化。而且，这些方面的变化也对村民的居住形式，以及资源需求有着重要的影响。

1952年，曾在苏联留学的阿訇马力喀吉达尔在阔孜克山脚修建了盆地第一个地窝子。他先是从地面向下挖出将近1人高的地穴，在地面上用从吐尔洪河谷运来的潮土夯筑起约50厘米高、1米厚的土墙。然后，以三根约5米长的木头做房梁，用数十根旱柳与房梁相连——类似房屋的椽子，用爬山松等灌木和芦苇覆盖在椽子之上。这样就在土墙上搭建起房屋的顶棚。为防雨雪和保暖，他又在顶棚上抹了厚厚的一层泥土。地穴内的墙壁也用潮土抹平，在中央配备了一个俄式火炉，又在右侧用泥土垒起一个土炕。在火炉与土炕之间，用土块搭起了一面火墙，一根排烟管则穿出顶棚。门的右侧开了一扇小窗，用刮掉毛的山羊皮糊在上面以便通风和采光。土炕之上仍是传统的毡子或地毯，一家人冬天就生活于此，但夏天仍然住毡房。1953年的调查资料表明，打土块是互助组的重要工作。春耕后除了上山放牧的牧民外，几乎所有的劳动力都参与了这一工作，仅1952年就建起了73间地窝子。[①]

图4—2呈现了地窝子与我们接下来要讨论的两间土坯房的内部空间结构。就地窝子而言，其内部空间结构几乎与毡房无异，内部没有对空间进行分割。火炉与火墙仍是居室的中心，一家人仍然按照性别、年龄、辈分等标准排列座位、床位等。但是，地窝子为牧民冬天在盆地生活提供了居住条件，半地穴式的建筑形式让牧民可以抵御冬季长达8个月的

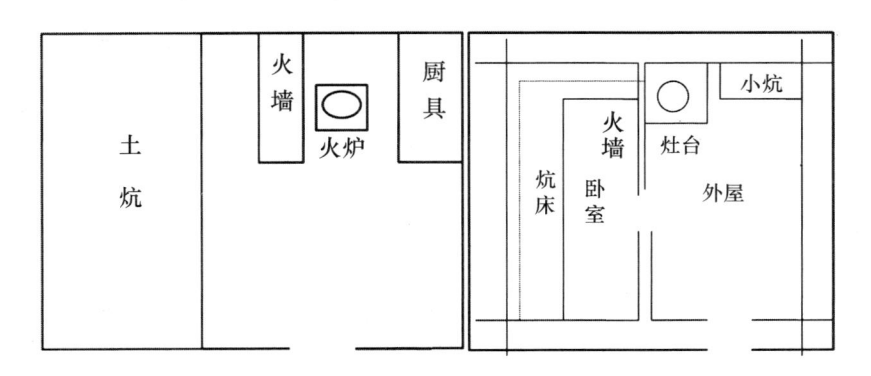

图4—2 地窝子与两间土坯房的内部空间

---

① 袁广岳等：《富蕴县哈族土尔浑牧区的农业生产互助组（1953年4月）》，载《新疆牧区社会》，农村读物出版社1988年版。

凛冽寒风和最低可达－50℃的极端气候。事实上，地窝子是新疆北部地区常见的一种居住形式，几乎所有在20世纪50—60年代的定居牧民、内地移民都有在其中生活的经历。在最早一批到盆地的回族、汉族村民的记忆中，直到1962年大部分人仍然居住在靠近山脚的地窝子中。这部分移民也是如此，甚至连毡子都没有，只能用麦秆和杂草铺在土炕上。

  1958年后，一种新的建筑形式被公社干部引入盆地。公社建立后，在阔孜克村组建了铁木加工厂、兽医站、卫生所和学校，人们在春耕与秋收之间的这段时间开始建造大量的土坯房。与地窝子不同，土坯房无地穴，用两块木板隔出宽约1—1.3米的空间，再将潮土填入其中，用锄头、坎土曼和其他工具将土夯实。夯实后的土墙需经过2—3个月的风干，然后在秋收后再用木头和树木的枝丫搭出顶棚，并用灌木、藤条、芦苇和泥巴覆盖其上。这种新的建筑形式很快被村民所采用。村民的土坯房多为两间，两间房中间也是用土夯出的墙壁和用土块垒砌的火墙。与村民用房相比，公用设施用房面积更大，而且在顶棚的底端用松树或杨树的板材拼接成一层"天花板"。

  整个房屋被分割成了卧室和外屋，卧室住人，外屋为厨房和放置杂物、粮食和生产工具的地方。一个巨大的土炕占据了卧室约2/3的空间，吃饭、休息、睡觉和客人来访均在炕上进行。与地窝子的土炕不同，新的土炕下面由数量不一的木桩支撑，并用木板将炕与地面隔出约50厘米的空间以防潮。最大的变化来自外屋，因为和卧室有一墙之隔，就将厨房与卧室隔离开来。灶台取代了火炉，是用土块垒砌而成，但仍与火墙相连。灶台既是做饭的地方，但同时又通过火墙为两间房屋供暖。灶台一侧则多增加了一个小炕，这主要是为了用餐的方便。当然，小炕也具备阔斯的功能，为年轻夫妇提供一处私密空间。

  笔者已在第三章对村民的自留畜做了说明，在此要强调的是自留畜对村民居住形式的影响。由于自留畜是家庭肉食、畜乳的主要来源，且由家庭负责照料，因此就必须修建牲畜的棚圈。人们在土坯房的一侧用木头和枝条搭建了比较简单的棚圈，为了牲畜安全过冬又在棚圈之上搭建起顶棚。新中国成立前牧民在盆地期间无须盖棚圈，因为有茂密的山林和灌木林，根本不担心牲畜会走失。

  土坯房的另一个优势是可以满足一个家庭生命周期的需要。当家庭人口增多，特别是孩子们渐渐成熟后，一个土炕显然无法满足一家人的需要。解决的办法是在两间土坯房的基础上在右侧加盖一间。因为建筑材料都是就地取材，家庭只需投入人工，三天就可以建起土墙。新建的卧室与原卧室的空间设置并无差别，只是需要在卧室内新增加一个灶台。这并非意味着家庭的析分，而是为了冬天供暖。靠近新卧室的墙自然也是用土砖砌成的火墙，就形成了三间土坯房的结构（见图4—3）。

20世纪60年代一个新的变化是村民开始用土砖替代土墙。吐尔洪盆地冬夏之间气温的急剧变化使土墙暴露出一个严重缺陷，就是墙壁容易开裂。一些村民指出，有的开裂的地方可伸进手掌，这不仅影响了冬季房屋的供暖，也使在3—4月融雪期间房屋有倒塌的危险。一些村民开始制作土砖，其方法是：先在地上掘出一个大坑，往大坑中填满水，将土倒入其中。然后再牵来一群马，让马在坑中反复踩踏，直至土变成黏土。村民手工（无模子）将黏土打成厚厚的土砖，用土砖砌墙，有效地解决了土墙易开裂的问题。直到20世纪90年代以前，土砖仍然是绝大部分村民最主要的建筑材料。

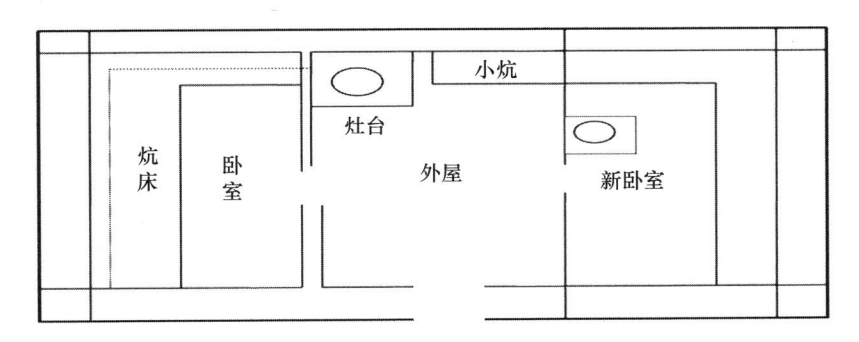

图4—3 三间土坯房的内部空间

20世纪70年代中期后，定居后出生的一代都到了适婚年龄，解决他们的住房成为大部分家庭面临的现实问题。在传统哈萨克社会中，孩子婚后需与父母同住3—5年，而后在老房子边上搭建一顶新的毡房。家庭的裂变形式在这一时期并未有明显的变化，父母不得不为已婚的孩子们修建新房。新房既可能与老房子相邻，也可能单独选址修建。新房多为两间土坯房，其内部设置与老房子无差别。按照哈萨克传统，幼子最终会继承老房子，并与父母同住。幼子成婚后，父母多选择在老房子的左侧或右侧单独为孩子修建两间土坯房。这样一个家庭在孩子们婚后就拥有了多处院子，父母与幼子同住一个院子，而其他儿子则居住在新落成的院子之内。几个院子可能相邻，形成类似传统阿乌尔的居住格局。分出去的儿子们又继续重复父辈家庭析分的道路，最终形成以自己院子为中心的多个院子组合在一起的居住形式。

如图4—4所示，在这类院子中通常包括一座三间土坯房、一座两间土坯房、牲畜的棚圈、一座库房或工具房和干草（秸秆）堆。1984年后，各种生产工具、马车、爬犁子和粮食都需要一个单独的空间来存放。一些村民开始在院子的一侧修建简易的土坯房，通常为一间用于储存这些东西。同时，在院子中也出现了秸秆堆或干草堆，为牲畜过冬储备冬草。甚至一些村民开始在两座土坯房之间修建单独的厨房，而将房屋内的灶台仅用作供暖、烧茶之所。进入20世纪90年代，随着村民家庭经济条件的普遍改善，一些村民开始用红砖取代土砖，用铁窗取代木窗，并开始在房屋顶棚下用板材做"天花板"。另一个普遍的变化是，越来越多的村民开始在院子的四周夯筑土墙，在正对老房子的一侧开了一扇可容纳拖拉机进出的木门。尽管如此，院子和房屋的空间格局未有明显变化。

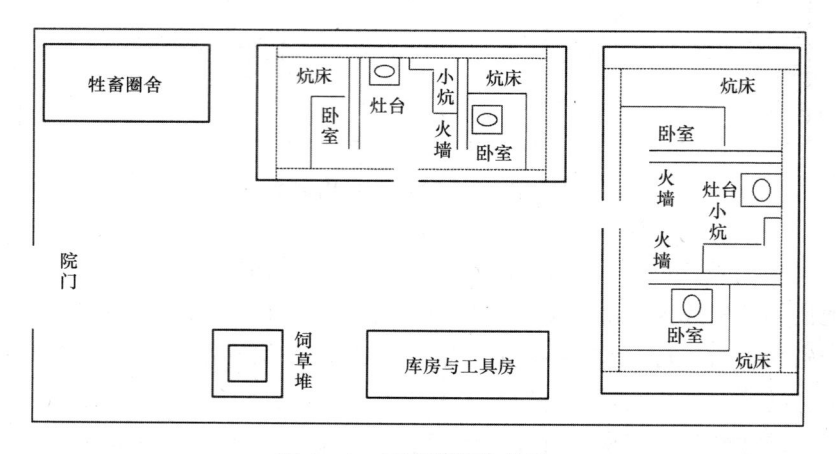

图4—4　村民院落的布局

第四章 游与居

变化最大的无疑来自室内家具的增多和丰富，这同样是一个渐进的过程。在一些年长村民的记忆中，首先进入的是高出土炕的餐桌、木凳和小书桌，其次是储物的木柜。据说这主要是受到了回族、汉族移民的影响。更重要的原因，可能是定居后村民无须再转场，家具的增多与生产生活形式没有冲突。但是直到20世纪70年代，家具都还是相当稀少的。木柜仅能放置一家人的衣物，被褥、毡子、地毯仍被叠起来放在土炕的一角，并继续扮演着空间隔离的角色。1984年后，随着家庭经济条件的改善，村民普遍地增添了餐桌、木凳、书桌和木柜，以保证每一间卧室都有这些家具。同时，木椅和沙发开始进入村民的生活。一些村民开始在居中一间房内用木板隔离出待客空间，摆设上新式的木椅、沙发、茶几。新式的木床也被引入进来，通常被摆放到未成年孩子的卧室之内。这一时期是木匠的生意最为红火，并用其技艺交换了大量牲畜。20世纪90年代中期以后，传统的木制家具逐渐为外来的新式家具所取代。与木匠们制作的家具相比，新式家具（组合柜、席梦思床和沙发等）更美观，更容易受到年轻群体（特别是新婚夫妇）的认可，也很容易在市场上购得。一位在20世纪90年代初期依靠木工技术发财的村民落寞地告诉我，年轻人看不起他的手艺了，都喜欢市场上的新式家具。

家具的变化可能只是居室空间变化的一个方面。另一方面，老人们的居室似乎没有太大的变化，甚至和毡房内的布置相差无几。一个硕大的土炕仍然占据居室2/3的空间，炕上铺着毡子，墙上仍然以挂毯布置。甚至，被褥和箱子的摆放形式也与毡房无异。事实上在有两间卧室以上的家庭，总有一间卧室延续了传统的布置方式。拜访时，他们总是很自然地将笔者带到这间卧室，并让笔者脱掉鞋子与老人一起坐在上方。另外，在两间土坯房基础上新增一间，或是在儿子婚后为其单独修建房屋，在本质上仍然延续了哈萨克传统的分家居住的模式。甚至称呼也和游牧时期一样，父母居住的房子被称为老房子，最终由幼子继承。其他儿子的房子被称为"小房子"，通常以老房子为中心分布。"老"与"小"是一种社会结构的空间安排，是幼子继承制在居住空间上的反映。因此，我们可以说居室空间变化的过程交织着传承与创新，一方面在形式上发生了明显变化，但在另一方面又在结构和功能上部分地延续了传统。

建房热潮和房屋形式除了受适婚人口增加和经济条件改善的影响外,还受到年轻家庭自主性增强的影响。在传统哈萨克社会中,儿子婚后要与父母同住3—5年,之后分家获得牲畜,但牲畜仍是在一个大家庭的名义下放牧,而且不能获得草场。换言之,个体小家庭无法脱离大家庭、阿乌尔和部落而生活。这在公社化时期发生了改变,成年劳动力通过自己的劳动获得工分,为小家庭提供了经济基础。同时,建房的材料可以从集体以较低的价格获得,自己只需出少量的钱和劳动力就可自立。包产到户后,分得承包地的小家庭仍然具备自立的基础,外出务工的机会进一步增强了年轻夫妇自立的能力、信心和意愿。笔者在阔孜克村的房东,在2012年将他们夫妇二人多年打工的积蓄都拿了出来修了一栋漂亮的三间砖房。他们实际上在父母的院子(老房子)中有一栋独立的房舍,但妻子坚决不愿意和父母同住。不仅是因为不方便,也并非因为对老人的不敬,而是他们所挣的钱通常都在大家庭的名义下被支出。出于经济上和单独过小日子的情感需求,他们从老房子中将自己的承包地也拿了出来,并相信通过务工、种地和发展畜牧业可以过得更好。毫不奇怪,最近十多年新婚夫妇与父母同住的情况少了,同住的时间也下降到1—2年,甚至有对夫妇刚结婚就要求单过。

这也反映了在"游牧—定居"连续统中,老一辈夫妇经济地位衰落的现实。在传统游牧社会中,父母控制着一个家庭的牲畜和草场,因此畜群和草场的析分只可能在所有孩子都成家或父母去世之后。但是,现在年轻夫妇有更多的途径和可能实现自立,也就产生了单独建房和生活的需求。同时,一种新的趋势正在形成,老人逐渐失去了在家庭中的权威,反映在住房上就是新房中很少再有他们的空间。这一变化与阎云翔在下岬村的发现一样,老人们被迫搬出了传统上被认为是最好的东屋。[①] 刘志扬关于白马藏族居住空间变迁的研究也揭示了这一点,并明

---

① [美]阎云翔:《私人生活的变革:一个中国村庄里的爱情、家庭与亲密关系(1949—1999)》,龚晓夏译,上海书店出版社2006年版,第134页。

确地指出这种变迁验证了米德"前喻文化"与"后喻文化"①的理论。认为在收入渠道多元化的今天,老年人掌握的农牧业生产技能知识的重要性在弱化,年轻人所获得的技能知识之重要性又在增强。② 这种变化最终会在房屋的空间安排中呈现出来。

由于木材是最主要的建筑材料,因此房屋类型和居住空间的变化必然会加大村民在获取山林资源方面的需求,并且会对水草资源条件和盆地内的耕地资源产生影响。后文笔者还将回到这一问题,详细地解析这些新的需求在资源和生态环境层面所产生的各种影响。接下来对村民生活中燃料需求的变化做探讨。

二 伐木为柴

前已说明游牧生活的移动性与资源需求的有限性使得牧民的资源需求不会对草原生态造成严重影响。牧民在吐尔洪盆地生活的两个月以枯死、倒掉的树木为主要燃料,又以畜粪为补充,因此长久以来维系着人与草原生态之平衡。定居后,燃料的来源和燃料在村民生活中扮演的角色发生了明显变化。

1958年畜牧业社会主义改造后,畜群就远离了盆地,只是仍保留了耕地的畜力和满足村民最低肉乳需求的小畜。村民不再可能在自家的院子里堆砌起房子一样高的畜粪。积肥运动则将散落在村落、田地和草场的畜粪全部集中在大队畜圈两侧,并在春耕时作为底肥被用于肥田。畜粪不再是村民主要的燃料。一些村民开玩笑地说,"要说干净,那个时候最干净,一个村子你绝对找不到一堆牛粪"。定居后,燃料首先来

---

① 美国著名人类学家玛格丽特·米德将文化分为三种类型:用"后象征"(Postfigurative)这个词指代"未来重复过去"型文化,它们接受过去的权威;用"互象征"(Cofigurative)这个词指代"现在是未来的指导"型文化,其基本特点是采取某种向同辈人、游戏伙伴、同学和一些学艺的人学习;用"前象征"(Prefigurative)论及年长者不得不向孩子学习他们未曾有过的经验这种文化类型。米德认为,我们已经进入了这样一个崭新的历史时期——由于年轻人对依然未知的将来具有前象征性的理解,因而他们有了新的权威。参见[美]玛格丽特·米德《代沟》,曾胡译,光明日报出版社1988年版,第20页。后象征又译为"后喻文化",互象征又译为"互喻文化",前象征又译为"前喻文化"。
② 刘志扬:《居住空间的文化建构:白马藏族房屋变迁的个案研究》,《民族研究》2011年第3期。

自无处不在的灌木，开荒清除的灌木被拉到大食堂足足烧了2年。无灌木可烧，村民遂逐步向山林推进，利用枯死、倒掉的树木。茂密的山林自高山牧场而下，一直延续到水库往北2公里处。起初，村民还主要是在邻近水库的山林获取燃料，往返一次仅耗时4个小时，可满足一个家庭7—8天的燃料需求。然而，定居后无移动，一年所需的燃料皆依靠山林，再茂密的山林也无法提供如此多枯死和倒掉的树木。当邻近水库的山林无法满足需求时，村民即沿着各条山涧溪流而上，利用更远、更茂密的山林。

与定居前不同，燃料除了被用于烹煮食物，还被用来满足一年长达7—8个月的供暖。吐尔洪盆地是富蕴县冬季时间最长、气候最寒冷的地区。每年10月中旬开始降雪，到次年4月结束，寒冷的气候迫使村民修建供暖设施和获取更多的树木。直到20世纪90年代初，土块垒砌的火墙仍是最主要的供暖设施，但随着房屋的扩展，一个家庭所需的燃料也相应地增加。两间土坯房仅需1个火墙，一个冬季消耗10—15方的木材。新增房间或新建住房无疑都会让需求翻倍。为节省燃料，一些家庭在冬季通常都挤在一个卧室，按照与毡房内相同的秩序落座、就餐和歇息。然而，这种选择通常只发生在两类家庭中：一是子女都未结婚或未成年，二是家中无劳动力上山砍柴。20世纪90年代后，大部分村民都用散热好的暖气管和暖气片取代了火墙，新的铁皮锅炉取代了旧的火灶。不管是三间房还是四间房，通过管道的连接，都能够获得铁皮锅炉提供的暖气。这意味着每个家庭供热面积的扩大，经济条件的改善为村民各居其室创造了条件。同时，这也意味着每个家庭为保证房屋的供暖，需要更多木柴。

20世纪60—70年代，每个大队都在东北群山中获得了专门获取燃料的山林。有一片山林，便有一条萨伊。萨伊和山林所在之处也是各个大队的夏季牧场，包产到户后也未有变化。这些山林由富蕴县大桥林场管辖，但村民可以在山林中放牧，以及获得燃料和建房用材。林场规定村民不可砍伐未枯死和倒掉的树木，并在水库往上2公里设置了检查站，没收村民违规砍伐的树木并处以罚款。

不同季节的燃料需求各不相同，但需求最大的是在需要供暖的冬季。每年秋收前一个月，村民被允许到山林中砍伐木柴。他们将砍伐的树木按照 2—3 米长的标准锯成段，在每一段都做上记号，并将之交叉堆砌起来。然而，要将这些木柴从山里搬运到家中还要等到 11 月中旬第二次降雪之后。盆地每年在 10 月中旬到 11 月中旬会降下两次大雪，最终将山林中裸露的石头全部覆盖。这时，村里会选择 15—20 匹好马，由年轻人牵着从村子出发，将通往山林道路的积雪踏实，为爬犁子上山做好准备。在之后的几个月时间中，村民便可赶着爬犁子轻易地上山和下山，将柴火拉回家中。到次年 3 月中旬，积雪开始融化，路面开始松软，爬犁子再不能上山。通常情况下，村民需要一个月的时间，往返 10—15 次才能拉回过冬的燃料。

拉运木柴的工具比较简单，主要是马爬犁，在无马的情况下也可能用牛爬犁。爬犁即雪橇，一般 2—3 米长、1 米宽。底部由十几厘米宽的木料制成，类似滑刀，并用兽皮包裹滑刀以减轻爬犁在雪地上的阻力。爬犁前部弯曲，后部笔直，在两块滑刀之间用木料固定，然后在木料之上装上木板。四周还需做上半米高的沿和靠背，并铺上毡子或兽皮。爬犁通常用 1—2 匹马为动力，既是拉运柴火的工具，在无现代交通工具的时代也是村民最主要的交通工具。一个马爬犁可以拉 9 根 3 米长的木头，分三层，约 1—1.5 方。在无马的情况下，村民也可能用牛取代马做动力。但是，牛有速度慢和不擅长在雪地行走的不足。公社时期牧业衰落了，但马和牛的比重和重要性却增强了，其中一个重要原因就是为了拉运柴火。在不能上山的季节，村民要么利用盆地沿山一带的灌木，要么赶着牛到山林中拉木头应急。与爬犁不同，牛一次只能拉 1—2 根木材。村民将树木锯成段，在其中一头钻上两个孔眼，然后用绳子将木头绑在牛身上，再赶着牛回到家中。

当然，在冬季赶着爬犁上山拉运柴火是一项极为辛苦和艰险的工作。村民需在凌晨 4—5 点出发，到中午 12 点左右方能到达指定地点。公社时期，每个家庭出 1 个劳动力，30—40 个小伙子组成一组，在一个月的时间中轮流为每个家庭拉回所需柴火。在到达指定地点时，爬犁子不可能上到山顶，只能停在山脚。小伙子们分为两拨，一拨爬到山顶将木柴顺势推下，另一拨小伙子则负责将木柴装到爬犁子上。全部装满后，再赶着爬犁子返回村落。若是没有遭遇暴雪，他们将在下午 4—5 点回到村落。若是遭遇暴雪，则可能到晚上 12 点才能到达。包产到户后，仍然延续了几个家庭出劳动力，组成小组拉运柴火的模式。但是，小组的规模明显缩小，且主要是由两到三个兄弟组成。无劳动力和无马的家庭通过两种方式解决柴火问题。无劳动力的家庭，通常在村落和亲戚间的互助关系中得到资助，不够的燃料则用畜粪补充。无马的家庭，则用劳动换取利用马的机会。他们先是帮助有马家庭将所有柴火拉回，然后再借用这些家庭的马拉回自家所需的柴火。部分汉族和回族村民选择用背篓到沿山甚至更远的地方割灌木和藤条，每日清晨出发，中午12点返回。

村民几乎不用秸秆为燃料，所有的秸秆都被用于大队牲畜和每户家庭自留畜的饲草。同时，村民告诉笔者他们没有用秸秆的习惯，而且在冬季秸秆燃烧过快，远不如木柴耐烧。事实上，只要临睡前在灶或锅炉中添加足够的木材，就可安稳地度过一个寒冷的冬夜。白天则只需保证灶中的火不熄灭，通过烧茶做饭产生的热量就可以保持适宜的温度。总的来说，定居后木柴取代了畜粪成为最重要的燃料，而且无移动和漫长的寒冬加大了村民对木柴的需求，并随着时间的推移逐渐将燃料获取地推向深山。

三 木材的社区关系网络

吐尔洪林区属于富蕴县大桥林场管辖范围。大桥林场的前身是建于1953年的阿勒泰伐木公司，1957年又与柯克托海森林经营所合并成立阿勒泰伐木站，1958年开始称为富蕴林场。1979年成立阿尔泰山林业局后，富蕴林场成为阿山林业局领导下的森工采伐企业。

吐尔洪林区设立了一个检查站，安排了两名哈萨克族的护林员，并聘请了扎木汗、达乃和额斯别克为临时护林员。检查站的职责主要是登记每年森林砍伐的情况，没收村民违规砍伐的树木并给予相应的处罚。护林员的职责主要是为需要用柴的村民开具伐木许可"条子"，并监督他们按照规定砍树。林场每年都会给护林员一个发票本，需要木材的村民直接和护林员打交道。木材批准的范围就包括柴火、毡房或房子用的木材和盖牲畜圈棚的椽子等。护林员会给村民开具"条子"，写"某某人要几爬犁子的木柴"。条子实际上就是通行证，只要有条子检查站就会放行。下文我们会看到，"条子"成为村民竞逐的资本，而护林员则成为村民争相拉拢的关键人物。

木材被分为三类，即商品材、扶贫材和柴火。商品材是比较贵的，都是最好的木材，主要被外调至乌鲁木齐等大城市。商品材的指标由自治区林业厅下发至阿勒泰林业局，然后再下发到大桥林场。指标控制相当严格，林场完成指标后的商品材才可以销售给地方。毫不奇怪，吐尔洪这样的乡镇单位几乎拿不到商品材。扶贫材主要包括乡镇和村民用材，涉及公用设施建设和村民建房需求两个方面。其指标由阿勒泰地区和富蕴县确定，然后再分发到各个公社/乡镇。村民建房，需要先向公社申请，然后拿着公社的批准函到林场购买。在林场职工看来，扶贫材就是为了照顾地方和村民利益。因为村民太穷了，但他们也需要盖房，也需要木材。柴火主要指用于燃料和供暖的枯死、倒掉的树木。

三类木材的价格差别很大。商品材340元一立方米（简称"方"），扶贫材140元一方，而柴火只要15元一方。因此，不管是建房，还是获取燃料，村民所申请的皆是柴火。一个爬犁子的9根木头中，始终夹杂着2—3根的木材。如前所述，这些木材主要被用于建房、制作家具和搭建棚圈。护林员和检查站工作人员也深知其中奥秘，谁也不会当众揭发出来。在村民和护林员、检查站工作人员之间存在着心照不宣的默契，毕竟"靠山吃山"是这些村民满足生产生活需求的唯一出路。因此，尽管有严格的批准、审查和检查制度，但在实践中为村民以柴火的名义利用山林资源开了一道口子，其实质是制度在地方实践中做出了妥协。用一位退休护林员的话说就是，"你不可能不让人家建房，让人家一家老小露宿荒野吧"。

护林员、检查站工作人员多是当地的哈萨克族村民，不仅因为他们对山林环境非常熟悉，也是因为护林员必须有很好的骑马本领，以及他们能够与当地哈萨克村民沟通。但是，这也带来一个问题。盆地的哈萨克族主要来自阿巴柯勒依部落的四个小部落，在部落谱系中四个小部落有着或近或远的亲缘关系。比如，哈拉哈斯和木里合被认为源自同一祖先，是两个亲兄弟的后人。作为人数最多的两个部落，且柔奇与哈拉哈斯之间存在持续、普遍和复杂的联姻关系。其他小部落与且柔奇、哈拉哈斯、木里合也存在密切的联姻关系。因此，一个社区就是一张亲缘与姻缘关系相互交织的复杂网络。村民相见，先问部落名，然后很快在部落世系中找到彼此的位置，并采取合适的行为方式。

　　社区内的复杂社会关系网既有利于护林员开展工作，但也可以为村民获得更多、更好的林木资源提供社会资本。一位退休的检查站工作人员指出，"只要关系好，我可能就将20方说成是16方。若是关系不好，16方我可能报20方"。当然，这种复杂社会关系需要村民精心地维护，增加在节日、仪式和日常生活中的走动是最常见的方式。用村民的话说就是，"像给摩托车加润滑油一样，关系也需要润滑"。这说明，一方面传统部落制度下的互惠的义务和权利仍在延续；另一方面也揭示出"条子"具有了分配资源的效力，护林员则掌握着开"条子"的权力。这使护林员在与村民的关系中处于有利位置，不仅获得了接收肉食、奶制品的机会，而且无须偿还。正如阎云翔所说，"后者（有权势者）的收礼举动本身就会被送礼者视为自己的社会资本"①，而且这种资本可以转化为生产生活的必需品。尽管如此，我们还不能将这种交换完全视为权力与利益的交换。因为，交换仍然发生在有亲缘和姻缘关系的人之间，经济利益计算并未凌驾于义务、道德和情感等社区人际关系的法则之上。

　　之所以这样说，是因为那些"恪尽职守"的护林员往往被斥责为傲慢、无礼之人，并在社区中被人们有意识地忽略。1984年，达乃和额斯别克被聘请为临时护林员，看管喀英布拉克和库热萨伊的山林。1984年后，他们都将夏季牧场的一部分开垦为耕地，同时保留了一部分牧场，也都在山林的入口修建了围栏。按照林场的规定，他们每年可以多获得两爬犁子的木柴，每个月可以获得20—30元的工资。在达乃的儿子沃扎看来，父亲是一个极为固执的人，决不允许村民在拉运柴火之外的时间进山伐木，并多次将偷盗木材的村民擒获送至林场。父亲年

---

① ［美］阎云翔：《礼物的流动：一个中国村庄中的互惠原则与社会网络》，李放春等译，上海人民出版社2000年版，第161页。

迈后在阔孜克村买了房子，但很多村民对父亲的记恨从未消除，不愿与父亲来往。额斯别克的遭遇也好不到哪里去，不仅曾多次与村民发生口角，而且还曾挨过进山偷盗树木的年轻村民的拳头。

很多村民认为，他们并不是为了真正保护山林，而是满足一己之私，特别是害怕山林树木减少会影响他们的草场。实际上，村民真正不能接受的是他们因为工作违背了哈萨克人之间的"义务"和情感。最常见的话语就是"不讲情面"，这可谓是部落社会中最严厉的谴责了。这表明，村民仍然习惯用"部落"的思维看待世界，而这又往往与国家的思维相冲突。当护林员选择国家的思维和恪尽职守时，他就使自己陷入"社区道德"舆论的旋涡之中，而复杂社会关系又是他无力逃避的社会网络。

四　山林消逝

建房和燃料究竟需要多少木柴一直是困扰笔者的一个问题。我们总是希望能够将这两方面木柴的需求进行量化，以便更为客观和真实地反映定居后生活需求的变化如何影响了山林资源和生态环境。为此，笔者专门到富蕴县大桥林场做了两周的调查。在此期间，有幸访谈到了多位老职工，他们提供了比较清楚的数据和资料。同时，部分村民能够清楚地计算出一个家庭所需的燃料，这又弥补了林场职工提供的数据和资料之不足。在此，也将对公社、乡镇公用设施用材进行探讨，尽可能充分地揭示定居后木柴需求量的变化。

笔者在2012年7—8月的调查中对20户在20世纪60—70年代建房的村民做了访谈。除了弄清楚修建房屋在哪些方面需要木材、木材如何分配和需要的数量外，还尽可能梳理出每一项的需求量。若是建两间土坯房，仅房屋需要5—6方木材，室内的家具需要4—5方木材，院子中牲畜的棚圈和木门等需要近5方木材，合计约为15方。表4—2详细列举了村民建房用材的各个方面，资料为大桥林场一位退休女性老职工古拉普所提供。古拉普于1976—1978年在大桥林场检查站工作，也曾于1968—1974年居住在阔孜克村，因此对建房需要的木材比其他村民知道得更为详细。

表 4—2　　　　20 世纪 60—70 年代两间土坯房的木材需求

用途	需要的木材
两间房屋的房梁	松树：5 根房梁，每根长 5 米，直径 0.2 米
顶板（房梁之间）	松树：3—4 根圆木，锯成 2—3 厘米厚、4 米长、36 厘米宽的木板
木床（两间房都搭建）	1 张床需要 1 方，共两方
木床的方格子底座	1 张床 0.5 方，共 1 方
圆桌、八仙桌、柜子等家具，以及门窗	5 方
羊圈、牛棚、马圈	5 方
合计	15 方

当然，随着村民房屋规模的扩大和对家具、室内装饰要求的提高，所需木材的数量也会增多。村民估计，若是变两间房为三间，需要 17—18 方木材。若是在院子中单独再建一栋两间土坯房，则需要约 25 方木材。20 世纪 80 年代末 90 年代初，村民连续掀起了两次建房热潮，同时对房屋形式、居室内的装饰和家具的要求更高，这使得木材的需求量骤增。50 岁以上的村民都在这一时期重新翻修了老房子，并为陆续成婚的孩子新建了住房。因此，自 20 世纪 50 年代末以来，建房热潮从未退却，对木材的需求也从未减轻。在 1985—1995 年的十年中，阔孜克村几乎每年都有约 20 间新房建成。原来村民都愿意在道路两侧建房，且一律按照坐北朝南的方向安排门窗朝向。到 20 世纪 90 年代末，年轻村民发现道路两侧已经没有建房空间，不得不转向盆地东南沿山一带建房。坐北朝南的安排也被打乱，因为要建房的人是如此之多，以至于一些村民只能在那些无法做此安排的地方安家。事实上，近年来一些村民试图在此处获得建房地基，但已没有空间留给他们，而只能购买迁出盆地村民的老房子。

在田野中，笔者反复听村民谈到冬天拉回的木材都堆在院子中比房子还高，但一直未有明确的数字来说明。2013 年 1 月 18 日，笔者在阔孜克村遇到了 42 岁的沙玛。他详细描述了 1987 年他们家的木柴堆——

长约 12—13 米，宽 2.5 米，高 2 米，内部为实心。若以方计算，约为 60—65 方。为了说明数据的可靠性，他从另一个角度做了计算。当时家中有两匹马、两个爬犁子，每个爬犁子拉 1—1.5 方。在拉柴的一个月中，两个爬犁子同时上山，仅休息 10 天。以此计算，拉下来的柴火也在 60 方左右。当然，阔孜克全村拥有两个爬犁子、两匹马的不过 4—5 家，大部分家庭只有 1 匹马、1 个爬犁子，一个冬天拉 30 方左右的木柴。这些木柴并非都被作为燃料，爬犁子一次拉的 9 根木头中可能有 1—2 根可用于建房。而像沙玛这样有两个爬犁子的家庭，通常还将超出建房需要的好木材卖给杜热、库尔特等乡缺少木材和柴火的家庭。村民估计，若是只烧一个灶或炉子，一个家庭一个冬天需要近 20 方木柴做燃料。若是烧两个炉子，则至少需要约 30 方的木柴。在大桥林场老职工的记忆中，在拉柴火的一个月中，吐尔洪盆地每天约有 500—600 个爬犁子上山，拉下近 500 方木柴，相当于 5—6 亩山林所有的木柴储量。甚至有职工提到，在最疯狂的几年中时不时听到吐尔洪林区的一些山林被剃成了光头。

在没有用煤炭的年代，不仅村民建房和燃料所需的木柴来自周边山林，大桥林场周边的铁买克乡、柯克托海镇、吐尔洪乡和县里的机关单位所需的木柴同样取自这些山林。不同的是，村民需要用爬犁子在寒冬中将木柴拉回家中，而这些单位则在下雪前用卡车将木柴运走。就总量而言，这方面的用柴可能不如村民，但一个乡镇一个冬天至少需要近 500 方的木柴。实际上，不仅燃料依赖山林，公用设施（学校、卫生所、乡政府、兽医站等）的建设也取自山林。铁木加工厂的老职工估计，每年县乡下拨的木材用量在 700 方左右。1978—1985 年在吐尔洪乡任书记的郑素美就讲了一个实例。

> 吐尔洪乡接羔育幼地带是一马平川的阿魏戈壁（乌伦古河与额尔齐斯河之间的荒漠草原），就需要建造相当数量的接羔圈，搞基建就需要木料。商品材指标我们又没有，我们只好跟林场搞好关系，利用风倒木、立死杆和他们过去山里的木头房子。这部分废料用起来搞我们的基建。我和林场领导协商，5 条沟中 5 个木头房子让我们去拆除。房子的四周是木头堆起来，顶部是椽子。搬运木材期间的

消逝的草原

肉食羊是从牧业三队拿来的中等羔羊，吃饭不花钱，肉也随便吃，还要给林场的有关人员送羊。木头房子的木料都是好木头而且是干料，汽车可以多装。每天我们自己的车辆至少跑一趟，利用司机吃饭的时间我们就抓紧装车，每天只休息4—5个小时，很辛苦。28天时间中，我们共拉回38车木料。团结二队（达尔肯村）的一个库房因短缺板材，库顶2年时间没封顶。支部书记来到山上说明情况后，我给他们专门挑选红松板木装了两车拉回，不到两个月时间库房就盖起来了。最后我在林场结账时，他们告诉我拉回三等木料38立方米，烧木（柴火）120立方米，实际上已经超过了400立方米。①

毫无疑问，定居后资源需求量也大大超过了游牧生活的需求。从1958年定居开始，直至2003年退耕还林政策的实施，村民持续在山林中伐木获取生产生活所需的资源。这造成了林木的持续减少，临近盆地的茂密山林逐渐消失，远处的山林也逐渐稀疏。1981年到吐尔洪水管站工作的刘耘田提到，刚来的时候在水库进山两公里的地方尚能看到直径大小不一的木头桩子。2012年夏天，当我走进这片曾经的密林时连木头桩子都消失了，只有零星的小树还在苟延残喘。

2013年1月16日，为弄清楚吐尔洪盆地周边林区的山林分布，笔者拜访了大桥林场的副场长李德斌。他从书柜中取出一幅吐尔洪林区的地图，详细讲解每一片山林的变化。如图4—5所示，原本植被覆盖度最好的喀英布拉克已经转变为疏林地，库热萨伊、京伊什克萨伊、阔依阿依达尔干的树木几乎全部消失，仅有距离盆地15公里的卓勒萨伊还保留了森林的影子。站在水库的堤坝向北望去，只能依稀见到远处山岭上稀疏的树木将山的阳坡与阴坡区别开来。曾经的密林已成追忆，就如曾经"绿色如绸带"的盆地与我们渐行渐远一样。值得注意的是，这样的教训在历史上不止出现过一次，而且也并非只是在吐尔洪盆地发生。周东郊记录了阿勒泰市周边山林的消逝过程。

  阿山（阿勒泰）的林产极丰，可惜的是多被伐作燃料，春初

---

① 2011年8月27日在富蕴县城对郑素美（男，73岁）的访谈。

第四章 游与居

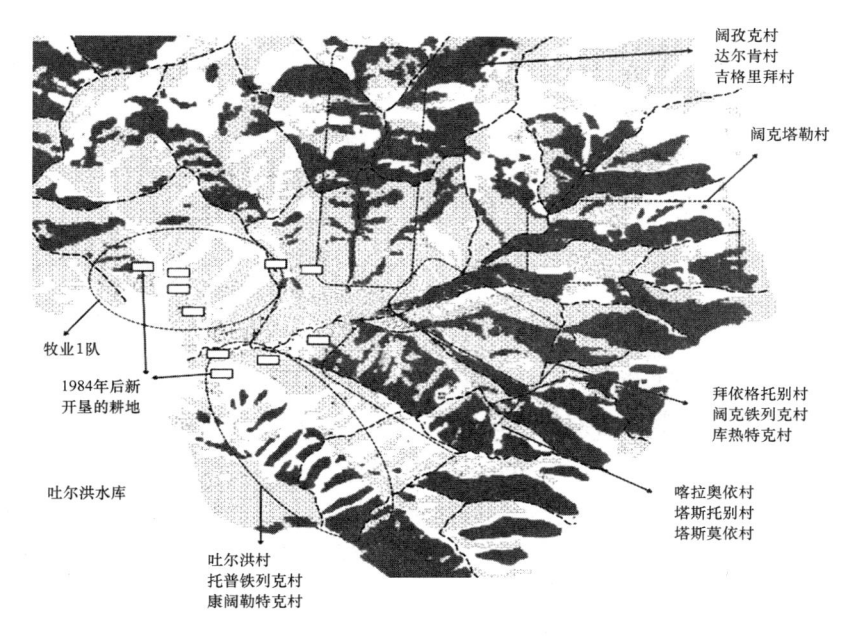

图4—5 吐尔洪林区资源分配与利用

伐木人便入山林，把大树锯倒，再锯成二尺的小节，到夏季乘山洪暴发时，放在水中浮下，伐木人在自己伐的木轱轮上都印有特别的记号，以免互混，这样运到城市。至于用于建筑的大材，都是在冬季用马拽下，现在承化（清代阿勒泰市的名称，因承化寺而得名）附近的山地已濯濯童秃。①

总之，定居后村民在居住形式与燃料来源，以及两者对山林资源的需求都发生了明显的变化。这些变化意味着村民要持续地利用山林资源，需求量逐年增多，最终导致了山林的消逝。我们将会看到山林的破坏造成了严重的生态和社会后果，包括草场和水资源的破坏、夹杂碎石和泥沙的洪水肆虐、水库蓄水能力的减弱、村民耕地的毁坏等。这些生态与经济后果，笔者将在本书的第七章予以揭示。在此，我们首先去探讨伴随着生计与生活方式的变化，哈萨克人环境态度的变迁。

---

① 周东郊：《新疆阿山区概况》，《新疆论业》1940年创刊号。

第五章 顺应与控制

一直以来，土著人群和小规模社会很容易被视为值得效仿的生态环境保护者，拥有尊重自然世界的精神气质。证据来自在文化上传达保护之意的伦理、关于动物的宗教信仰，在这些人群家园发现的高水平生物多样性，以及令人印象深刻的环境知识。[1] 人们相信，这种精神气质是这些社会与生态环境长期保持平衡的关键因子，通常被视为"环境态度"的一部分。崔延虎认为，环境态度是指特定人口文化对环境的价值取向和他们对周围环境所持的立场，是长期环境经验与环境意识的结果，具有长期的文化价值和认知功能。[2] 也指"个体对于环境有关的活动、问题所持有的信念、情感、行为意图的集合"。环境态度通常在人群的信仰、仪式、禁忌和习俗中表现出来，既受到人群生计方式、生活方式与资源管理体系的影响，又影响人群的资源利用行为。因此，莫兰指出，"生计方式不同，是不同地区人口的环境态度存在显著差异的重要原因"。[3]

在一个稳定的人与生态环境关系格局中，环境态度、生计方式、生活方式和资源管理体系具有内在一致性，彼此支持和强化。任何一方的变化，都会引发其他几方的链式反应。在"游牧—定居"连续统中，随着生计方式与生活方式的变迁，牧民环境态度经历了由"顺应"向"控制"的转变，表现为一个具有阶段性、持续性和动态性的过程。变

---

[1] Eric Alden Smith and Mark Wishnie, "Conservation and Subsistence in Small-Scale Societies", *Annual Review of Anthropology*, Vol. 29, 2000.

[2] 崔延虎:《亚洲北部草原地区牧业人口自然观与环境态度的调查与分析》，载《文化人类学辑刊》（第1辑），新疆人民出版社1994年版，第90页。

[3] Emillio F. Moran, *Human Adaptability: An Introduction to Ecological Anthropology* (Second Edition), Westview Press, 2000.

第五章 顺应与控制

迁有更广和更深的社会背景，也是游牧社会更深度嵌入民族国家与世界体系的结果。因此，不仅要在一个定居游牧民社区中把握环境态度的变化，还要将外部世界的各种因素引入社区，最终在社区的场域中对变化进行解释。本章旨在对环境态度的变化过程进行解释，并对哈萨克人在这个过程中的环境行为选择进行描述。

第一节 顺应自然：游牧民的环境态度

崔延虎曾对亚洲北部草原地区牧业人口的自然观与环境态度做过跨文化比较，涉及中、俄、蒙三国蒙古、哈萨克、图瓦等游牧族群。他们的自然观与环境态度主要由游牧生计方式、自然崇拜和宗教观念、社会组织与国家法律制约三个层面构成。[①] 在环境态度的研究中，生态人类学家通常从游牧民对水、草、树和动物相关的信仰、仪式、禁忌、习俗和习惯法的角度呈现其环境态度，然后延伸至资源管理体系和生计方式，并阐明几者的关系。在此，拟从三个方面呈现哈萨克游牧民的环境态度，分别是移动性原则、共有产权制度和自然禁忌。

一 移动性原则

我们已经对盆地牧民的移动做了详细描述，在此仅对移动的规律及其依据略做概括，并解释移动性原则为何成为哈萨克人环境态度的重要组成部分。

一直以来，"逐水草而居"被用于描述游牧民的移动，其重心是人的移动。哈萨克人习惯用"羊赶雪，雪赶羊"描述移动，其重心是牲畜的移动。严格地说，这两种说法都不准确，移动包括了畜群与人群两个最基本的层面。图5—1所示为游牧的移动性原则示意图。

如前所述，畜群的移动是适应干旱区草原资源非均衡分布特征之结果。在畜群与草原资源之间存在一个中介，这就是牲畜的习性。所有的家畜也不能都放牧在同一条件的草原上。由于它们的本能不同，所以放

[①] 崔延虎：《亚洲北部草原地区牧业人口自然观与环境态度调查与分析》，载《文化人类学辑刊》（第1辑），新疆人民出版社1994年版，第98—99页。

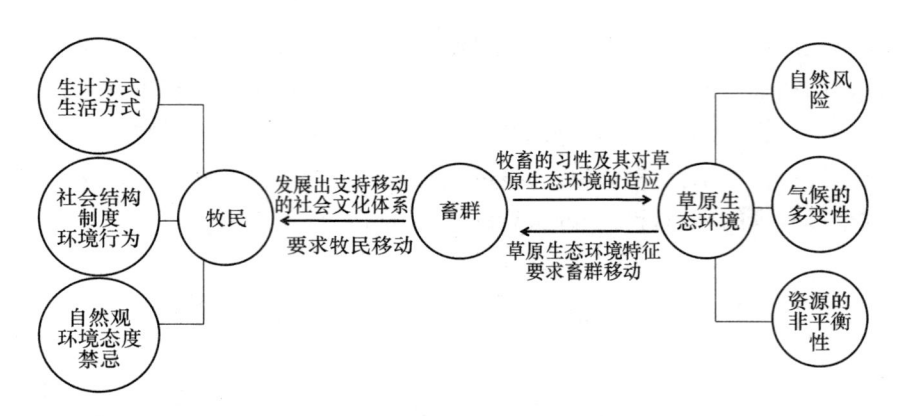

图 5—1 游牧社会的移动性原则示意图

牧它们的草原也有区别。马是爱吃草的尖端和籽粒的，所以要寻找比较高的牧场。牛是用舌卷草吃的，草长得矮，也无碍于放牧。羊的牙齿锐利，每每啃到草根。所以放牧过羊的草场，就不能再放牧其他家畜，尤其是马。可是经过放牧马的草场，是毫无问题地可以放牧羊。只是放牧过羊的牧场，一年仅能使用一次，除非青草再生是无法使用的。[①] 干旱区草原气候的多变性和周期性的自然风险——主要是雪灾和旱灾，也是保持畜群移动性的重要原因。通过移动，畜群适时地躲过严冬和酷暑。通过更频繁和距离更远的移动，甚至突破部落的地理与社会边界，获得草场资源。

　　人群的移动以畜群的移动为依据，他们需要畜群将不能直接食用的资源转化为可食的资源。当然，牧民的移动还受到社会风险的影响，比如 20 世纪 20—40 年代北疆动乱后哈萨克人向巴里坤、哈密、甘肃和青海的移动。因此，有移动，牧民的生活就有保障，无移动就会陷入窘境。欧内斯特·舒斯基指出，"如果他们生活在一个固定的区域，就像定居的农业耕种者那样，那么，灾难会很容易找到机会降临到游牧者头上"。[②]

　　资源的非平衡性、气候的多变性与周期性的自然风险是干旱区草原生态环境最显著的特征。移动性原则很好地顺应了草原生态环境的特

[①] 札奇斯钦:《蒙古文化与社会》,(台湾)商务印书馆 1988 年版,第 19—20 页。
[②] [美]欧内斯特·舒斯基:《农业与文化：传统农业体系与现代农业体系的生态学介绍》,李维生等译,山东大学出版社 1991 年版,第 96 页。

征，不仅不会对草原生态环境造成破坏，甚至有利于草原生态环境的平衡。这既是因为游牧是一种有限度的资源利用方式，也是因为移动使得任何一块草场都只在特定的时间被周期性地利用。在避免草场资源被过度利用时，又为资源的重生创造了条件。哈萨克社会对季节性转场和具体的转场时间都有明确的规定，决不允许脱离阿乌尔单独或是提前转场，并世代延续特定的转场线路。所以，杨廷瑞说"四季轮牧，不仅对畜防疫、长膘有利，而且对保持草原生态平衡有利"。[1] 哈萨克谚语表达了移动性原则的重要性，比如"牲畜的草场是有季节性的""夏天请把牲畜赶到沼泽里，冬天请把牲畜赶到沙窝里"。

人群的组织方式也受移动性原则的影响，并与之相适应。我们已经知道阿乌尔是牧民最重要的生产、生活和社会组织单位。同时，根据草场资源的情况阿乌尔在一年中的规模会有明显的变化。在富蕴县，夏天是阿乌尔的分散期，牧民分散到各条山沟中以充分利用充足的资源。冬天是阿乌尔的聚合期，牧民聚集在一起利用冬季牧场有限的资源。春秋两季则介于两者之间，牧民出冬季牧场后逐渐分散，而在进入冬季牧场之前又逐渐聚合。这与肖肖尼人依据资源丰足与匮乏季节性调节人群单位的规模是完全一样的，是一种对生态环境、资源条件在社会组织层面的适应。[2]

这种社会组织方式最终形成了层层由小而大的社会结群，一种非经常性的"社会结构"，因应对外来敌对力量（包括雪灾、旱灾等自然风险）的大小而临时凝聚为或小或大的群体。[3] 在这种社会中，牧民尽可能以最小的人群单位——家庭或牧团——来从事游牧生计活动，如此能最有效地利用分散且经常变化的水、草资源，并及时逃避各种风险。每个单位都可根据环境与资源的特征，随时做出决定。一旦某个单位遭遇了雪灾或旱灾，就可以借用与之同源（来自同一父系祖先）的阿乌尔的草场，或是直接加入其中。借此，每个阿乌尔都可以在四季获得稳定

---

[1] 杨廷瑞：《游牧业的四要素》，《新疆社会经济》1995 年第 2 期。
[2] [美] 史徒华：《文化变迁的理论》，张恭启译，（台湾）远流出版事业股份有限公司 1989 年版，第 141 页。
[3] 王明珂：《游牧者的抉择：面对汉帝国的北亚游牧部族》，广西师范大学出版社 2008 年版，第 56 页。

的水、草资源，而不会在资源条件不好的情况下过度利用资源。因为任何一个阿乌尔都有可能遭受雪灾、旱灾等自然风险，借用草场被作为一种义务为牧民所认可，客观上避免了对草场资源造成不可逆转的影响。

因此，移动性原则既是游牧经济的原则，也是一项重要的社会组织原则，本质上是对干旱区草原生态法则的顺应。

二 共有产权制度

拉铁摩尔指出，为了维护游牧业的机动性，甚至需要压制手工业之规模化，也要求社会组织、社会结构和草场产权制度与之相适应。[①] 人类学的研究表明，大凡以移动性为特征的生计与生活方式，都拥有"共有产权制度"，比如狩猎采集民、刀耕火种民。这种制度的基本特征是"共有私用"，即土地、草场或森林资源以群体为单位（队群、氏族或部落）划分，成员皆享有利用资源的权力，并认可一套资源管理规则。英格瓦指出，公共资源的管理规则界定了与资源相关的集体行为，让个体愿意牺牲资源的短期收益以保障集体资源利用的可持续，包括获取、管理、监督、仲裁等几个方面。[②]

在哈萨克社会，共有产权制度表现为草场的"共有私用"，涉及三个层面。首先，草场按部落划分，归部落所有，由部落头人负责管理。每个部落在四季牧场都拥有自己的草场，边界清晰，不得随意变更或侵占。其次，人们以阿乌尔为单位利用部落草场，使用权不可剥夺。这一点在牧道的使用上体现得最为明显。牧道是牧民辗转于四季牧场的通道，具有便利、通过安全和水源条件好三个基本特征，是世代经验基础上的理性选择。即便牧道分布在某个部落的草场上，但该部落绝不能拒绝另一个部落通过牧道抵达下一块草场，甚至需要为转场牧民提供便利。最后，草场的划分、使用和管理由习惯法予以确证，由比处理草场纠纷并对违规者予以处罚。为防止部落之间的草场争端，《头克汗法典》专门将土地法从财产法中单列出来，并明确规定了"草场共有私

[①] ［美］拉铁摩尔：《中国亚洲的内陆边疆》，唐晓峰译，江苏人民出版社2010年版，第47—50页。

[②] Arun Agrawal, "Sustainable Governce of Common-pool Resources: Context, Methods, and Politics", *Annual Revies of Anthropology*, Vol. 32, 2003.

用"的原则和对违反此法的惩罚措施。① 《吉尔吉斯人法规》第168条规定：土地是氏族共同体所有，用以游牧业。"谁带着帐篷和牲畜占有别人的土地，谁就要从该地被驱逐出去；而看管之人要受责打。"第188条规定："谁占用他人的土地，即使十五年后也得从其手中取走。"第170条又进而规定："如有人的家畜践踏他人田地或割他人土地上的草者，必须赔偿因其损失的一半，并取回所刈之草。"② 总之，哈萨克法内容首要的是"规定牧场为氏族共同体所有，侵占他人牧场或土地要受到惩处"。

20世纪60年代以来，"共有产权"制度遭到了"私有产权"制度派学者的批判，最具代表性的就是哈丁的"公地悲剧"理论。哈丁描绘了一幅对所有人都开放的牧场画面。认为作为一种理性的物种，每一个牧民都会寻求扩大其产出。理性的牧民认为：对他而言有意义的是不断地在其畜群中增加新的动物，一个接着一个。但这种认识是每一个牧民所共享的认识，这就导致了悲剧的发生。每一个人都为一个驱使他无限度增长畜群规模的体系所困，但其所在的世界却是有限度的。毁灭是注定的命运，对那些在一个社会中相信可以自由利用公地的、追逐利益的人而言也是一场毁灭。公地的自由带来的是全盘的毁灭。③ 公地悲剧假定牧民是自利的、追求短期内产出的最大化，而不受任何能够对公共牧场进行统一管理的集体规范的约束。④ 这意味着，个体为了实现利益的最大化会不惜牺牲共有的草场资源。

游牧社会的研究已经证实，公地悲剧的假设都不成立。他们认为干旱区共有的土地制度严格地约束着资源获取者和严惩滥用者，在一年的特定时间有严格保护资源的机制以反对资源的不合理利用。这一机制比排他性的、个体所有形式更为有效。⑤ 共有产权制度实质是以制度和法

---

① 罗致平、白翠琴：《哈萨克族法初探》，《民族研究》1988年第6期。
② 同上。
③ Garrett Hardin, "The Tragedy of the Commons", *Science*, Vol.162, 1968.
④ [南非] 尼基·阿尔苏伯、[南非] 卡瑟琳·劳伦特等：《纳马夸兰牧民的环境观念与实践及其对常规草原管理的挑战》，载王晓毅等《非平衡、共有和地方性——草原管理的新思考》，中国社会科学出版社2010年版，第379页。
⑤ Elliot Fratkin, "Pastoralism: Governance and Development Issues", *Annual Review of Anthropology*, Vol.26, 1997.

律的形式规约人们的资源利用行为，保障移动性原则和协调集体行为的一种理性的选择，具有维系人与草原生态环境平衡关系的意义。

三 自然禁忌

玛丽·道格拉斯认为：道德秩序——人们认为什么是对的，什么是错的，什么是合适的，什么是不合适的——维系着社会秩序，即现有的社会组织形式。同时，对危险和威胁的惧怕约束着道德秩序，人们确信若是违反道德秩序必有灾难降临。[①] 群体所恐惧的和担忧的，最能反映他们社会秩序的危险，并通过禁忌来规约人之行为。尹绍亭在对云南刀耕火种做了系统研究后总结道，"与汉族不同，刀耕火种民族的农业资源的核心并不是土地，而是森林"[②]。对哈萨克人来说，游牧资源的核心是草原。草原退化就是牧民最恐惧和担忧的，是其社会秩序的主要危险。草场是游牧社会最重要的生产资料，谚语"草场是牲畜的母亲"很好地阐明了这一点。因此，对待草原不仅需要顺应自然的观念，需要共有产权制度，还需要规约道德秩序的自然禁忌。

哈萨克人很少有关于特定植物的禁忌、习俗和宗教上的规定，而是将植物作为一种整体对待。对草原生态系统和游牧生计生活而言，所有植物都有其位置，都有其功能，都不可取代，无高低贵贱、神圣和世俗的区分。因此，植物的观念就是一些对所有植物都适用的陈述。这是哈萨克社会关于植物的地方性知识非常突出的一个特征，也要求在日常生活中"植物—生活—草原环境"关系之中呈现植物的观念。这些禁忌涵括了对天地、日月、山川、河流、森林、火等自然界的不同层次，但在此分析的主要是哈萨克牧民关于森林、河流和水源的禁忌。

1971年，30户村民从拜依格托别村分出来组建了反帝大队二队，后改名为阔克铁列克——哈萨克语中意为"绿色的杨树"。据老人们说，此村入口处原有一棵巨大的杨树，而且整个村子仅此一棵杨树。1976年，村子里的一位老人挥刀砍掉了这一棵杨树。次年，老人生病，

[①] [英]凯·米尔顿：《环境决定论与文化决定论：对环境话语中的人类学角色的探讨》，袁同凯等译，民族出版社2007年版，第115页。

[②] 尹绍亭：《人与森林——生态人类学视野中的刀耕火种》，云南教育出版社2003年版，第350页。

并很快去世。在当地人看来，此人触犯了神灵和砍树的禁忌。因为，他们相信巨大的杨树、柳树、桦树皆有神灵，而且在哈萨克人的禁忌中独树不能砍。砍伐独树意味着你将孤独终老。又有关于女性流产或孩子夭折的传说。公社时期，一些中年女性经常割草，连小树苗都砍掉了，次年她们的小孩就生病去世。又相传一位老人把草根、树根都拔掉了，开垦荒地，次年她的儿媳所生的孩子便夭折了。在哈萨克族的创世神话《迦萨甘创世》中，迦萨甘用自己的光和热创造了太阳和月亮，用黄泥捏造了人。为了人类的生存和享用，又创造了各种飞禽走兽和花草树木。他派遣了雷神、风神、水神、火神、山神、土地神等管理万物，并确定了主宰牲畜的神。[①] 万物皆由神灵掌管，因此不当地砍伐树木、割草等都会开罪于神灵，并最终会给当事人或其子孙带来厄运。

　　在哈萨克社会中，在人们对植物资源的利用方面存在着各种禁忌。哈萨克人忌拔青草，因青草是草原生命继续的象征。"拔了嫩草，小孩会死去，年轻人也会死去。"只有在最严厉诅咒对方时，牧民才会拔一束青草对其不停咒骂。禁止毁坏森林树木，特别是泉水边或河流边的独立的树木更不能砍，因为这棵树是神树，并有灵性。在他们看来，砍树时流出的汁液就是树的眼泪或血液。沙漠中的独树也不能砍，不能在松树底下乘凉，因为这意味着你将像它们一样孤独一生。不能砍伐正在生长的树木，因为这会给正在成长的孩子带来不测。他们还认为野蔷薇是鬼神最怕的，超过千年的桦树就会成精。邻近地区其他游牧社会的材料揭示出，对树、草的禁忌具有普遍性，甚至具体的规定都很相似。新疆和布克赛尔的蒙古族牧民指出，"据说砍树是要触怒龙神的，砍伐树的人会因此得病甚至死亡。我们另一个禁忌是严禁拔草，如果一个儿童拔了草，据说他长大后手和脚会残废"。[②] 对树的崇拜和禁忌遍布世界各地，人们要么认为树有灵魂，要么认为树有生命且能和人一样感知痛苦。因此，易洛魁印第安人认为"谁毁坏椰子树，就等于谁杀害自己的母亲"，暹罗人认为"折断树枝就如同折断人的胳膊"，北美印第安

[①] 银帆：《哈萨克族民间故事选》，上海文艺出版社1986年版，第3—5页。
[②] 崔延虎：《亚洲北部草原地区牧业人口自然观与环境态度的调查与分析》，载《文化人类学辑刊》（第1辑），新疆人民出版社1994年版，第92—93页。

人的奥基波维族的巫医声称自己能听到树木被斧头砍时发出的凄惨叫声。①

水亦有神灵，而且主要的河流、湖泊、泉眼皆有神灵。老年妇女告诉笔者，晚上不能到河边取水，若是非去不可则会说"水神苏莱曼，我请求您让我取水吧"。取水前，需要向河中投掷三块石头方能取水，实质是与水神的仪式性交换。在日常生活中，存在大量与水相关的禁忌和习俗。禁止在泉水、河流和涝坝内大小便，不得在水源附近修建厕所、畜圈等有碍卫生的各种设施，不准在水源内洗衣服，不得在涝坝内游泳、洗澡以及把脏水倒入水渠和涝坝区。尸身不能穿越水中，不能向水中便溺、吐痰等。哈萨克巴克斯（巫师）这样解释自己：我的栖身——苍天的腾格里太阳和月亮，我的母亲——树、大地和水。② 在哈萨克人的世界中，污染水源与砍树、拔草一样是一种罪过。实际上，欧亚草原社会普遍存在着相似的禁忌。俄罗斯的图瓦人说，"我们可以在泉水、河水和湖水中洗手、洗脸或喝水，但之前你必须遵照习俗祷告，之后必须向水源鞠躬"。崔延虎认为，这揭示了传统文化中的习俗和禁忌内容仍然是亚洲北部草原地区牧业人口自然观的重要组成因素。③

植物与水的禁忌明显受到自然崇拜和宗教观念的影响，但这又要具体地分为两个层次。从古至今生活在这一片区域的匈奴人、塞人、蒙古人、哈萨克人及其他民族普遍存在着自然崇拜，如太阳崇拜、树崇拜、草崇拜、水源崇拜和某些动物崇拜。这些崇拜不同程度地存在于欧亚草原社会，而在历史上宗教发展的早期，这一类崇拜又被宗教化，成为草原地区早期宗教中神或神灵系统的一部分。④ 因此，在哈萨克人的日常生活中不仅存在植物与水的禁忌，也存在大量关于日月、星辰的禁忌和习俗。比如，人们认为"我们是太阳下（生）的人"，因此不仅小便不能面向日月，亦不能面向东方，因为那是日月升起的地方。每当新月初

---

① ［英］詹姆斯·弗雷泽：《金枝》（上），赵昫译，陕西师范大学出版社2010年版，第124—125页。
② 聂爱文：《哈萨克族禁忌的人类学解读》，《西域研究》2002年第3期。
③ 崔延虎：《亚洲北部草原地区牧业人口自然观与环境态度的调查与分析》，载《文化人类学辑刊》（第1辑），新疆人民出版社1994年版，第99页。
④ 同上书，第94页。

升时，哈萨克女子都要面向月亮跪下，男子则面向月亮肃立，双臂伸直，手心向里，向新月祈祷。札奇斯钦对欧亚草原游牧社会的自然崇拜和宗教观念做了总结：

> 蒙古和其他北亚诸游牧民族，除一小部分是住在山林地区外者，其余绝大多数人，都是生活在天苍苍、野茫茫的大草原上。在这四望无际的草原上，使人感觉到最伟大而不可思议的，就是笼覆在这茫茫大地上的穹苍，疾病、暴雨、闪电、雷霆以及日月、星宿、彩虹等都是苍天的威严和光荣。因之天——Tenggeri，就是草原居民的第一崇拜对象。其次，就是使他们的家畜得以生存的大地——Etigeri。在天和地之间的自然界，如：日月、星斗、高山、大河、森林、水火等等。对于他们也都有灵异之感。还有人的生和死，死后的去处，以及其他不能解释的自然及精神现象，都是构成原始宗教信仰的因素。①

笔者也注意到在植物与水的禁忌中，哈萨克人将人的不当行为与个体及其家庭的命运联系起来，触犯神灵、禁忌的惩罚反过来约束着道德秩序。比如，砍树禁忌将树与人类比，运用弗雷泽声称的"相似律"——同类相生，即同果必同因——来解释人之厄运，从而规范人的行为。② 树木的汁液、青草和独树皆是一种象征符号。特纳指出象征符号具有"两极性"：与象征符号外在样式紧密相关的是"感觉极"，其所要表达的社会规范、价值和社会的道德秩序是"理念极"。③ 以树木的汁液为例，它在感觉极上是与血液和眼泪密切相关的，在理念极则指向危险。青草在感觉极上与年轻的生命相关，在理念极上同样指向危险。对游牧民而言，任何一个生命的丧失，尤其是年轻的生命，都会打乱原有的社会秩序。不当的资源利用行为在某种程度上都是对已经确立

---

① 札奇斯钦：《蒙古文化与社会》，（台湾）商务印书馆1988年版，第150页。
② [英]詹姆斯·弗雷泽：《金枝》（上），赵昍译，陕西师范大学出版社2010年版，第16页。
③ [英]维克多·特纳：《象征之林：恩登布人仪式散论》，赵玉燕等译，商务印书馆2006年版，第28页。

的、关于人与自然和谐关系秩序的破坏。通过象征符号的转换将人的不当行为视为造成恶果的因,以此告诫人们若触犯禁忌必将遭难。民间流传的砍树、拔草后自己或子孙去世、受伤的故事不断强化着触犯禁忌必遭厄运的意识,使人们发现顺应自然的规范和价值。自然崇拜和宗教观念告诉人们什么是可做的,什么是不可做的,如何做是合适的,如何做是不合适的。格尔茨指出,宗教从来就不仅是形而上之道,它忠实地表达了现实的基本性质,有力地强制"应当"生发于理解性的实际"存在"。[①] 因此,禁忌的宗教化强化了游牧民对草原生态环境的态度,引导牧民作为社会团体的成员采取顺应自然的行为方式。

哈萨克人关于植物与水的禁忌的另一个特点是并不限制人们对资源按照合理的方式利用,其功能是为了确立对草原资源合理利用的行为规则。一位年老的木匠说,"没有目的我们是不会砍伐森林的。我需要木料做马鞍子、马爬犁时,我会到森林中寻找合适的树,并向林管部门交费,我们只是为了打草而打草"。如前所述,人们以枯死和倒掉的树木为燃料,用各种树木制作毡房、家具和生产生活用品。因此,禁忌之目的在于确立一种合理的、不危及自然与人生存的资源利用方式。实际上,很少有哈萨克人能够说清楚每一种植物、每一处河流或湖泊究竟属于哪一个神灵掌管,也不会用宗教观念或禁忌来解释他们的行为。比如,一位曾经游牧的妇女说,"我们不能在河流或泉水中洗衣服,因为我们知道下游的人们或牲畜饮用同样的水源"。这说明,资源的禁忌主要是生产生活经验的产物,但需要通过宗教将这些经验上升为一种意识形态,以更有效地控制和约束人的行为。此外,"有目的才会去砍树"揭示出:对牧民而言,资源的价值在于满足生产生活的需求,超出需求的利用就会触犯禁忌。一位布里亚特(蒙古)人对此做了精彩的注解:"不,我们不砍伐树木,也不割草,按照我们的习俗,布里亚特(蒙古)人不应该在不需要的情况下砍伐树木和割草"。[②]

[①] [美]克利福德·格尔茨:《文化的解释》,纳日碧力戈等译,上海人民出版社1999年版,第148页。

[②] 崔延虎:《亚洲北部草原地区牧业人口自然观与环境态度的调查与分析》,载《文化人类学辑刊》(第1辑),新疆人民出版社1994年版,第92页。

第五章
顺应与控制

在此，我们要避免重陷"绿色尚古主义"①（Green Primitivism）的窠臼，警惕生态上的"高贵野蛮人"想象。它们认为与自然的平衡是人群有意识追求的理想和目标，被文明剥夺的"原始社会"通过地方性方式与自然保持和谐，只是现代社会的愚昧和无知才对之视而不见。② 新的研究表明，这些社会可持续利用与资源、栖息地的管理是普遍的，但生物多样性之保护或提高、栖息地拼图之创造更多是一种间接结果。③ 换言之，既要意识到与自然相关禁忌的重要性，也要意识到禁忌只是维系人群与自然平衡关系的一个重要因子。不能理想化游牧文化中人类与环境的关系，武断地将游牧民尊崇为"草原卫士"。在实际研究中，需要分析禁忌与生计方式、生活方式、社会结构和草原管理制度的关系，将之嵌入于哈萨克人游牧生活的社会情境之中。

总之，"顺应自然"是哈萨克牧民在游牧业生产中利用资源、处理与草原生态环境关系的基本态度，包括移动性原则、共有产权制度和与自然相关的禁忌三个方面。三者相互支撑和强化，都以游牧生计与生活方式为基础。已有研究揭示出，如果历史上的资源利用是以可持续为基础，但变迁发生了，比如外部需求（毛、皮和羽毛贸易）增加，土地减少或是更具优势的技术（火枪）引入，资源就不再具

---

① 尚古主义（尚古论）与进化论都建立在将世界划分成文明与野蛮，我们与他们这样一种识别世界的等级观念上。它们之间的差异在于各自对时间关系——想象的连续统——所给予的消极或者是积极的评价。这个等级制度是进化论的核心，这是将全球不同地区放置在朝向欧洲工业文明的进步标尺上的一种排列。尚古论和最近的相对论都倾向于强调原始的高贵性，这同以往完全相反的观点看待世界的进步性的进化论相对立。参见［美］乔纳森·弗里德曼《文化认同与全球性过程》，郭建如译，商务印书馆2003年版，第12页。绿色尚古主义是指民族生态学中长期存在的一个神话：已被文明所剥夺的原始社会，通过地方性方式与自然保持着和谐的关系，只是现代社会的愚昧和无知才对之视而不见。我们都被劝相信，与人自我创造的城市环境相比，越是亲近自然的生活方式就越贞洁和真实。参见 Roy F. Ellen, "What Black Left Unsaid: On the Illusory Images of Green Primitivism", *Anthropology Today*, Vol. 2, No. 6, Dec., 1986。

② Roy F. Ellen, "What Black Left Unsaid: On the Illusory Images of Green Primitivism", *Anthropology Today*, Vol. 2, No. 6, Dec., 1986.

③ Eric Alden Smith and Mark Wishnie, "Conservation and Subsistence in Small-Scale Societies", *Annual Review of Anthropology*, Vol. 29, 2000.

备可持续基础。① 在这一过程中，人们环境态度的变迁也将不可避免。

第二节　控制自然：农业的环境态度及其影响

> 它（农业）是直接取资于土地的。游牧的人可以逐水草而居，飘忽不定；做工业的人可以择地而居，迁移无碍；而种地的人却搬不动地，长在土里的庄家行动不得，伺候庄家的老农也因之像是半身插入了土里，土气是因为不流动而发生的。②

札奇斯钦也曾有类似的说法，他写道，"农业民族是安居在可耕的土地之上，视土地为最重要的财产。游牧民族视家畜为他们的生命线。土地或草场是为家畜生存而必要的。这不是说游牧民族忽视土地，而是说在人与土地之间还有家畜的介存。这是游牧社会与农业社会基本不同的地方"。③ 在农业生态学家看来，集约农业最显著的特点就是明显的空间安排，需要大面积的原始的动植物区系被完全替代。通过阻断原生植物的正常演替过程，遴选出适宜当地的农作物，并通过水利、施肥、耕作等技术手段尽可能多地提高作物产量。④ 显然，游牧与农业在环境态度上截然不同，前者强调顺应，后者强调控制。在这一节中，我们的问题是在"游牧—定居"连续统中，人们的环境态度发生了哪些变化。

一　控制自然：农业的环境态度

盆地农业属于我国北方精耕细作的旱地农业系统。林丽娥认为，历史上我们形成了包括耕作技术、农产培育和农具运用在内的农耕文明体系。相传在炎黄五帝的时代，先民就已经发明了生产工具，遴选出适宜的农作物品种，发明了历法，甚至设置了农官。⑤ 比如：神农之时，天

---

① Raymond Hames, "The Ecologically Noble Savage Debate", *Annual Review of Anthropology*, Vol. 36, 2007, pp. 180 – 181.
② 费孝通：《乡土本色》，载《费孝通文集（五）》，群言出版社1999年版，第317页。
③ 札奇斯钦：《蒙古文化与社会》，（台湾）商务印书馆1988年版，第5页。
④ ［美］G. W. 柯克斯、M. D. 阿特金斯：《农业生态学》，王在德译，农业出版社1987年版，第103—108页。
⑤ 林丽娥：《中国农耕文明与农耕文化之探讨》，（台湾）《中华学苑》1985年第31期。

雨粟，神农遂耕而种之，作陶斤斧为丰耨，以垦草莽，然后五谷兴。又比如，（黄帝）断木为杵，掘地为臼，杵臼之利，万民以济。胡火金对我国传统农业的生态观做了研究，认为传统农业以"尚中"为生态取向，在技术选择上强调气候、土壤与作物的最佳组合，强调天地人物的中和协调。[1] 然而，本质上仍追求控制自然，蕴含着"人定胜天"的思想。明代马一龙关于农学原理的一段论述很好地说明了这一点："力不失时，则食不困，知时不先，终岁仆仆尔。故知时为上，知土次之，知其所宜，用其不可弃；知其所宜，避其不可为力，足以胜天矣。知不逾力者，虽劳无功。"[2]

与游牧业遵循的"顺应"自然的态度截然相反，精耕细作的旱地农业显然秉承的是一种"控制"自然的态度，并发展出相应的技术体系实践之。自 20 世纪 50 年代以来，盆地农业的发展正是"控制"自然的态度在行为上的体现。开荒以提供农业发展所需的耕地，兴修水利以控制水资源，平整土地以实现农业生产的规模化，引入化肥、继续完善水利和种植技术以实现农业生产的集约化。

在此，我们再对一个概念略做分析，可以更清楚地说明对自然的态度如何影响了人的行为和生态环境。在《现代汉语词典》中，"荒地"的解释是"没有开垦或没有耕种的土地"。[3] 然而，这种解释并不适合哈萨克社会，因为他们没有"荒地"的概念。对牧民而言，所有的草场都是可利用的，即便是生长着毒草的草场，也从不将毒草清除。牧民打草，但从不会将草连根拔起，甚至在新中国成立前不打草。初到盆地的回族、汉族移民总是惊诧于麦田里和院落里蔓生的"杂草"。在一些政府工作人员的眼中，哈萨克村民就是"懒惰"，田里的草长得比麦子还高。但对哈萨克村民而言，田地中的杂草可以与麦秆相当作为饲草喂养牲畜，院落里的杂草也可作为牲畜放牧归来的甜点。在牧民的世界里，草皆有其用途，有草就有牲畜，有牲畜就可生活。若以功能主义的

---

[1] 胡火金：《"尚中"观与中国传统农业的生态选择》，《南京农业大学学报》2002 年第 2 期。

[2] 同上。

[3] 中国社会科学院语言研究所词典编辑室：《现代汉语词典》（第五版），商务印书馆 2008 年版，第 598 页。

视角来看，有无"荒地"的概念源自杂草、灌木、树木在人的生活中有无功能。若是它们阻碍了生产，则必须除之而后快，并以"荒地"的概念将开荒行为合法化。这与非洲国家运用美国"荒野美学"将牧民草场圈起来，建立"国家公园"的路径如出一辙。[①]

在此产生了一个问题，精耕细作农业在草原地区的扩展为何会引发生态环境的退化。细加分析就可发现，盛行游牧的地区不只是干旱，降雨量也极不稳定，或是降雨雪的形态不利于农业。拉铁摩尔认为，欧亚草原的游牧社会是被更为强盛的农业社会排挤到草原上来的，而草原的环境对从事农业的社会太过贫乏和危险。[②] 生态环境退化的根本原因，就在于集约化农业违背了干旱区、半干旱区草原的生态法则——水草资源的非平衡性决定了特定草场只能在一年中的特定时间加以利用。移动性的丧失意味着村民丧失了平衡草原生态法则的利器，被束缚在一个区域，很快就会导致自然资源的枯竭。对当地生态系统而言，大规模的、集约化的农业扩展可能意味着一场灾难，而这种灾难最终会反过来导致当地人经济的边缘化。因此，在类似吐尔洪盆地的草原地区发展农业可能更需要一种基于草原生态环境的生态学观点。

二　社区内环境态度的多元化

2012年10月，笔者在盆地的调查陷入迷茫。如前所述，盆地的农牧业双双陷入困境，笔者试图通过访谈理清该社区的发展方向。一个月中，笔者就这一问题对数十人做了访谈，然而没有出现社区中统一的共识。一些人说，我们要坚持走集约化农业的道路，要利用技术更好地控制水资源。马上，另一些人说集约农业不可行，必须回归牧业生产的传统，顺应盆地的生态环境特征。还有一些人两种观点都不认可，但又不能提供一条全新的思路。笔者最后发现，人们或多或少内化了农业关于控制自然的环境态度，但环境态度的变迁并不是单纯地由顺应转化为控

---

① Paul Robbins, *Political Ecology: Critical Introductions Geography*, Blackwell Publishing, 2004, pp.148–149.

② ［美］拉铁摩尔：《中国的亚洲内陆边疆》，唐晓峰译，江苏人民出版社2010年版，第224页。

制，而是在两者之间。

51岁的木拉提汗的父亲扎木汗（已过世）在当地很有名气，因为他是盆地为数不多的接受过新疆电视台、《曙光》杂志社（哈萨克语）和国外媒体采访的村民。包产到户时，木拉提汗一家共有6个劳动力和3个半劳动力，共分得水浇地40亩、旱地20亩、草地3亩。扎木汗感觉地块太过分散，部分水浇地浇水不易，因此主动用分得的耕地与村集体交换了300亩的旱地。旱地位于南干渠以南，不到300米的地方。在村民的眼中，扎木汗无异于傻子，放着好好的水浇地不种，去种旱地。但他另有考虑：首先，旱地南侧是一条山涧溪流，北侧是南干渠，既可以抽水灌溉，也可利用溪流之水做补充；其次，旱地平坦无坡，便于开荒；最后，只要出资金和劳动力就可以将之开垦为良田。

1986年，扎木汗贷款3.2万元买了水泵、240米长的水管，在南干渠的边上垒起了9米高的土堆。灌水时，用水泵将大渠的水通过水管引入旱地之中，转眼间就将旱地变为了良田。当时乡政府鼓励变旱地为水浇地，发展农业，因此将之作为家庭小农场极力扶持。1988年产粮达40吨，为历年之最。当然会有很多饲草——麦秆，但因为劳动力不足以兼顾农牧业，因此牧业一直未有发展。牲畜最多的时候有牛10头、马12匹、绵羊和山羊32只。1988年后，扎木汗将240亩地种麦子，用60亩地种苜蓿。苜蓿不仅需要的人工少，而且一年收两季，可以将苜蓿卖给牧业队的牧民和富蕴县的边防部队。

牧业一队69岁的达乃也是家庭小农场的代表人物。他将位于喀英布拉克的500亩草场中的300亩改造成了耕地，并通过在喀英布拉克筑土坝、挖渠成功地将水引入耕地之中。150亩地种麦子、150亩地种苜蓿，除了卖掉一部分粮食之外，主要将麦草、麦子和苜蓿用于发展牧业。到2000年时，家中就有了700只小畜、60—70头大畜，成为当地有名的富户。扎木汗和达乃的经历很快为村民所效仿，一些旱地相连的村民开始合作起来，共同出资购买水泵，在干渠两侧修建养水站，变旱地为水浇地。另一些村民则仿效达乃，在喀英布拉克、库热萨伊、京什克萨伊、阔依阿依达尔萨伊两侧平坦处开草场为耕地，修建各种土坝将水截流，并通过土渠将水引入耕地之中。如图

消逝的草原

4—5 所示，已经有 10 处山地草场被开垦为耕地，面积约为 2000 亩，主要集中在各条溪流汇入吐尔洪水库的入口附近。上述山涧溪流是吐尔洪水库主要的水源地，也是最茂密的山林所在，对盆地的生态环境极为重要。第七章我们会看到，这些地方的开荒与近几十年山林之破坏一道引发了山林生态环境的急剧退化，并对村民的生产生活产生了严重的不利影响。

个案也说明，经过几十年的农业实践，哈萨克村民在某种程度上已经接受了农业关于自然的态度，力求通过人力改造生态环境条件，集约化地利用水和草场资源，通过单一农作物的种植实现发展。不管是将家庭的重心放在农业上，还是放在牧业上，都是通过集约农业的技术来实现发展，鲜明地表现出"控制"自然的态度。这说明，定居后的再社会化过程中对自然的态度和行为方式确实发生了明显的转换。然而，事情似乎并不会如此的简单。因为，一些村民开始反思农业发展给当地生态和村民生活带来的各种影响，并开始质疑农业是否就是符合当地社区的发展路径。

56 岁的喀诺拉，包产到户时一家分得了 26 亩水浇地和 14 亩旱地。最初几年，和其他村民一样将所有的耕地都种上了麦子，又通过打铁技术换得了牲畜，日子也算好过了。20 世纪 80 年代末，建房热潮逐渐将他位于公路两侧的耕地侵占，仅剩下了 12 亩水浇地。村里与喀诺拉协商，最后他要了小喀英布拉克下边的一块 45 亩的旱地。2003 年以前，他一直靠土坝和小渠将小喀英布拉克的水引入旱地，以此维系农业生产。2003 年，富蕴县开始实行退耕还林政策。喀诺拉将 45 亩旱地全部种上树，并顺理成章地成为退耕还林的一部分，享受相关政策。这些政策包括，第一年获得 2250 元的种苗造林补助费，每年 100 千克/亩[①]的粮食补助和一年 20 元/亩的生活补助费。2003—2006 年，喀诺拉从国家拿到 6300 元，平均每亩 180 元。2006 年后，每年则可从国家拿到 7500 元。

---

① 100 千克/亩的标准对其他地方可能是比较低的，但是对于吐尔洪盆地，这是一个比较合理、甚至较高的标准。考虑到这 45 亩耕地是旱地，在年份好的时候亩产也就只有 100 千克上下。不好的年份，50 千克/亩，甚至更低也是常见的情况。

第五章 顺应与控制

2003年种的树都已经成林，如果有人需要也可以卖掉。喀诺拉又在树林下面种苜蓿，作为牲畜的饲草。苜蓿除了供养自家的牲畜之外，还可以出售。因为苜蓿是一年收割两次。第一次收割的饲草卖给牧业队的牧民，一亩可以卖200元，到现在可以卖到300元。第二次收割的牧草自己用。未占用的12亩水浇地仍种小麦，解决家庭一年的口粮。退耕还林后，他将家庭经济的重心转向了畜牧业。2003年，全家有6口人，有10头牛、3匹公马，绵羊和山羊加起来有20只。2003—2012年，依靠牲畜他送一个女儿上完了大学，为两个儿子娶了妻子、买了房子，并将大部分牲畜都分给了两个儿子。他自己估计，每年相当于花出去40—50只羊。2012年，家中仍有10头牛、1匹母马、1匹公马、10只绵羊和7—8只山羊。

喀诺拉坚信自己选择了一条适合盆地的发展之路，而盆地根本就不适合农业的发展。种小麦也赚不了什么钱，顶多也就是能够有口饭吃。这么多年农业的发展造成了草场和山林的消失，也造成了土地的普遍退化。事实上，在他的经验中土地一直在退化，1984年后退化得更快、更严重。原来种旱地可产一麻袋麦子，到后面只能产半麻袋，甚至都不能再种麦子而只能种豌豆。喀诺拉说，"还不如所有的耕地都实行退耕还林。像我一样，在林子下面种植苜蓿饲草，全力发展畜牧业"。

值得注意的是，认为农业并不适合盆地，畜牧业更适合者不在少数，而且包括了不同年龄段和不同社会文化背景（干部、村民、乡村知识分子等）的村民。在调查中，他们反复谈到水的问题、气候的问题和单一作物的问题，指出农业发展只是在特定历史阶段做出的选择。同时，他们又提到盆地发展畜牧业的局限性，包括：冬季漫长需要大量饲草、无草场、每个家庭耕地太少。在很多人看来，农区畜牧业应该是盆地未来发展的主要方向。即以畜牧业为主，用农业提供的干草和粮食解决冬季圈养的问题，而在夏季仍然将牲畜放到夏季牧场。但村民又很快指出，要发展农区畜牧业首先必须要解决耕地过于分散，单一家庭无法实现农业规模化以为牧业提供生产资料的现实。要实现这一目的，不仅需要改进农牧业的生产技术，关键是要转移出大量的劳动力，通过流转将耕地重新集中。当然，还必须有政策的支持，正如退耕还林为喀诺拉提供机会一样。后文，笔者将指出劳动力转移与土地的流转和重新集中正在发生，而这是在人口与资源压力、政策支持和社会经济条件变化的情况下才成为可能的。

分析喀诺拉个案提供了的几点重要信息：首先，农业生产的低效和生态环境的边缘化已经使一部分村民开始反思集约农业的发展路径；其次，村民仍然认可传统牧业的资源利用方式和对待自然的态度，并试图利用政策提供的机会部分地回归传统；最后，包产到户后牧业的复兴和发展让牧民坚信，在一定条件下，牧业仍然可能成为适合盆地发展的路径。正如我们在本书第三章所揭示的，游牧业的知识、哈萨克社会传统的关系网络和农业为牧业的发展提供了知识、社会与物质资本。尤其是在当前经济边缘化和生态退化加剧的背景下，部分村民重新认识到了游牧业知识的合理性。所以，朱麦海的长诗《我的伊甸园，我的吐尔洪》真实地表达了村民对逝去的草原美景的憧憬，并总是能够引起村民的共鸣。

需要澄清的一个问题是，以农业为主的家庭或是以农业支持牧业发展的家庭并非就意味着对游牧业关于自然的态度和行为方式的否定。前文提到的达乃是当地最有名望之人，不仅仅是因为家庭农场的繁荣，还因为他也是被认可的最有经验的牧业生产专家。在对他的访谈中，笔者一直很好奇被公认的牧业生产专家为何要开荒以发展农业。他说有两个方面的原因：首先，为了改变传统游牧业"靠天养畜"的不足。在喀英布拉克自己的草场上开荒主要是为给牲畜提供冬草，降低牧业生产的成本，并以此化解"三年一雪灾，五年一旱灾"的周期性自然风险。在这一点上，事实证明他成功了。其次，为了孩子上学，老人就医。频繁的移动和游牧生活不利于孩子接受教育，老人生病后也不能及时得到医治。达乃的牧场距离吐尔洪盆地仅5公里左右，而吐尔洪乡的小学、中学和卫生院就在盆地之内。因此，他先在喀英布拉克牧场所在地修建了房屋，之后又为两个儿子在阔孜克村购置了住房，过上了定居生活。选择农业并不意味着对游牧业关于自然的态度和行为方式的否定，而是现实生产生活的需求可能迫使村民做出与之相左的选择。这种情况在定居后牧民因生活需要对山林的破坏，以及对传统资源利用禁忌的突破中同样可以体现出来。所以，在"游牧—定居"连续统中，村民关于自然的态度和行为变化总是比预计的要复杂多变。

以上几个个案说明，农业控制自然的环境态度已经在盆地生根发芽，成为人们认识和改造自然重要的观念基础。但是，当农牧业陷入困境之时，对控制自然的环境态度出现了新的反思，其基础是传统的游牧业及其顺应自然的环境态度。事实上，绝大部分人的环境态度两者兼有。在这个社区中，环境态度出现了多元化趋势。原因何在？崔延虎指出，牧民定居是一场"有组织的社会变迁"，牧民需要重新适应变化了的自然与社会环境，并重新调整社会组织形态、行为方式和文化结构，也就是要经历一个"再社会化"的过程。在再社会化过程中，定居牧民首先需要重新认识新的自然与社会环境，并调整资源利用之行为。①当社区中出现了不同的资源利用方式时，人们总是会根据自己的处境、选择、经验、知识和对人与自然关系的判断重新建构环境态度。因此，环境态度的多元化是定居游牧民再社会过程的一部分，具有动态性且仍处于不断建构的过程之中。

第三节 自然禁忌的突破

在人与自然关系的研究中，人们不仅关心禁忌的内涵、产生原因和对资源利用行为的约束，也关心禁忌的变化。哈萨克人的自然禁忌镶嵌于游牧生产生活实践之中，是游牧民环境态度的一部分。当生产生活实践发生重大变迁后，自然禁忌的命运将会发生哪些改变？这是本节的核心问题，笔者将通过几个典型个案来揭示自然禁忌演变的轨迹，并进一步探讨哈萨克人资源价值观再造的过程。

一 追根溯源：计划经济体制下的被动突破

若用一个词来概括定居后哈萨克人自然禁忌的演变轨迹，"突破"最为合适，可追溯至定居伊始时的水利工程、荒地开垦、房舍建设对森林的砍伐，等等。在此，我们首先对计划经济时代禁忌的突破略做回顾和总结，涉及草场、森林和水资源三个方面。

首先被突破的是关于草和草场的禁忌，拔草、去根、揭开草皮和深

---

① 崔延虎：《游牧民定居的再社会化问题》，《新疆师范大学学报》2002年第4期。

耕土地是开垦耕地的首要工作。在老人们开荒的访谈中，笔者发现存在两种相互纠缠、彼此矛盾的态度和情感。参与开荒的老人都提到了初次揭开草皮、清理河谷灌木林时的忐忑不安。尽管，过去他们曾在盆地东北山涧溪流和西北阔克塔勒湖从事农耕，但那只是贫困和对粮食的渴求不得已而为之，而且从未如此大面积地围垦草场。在为自己开荒过程中的"卓越"表现而自豪的同时，总是不忘提醒笔者这片耕地原本生长着哪些牲畜喜食的牧草，生长着羊群难以穿越的何种灌木。他们也总是不忘加一句"在当时的情况（公社体制）下，谁能够拒绝或反对开荒"。

当然，关于树的禁忌难逃被突破的命运。吐尔洪河谷的密林很快被清除，被拉到现阔孜克村的清真寺——已被改造为公社食堂。如前所述，定居后人们在燃料和建材方面的需求激增，山林无私地贡献了所有。起初，人们总是强调他们在获取燃料和建材时遵循了禁忌，砍伐的都是枯死和倒掉的树木。突破禁忌的是林场、公社和县机关单位的职工，他们无所畏惧地成片伐木。在计算出每户年均消耗的木材后，人们承认出于生活的需要突破了禁忌。为了不危及全部山林，他们采取了间隔式伐木的方法，每隔2—3棵取1棵。与清理草场的态度一样，他们运用辩白策略对突破禁忌伐木以合理化解释。他们说"不砍树，我们如何生活""我们只是靠山吃山而已"。

水的禁忌也被突破了，但形式更为隐蔽。定居的村落分别位于吐尔洪河谷两侧，或是沿山一带。河谷两侧的村落以河水作为人畜用水，沿山村落以泉水作为人畜用水。起初，院落的选址有意远离河谷和泉眼，通过水渠将水引入各户院落。与游牧时代一样，这样的选择避免了对河流和泉水的污染，遵循了关于水的禁忌。然而，随着人口的增加，人们必须为新成立的家庭提供院落。院落逐渐向河谷和泉眼所在位置扩散，一些院落的畜圈和旱厕距离河谷和泉眼不足10米。尽管有各种现实原因，但自然禁忌确实被突破了。

总之，自然禁忌被突破了，表现出两个鲜明的特征：其一，进程是渐进式的，甚至在很多时候难以为人察觉；其二，这是一种特殊体制与需求下的被动突破，突破禁忌的行为与人们对禁忌的态度出现了明显的断裂。

二 公地悲剧：市场经济体制下的主动突破

从产权制度的角度来看，1984年"包产到户"彻底改变了哈萨克人"共有私用"的资源使用原则，一种明晰的土地"使用权属"第一次进入人们的生活。与耕地不同，山林和各个村落的夏季牧场并未"确权"，仍然遵循"共有私用"的原则。然而，作为公地的山林却经历了暴风骤雨般的滥伐，全民伐木时代突如其来，人们主动地突破关于山林的一切禁忌，在市场经济体制下上演了哈丁意义上的"公地悲剧"。为了理清这一过程，我们需要从一些标志性人物的人生经历中寻找线索，需要将这些人物的经历置入其所处的时代。

2013年1月，笔者在阔孜克村的田野调查进入收尾阶段，但对村民提到的1984—1994年十年快速退化的过程还不是很清楚。我租的房屋左侧有一个大院，常年无人居住。村里的人说，这个院子的主人叫胡鲁台，是村中首富，是第一位在村里开商店的人，第一位与回族村民学做皮毛生意的人。1月25日吃过早饭，笔者和往常一样在村中"闲逛"，发现大院的大门敞开，走了进去。一位50多岁的哈萨克大汉迎面走来，正是胡鲁台。简短寒暄后，知道他正准备举家前往富蕴县城居住，便提出了访谈的请求。晚上，他来到笔者的住处，将发家经历娓娓道来。令人惊讶的是，他的第一桶金居然来自于伐木。

> 我从1984年到1994年，都依靠拉木材挣钱。按照规定，每年大桥林场与乡里沟通好，我们有一个月拉柴火的时间。护林员手里都有条子，有条子在这一个月中你就能够上去。一个家庭在这一个月中一般只能够上去15—20次，拉一天休息一天或拉两天休息一天。但是，我是一周只休息一天，而且我有两个爬犁子，其余时间每天都上去。这是不符合规定的，但是我和护林员的关系很好，不需要条子也能上山去拉木柴，这样我就比别人拉得多。一爬犁子的木柴要花25元买一张票，可以拉1—1.5方木材。所以，如果一个家庭在这一个月中就只能上去10次，他就只能拉10—15方。大部分家庭除了自己用，也能够卖出去一部分。市场上，一方木材的价格是250元。我最多的一年光卖出去的木材就挣了5000元，也就

是20方。

  能不能上去拉木材，取决于你和护林员的关系。我平时会请护林员吃肉、喝酒。在90年代，盆地内的交通不像现在，很不方便，到一个地方就只能坐爬犁子。在拉木柴的一个月中如果护林员要到其他村子里去，我就用摩托车拉着他们去，再把他们送回家。虽然我是村子里拉木材最多的，但一般的村民也想办法和护林员搞好关系，一年可能卖出去5方左右的木材。在这段时间，村民在每年的1—2月都要请护林员吃肉。护林员很吃香，村民把肉煮好后就去请他。他只到关系好的村民家中吃肉，关系不好的还不愿意去。

  村民上山拉木材主要还是没有其他收入，种地就只够自己的口粮，牲畜其实也不多。不仅村民卖木材，护林员自己也卖木材。村民上山拉的柴火，到护林站时，总是会被护林员抽出1—2根木材。这些护林员以10根棱条1只羊，30元一块大木板，10根小木材1只羊的价格公开叫卖。这些木材主要是卖给柯克托海镇、福海县等地没有山林的村民。一方木材刚开始140元，到后面就涨到250元。柴火也可以卖，一方柴火我们从山上拉下来就只要25元钱，但以60元的价格卖出去。需要柴火的主要是其他地方的机关，如学校、医院等。当时没有人会烧煤，都是买木材。

  我们经常去的是朔肯萨伊、卓勒萨伊、喀英布拉克。一条沟又分为好多条小沟。一开始的时候，人们还是主要砍倒掉的树、枯掉的树。但后来村民发现，护林员自己也卖木材。村民说你们可以砍着卖，我们也可以。所以大家都开始卖木材。1992年上面过来检查时，检查队正好看到护林员自己也在砍木材，而且还让我们帮他们砍。就和现在的腐败一样，这些护林员有的被抓到监狱去了。树砍得比较严重的是喀英布拉克，因为离村落最近，路也好走，很容易上去。[1]

  1992年，胡鲁台依靠卖木材挣的1.5万元在阔孜克村开了第一家商店，并在此基础上开始从事皮毛、粮食的倒卖生意。后文还将回到这

---

[1] 2013年1月25日在阔孜克村对胡鲁台（男，54岁）的访谈。

一点，在此先分析这一个案提供的几个方面的重要信息。它们是村民关于资源价值观的转变，传统资源利用禁忌的突破和公地悲剧的出现。

首先，村民关于资源的价值观发生了重大改变，由单纯满足生产生活需求转向在市场中获取最大化的利益。这取决于三个方面的条件：其一，包产到户后家庭成为主要的生产生活单位，每个家庭都需要在新的制度背景下获得足够的资源以生存和发展。在农牧业双双陷入困境后，村民亟须找到一条"发家"之路，未承包到户的山林提供了"靠山吃山"的捷径。其二，存在一个很大的需求市场，木材和木柴成为一种稀缺资源，并可以很快地转化为现金收入。并非所有的乡镇村民都能如吐尔洪盆地村民一样幸运，能够拥有满足生产生活需求的山林。公社时期，公用和民用建材和燃料主要是通过县域内的调拨来协调。富蕴县每年的扶贫材指标都要在各个公社权衡分配，事实上远离林区的公社通常可以获得更多的指标。当个体家庭成为生产生活单位后，原本由公社提供的支持也随之消失。笔者在恰库尔图、库尔特、杜热等乡镇的短期调查发现，这些地方村民或牧民获取建材和燃料的途径有两种，要么向吐尔洪盆地、铁买克乡村民购买，要么由生活在林区附近的亲戚提供支持。其三，新的制度和政策鼓励村民以各种方式致富，并默认"不当"（不符合法律和地方法规的）的获利行为。包产到户后，村民不仅可以通过木材获利，也被允许到深山中挖海蓝宝石、云母和各种中药材。村民只需要到乡政府交纳100元钱（有的村民连100元都未交），就可以获得进山的资格，并从乡镇企业管理局获得炸药、雷管等违禁品。曾为乡镇企业管理局会计的老张（已退休）说，农忙季节之外几乎所有的成年男性都会三五成群地到山中待1—2个月。有的满载而归，但大部分人只是小有所获，年均获得200—300元不等的收入。在默认的获利行为中，伐木是一个全民性的运动。几乎所有村民都希望或都曾尝试与护林员建立和维持良好的关系，并经常要给关系"上油"。在村民与护林员的关系中，经济利益的重要性上升了。即便亲缘和姻缘关系仍是与护林员建立关系的纽带，但必须通过请护林员吃饭、喝酒和给他们送肉才可能获得超额指标。

其次，传统的自然禁忌被进一步突破。当木材成为一种可以转化为现金收入的资源，而又存在交换的途径时，利益最大化的动机就驱使着村民进一步突破传统禁忌。林场职工利用职务之便出售木材的行为为村民以木材获利的行为提供了合法性。在对林场职工的访谈中，他们承认了村民的"指控"，但又运用"辩白策略"为其行为提供合理的解释。林场职工多是由公社和大队举荐的年轻人，多有参军经历。20世纪80年代，一个伐木工月工资是300元，一个检查站工作人员是150元，比教师、卫生院的医生工资略高。但是，林场职工多是单职工家庭，家属生活在县城却无工作。因此，家庭经济的主要来源就是职工的工资。另外，工资还包括了他们在县城与林区往返的费用，以及在检查站工作期间的所有开销。在最初的几年，林场将从村民爬犁子上扣下的木材出售给村民，在年底以津贴的形式补助职工。改革后，一些职工开始突破底线，在给胡鲁台这类村民打开方便之门时收取贿赂。或是让这些村民砍伐更多的木材，由他们出售后分得提成。在村民看来，作为国家资源的管理者尚且可以牟取私利，我们为什么不可以。村民不再遵守禁忌，在规定的一个月时间中疯狂地砍树。为了节约时间，增加效率，一些村民购置了电锯，并不再考虑树木的大小和间隔，逐层向山林推进，当地人戏称为"剃光头"。

在谈到这一时期山林破坏时，村民都十分懊恼，认为禁忌是保护草原生态环境的利器。有的村民甚至说，"我们的传统就是保护草原的，是一种最和谐的生态文明"。实际上，20世纪80年代的疯狂已经成为宣扬资源禁忌合理性的新的反面教材。尽管没有人在这个过程中去世、残废或遭遇其他不测，但最近十几年频繁的洪灾、旱灾和雪灾被视为"胡大"对不当行为的惩罚。不同的是，一些村民开始运用"生态学"的话语对之进行解释。一个曾以伐木闻名的老人直言，"自然灾害是天灾，但更是人祸，谁叫我们把山林都砍光了呢"。因此，在行为突破禁忌的同时，在意识形态上出现了反向的回归。日益严重的环境退化和经济边缘化，让村民重新强调传统禁忌、价值观与知识的合理性。

最后，在市场经济条件下公地悲剧成为现实。不管是山林资源的管理者，还是当地的村民都加入了无度伐木的浪潮。这一现象背后的实质是资源产权与所有权分离的结果。正是因为每个个体都没有产权，但所有人都有使用权，若是不参与伐木浪潮就意味着丧失了本属于自己的权利。同时，伐木之目的并非出于生产生活的需要，而是为了在市场环境中实现利益的最大化。在这个过程中，他们不仅牺牲了共有资源，而且最终自己也沦为不当资源利用行为的受害者。

这一链条完全符合哈丁公地悲剧的理论假设，但问题产生的原因又与假设完全不同。在经历了30多年公社生活中普遍性的贫困后，尽快地求得发展赋予了当地政府和村民突破传统资源禁忌的动力与合法性。作为公共资源——山林——的管理者，林场职工为了追逐利益首先破坏了管理的规则。和传统部落社会和公社时期一样，山林资源仍然属于集体或国家所有，并有着明确的规则。然而，规则本身为规则的守护者和执行者所破坏，这就相当于是无规则。村民也和职工一样运用辩白策略来合法化其行为。最具体的表现就是"不砍伐森林，我们如何建房，如何供暖，如何生存"。还有一个客观的原因就是村民需求的增长。尤其是所有生产生活的基本需求都只有在定居社区内有限的空间内实现，并且是常年的而非季节性的。下一章将对盆地几十年人口结构的变化做分析，在此先谈一点与公地悲剧相关的情况。1958年到2013年，盆地人口增长了3倍有余，并主要由大队、村和家庭来安排他们的出路。这是导致需求急剧增长的重要因素，事实上也是迫使村民突破资源利用禁忌和以公共资源谋利的重要因素。

因此，山林的"公地悲剧"是在传统生计、生活方式发生变化，传统资源的管理制度体系解体和新的资源管理体制失效，以及市场环境为作为生产生活单位的家庭追逐利益创造了条件后才发生的。所以，几乎所有的受访者都认为1985—1994年是山林资源被过度砍伐和山地草原严重退化的时期。1994年后，国家实行了天然林保护政策，到山林中获取柴火之外的行为逐步被禁止。2003年，退耕还林政策实施，村民彻底告别了"伐木时代"，而进入一个新的时期——燃煤时代。

以往定居的研究，比较重视生计与生活方式的变化，注重传统生态观念、资源价值观和自然禁忌及其功能的研究，环境态度变化的研究较少。盆地的情况说明，环境态度的变化是一个持续的动态过程，并不必然以一种环境态度替代另一种环境态度，而是走向多元。每种态度都能够在一个社区中获得其支持者。不仅如此，即便人们在行为上违背了传统环境态度之要求，也不代表他们否定了这些态度及其价值。在环境态度与环境行为上出现了明显的断裂，这是人们在满足需求和追逐利益道路上行为实践的结果。环境态度的变化并非是由单方面因素所引发,而是多方因素互动的结果。它既包括体制、政策和外部经济社会条件的变化,也包括社区内各种需求的变化。人们也并非完全被动,而是能动地参与其中,并在内外因素交织的情境中进行抉择。当情境发生变化后,人们的环境态度也将随之做出调整。

第六章 传统与现代

20世纪60年代,生态人类学研究范式由新功能主义转向过程生态人类学,导致对人口、资源与环境关系的历史与社会变迁过程的重视。这是对研究对象人地(草原)关系变化,以及由此引发的环境退化之回应。生态人类学家亟须对人口、资源与环境关系格局的变迁做出解释,而钥匙就是人口再生产模式及其变化。他们认为,人口再生产模式的变化既是变迁的一部分,又是变迁的诱发因素,还与其他层面的变化相勾连。人地关系变化是盆地生态环境变迁的核心议题,哈萨克牧民人口再生产模式的变化就是剖析该议题的抓手。

田野中,笔者致力于搜集盆地哈萨克人的出生率、死亡率和人口自然增长率的数据。然而,调查初期就遇到了人口统计资料不足的问题。现有资料包括民国时期的调查数据、历次全国人口普查数据和一些研究者的调查资料。非常不幸,这些资料零散、不系统且连续性不强,无助于重构盆地哈萨克人的人口再生产模式及其变化。显然,必须另辟蹊径。笔者尝试对一些老年女性做生育的口述史调查,获得每一位女性的生育信息,包括:怀孕次数、生育子女数、孩子存活数等。还获得了她们母亲生育的信息,以及上一代和她们这一代家庭成员死亡的信息。借此,定居前后哈萨克人的出生率、死亡率和人口自然增长率变得可以计算,人口再生产模式及其转变过程凸显出来。

口述史资料也有助于对转变过程进行解释。受访者谈到了生产生活、医疗卫生、教育、交通和国家政策等条件的变化,以及这些变化与生育的关系。更重要的是,这些资料出自亲历者之口,提供了她们对变化的认知、体验和适应。显然,变化并非只是由定居所引发,更多地受到外部世界政治、经济与社会情境变化的影响。这意味着,人口再生产模式的研究必须嵌入于定居前后和盆地内外的政治、经济、社会与文化情境之中,要重视人们生育行为的选择。毋庸讳言,还必须弄清楚人口再生产模式的阶段性变化,并对之做出合理解释。

第一节 哈萨克游牧民的人口再生产模式

直到 20 世纪 80 年代,人类学游牧社会的研究都甚少关注人口再生产模式这一问题。1986 年,当阿文隆·梅尔尝试探讨游牧民人口转型过程时,他使用了"'游牧—定居'连续统中被忽略的领域"来描述这一空白。[①] 原因来自两个方面:一是游牧社会人口统计资料较少、不系统和不连续,这与我们遇到的问题是一样的;二是游牧社会给人以"无变迁"的形象,而且是上千年如一日。在这些社会中,发现的丰富的地方性知识加深了这一形象。合理的移动、受控制的畜群、有效的移动体系、与移动相配合的社会结构和令人印象深刻的环境态度成为牧民维系与草原生态系统平衡关系的关键,这使研究者对游牧民的人口再生产模式有所忽略。弗雷德里克·巴特独具慧眼地将牧民与草原生态系统的平衡区分为短期和长期两种,前者依靠地方性知识,后者依靠游牧民的人口自然增长率。[②] 人口自然增长率是人口再生产模式的核心要素,人口规模是人口再生产模式的产物,两者又都受到生育制度与生育观念的影响。

一 "胡大的旨意":哈萨克游牧民的人口再生产

在做妇女生育口述史调查时,绘制每一位受访者的生育谱系是获得一个家庭三到四代人口基本信息的有效方法。运用谱系法,笔者重构了阔孜克村 30 位女性的生育历程,其中大部分女性的生育期已经结束。笔者也请年龄在 60 岁以上的老年妇女回忆其母亲的生育经历,重构了 13 位在 1958 年前已结束生育女性的生育经历。在这些生育谱系中,80

[①] Avinoam Meir, "Demographic Transition Theory: A Neglected Aspect of the Nomadism-Sedentarism", *Transaction of the Institute of British Geographers*, Vol. 11, No. 2, 1986.

[②] Fredrik Barth, *Nomads of South Persia: The Basseri Trible of the Khamseh Confederacy*, by Oslo University Press, 1961, p. 113.

第六章
传统与现代

岁的哈攀及其母亲的经历比较清楚,也比较有代表性。

哈攀的父亲卡德尔曾经娶了两位妻子。第一任妻子怀孕3次,但都流产了,而且自己也死于难产。第一任妻子死后的第二年,卡德尔娶了哈攀的母亲。在哈攀的记忆中,母亲曾经告诉她自己怀孕过19次,但活到成年的只有8个孩子。其中有9次流产,但哈攀只是记得图6—1中标号为1、3、5的三次流产。有2个孩子夭折,就是标号为7、8的两个孩子。标号为2的男孩在18岁时去世,标号为4的女孩在10岁时去世。在她的记忆中,18岁的男孩当时在柯克托海的矿里工作,因病无法医治去世。10岁的女孩得了风寒,没有得到及时的医治而去世。标号为6的女孩在婚后也很快去世,据说是死于难产。哈攀自己生育的7个孩子中第一个女孩和最后一个男孩也夭折了,死于伤寒和肺炎。

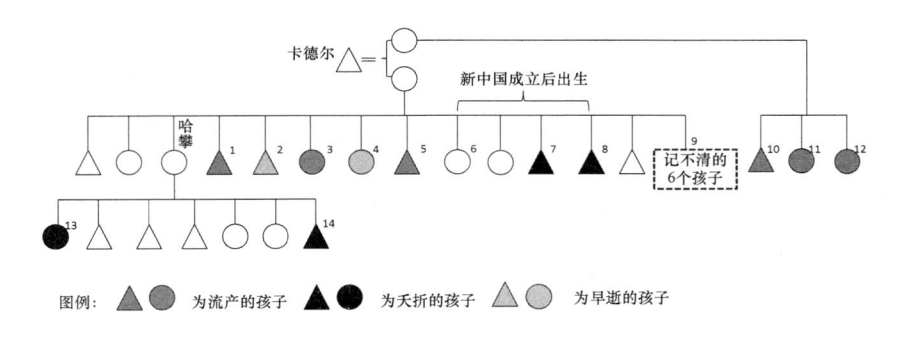

图6—1 哈攀及其母亲的生育情况

哈攀的个案提供了三个方面重要信息,并且这些信息也都得到了其他老年妇女生育经历的验证。首先,怀孕次数和生育数量很多,而且胎次间隔较短。其次,流产和孩子夭折的情况比较普遍。事实上,大多数访谈者都记不清楚母亲究竟流产过几次,有几个兄弟姊妹夭折。多数情况下,她们只是模糊地记得自己前后兄弟姊妹的情况,能够说清楚成年兄弟姊妹的情况。比如"我记得母亲提到过,最早的两个孩子都流掉了",或是"母亲说,你的两个姐姐一个前一天死掉,一个后一天死掉,都是咳嗽死的"。同时,即便孩子已经成年,但成年人的死亡率也比较高。最后,生育是一项高风险的活动,不仅孩子饱受疾病的威胁,

189

孕妇和产妇也面临巨大的死亡威胁。

这揭示出游牧哈萨克人口再生产模式的一个基本特征,即高出生率与高死亡率相伴。由于没有新中国成立前详细的人口统计资料,我们缺乏哈萨克族出生率的准确资料,但零散的一些信息和访谈资料有助于对此做出合理的估计。吐尔洪乡最早的计生干部戴雪芬(女,58岁)告诉笔者,她们曾经在1988年哈萨克族实行计划生育前做过出生率方面的调查,其数值是43‰以上。由于受伊斯兰教规定不准溺婴、杀婴、流产等人为控制生育的影响,她认为计划生育前的出生率应该与新中国成立前无异。这也得到了村民的认可,他们认为作为一个穆斯林谁也不会有意识地控制生育,事实上也不具备相关的知识和技术手段。

表6—1 阔孜克村不同代际生育子女数与生育子女死亡数

生育时间	调查家庭数量(家)	生育子女数(个)	平均生育子女数(个)	流产数量(个)	平均死亡子女数(个)	胎次间隔(年)
1958年以前盆地	13	94	7.23	13	—	1.7
1958—1988年盆地	13	100	7.69	8	0.76	2.2
1980年阿克塞建设公社	15	95	6.3	—	2.3	0.9—2

信息的可靠程度可以通过对定居前和计划生育前两代妇女的终身生育率的比较来验证。所谓终身生育率就是妇女在整个生育期生育子女数。表6—1的三组数据中,第一组和第二组来自笔者对阔孜克村1958年以前生育期结束和生育期在1958—1988年之间26位妇女生育数量的调查。第三组数据是来自贾忠科1980年对甘肃阿克塞县哈萨克族15位年龄在50岁以上妇女的生育调查。[①] 从数据来看,1958—1988年这一代女性平均生育子女数略多于1958年以前这一代女性。但由于1958年前这一代人的调查是通过下一代人的回忆而得,因此数据可能比实际情况略低。也就是说,从妇女的终身生育率来看,两代人之间并不存在太

---

① 贾忠科:《哈萨克族人口素质分析》,《中央民族学院学报》1983年第2期。

大差距。盆地的数据与贾忠科调查的数据有一定的差距，可能的原因是战乱对生产生活的影响所致。① 另一项调查的数据与我们调查的数据比较接近。张天路根据1990年的人口普查资料对哈萨克族50—54岁、55—59岁和60—64岁女性终身生育率也做了计算，结果分别是7.51人、7.47人和6.92人。② 60—64岁妇女的生育高峰期应该出现在新中国成立前后十年。另外，新中国成立后进入生育高峰期的两个年龄组妇女生育子女数略多于新中国成立前。这说明，哈萨克族生育率在新中国成立前和新中国成立后并没有太大的变化，但前者可能略低于后者。也就是说，43‰的出生率应可能略高于新中国成立前的水平，但幅度应该很小。

与出生率缺乏记录相比，死亡率的记录和相关信息要多很多，但信息之间又存在或大或小的差别。有人对新中国成立前新疆婴儿死亡率做过统计，南疆为600‰、北疆为400‰，柯尔克孜族地区则为560‰。③ 根据甘肃阿克塞县的调查，婴儿死亡率高达80%。④ 婴儿死亡率中究竟哪个数据更接近游牧哈萨克人的水平，我们没有更充分的数据加以验证。从生计与生活方式、社会文化结构与历史关系来看，哈萨克族与柯尔克孜族更为接近。因此，新中国成立前哈萨克族婴儿的死亡率可能与560‰的数值更为接近，应比400‰要高。与婴儿死亡率相比，人口死亡率的记录比较明确，且没有大的差异。1949年伊犁、塔城和阿勒泰三个哈萨克族主要聚居区的调查，表明人口死亡率为20‰。⑤ 根据1949年的人口统计资料，新疆人口的死亡率为20.82‰，高出全国人口死亡率0.82个百分点。⑥ 考虑到三个地区也是汉、锡伯、达斡尔、俄罗斯、满等以农业为生计或主要生活在城镇的民族的聚集区，哈萨克族的死亡率应略高于20‰。

较高的人口死亡率也得到了其他方面资料的支持。贾忠科根据新源

---

① 新疆维吾尔自治区丛刊编辑组等：《哈萨克族社会历史调查》，民族出版社2009年版，第24—25页。
② 张天路：《民族人口学》，中国人口出版社1998年版，第134页。
③ 张天路等：《中国穆斯林人口》，宁夏人民出版社1991年版，第74页。
④ 贾忠科：《哈萨克族人口素质分析》，《中央民族学院学报》1983年第2期。
⑤ 田雪原：《中国民族人口》（第4集），中国人口出版社2005年版，第180页。
⑥ 周崇经：《中国人口（新疆分册）》，中国财政经济出版社1990年版，第109页。

县1949年以前的死亡登记资料计算出男女的平均寿命只有30—40岁。[①]有学者运用第三次人口普查资料，对1982年50—64岁妇女的终身生育率和子女实际成活数做了计算。这些妇女开始生育的年代为20世纪20—30年代，到新中国成立时已经基本结束了生育，生育的子女数平均为6个，但实际成活数平均仅为3.9个。[②]生育孩子的成活率约为65%。人口学家大卫·黑尔和迪恩·史密斯曾经设计了一个模型，根据婴儿平均出生数和婴儿平均存活数就可以反过来推测出该社会人口的平均寿命。如果婴儿平均出生数为7.86人，婴儿平均存活数为4.10人，则该人均寿命仅为32.5岁。如果婴儿平均出生人数为5.47人，婴儿平均存活人数为3.82人，则该人均寿命为45岁。[③]以表6—1的数据和1949年新源县、1982年第三次人口普查资料来看，成年哈萨克人均寿命只有30—40岁应是比较可靠的。这说明，游牧哈萨克人成人死亡率应该比较高。

表6—1还揭示了游牧哈萨克人生育强度较大的特征。所谓生育强度是指胎次之间的间隔，间隔越短强度越大。在阔孜克村两代女性生育强度的调查中，1958年前后开始生育的比较容易，只是需要记录头胎和末胎的生育或怀孕时间就可以得出生育间隔的年限。对1958年前生育的一代人，则主要通过受访者向前和向后推算兄弟姊妹与自己的年龄差距计算出来。尽管这一代人生育间隔的年限可能有不准确之处，但应该不会出入太大，而影响我们的分析。两代人生育间隔年限分别为1.7年和2.2年。1991年的一项调查支持了阔孜克村的调查数据。1991年，农牧区哈萨克族15—64岁已婚妇女平均妊娠间隔为1.8年，平均生育期间隔为1.92年，第1个孩子与第2个孩子的间隔为1.89年。[④]

相似的生育强度说明两代人的生育率比较接近。较大的生育强度则说明在女性生育周期内基本上不存在避孕、节育或其他人为控制怀孕和生育的行为。这一点也得到了其他方面资料的支持。在1981年新疆育

[①] 贾忠科：《哈萨克族人口素质分析》，《中央民族学院学报》1983年第2期。
[②] 周崇经：《中国人口（新疆分册）》，中国财政经济出版社1990年版，第92页。
[③] 郑卫东：《村落社会变迁与生育文化——山东东村调查》，上海人民出版社2007年版，第47页。
[④] 田雪原：《中国民族人口》（第4集），中国人口出版社2005年版，第169页。

龄妇女生育率概况的统计中，新疆少数民族高年龄组 40—44 岁妇女生育率还达到 90.52‰，而汉族只有 4.13‰。① 在调查中，有村民提到盆地生育孩子最多的一位已故妇女在 27 年内生育了 24 胎，存活了 21 个孩子，生育间隔仅为 1.1 年。事实上，访谈对象中除了那些因流产或生育后落下病根而无法再生的妇女，所有的妇女都完整地度过整个生育期。一个家庭中 7—8 个孩子比较常见，最大孩子的子女和自己最小的兄弟姊妹年龄相当，甚至更大。

总结游牧哈萨克人的生育模式，可用几个关键词概括之：早婚、早育、密育和多育。关于早婚和早育将在本节的第三个部分做详细分析。高生育率与高死亡率相抵，结果是较低的人口自然增长率，属于传统的人口再生产类型。在此，一个关键问题是游牧哈萨克人的人口自然增长率究竟是多少？从目前查阅到的文献资料来看，没有这方面的记载。根据上文哈萨克社会出生率与死亡率的数字，传统哈萨克社会的人口自然增长率可能略低于 20‰。这得到了人类学游牧民出生率、死亡率的比较研究结果的支持。

阿文隆·梅尔对多个游牧社会、半游牧社会和定居游牧社会的出生率、死亡率和人口自然增长率做了跨文化比较和统计分析。如表 6—2 所示，游牧民的毛出生率为 25‰—48‰，毛死亡率为 18‰—36‰，而人口自然增长率为 0.7‰—3.0‰。之所以会有如此大的差距，一方面是因为一些数据本身不是很精确，另一方面是因为游牧社会在生育行为、生产生活条件和医疗卫生条件的差异。当我们具体地分析梅尔比较的社会时发现，毛生育率在 40‰、毛死亡率在 20‰ 上下的 8 个游牧社会人口自然增长率在 1.1‰—1.9‰ 之间。② 要补充的一点是，梅尔统计的毛生育率、毛死亡率和人口自然增长率都指的是正常秩序下的情况，忽略了周期性自然灾害或战争等社会性事件的影响。换言之，受自然灾害、战乱等事件的影响，实际的人口自然增长率可能比表 6—2 的数值要低。

---

① 周崇经：《中国人口（新疆分册）》，中国财政经济出版社 1990 年版，第 89 页。
② Avinoam Meir, "Comparative Vital Statics Along the Pastoral Nomadism-Sedentarism Continuum", *Human Ecology*, Vol. 15, No. 1, 1987.

表6—2 游牧民人口转型过程中人口再生产模式之变化

阶段	毛出生率（‰）	毛死亡率（％）	人口自然增长率（％）	人口翻倍周期（年）
游牧民	25.0—48.0	18.0—36.0	0.7—3.0	63.01—23.1
半游牧民	34.0—64.0	15.0—26.0	1.1—4.3	63.01—16.11
定居牧民	41.2—62.0	5.0—34.0	2.2—5.7	31.2—12.15

资料来源：Avinoam Meir, "Comparative Vital Statics Along the Pastoral Nomadism-Sedentarism Continuum", *Human Ecology*, Vol. 15, No. 1, 1987, p. 101。表中数据来自非洲和中东多个游牧社会比较研究的结果。其中，游牧民的出生率和死亡率更多地接近数值较高一端。定居牧民的死亡率则更接近5.0%。

20世纪上半叶，阿勒泰地区哈萨克族的人口规模虽几经反复，但持续减少是不争的事实。据统计，在清朝时该地区有1.3万多户，光绪三十三年有5万多人。到1919年，只剩下7200多户，3.6万多人。1943年全区又增至63040人，其中哈萨克族53352人。1945—1947年，乌斯曼被三区民族军①打败后，胁迫青河、富蕴、福海等县哈萨克人民南迁木垒、奇台、孚远（吉木萨尔）和阜康等县，共计3343户，16544人。② 这些变化主要是由于战乱引发的人口迁移所致。战乱本身也可能对游牧哈萨克人的出生率、死亡率和人口自然增长率产生影响。笔者在第二章中已经指出，盆地哈萨克人中的头人、宗教人士、巴图尔（英雄）等悉数为盛世才所抓，并囚禁于乌鲁木齐，鲜有生还者。有村民也提到在向奇台、阜康、外蒙古等地迁移时，成年男性伤亡较多。在战乱的干扰下，季节性有规律之移动被打乱，这不仅严重影响了牧民正常的生产生活秩序，也增加了生育的风险和孩子抚育的难度，并必然对人口自然增长率产生影响。

---

① 三区革命：1944年秋，伊犁、塔城、阿山（阿勒泰）人民反对国民党统治的武装斗争。三区的军事行动受到苏联的支持，于是年9月在伊宁成立了"东突厥斯坦共和国"。在新疆和平解放中，三区接受了中共中央的领导，领导人阿合买提江、阿巴索夫等与艾力汗·吐烈等分裂势力做了坚决斗争。参见蒲开夫等《新疆百科知识辞典》，陕西人民出版社2006年版，第17页。

② 《新疆哈萨克族迁徙史》编写组：《新疆哈萨克族迁徙史》，新疆大学出版社1993年版，第7页。

第六章 传统与现代

二 驼背上的孕妇：生育风险

在人类学对欠发达国家和地区族群的生育和人口的研究中，存在两种论点：一种观点认为，生育与死亡只受到外界环境因素的影响，这些因素不为人所控制。包括两个方面：一是不孕、食物、年龄、疾病和哺乳对生育率的影响；二是食物、年龄、疾病、环境卫生、高风险的职业等行为对死亡率的影响。另一种观点关注人口控制的自我调节——个体夫妇自主地决定其再生产，认为人口过程是人类有意识和理性行为的结果。人口控制可能包括扩大或缩小个体层次或社区层次的家庭规模。[1] 为了实现自我调节，社会中就可能形成避孕、堕胎、人工或药物流产等控制手段，以及推迟婚龄、杀婴、移民等社会文化控制策略。玛丽·道格拉斯研究的朗迪耶游牧民中，普遍存在着四种控制生育和人口的方式，包括移民、独偶制、推迟女性婚龄和杀掉出生于星期三或年长儿子实施割礼前出生的孩子。[2]

然而，人口控制的自我调节看来并不适合游牧的哈萨克人。在调查和查阅的资料中，只有两例人为流产的情况。第一例由富蕴县第一位妇产科大夫76岁的陈淑娟（女）提供，发生在20世纪80年代。一位柯克托海的妇女因不愿意再次生育，而用石板挤压胎儿导致流产。另一例是1938年汉德森的记录，未婚先孕的女孩通常服用一种加了水银的草药水流产。[3] 两个案例都不可验证，因为没有其他资料可用。笔者访谈过的医生（包括民间医生）、老人、计生干部和哈萨克族的民族学研究者一致认为计划生育前不存在人为控制生育的情况。目前，我们缺乏关于不孕、食物、疾病和哺乳对生育率影响的资料。但是，年龄对生育率的影响比较明显，并且哈萨克社会形成了一套鼓励生育的制度体系，笔者将在下一个部分分析这两个方面。在此，我们首先分析影响死亡率的

---

[1] Bonnie Anna Nardi, "*Modes of Explanation in Anthropological Population Theory: Biological Determinism vs. Self Regulation in Studies of Population Growth in Third World Countries*", American Anthropologist, New Series, Vol. 83, No. 1, Mar., 1981.

[2] Mary Douglas, "Population Control in Primitive Groups", *The British Journal of Sociology*, Vol. 17, No. 3, 1966.

[3] Alfred E. Hudson, *Kazak Social Structure*, Yale University Press, 1938, p. 47.

几个因素，并称之为生育风险，包括：生育过程、转场过程、疾病与传染病三个方面。

在民间，流传着"客人到访与女人生孩子无法预测"的说法，前者指在转场过程中随时都有可能需要收留过路的行人，后者指在转场过程中女人可能随时会生育。好几位受访者都说曾目睹孕妇在转场中突然要生育，无奈只得从骆驼背上下来，在生完孩子后自己用剪刀剪断脐带，然后抱着孩子骑上骆驼继续转场。据说，在吐尔洪乡牧业五队的一位70岁老人就是在驼背上生育的孩子。当地最早接受过专业训练的医生沃热斯拜（男，71岁）也说曾目睹过类似事件，但又说道，"孕妇自己下来，一个人，再用剪刀剪断脐带的说法有点夸张了"。实际上，孕妇当然是随着阿乌尔一块转场的。在途中若要生育，阿乌尔的人会停下来搭好毡房，由年老的、有生育经验的妇女帮着接生。之后，用布裹好婴儿，骑上骆驼继续转场。老人和有游牧经历的妇女都提到转场过程中生育是极其危险的。她们中的一些人还有过流产或孩子夭折的经历，也有人目睹过母子双亡的惨剧。周亚成为我们提供了游牧哈萨克妇女生育过程的详尽描述。

当产妇开始产痛时，妇女们在房子或毡房的中间绑一根绳子，绳子的两头都绑在房顶的木头上，绳子呈弧形吊下，让产妇双臂搭在绳子上，两腿跪着，产妇的下身用白布遮盖。一位妇女扶住产妇的腰部，接生婆不断指导产妇生产。……如发生难产，会进来四个妇女，将产妇放在毯子的中间，四个妇女分别抓住毯子的四角，把产妇抬起，来回晃动，以促产。孩子在诞生过程中不正位，扶腰的妇女用一羊毛线团在产妇的腰部来回滚动，以使孩子正位。孩子生下后，接生婆用乌斯塔拉[ustara]（一种剃须刀）给孩子割断脐带。乌斯塔拉是提前准备好的，用盐水消毒后，拿干净的布包好备用，然后用一种叫塔尔莫斯[tarms]的东西给婴儿扎上脐带。塔尔莫斯是用牛或马的腿筋一点点分开后，搓成细线，家里有孕妇就提前准备好，洗净晾干后包好挂在毡房的高处待用。……遇到产妇大出血，他们会拿一只鹰或猫头鹰的羽毛放在产妇的房子里，以为这样可以止住产妇流血。孩子平安降生后，用四五米长的白布给产妇缠上肚子，以便产血流尽。这时给产妇端来羊肉汤让她喝，以恢复体力。①

这段详尽的描述提供了三个方面的重要信息：首先，尽管没有现代医疗卫生体系，但哈萨克人总结出了一套实用的经验，如晃动以促产、矫正胎位、使用消过毒的乌斯塔拉和莫尔塔斯。其次，接生全凭经验。接生婆被称为肯得克切谢，主要是那些品行、性格极好，有儿有女的、德高望重的老年妇女。若是分娩时，来不及请接生婆，可由婆婆、嫂子和有经验的妇女助产。最后，经验始终有其不及之处，遇到难产、大出血等情况缺乏有效的应对办法，只能求助于"巫术"。除了用鹰或猫头鹰的羽毛，还有用杵捣舂麦子的器物，又或是把男子膝盖上的脏东西洗下来喝，以求孩子尽早落地。此外，妇女产后没有固定的休息日，缺少劳动力的家庭，产妇2—3天后就得开始干家务。

盆地久负盛名的接生婆赛比拉（女，68岁，2012年8月去世）②告诉笔者，若是没有胎位不正或难产的情况，经验可以帮助产妇安全生育。但是，若出现胎位不正或产妇难产，则只能听天由命。在赛比拉的记忆中，即便到20世纪70年代，牧业队妇女生育和新中国成立前仍没有太大的差别。一个叫扎卡里亚的老人的妻子，难产去世，把妻子和孩子埋到一起，结果尸体遭熊抢食。在老人的记忆中，生育是成年妇女去世的主要原因。哈萨克人对生育过程中产妇去世的风险有着清晰的认识，认为"只要母亲平安，就是安拉给予的福分"。产妇去世不仅意味着需要耗费彩礼再次娶妻生子，也意味着一个家庭中将有多个孤儿需要

---

① 周亚成：《哈萨克族妇女生育习俗调查》，《西北民族研究》1996年第2期。

② 赛比拉是在吐尔洪盆地及周边区域最有名的接生婆。在调查初期，经常在问到谁帮着接生，或是谁将你带到这个世界的问题时，得到的答案中70%—80%都是赛比拉。我们在2012年7月26日拜访了老人，但是老人当时的身体状况已经非常糟糕，笔者只对老人做了不到一个小时的访谈。出于老人的身体原因，与老人约定在她身体好转后，再对老人做一次更深入的访谈。但是非常不幸，在第一次访谈后不久，老人离开了人世。这是笔者在吐尔洪盆地田野工作中最为遗憾的事情。访谈时，不断有周边村落的村民拜访看望老人，他们都是老人接生的孩子（最大的一个女性45岁）。老人去世后，周边村落的村民都来为老人送葬，足见她在当地的影响力。老人将几十年获得的荣誉证书给我们看，从20世纪70年代开始老人获得各种荣誉15项。

抚养。

转场过程也可能造成流产和婴幼儿死亡，主要原因包括颠簸、感冒及由此引发的并发症。60 岁的沃孜拉在 20 世纪 80—90 年代仍然帮人代牧，她在 1989 年转场途中因颠簸而流产一次。在访谈的众多老人中，除了哈攀以外还有 7 位老年妇女能够大致记得母亲流产的次数。流产孩子最少的 1 个，最多的 5 个，2 个的有 3 位，3 个的有 2 位。阿合马丹（72 岁）夫妇在 1960 年后长期给公社放马。1973 年，妻子在冬牧场产下一名男婴。到次年 3 月出冬牧场时，妻子抱着孩子坐在骆驼上转场。晚上到达牧点后，发现孩子已经快不行了。他们将孩子抱给随队的赤脚医生看时，医生说孩子的胆汁已经被颠簸出来，无力施救了。转场途中孩子流产、夭折的情况也得到了相关数据的支持。1991 年，富蕴县哈萨克族活产儿共 1273 人，新生儿死亡率为 58.13‰，婴儿死亡率为 109.98‰，0—4 岁儿童死亡率为 175.96‰。224 例 0—4 岁死亡儿童中，死于家中和途中者 201 例（89.73%），死于县、乡两级医院者 23 例（10.27%）。死亡前曾在县（乡）医院、村医务室就诊者分别为 12.05%、28.13%，未就医者占 59.82%。[①] 死于途中和未就医者应主要是牧民，因为在转场途中没有医院、医务室，甚至可能没有赤脚医生。

对婴幼儿最大的威胁来自疾病和传染病。老人们提到最多的包括肺炎、感冒、咳嗽、发烧、痢疾、破伤风、感染和其他不明原因造成的死亡。事实上，很多人只是能够描述孩子去世时的情形，并不能判断孩子究竟死于何种疾病。在 69 岁库帕西丽老人的记忆中，母亲的两个孩子都死于"白嗓子"病，只是咳嗽，而且今天第一个孩子去世，明天第二个孩子去世。在兽医扎热木汗（男，62 岁）的记忆中，村民吾根的两个孩子与他自己相继去世，因为在一起吃饭传染了肺病。1980 年的 4 月，盆地出现了水痘传染的情况，7—8 个孩子在不到一周的时间接连去世。陈淑娟告诉我们当时破伤风很普遍，主要就是剪刀（剪脐带）的问题，过了七天就会死掉，也叫七热风。需要说明的是，这都是在定

[①] 路慧琴等：《富蕴县哈萨克族 0—4 岁儿童死因分析》，《中国公共卫生》1995 年第 10 期。

居10—20年后,并有赤脚医生和简单的医疗卫生体系的情况下出现的。

这些描述也得到了不同时期调查数据的支持。1949年,伊犁地区主要的传染病包括痢疾、流脑、流感、麻疹、伤寒和百日咳,其中麻疹、伤寒和百日咳致死率最高。① 根据1974—1976年新疆死因回顾性调查资料,婴儿死亡原因最高的是肺炎,死亡率高达15.99‰。其次是传染病,死亡率达5.91‰。再次是破伤风,为3.99‰。② 1991年富蕴县婴幼儿死亡情况的调查中,前5位死亡原因依次为肺炎、腹泻、意外死亡、新生儿窒息和早产。③ 哈萨克族传统上有以草药治病的医生——叶什木,以及专治骨折的医生——乌塔尔什。但草药应对痢疾、麻疹、百日咳、肺结核等传染病,以及应对破伤风、肺炎等疾病时的疗效值得怀疑。我们还应记得胡李牧提到在恰库尔图开荒、修水渠时多人死于肺炎、肺结核的实例。实际上,通常的做法是将染病者隔离,期待病人自己痊愈,或是等待他们死去。我们可以看一下20世纪30—50年代阿勒泰地区疾病和传染病致人死亡的记载,就可了解其危害之大。

> 民国二十七年(1938年)3月,青河一带发生疹疫,"十室九病,人民死亡者每日不知凡几",青河设治局局长一家数口亦在病危中,"儿童有殆尽之势"。民国二十八年(1939年)4月,阿山公安局查报,贾尼木汗台吉游牧部落,2月发生天花痘症病,死亡120余人。民国三十五年(1946年)6月,布尔津禾尔津禾喀纳斯50%的人患伤寒。次年12月,地区境内天花、麻疹、斑疹、伤寒流行。民国三十八年(1949年),白喉、百日咳占求诊人数的66.4%。同年,天花、伤寒、痢疾流行。1953年上半年,麻疹患儿9125人,经救治8513人痊愈。全区总人口97129人,患病率几乎达到10%。死亡大人小孩607人。1956年11月至1957年3月,除青河县外,其余6县均发生麻疹,尤以阿勒泰、富蕴、福海3县为重,其余3县一个半月后控制。此次专区患病2554名小孩,死

---

① 贾忠科:《我国哈萨克族的人口素质及其特点》,载《全国少数民族人口论文资料选编》,甘肃人民出版社1982年版,第106页。
② 周崇经:《中国人口(新疆分册)》,中国财政经济出版社1990年版,第118页。
③ 路慧琴等:《富蕴县哈萨克族0—4岁儿童死因分析》,《中国公共卫生》1995年第10期。

亡 166 名，2388 名治愈。①

  婴幼儿死亡率如此之高，人们如何面对？正如他们相信孩子是胡大的礼物一样，他们也相信流产和夭折的孩子也是胡大的旨意。老人们提到，在转场途中孩子流产或夭折的事情比较多，尤其是在秋季牧场向冬季牧场转移和次年出冬季牧场时更是如此。这主要是气候寒冷和频繁移动所致。全年婴儿死亡呈现出夏低冬高的季节性特征。对于夭折或流产的孩子，有两种仪式。若是孩子生下来有哭声，然后才夭折的，就需要念乃孜尔（亡人的悼念仪式），再由阿乌尔内的几个小伙子拿出去挖坑埋掉。若是生下来即是死婴，乃孜尔也不用做，直接拿出去埋掉。这可能是因为，有哭声意味着生命的诞生，无哭声意味着生命并未来到这个世界。一些老人说，孩子会被埋到去世亲戚所在的地方。另一些老人则驳斥了这一说法，指出埋葬相当随意，没有坟丘和标识物，在转场过程中怎么可能挑选地方埋葬。又有老人说，9 岁以下的女孩和 12 岁以下的男孩都被视为纯洁的孩子，相当于天使，没有任何罪恶，因此无需 7 天、40 天和 1 岁的乃孜尔仪式。女孩 9 岁和男孩 12 岁显然是成人与否的标准，因为在《古兰经》中规定男女"出幼"的年龄正好是女孩 9 岁，男孩 12 岁。

  在对老年妇女的访谈中，特别是画她们的生育谱系时，她们虽然有时仍泪流满面，但随之会补充一句"这都是胡大的安排，安拉"。我们在调查中不止一次感受到孩子流产和夭折带给这些年老妇女身心的痛楚，但也感受到她们能够平静地回忆一次又一次的流产或孩子夭折的经历。高死亡率反过来要求保持高出生率，唯有如此才能保证有足够多的孩子成年，满足牧业生产和人口正常更替的需求。因此，以高出生率抵消高死亡率就成为哈萨克族人口再生产的基本法则，并由一套鼓励生育的制度与文化观念加以强化。

三 制度与观念：生育的社会文化情境

  在对生育率的分析中，戴维斯和布莱克将性交、受孕和分娩作为影

---

① 阿勒泰地区志编纂委员会：《阿勒泰地区志》，新疆人民出版社 2004 年版，第 1119—1120 页。

响生育率的中间变量，文化环境通过对这些中间变量施加影响而影响生育率。① 比如，对青春期、婚前性行为和同性恋的宽容或限制，提倡早婚早育还是晚婚晚育，对避孕和堕胎行为的认可与否，以及婚后的居住模式，等等。所有社会都力图控制这些中间变量，只是有的社会比较宽容，有的社会则比较限制。生育是人类的天性，但总是会受到具体的社会文化因素的限制和影响。正因如此，费孝通提醒我们要关注生育动力的制度性力量和人们的生育态度。生育既是人的再生产，也是社会的再生产过程。生育包括生殖和抚育两个方面，前者是新生命的诞生，后者是生活的供养。每个社会都有特定的文化手段限定和维系它们。因此，两性结合成夫妇，把孩子抚育成人是一套社会活动的体系，也即是生育制度。② 著名的社会人口学家诺德斯坦（Notestein）曾指出，"所有幸存至今的近代人口在面临不可避免的高死亡率时，理所当然具有维持高出生率所必需的生理能力和社会组织"。③ 游牧哈萨克人正是如此，接下来我们将分析婚姻关系中的一些特殊规定、收养与还子习俗和伊斯兰教的教义、圣训等如何构建、维系和支持了游牧哈萨克人高生育率的制度体系。

　　一些研究注意到中国的穆斯林社会普遍有早婚的习俗，并认为这主要是由于宗教因素的影响。因为按照《古兰经》的规定，"女子九岁，男子十二岁"即出幼，进入成年期，即可结婚，因此早婚比较盛行。④ 然而，人们并不全然按此规定行事。一则不同穆斯林社会早婚年龄和比例各不相同，如初婚年龄回族为13—14岁、东乡族13—17岁、保安族15岁、维吾尔族14岁、塔吉克族13—14岁;⑤ 二则早婚是游牧社会常见的婚姻形态，如1989年蒙古族15—18岁女性生育率达到42.23‰。⑥ 这意味着，早婚早育并非仅由宗教规定决定，必须从其他方面做出解释。从生育的角度来看，早婚之目的在于通过尽可能充分

---

① [美] K. 戴维斯、J. 布莱克：《社会结构与生育率：分析框架》，转引自顾宝昌《社会人口学的视野：西方社会人口学》，商务印书馆1992年版，第160页。
② 费孝通：《乡土中国·生育制度》，北京大学出版社1998年版，第99页。
③ [美] 安斯利·J. 柯尔：《人口转变理论再思考》，转引自顾宝昌《社会人口学的视野：西方社会人口学》，商务印书馆1992年版，第122页。
④ 张天路等：《中国穆斯林人口》，宁夏人民出版社1991年版，第29页。
⑤ 同上书，第34页。
⑥ 田雪原：《中国民族人口》（第1集），中国人口出版社2001年版，第166页。

地利用女性的生育能力，实现多育和密育的目的，并以此抵消高死亡率带来的威胁。汉德森认为，只要家庭经济条件允许，就会在很小的年纪结婚。① 其理由首先仍然是出于宗教的规定，然后是父母皆希望用女儿结婚所得的彩礼转而为儿子娶妻。父系的世系制度和游牧业对男丁的需求要求家中的男丁尽早结婚以繁育后代。成年男女的高死亡率和较短的平均寿命则促使父母必须尽早为孩子娶妻，延续香火。所以，在牧区流传着这么一句谚语，"十五岁是小毡房的主人"。

作为一种理想，男子在性成熟后就要尽可能早地结婚生子，但高额的彩礼使得能够早婚的仅限于富裕的家庭。研究者早就注意到，富裕者通常在 12—15 岁结婚，但穷人更晚，有时甚至要到 30 岁。② 穷人早婚的途径是换婚，即一方父母送出一个女儿，从另一方父母处为自己的儿子换回一个媳妇。在笔者调查的对象中，有 15 位妇女在新中国成立前成婚，初婚年龄最小的 14 岁，最大的 19 岁，大部分妇女初次生育年龄在 18 岁左右。一些研究数据揭示出在我国少数民族中，哈萨克族的早婚比例并不算高。1991 年，全国少数民族 17 岁及其以下初婚的女性占 41.4%，而哈萨克族只有 29.8%。女性最低婚龄为 11 岁，男性最低婚龄为 14 岁。一项调查表明，早婚率不高的原因主要是很多家庭承担不起约 1 万元的彩礼。③

新疆哈萨克族中较厚重的彩礼是 77 匹马，中等户 47 匹马，最少也要有 17 匹马。若是没有马，可以用牛羊折算顶替。20 世纪 40 年代，由于哈萨克族日益贫穷，彩礼也相应地减少，一般彩礼为 20 头、15 头、10 头和 5 头牛或相同数量的马。④ 一个关键问题是，彩礼的数量对一个家庭意味着什么？根据杨廷瑞对且柔奇部落 6 个阿乌尔 53 户牧民的调查，户均拥有 72.5 头/只牲畜。在 53 户牧民中，有将近一半的牧民仅拥有牲畜 20—49 头，10 头牲畜以下的和无牲畜牧民约占 1/4。⑤ 若是将杨廷瑞统计的数字折算为马或牛（1 匹马等于 10 只绵羊，1 头牛等于 5 只绵羊），拥有 20—49 头牲畜的只相当于 4—10 头牛或 2—5 匹马

---

① Alfred E. Hudson, *Kazak Social Structure*, Yale University Press, 1938, p. 49.
② Ibid.
③ 郑刚等：《新疆哈萨克族人口现状分析》，《新疆大学学报》1992 年第 3 期。
④ 苏北海：《哈萨克族文化史》，新疆大学出版社 1989 年版，第 496 页。
⑤ 杨廷瑞：《哈萨克族游牧区阿乌尔》，新疆人民出版社 1959 年版。

第六章 传统与现代

而已。显然,大部分家庭承担彩礼确有困难。这一方面限制了早婚、早育的普遍化程度,另一方面揭示出婚姻关系所具有的交换性质。

哈萨克人将彩礼称为"哈凌玛了",意为"众多的牲畜",还有一句谚语"美丽的姑娘值 80 匹骏马,一个人生下几个女儿就可成为巴依"。谚语不仅说明女性的价值以牲畜的数量来衡量,而且也说明婚姻确实具有列维·斯特劳斯意义上的父系世系群之间女性交换的含义。当然,交换之目的并非限于获得牲畜,更重要的意义在于获得女性的生育能力。送出女儿的一方,则可以用收取的彩礼为未婚的儿子们求一门好亲事,也通过交换获得女性的生育能力。劳伦斯·克劳德指出,哈萨克人的婚姻模式通常被描述为一种协议:一个世系群为另一个世系群提供一个妇女以生育男孩。而且交换模式通常在代际互换,当一个女孩从 A 世系群嫁到 B 世系群后,她的女儿将通过姑表婚或舅表婚的形式反向流动。[1] 在盆地,这种交换关系主要发生在哈拉哈斯部落与且柔奇部落之间。

在哈萨克人看来,女人的价值不仅在于她的外表,更在于她的生育能力。生育多的妇女不仅受到丈夫及其长辈的喜欢,而且会赢得整个家族的尊敬。女性的地位取决于生育子女的数量,在嫁女儿和娶媳妇时达到顶峰。她成为毡房内的主人,享受儿子和媳妇的尊敬。费孝通卓有见地地指出,"种族之延续是生育制度发生的基础"。[2] 换言之,婚姻交换中对女性生育能力的获得,主要目的是为了延续家庭的再生产。但是,始终会有女性不孕不育的情况。在哈萨克社会中,若是新娘无生育能力,新郎一方有权要求退还部分的彩礼。另一种选择是,新娘父母再送出一个女儿,以弥补男方在生育方面的缺失。另一个不常见的习俗是,若是新娘未育先亡,男子可以娶妻子年轻的妹妹。当然前提是这个女孩未和其他人有婚约,而他所需支付的彩礼就可大幅减少,甚至不需要彩礼。妻子的父亲当然可能拒绝这一要求,但必须做一些补偿。如果有婚约的女子在结婚前就去世,女方只有以一个年轻的妹妹来代替。[3] 这类婚姻在人类学中被称为"妻姐妹婚",本质是提供另一个配偶代替死者

---

[1] Lawrence Krader, "Principles and Structures in the Organization of the Asiatic Steppe-Pastoralists", *Southwestern Journal of Anthropology*, Vol. 11, No. 2, Summer, 1955.

[2] 费孝通:《乡土中国·生育制度》,北京大学出版社 1998 年版,第 101 页。

[3] Alfred E. Hudson, *Kazak Social Structure*, Yale University Press, 1938, p. 54.

的位置，使两个家庭的关系延续下去。① 从生育的角度来看，具有弥补男方在生育方面的损失的功能。

在哈萨克族婚姻的研究中，安明格尔制度的讨论最为广泛。"安明格尔"制度是人类学所说的"夫兄弟婚"，即夫死后妻子需嫁给亡夫的兄弟。若亡夫无兄弟，则需要嫁给死者的近血缘兄弟，也就是父系世系群中的近亲兄弟。所以，哈萨克族有"可离家族，不可离部落"的说法。安明格尔制度也被明确地收录于哈萨克族的成文法中。《头克汗法典》第202条明确做了如下规定："无子的未亡人归兄长所有，如果有几个这样的寡妇，则兄弟每人娶一，但必须经他们的妻子同意，不施暴力。若寡妇拒绝为其丈夫兄长的妻子并选择其诸弟之一时，则后者须交大小牲畜九头。如寡妇不愿再婚，不可强迫她。如果寡妇愿同外边的人结婚，此事是允许的，但财产和牲口归亡夫男亲戚，而新夫按照习俗须交前夫的兄弟二十六头牲口。"②

安明格尔制度在经济上和财产继承上的考虑是比较明显的，即为了避免寡妻嫁往他处，而导致亡夫财产外流。传统上哈萨克族遵循幼子继承制，但年长兄弟结婚分家可按比例获得父亲牲畜的一部分。若是父亲有3子，则牲畜分为4份，最后2份由幼子继承，但幼子需为父亲养老送终。在实际运作中，由于草场遵循共有私用的原则，因此牲畜仍是以阿乌尔为单位放牧。因此，经济上的考虑，特别是财产不外流确实是安明格尔制度的重要原因。

我们也应该注意到安明格尔制度在生育方面所具备的功能。人类学的研究揭示出，夫兄弟婚在生育中，一方面为寡妇及其儿女提供了社会保障，另一方面也是这个丈夫的家族维护对于她的性权利和对于她未来儿女权利的一种方法。③ 戴维斯和布莱克对此也有表述：妇女的丈夫死亡后，这世系仍然保持对她的控制。这不仅是因为娶她时有过花费，也是因为孩子必须留在世系群里。若这个妇女还有生育能力，这个世系会感到，如果她不再

---

① [美] 威廉·A. 哈维兰：《文化人类学》（第十版），瞿铁鹏等译，上海社会科学院出版社2006年版，第228页。

② 罗致平、白翠琴：《哈萨克法初探》，《民族研究》1988年第6期。

③ [美] 威廉·A. 哈维兰：《文化人类学》（第十版），瞿铁鹏等译，上海社会科学院出版社2006年版，第228页。

婚，便失去了潜在的孩子。① 新中国成立以前安明格尔制度应该是被普遍地实行和为人们所认可。在我们访谈过的老人中，有 7 人有两位母亲，而且其中的一位母亲大多曾经是他们叔伯的妻子。20 世纪 50 年代的调查资料表明，每个部落中多少都有一两户一夫二妻的家庭。②

此外，还有两种普遍性的习俗或制度具有支持和维系高生育率的功能。一是较为普遍的收养习俗。每一个部落不仅有抚养本部落孤儿孤女的义务，同时也有义务收养其他氏族部落孤儿孤女的义务；二是"还子"习俗，每对夫妇的第一个孩子都要返回给父母喂养。这个孩子在辈分上就与其亲生父母同辈，并称爷爷奶奶为父亲和母亲。从孩子抚育的角度上讲，这有助于弥补初婚夫妇（尤其是那些早婚早育者）无养育孩子经验的不足，有利于孩子的健康成长，并缓解了初婚夫妇的经济负担。

在文化观念上，伊斯兰教鼓励和支持早婚、早育和多育，并严格禁止人为的流产、避孕和堕胎行为。大桥林场的哈萨克族女职工古拉普，1990 年成为该林场的计生员。她受到周边汉族女职工只生两胎的影响，拒绝再生育第三胎，并坚持避孕措施。她的婆婆极不愿意，说"我的羊多下一个羊娃子，胡大就多给一根草"。当她将生育两胎奖励的钱拿回家时，婆婆向她嚷嚷着"胡大开始惩罚我们了"，并将钱打到她的脸上。在她看来，大部分哈萨克妇女愿意少生孩子（3—4 个），阻力主要来自父母一辈。伊斯兰教的教义和穆罕默德的圣训中，不仅提倡穆斯林早婚，也鼓励早育、多育。如穆罕默德在圣训中说："你们结婚、你们繁殖，我将来日以你们与各民族竞赛"；又说："真主从你们的同类中为你们结合配偶，并从你们的配偶上为你们传宗接代"，这是真主的旨意："财产和后嗣是今后生活的装饰。"③ 同时，伊斯兰教又严禁溺死子女的行为，视之为不可饶恕的罪行。比如"你们不要因为怕贫困而杀害自己的儿女，我供给他们和你们，杀害他们的确有罪"。

因此，在观念上哈萨克人接受了生多生少，生男生女都是胡大注定

---

① ［美］K. 戴维斯、J. 布莱克：《社会结构与生育率：分析框架》，转引自顾宝昌《社会人口学的视野：西方社会人口学》，商务印书馆 1992 年版，第 177 页。

② 新疆维吾尔自治区丛刊编辑组等：《哈萨克族社会历史调查》，民族出版社 2006 年版，第 100 页。

③ 张天路：《民族人口学》，中国人口出版社 1998 年版，第 138 页。

的观点。我们应该意识到伊斯兰教关于生育的观点与游牧哈萨克人高出生率、高死亡率有着天然的契合。但这并非是说在皈依伊斯兰教后才形成了早婚、早育、多育的观念，因为像对女性生育价值的强调和包括安明格尔在内的制度自古就为欧亚草原社会所遵循。《汉书·西域传》记载："乌孙与匈奴同俗，匈奴父死，妻其后母；兄弟死，尽取其妻妻之。"《北史·突厥传》载："父兄伯叔死者，子弟及侄等妻其后母、世叔母及嫂，唯尊者不得下淫。"① 多项调查和我们自己的调查中，都涉及理想的生育孩子数量，答案多为 5 个以上。哈萨克妇女的答复中除了说孩子是胡大的礼物外，多会说"多生几个孩子，才能保证有孩子能够活下来"。因此，高死亡率是形成早婚、早育、多育观念的现实基础，但观念反过来又支持着追求高生育率的行为方式。此外，追求高生育率以抵消高死亡率在经济上的考虑是为家庭和阿乌尔保留足够的成年劳动力。

综上，游牧哈萨克人的人口再生产模式属于传统型，即高出生率、高死亡率与低人口自然增长率。这种人口再生产模式与游牧的生计与生活方式相适应，并由相应的生育制度与文化予以维系。

第二节 人口转型：人口再生产模式的变化

裴德·马特拉斯指出，任何社会的人口与其社会组织、技术及环境之间存在着一种不断进行着的互动，一种要素的任何变化都必须由其他要素的变化来平衡。② 在"游牧—定居"连续统中，生计与生活方式的变迁必然导致人口再生产模式的变化，并随着定居程度的加深而表现出阶段性特征。在我国游牧社会的研究中，游牧民的人口转型是一项长期被忽略的问题，但国外相关研究为我们的分析提供了理论与方法论上的指导。这一节，我们的重点是用数据重构盆地哈萨克人人口转型的过程，分析人口再生产模式的阶段性变化，并对变化进行解释。数据有三个来源：其一，我们的调查数据；其二，零散且不系统的人口统计资

---

① 阿依古丽：《浅谈哈萨克族的"安明格尔"婚姻制度——兼与古希伯来法"寡妇内嫁"婚姻制度相比较》，《中央民族大学学报》2010 年第 4 期。
② [以色列] 裴德·马特拉斯：《人口社会学导论》，方时壮等译，中山大学出版社1988 年版，第 40 页。

料，以及其他研究者的调查；其三，游牧社会跨文化比较研究的数据。在进入主题之前，需要对人口转型理论和游牧民人口转型的相关研究略做介绍。

一 游牧社会的人口转型

人口转型理论是对18—19世纪发生在欧洲的人口模式转变的一种描述性解释。该理论把出生率和死亡率分为三个阶段，并把它看作是"发展"或"现代化"过程中经济和社会根本变革的产物。第一阶段以"高出生率、高死亡率"为特征。形成这一特征的原因首先来自在前工业社会中不可避免的高死亡率，为维持人口的再生产就必须以高出生率来抵消高死亡率的威胁，并需要强有力的鼓励生育的规范和价值观念。当医疗卫生条件改善后，死亡率很快下降，而且人均寿命延长。但是，鼓励生育的社会规范和价值观念并未及时变化，或者说表现出了滞后性。这就进入了人口转型的第二个阶段，即以"高出生率、低死亡率"为特征，并且由于两者的不均衡造成了人口的急剧增长——人口爆炸。最后，人们开始有意识地控制生育，开启人口转型的第三个阶段：出生率渐渐降低，与低死亡率相均衡。但是，出生率的下降总是远远落后于死亡率的下降。因为除非鼓励多生育的传统社会、经济体制被削弱，新的鼓励少生育以适应低死亡率的体制开始形成，否则生育率的下降不可能发生。①

死亡率和出生率是人口再生产模式中的两个关键变量，两者相均衡就是人口自然增长率，直接决定着人口的规模。死亡率的转变主要受到了技术进步的影响。科尔指出，死亡率相对迅速的下降是对外部变迁的反应。② 只要医疗卫生条件得到改善、药物被普遍地使用，以及疾病与传染病得到有效控制等等，死亡率就会以较快的速度下降至最低点，而后维持在一个较低的水平。出生率的转变主要受到社会现代化过程的影响，包括三个方面：首先，孩子工具性价值降低和养育成本上升，这与

---

① [美]米歇尔·斯·泰特尔鲍姆：《人口转变理论及其对发展中国家的意义》，转引自顾宝昌《社会人口学的视野：西方社会人口学要论选译》，商务印书馆1992年版，第144—145页。

② [美]安斯利·J.科尔：《人口转变理论的再思考》，转引自顾宝昌《社会人口学的视野：西方社会人口学要论选译》，商务印书馆1992年版，第123页。

教育的普及相关。在转变初期，孩子被作为一个潜在劳动力，多育意味着家庭经济条件的改善。但是，义务教育将孩子从劳动力大军中分离出来，其经济价值降低而养育成本上升。在这个过程中，原先财富由子辈流向父辈的流向发生逆转，从经济理性上人们愿意控制生育。其次，死亡率下降意味着孩子成活率的增加，通过多育维系家庭理想的人口规模就不再必要。最后，人们想要过一种优于已有的生活方式，小家庭的理念为人们所认可，导致生育率下降。①

20世纪50年代以来，发展中国家也普遍地进入现代化进程中，并且也发生了急剧的人口转型。经验研究表明，人口转型理论整体上仍然能够有效解释发展中国家人口再生产模式的变化。但是与西欧不同，这些国家并不能"自然"地完成生育率的下降。社会学家、人类学家发现，发展中国家能够很快地通过技术引进完成"死亡控制"的革命，包括抗生素、疫苗、杀虫剂以及对抗流行天花这种致命疾病的科技成果和医疗卫生条件的改善。以至于，欧洲花了100年才将死亡率降低的程度，发展中国家只用了20年的时间。然而，人们发现"对于怎样才是适当的家庭规模，这种文化信仰不像降低死亡率那样能快速发生转变"。② 发展中国家人口转型过程主要表现为人口爆炸，又因缺乏国际移民、其他就业和人口向城市流动的机会而被强化。18—19世纪欧洲向外的国际移民、工业化创造的就业机会和人口向城市的迁移消解了新增人口。妇女就业机会的增多、教育的普及和对晚婚晚育、小家庭观念的接受等又明显缩小了理想的家庭规模，从而让人们自觉地控制生育。然而，这些条件在发展中国家都不存在。这导致不仅生育率迟迟未下降，而且急剧增长的人口被限制在相对固定的乡村空间中，加剧了人口与资源、生态环境之间的矛盾。③

这些问题在"游牧—定居"连续统中尤为集中地凸显出来，但在

---

① ［美］罗纳德·弗里德曼：《生育率下降的理论：重新评价》，转引自顾宝昌《社会人口学的视野：西方社会人口学要论选译》，商务印书馆1992年版。
② ［美］理查德·谢弗：《社会学与生活》（插图修订第9版），房智慧译，世界图书出版公司2013年版，第333页。
③ ［美］米歇尔·斯·泰特尔鲍姆：《人口转变理论及其对发展中国家的意义》，转引自顾宝昌《社会人口学的视野：西方社会人口学要论选译》，商务印书馆1992年版。

第六章 传统与现代

阶段上存在一些较为明显的差异。图6—2是由人类学家阿文隆·梅尔对中东和非洲多个游牧社会人口转型比较研究后所绘制。与人口转型理论通常描绘的三阶段不同，他根据"游牧—定居"连续统的四个阶段——游牧、半游牧或定居早期、定居晚期和后定居时期，将游牧社会的人口转型也分为四个阶段。第一、第三和第四阶段分别对应于人口转型理论的三个阶段，添加了半游牧半定居早期。这主要是因为游牧社会为维系与草原的长期平衡，通常发展出复杂而有效的生育控制的技术手段和社会规范。定居早期，由于农业发展所需劳动力和供养人口能力有限，因此传统的人口控制手段和社会规范仍然被实践。但随着农业发展对劳动力需求的增长，人口控制手段逐渐被放弃，社会规范开始松动，出生率开始上升。由于技术的进步，死亡率在定居早期开始以较快的速度下降。然而，定居晚期的初始阶段，死亡率下降频率会放缓，甚至因为新疾病或疫病的出现而短期小幅上升，但新的技术进步很快将之拉回原来的轨迹。在经历了很短的调整后，就会回归人口转型理论第二阶段和第三阶段的趋势，并且其诱因也基本一致。①

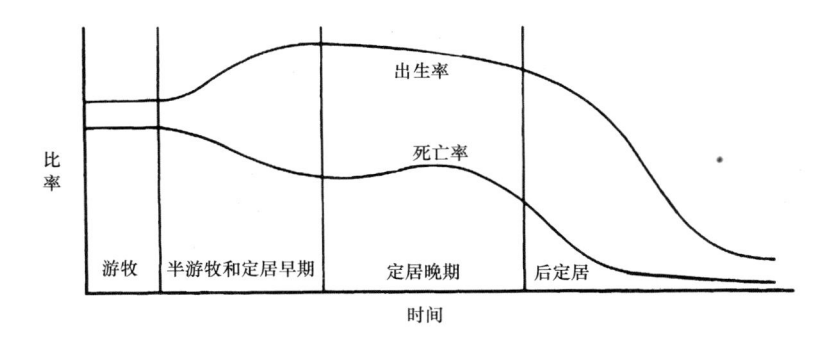

图6—2 游牧社会人口转型的四阶段

资料来源：Avinoam Meir, "Demographic Transition Theory: A Neglected Aspect of the Nomadism-Sedentarism", *Transaction of the Institude of British Geographers*, Vol. 11, No. 2, 1986。

---

① Avinoam Meir, "Demographic Transition Theory: A Neglected Aspect of the Nomadism-Sedentarism", *Transaction of the Institude of British Geographers*, Vol. 11, No. 2, 1986.

与西欧人口转型相比，游牧社会人口转型的特殊性主要出现在转型的背景、出生率下降的诱因和人口增长的生态后果三个方面：

首先，游牧社会人口转型并非是因为工业化、现代化而自发形成的过程，因为定居在大多数情况下是民族国家强制的结果，或是如盆地哈萨克牧民一样是国家"有组织社会变迁"工程的结果。

其次，出生率在第三个阶段上升到最高点后缓慢下降，主要的原因仍然是孩子工具性价值和抚育成本的变化，以及财富代际流向逆转所致。但是，由于主要发展方向是农业，而非工业。因此，出生率的上升主要是为了满足农业发展之需求。农业发展需要更多的劳动力，多育意味着有更多的潜在劳动力可以投入到粗放农业生产中，也就意味着家庭经济条件具备了改善的条件。正因如此，游牧民不仅不会接受新的生育控制的技术手段，也会放弃传统生育控制的手段，甚至还会导致传统的生育制度本身发生变化。也就是说，生育率的上升一方面确实是孩子较高的工具性价值所致，但在这个过程中传统生育控制的措施和生育制度本身的变化也是一个重要变量。[1]

最后，正如社会学家、人类学家所指出的，发展中国家在短期内完成了死亡率降低的指标，但却没有能力解决新增人口就业的能力。游牧社会人口的平均寿命都比较短，这意味着一个社会中很少出现三代、四代家庭。定居后，医疗卫生和健康条件的普遍改善，人均寿命的延长导致三代、四代家庭的比重上升，甚至成为常态。事实上，梅尔比较的大部分游牧社会完全定居后的翻倍周期为15—20年，仅相当于游牧状态下的约1/4。[2] 又由于定居后生产生活空间被严格限制在村落范围内，而农业之外的就业机会相当有限，这就导致新增人口不断累积在社区中无处消解。加上新的生计与生活方式对资源的过度利用，最终导致社区资源条件的恶化和生态环境的退化。

游牧社会人口与草原资源、生态环境的关系是否就如人口转型理论所描述的那么简单，即人口增长带来资源条件恶化和生态环境的退化？

---

[1] Avinoam Meir, "Demographic Transition Theory: A Neglected Aspect of the Nomadism-Sedentarism", *Transaction of the Institute of British Geographers*, Vol. 11, No. 2, 1986.

[2] Avinoam Meir, "Comparative Vital Statics Along the Pastoral Nomadism-Sedentarism Continuum", *Human Ecology*, Vol. 15, No. 1, 1987.

情况并不是这么简单,因为若是可以像西欧那样通过国际移民,或是通过人口由乡村向城市移民,再或是被转移至农业之外的领域,一个定居牧民社区可能就不会感觉到人口增长带来的资源压力。里卡多·F.纽伯特对蒙古人民共和国与中国内蒙古草原生态退化与人口增长关系的比较研究颇具启发。两者都经历了人口的快速增长,但蒙古国环境退化却比内蒙古轻。原因在于,蒙古国牧区增长的人口为"乡村—都市"的移民浪潮和新兴的工业领域所消解。这与中国严密的户籍制度和对城乡人口流动的限制造成牧区人口过快增长、超载过牧和草原严重退化的情形形成了鲜明的对比。人口变化对环境的影响通过宏观经济变化,尤其是制度因素和农业因素表现出来。①

马戎指出,体制变革、户籍制度与城乡人口流动政策的变化是导致我国人口与草原资源、生态环境关系变化的重要变量。② 但是,不管是人口转型理论,还是制度研究,都忽略了一个至关重要的变量——游牧社会的社会文化结构。我们的问题是,在这个过程中游牧社会自身做何反应?社会文化结构及其变化对人口增长与资源、生态环境的关系究竟发挥着何种作用?诚然任何理论都有其不足,但正如瑞德菲尔德所说,"使用理论模型的关键意义在于引导人类学学者去认识在进行研究过程中他的注意力应指向何方"。③ 因此,我们首先仍将沿着人口转型理论的道路对盆地人口转型过程做描述和分析,然后再从制度、社会结构层次探讨转型过程中人口增长的问题。

二 人口爆炸:盆地哈萨克族的人口转型

新中国成立以来新疆人口发展经历了三个时期,分别对应于人口转型的三个阶段,具体时间为:1950—1960 年、1965—1975 年和 1980 年后。1950—2005 年,出生率由 30.09‰下降到 16.42‰,死亡率由

---

① Ricardo F. Neupert, "Population, Nomadic Pastoralism and the Environment in the Mongolian Plateau", *Population and Environment: A Journal of Interdisciplinary Studies*, Vol. 20, No. 5, May, 1999.
② 马戎:《牧区体制改革与草场使用、人口迁移、社区生活及草原生态系统的变迁》,载周星等《社会文化人类学讲演集》(下),天津人民出版社 1996 年版。
③ [美]罗伯特·瑞德菲尔德:《农民社会与文化:人类学对文明的一种诠释》,王莹译,中国社会科学出版社 2013 年版,第 20 页。

19.92‰下降到5.04‰。① 哈萨克族人口发展总体上符合这三个阶段。但有两点重要差异：首先，如梅尔所揭示的，在游牧与定居晚期之间存在一个半游牧半定居的阶段；其次，出生率维持在较高水平的时间明显长于新疆的总体情况。图6—3的上图是新中国成立以来全国哈萨克族人口发展变化的情况，下图为吐尔洪乡人口发展变化的情况。根据吐尔

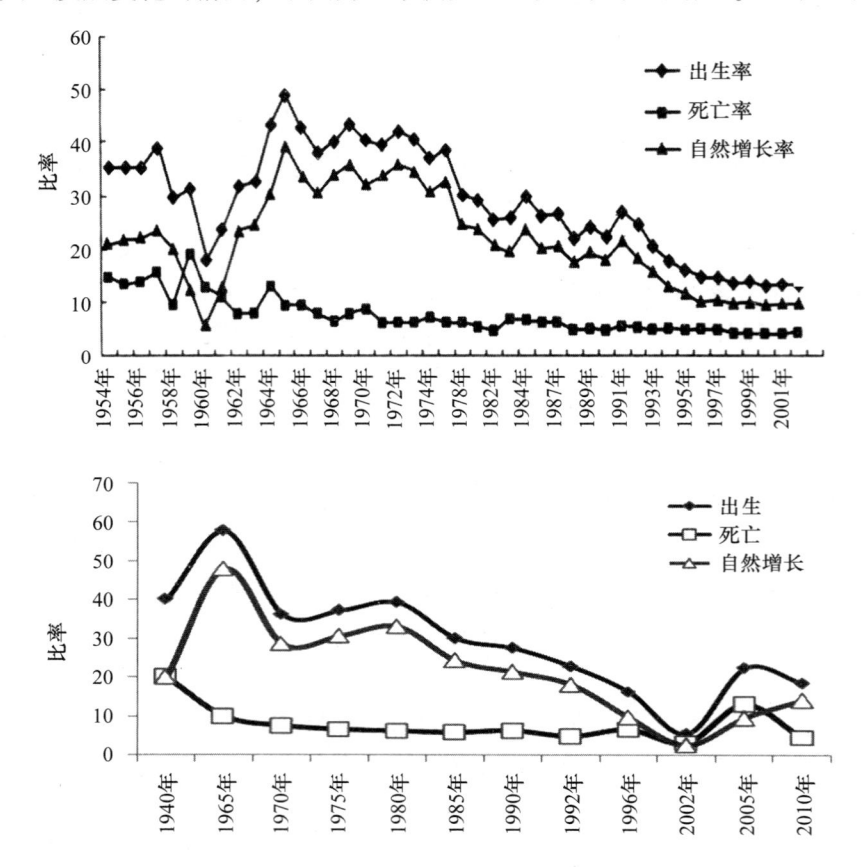

图6—3 全国哈萨克族和盆地哈萨克族人口的变化情况

资料来源：1. 1949—2001年哈萨克族人口自然增长情况示意图来自田雪原《中国民族人口》（第4集），中国人口出版社2005年版，第176页；2. 1949—2010年富蕴县人口自然增长情况资料来源于《富蕴县统计年鉴（1949—2000年）》，2000年后的数据由吐尔洪乡政府提供。

---

① 吕红平等：《中国少数民族地区人口状况研究》，中国社会科学出版社2010年版，第48页。

洪盆地牧民定居的过程，我们将其人口的发展过程分为游牧时期（1952年前）、半游牧时期（1952—1958年）、定居时期（1965—1988年）和后定居时期（1988年后）。阶段划分的标准来自三个方面因素，即定居与农业发展程度、盆地哈萨克人的人口数据和国家生育政策的调整。

1952年前，盆地哈萨克人仍然延续着转场游牧的生计与生活方式。人口再生产模式表现出高出生率、高死亡率和低人口自然增长率的特征。

1952—1958年，在政府的鼓励和推动下，部分牧民开始定居或季节性定居并发展农业。与梅尔关于这一时期出生率开始上升的假设不同，哈萨克族的出生率并没有明显的变化。由于不存在生育控制的技术手段和社会策略，因此也就不存在因为农业发展对劳动力的需要而放松生育控制的问题。从全国哈萨克族的情况来看，死亡率的下降并不明显。但是，在我们的访谈中，部分村民提到这一时期死亡率已经开始下降，原因来自三个方面：首先，哈萨克人在1952—1958年陆续返回盆地，结束了战乱引发的不规则迁徙和流动。用老人们的话说就是"结束了四处流浪、无家可归的日子"。其次，部分无牲畜的牧民以互助组为单位开始定居，医疗机构也开始建立。这一时期中央和地方的牧区政策中多次要求开展卫生防疫工作，并将之作为鼓励有条件的半农半牧区定居的重要原因。1953年7月4日，时任中共新疆分局第三书记的张邦英在新疆牧区工作会议上就强调"开展爱国卫生运动，重点实行性病防治工作，逐步推行新法接生，减少牧区人口的死亡率。为达到上述要求，应适当地加强牧区的医疗机构，增派医务人员，供给药品"。① 最早的医务室建于1953年，位于现阔孜克村，有艾热斯合木（维吾尔族）和海斯（哈萨克族）两位医生。最后，政府推行的扶助贫苦牧民生产的政策改善了牧民的生活。

如图6—3所示，在第二阶段和第三阶段之间存在一个明显波动时期，表现为出生率急剧下降、死亡率急剧上升和人口自然增长率急剧下降。这一变化很明显是受到三年困难时期的影响。出生率和自然增长率在1960年降到谷底，之后急速上升，并在1965年达到顶峰。这被称为补偿性生育高峰，持续了3—4年，是全国范围内的普遍现象。② 死亡

---

① 新疆少数民族经济研究会等：《牧区政策文献汇编》（内部资料），1985年，第26页。
② 张善余：《中国人口地理》，科学出版社2003年版，第213页。

率在 1960 年达到顶峰，之后急速下降，并在 1965 年后回归缓慢下降的趋势。1965 年后，人口结构进入第三个阶段，表现为高出生率与低死亡率。如图 6—3 所示，1965—1975 年约 10 年的时间内全国哈萨克族的出生率一直维持在 40‰ 左右，之后缓慢下降至 30‰ 左右，并一直维持到 1990 年前后。死亡率持续缓慢下降，阿勒泰地区死亡率在 1975 年后就降至 5.01‰，并在 20 世纪 90 年代再下降了近 1 个千分点（数据由富蕴县计生委提供）。

1980—1990 年，吐尔洪乡的出生率由 40‰ 降至 30‰，这主要是由于汉族、回族（约 1300 人）在实行计划生育后出生率下降所致。换言之，这一数据并不能说明哈萨克人出生率下降。根据戴雪芬等人的调查，直到 1988 年盆地哈萨克人的出生率一直维持在 43‰ 的水平。如图 6—3 所示，吐尔洪乡这一时期的人口自然增长率多保持在 25‰—30‰ 之间。与出生率的情况相同，人口自然增长率也应保持在 30‰ 的水平，在 1980 年后未有明显变动。

高人口自然增长率可由人口规模的变化来验证。如图 6—4 所示，1961—2010 年，盆地哈萨克族的人口由 4664 人增至 13962 人，增长了

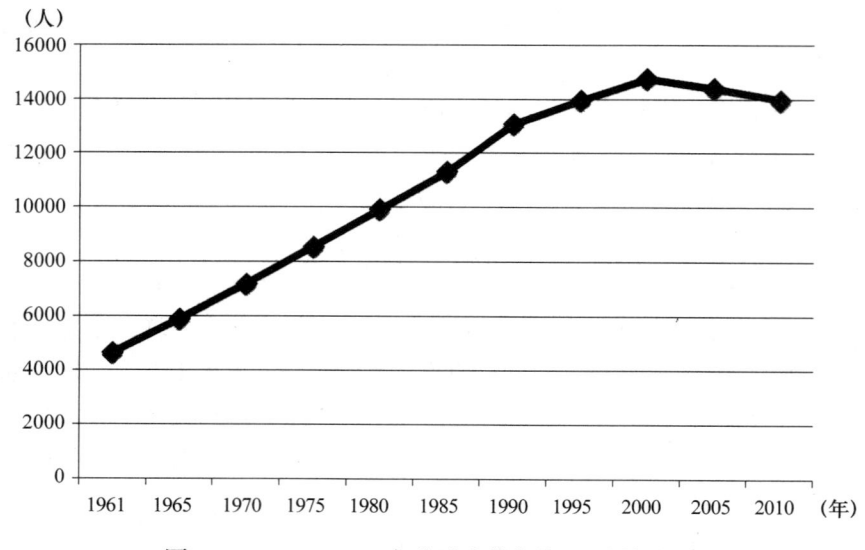

图 6—4　1961—2010 年盆地哈萨克族人口增长情况

近2倍,平均每20年增长1倍。由于哈萨克族不存在生育控制的技术手段,并且形成了一套鼓励生育的制度体系,因此人口的急剧增长主要是死亡率急剧下降所致。图6—3很好地说明了这一点,一些关于哈萨克族儿童死亡率的数字也从另一个角度支持了这一结论。1981—1990年,哈萨克族婴儿死亡率由78.3‰下降到47.6‰。[1] 如已有研究所揭示的,死亡率的下降主要是由技术进步所引发。然而,田野中我们也注意到与技术进步相匹配的还有交通、健康与社会保障等方面条件的变化。因此,将技术进步视为社会整体变迁的一部分,同时应该兼顾其他条件变化的影响。郑卫东认为,在分析当代中国乡村人口死亡率时必须注意"总体性社会结构"对村民生育行为的影响。[2]

"总体性社会结构"是20世纪90年代中期孙立平等社会学家提出的,分析新中国成立后到改革前中国社会结构的一个基本框架。他们认为：在"总体性社会结构"中,国家几乎垄断着全部重要资源。这种资源不仅包括物质财富,也包括人们生存和发展的机会（其中最重要的是就业机会）及信息资源。以这种垄断为基础,国家几乎对全部的社会生活实行严格而全面的控制。[3] 总体性社会结构的基础是总体性的国家制度和以集体经济为基础的人民公社体制。[4] 尽管这种社会结构造成了"强国家,弱社会"的问题,但有利于国家集中资源在短时期内完成各项社会发展计划和快速地实现工业化。20世纪60—80年代,新疆牧区完成了第一届牧区工作会议关于牧区卫生防疫的各项工作,涉及农村卫生、疫情防治、预防接种和新法接生等各方面。表6—3详细列举了阿勒泰地区在上述方面所做的工作和取得的成绩。在此,笔者想重点分析这些政策如何对村民的生活产生影响,并有效地降低了死亡率。

赛比拉的父亲区里特是木里合部落的一位巴依。她在1956年被选

---

[1] 田雪原:《中国民族人口》(第4集),中国人口出版社2005年版,第185页。
[2] 郑卫东:《村落社会变迁与生育文化——山东东村调查》,上海人民出版社2007年版,第64—65页。
[3] 孙立平等:《改革以来中国社会结构的变迁》,《中国社会科学》1994年第2期。
[4] 孙立平:《"过程—事件分析"与当代中国农村国家农民关系的实践形态》,载谢立中《结构—制度分析,还是过程—事件分析》,社会科学文献出版社2010年版,第134页。

派到柯克托海（当时富蕴县城所在地）接受了为期28天的新法接生培训。之后，她又被推荐到阿勒泰卫生学校系统地进修了2年。在此之前，盆地没有专职的接生婆，艾热斯合木和海斯只负责看病。20世纪50年代，村民仍然延续了由有经验的妇女接生的传统。1962年春，赛比拉在阔孜克接生了第一个孩子。直到1992年，她一直在盆地各个村落，甚至牧业队中辗转为孕妇接生。访谈中，老人很自豪地说，"我接生的孩子，没有一个死掉的"。20世纪60年代，吐尔洪公社还有一位叫李胡兰的女知青短期内担任过接生医生，并培养了两名护士——萨拉和扎丕（皆为男性）。由于已经定居，接生的工作逐渐由有经验的妇女转交给接受过较为专业训练的接生婆或医生负责。

表6—3 20世纪50—80年代阿勒泰地区医疗卫生条件的变化

领域	时间	项目名称及内容
农村卫生	1958—1966年	爱国卫生运动：三净（屋子净、院落净、饮食净），五勤（勤填圈、勤填污水坑、勤晒被褥、勤换衣服、勤洗灶具），人畜分居、锅炕分离、人畜分饮（河水）、屋子通风、防潮防湿、死畜要埋，宰畜血迹要垫、骨头要烧肥；改变不良卫生习惯，奶牛的奶头要经常洗，牛奶要用纱布过滤，家家有老鼠夹、苍蝇拍
	1970年	发挥赤脚医生的作用，开展群防群治活动，大搞环境卫生，消灭虱子、臭虫，保持被褥清洁
	1980年	两管五改：管水、管粪，改水井、改厕所、改畜圈、改炉灶、改室内外环境
疫情防治	1950—1958年	疫苗注射：包括牛痘疫苗、百日咳疫苗、斑疹伤寒疫苗、白喉抗毒素疫苗、混合疫苗、痢疾抗毒素疫苗、狂犬抗毒疫苗。1956年，建立传染病（流行病）旬报制度。1958年开始，对新生儿进行牛痘疫苗初种工作
预防接种	1960—1980年	加强了对小儿麻痹症、布鲁氏菌病、结核病、甲状腺肿等基本的预防与治疗。1958—1964年，防疫机构和队伍均扩大了，防疫工作逐步由巡回治疗或者扑灭季节性、突发性传染病为主转向正规的日常卫生防疫工作。20世纪70年代后，天花不再发生，伤寒、麻疹、痢疾、百日咳等基本得到控制。1976年，国家对儿童实行计划免疫。1980年以后，对儿童接种4苗（小儿糖丸、白百破三联苗、麻疹疫苗、卡介苗），防止儿童6种传染病（骨髓灰质炎、白喉、百日咳、小儿破伤风、麻疹、结核病）

续表

领域	时间	项目名称及内容
新法接生	1964—1980 年	1964 年，全专区有新法接生员、保健员 213 名，农业大队都有以公社卫生院为依托的接生员、保健员，生产队也有不脱产接生员，当年新法接生率占 60%。1980 年，建立健全新生儿出生、新法接生、孕产妇和新生儿死亡登记制度。这一年，全专区新法接生占 90%

资料来源：阿勒泰地区志编纂委员会：《阿勒泰地区志》，新疆人民出版社 2004 年版，第 1114—1129 页。

1972 年，初中毕业的喀拉海被派到一牧场卫生室，跟随李胡兰、萨拉和扎丕学医，担任他们的助手。1972 年，为弥补乡村医生不足和改善乡村医疗卫生条件，富蕴县从全县选调了 70 余名初中毕业生到县城接受赤脚医生的培训。陈淑娟主要负责妇产科知识的培训，尤其是新法接生的相关培训。一牧场从牧业队和农业队中选派了 20 余名社员接受了培训，喀拉海也在其中。培训为期一个多月，主要内容包括内科、外科、儿科和妇产科。只要不是难产或大出血，赤脚医生都能够应付。接受培训的社员被分到了各个大队，保证每个队至少有一名赤脚医生。牧业队转场时，若是有人要生育，而随队医生不在，相邻的农业队的医生就要赶过去。到 20 世纪 70 年代初，富蕴县已经建立了以县、公社卫生室为中心，以赤脚医生为主力的，覆盖城乡的医疗卫生机构，总体上改变了牧区缺医少药的局面。

1972 年，喀拉海回到阔孜克，也带回了之后 20 年行医的工具：一把剪刀、一把镊子、两个针管。所需药物可在一牧场的卫生室领取，但只有最简单的消炎、镇痛和感冒类药物，而像难产或大出血时需要注射的营养针就没有。为了获得好药，村民们把家里的鸡蛋凑集起来交给喀拉海，由他到柯克托海矿务医院给管药的医生送礼以获得亟须的药物。当赤脚医生无法接生时，县医院的医生会尽可能快地赶过来。1968 年 4 月，陈淑娟接到一牧场的求救电话，说一位转场的产妇生不下来。她带着 3 个人坐上救护车，带上剖腹产包赶了一夜，于次日凌晨在盆地以南的戈壁滩上找到了这户牧民。在简单诊断后，决定就地在帐篷里进行剖腹产，用酒精和开水给手术用刀消毒，最终保住了产妇和孩子的生命。

总的来说，医疗卫生条件得到了明显的改善，并有效地控制了生育风险。在笔者访谈的这一时期生育的 30 位女性中，只有两位提到婴儿在生育中死亡的情况，有 1 例母子死于生育过程。在这些女性的记忆中，流产的情况似乎比婴儿夭折的情况多，并且大都是由于集体化时期高强度劳动所致。此外，由于乡村卫生条件的改善、疫苗的推广和地方性疫病的防治渐渐取得实效，以往导致大量死亡（尤其是新生儿）的疾病和传染病也得到了较为有效的控制。医疗卫生条件的改善在生育上的直接效果就是死亡率的急剧降低。

另外，还有两个方面的变化推动了死亡率的下降。一方面，定居后村民不再游牧，这有利于发挥医疗卫生机构和赤脚医生的作用。几乎所有访谈的医生都曾提到，由于路途太远，骑马或坐爬犁子来不及赶到牧民的毡房中而未能保住孩子的情况。1967 年，沃热斯拜正在萨尔托海为一位产妇接生，另一位牧民骑马过来请他为妻子接生。沃热斯拜告诉我们："我也不能放下手里的事情马上过去，而且即便赶过去也要 5 个小时。最后，这位妇女在生下孩子后就去世了。"尽管很痛心，但老人遗憾地说，"当时的条件如此，我也没办法"。盆地的情况要好一些，尽管这一时期大部分妇女都是在家里生育，但都是由赤脚医生负责接生。另一方面，在公社体制下，产妇和婴幼儿得到了较好的照顾。如前所述，大队专门为产妇和幼儿预留了提供奶和肉的牲畜。标准为两位孕妇可以得到一只山羊产的奶子，两个婴儿分享一只山羊产的奶子，两位产妇共同分享一只山羊的肉。喀拉海还提到，尽管集体化时期没有定期的孕检，但是还是会在女性怀孕期间和哺乳期间做身体检查。据此，我们认为在公社体制下孕妇、产妇和婴幼儿的营养健康条件得到了改善，社会保障水平较低但却有效。

盆地人口转型第三个阶段的特征是：生育率长期保持在较高的水平，死亡率急速降低并保持在较低的水平，人口自然增长率保持在较高的水平。这导致人口在 25 年内出现了人口爆炸。人口增长主要是由于"总体性社会结构"下死亡率的急剧降低所致。这验证了人口转型理论中"死亡率率先下降，而后才是生育率"的假设。然而，认为晚期定居阶段因农业生产需要生育率维持在较高水平的假设看来并不适用。因

第六章
传统与现代

为高生育率是人口自然生育的结果，而非是因为要给农业提供充足的劳动力而放弃了传统生育控制的技术手段和社会规范所致。

1983年4月，新疆维吾尔自治区出台了《新疆维吾尔自治区少数民族计划生育暂行规定》，经过几年的宣传于1988年7月1日正式实行。这带来了出生率的快速下降，而盆地人口转型也由此进入第四阶段。第四阶段最大的特征就是出生率的下降，死亡率维持在一个较低的水平，而人口自然增长率也随之下降。根据富蕴县计生委提供的数据，1985年全县的出生率为25.5‰，到1990年就降至19.6‰，1995年后一直徘徊在15.35‰—17.97‰之间。死亡率则维持在4.25‰的水平，人口自然增长率则由1985年的22.03‰下降至11.63‰—14.65‰之间。并且，根据近年来的富蕴县计生委的调查，出生率和人口自然增长率还有进一步下降的趋势。因此，该县人口再生产模式似乎已经向现代型转变。

出生率的下降被认为是社会现代化的结果，尤其是教育普及带来孩子抚育成本上升和孩子工具性价值降低，以及财富代际流向逆转所致。盆地的情况确实有这一层次的因素，但首先来自1988年开始普遍实行的计划生育政策。根据政策要求，农牧区哈萨克族夫妇可以生育3个孩子，若是无儿子可申请再生一个，抑或是前三个孩子有残疾也可再申请生一个。一些村民也提到，实际上在计划生育前就有少生的想法。一方面是多育对女性身体损害相当大，另一方面孩子成活率提高后无须多生。但是，大部分人没有机会接触到避孕和节育的技术手段。陈淑娟告诉笔者，她也生了4个孩子，最后两个属于计划外怀孕，因为没有避孕成功。1983年，她的一个同事到汉口开会才知道有带环的技术。医生尚且如此，一般的村民当然无从获得这些避孕手段。因此，计划生育政策的实施伴随着避孕技术手段的普及，两者合力带来了生育率的明显下降。

我们应还记得古拉普与婆婆、丈夫在生育问题上的冲突。由于伊斯兰教教义和圣训视生育控制为罪恶，因此计划生育似乎在哈萨克族社会推行的阻力甚大。然而，事实却出乎我们的预料。戴雪芬提到，虽然生育工作难做，但年轻人还是很快就接受了。在她的记忆中，1985年刚开始做计划生育宣传时，每次到村子里总是要带很多安全套，并且很快就被年轻人一抢而空。笔者最重要的报道人贝勒海在妻子1989年生下一个女儿后，就主动做了结扎。对1990年后开始生育的人群进行调查，就会发现大部分村民都按照政策只生育了3个及以下的孩子。笔者在阔孜克村的两位房东也都选择了2个孩子，他们认为"1个孩子太孤单，3个孩子太难养"。究竟是什么原因让哈萨克人改变了生育观念呢？

这个问题困扰了笔者很长一段时间，直到笔者关注到改革后总体性社会结构的变化、孩子抚育成本和家庭资源压力后，才得到了答案。孙立平等人注意到，改革后出现了国家与社会结构的分化，社会成为一个相对独立的提供资源和机会的源泉，个人对国家的依附性明显降低。[①] 在集体化时期，孩子的教育成本主要由集体承担，成年后由公社、大队安排工作，挣得工分，成年劳动力越多意味着一个家庭的收入就越高。包产到户后，在资源分配到个体家庭的同时，抚育孩子的义务、孩子成年后的就业也转移到了家庭之中。从前文可知，起初家庭通过承包地的析分来解决成年孩子的就业问题。然而，土地的有限性和为维持家庭的经济条件决定了不可能一直采用此种方式来消解不断增长的人口。

20世纪80年代以来，义务教育进一步普及，而教育开支是一项昂贵的负担。45岁的杰恩斯古丽有1儿3女，大女儿已经工作，第二个女儿和第三个女儿都在上中专，小儿子在上高中。三个孩子上学的各项费用加起来是1.5万元，主要靠卖牲畜筹集。2012年，她卖了1头牛、10亩地的麦子和10亩地的豌豆，共1.3万元，不足的费用由大女儿补充。丈夫在工地或包地老板的地里打零工，年收入为6000—7000元。丈夫的收入主要用于维持家用。越来越多的年轻家庭为了孩子在县城上学，选择到县城租房。丈夫到工厂做工，妻子照顾孩子，一年收入2万—2.5万元，仅能勉强维持家庭经济。在村民看来，为了让孩子接受更好的教育使得他们不敢多生孩子。当然，不敢多生的另一个经济上的考虑是孩子的婚姻支出。以当前平均水平来说，男方向女方支付4—5头大牛、1万—1.5万元的彩礼，相当于3万—4万元的现金，这还不包括建房的费用。本书第三章已经说明，这笔费用对一个一般家庭来说意味着2—3年的所有收入。孩子越多意味着父母的经济压力越大，因

---

① 孙立平等：《改革以来中国社会结构的变迁》，《中国社会科学》1994年第2期。

为财富已经由子辈流向父辈转变为父辈流向子辈。

总的来看,盆地哈萨克族的人口转型符合人口转型理论的一般假设,也符合梅尔关于定居游牧民人口转型四阶段的论述。同时,盆地哈萨克族的人口转型有其独特性,表现在三个方面:首先,一些阶段性特征存在明显差异。比如,半游牧或定居早期阶段死亡率并未小幅上升,而是一开始就缓慢下降。再比如,定居后期出生率并未下降,而是由于宗教观念的因素保持在一个较高水平。其次,出生率和死亡率的变化往往是多重因素相互影响的结果,而非仅由某一因素所决定。最后,体制及体制变革是人口转型最重要的社会情境。

独特性来自生育制度、生育文化与社会情境,而这正是人口转型理论所忽视的内容。实际上,人口转型理论的基本论点来自于人口经济学关于生育孩子数量取决于孩子边际成本的假设。[1] 盆地人口转型过程揭示出,人口转型理论适用于我国定居游牧民的相关研究,但需融入生育的制度、文化与社会情境等因素。在具体研究中,需要实证地分析这些因素与技术进步、现代化进程等因素的关系,以及人在这些因素的关系脉络中的决策模式。如图6—4所示,1995年后盆地哈萨克的人口增长逐渐放缓,到2000年达到一个高点,之后又缓慢下降。可以预期,人口缓慢增长的趋势还将持续一个较长时期。

三 人口积压:婚姻圈与人口流动

在西欧人口转型过程中,通过国际移民、向新兴工业领域和城市转移劳动力避免了增长的人口集中于乡村有限的空间之内。游牧社会的研究则指出,农业发展一方面刺激了人口的增长,另一方面也是消解增长人口的主要领域。在此,笔者试图回答的一个问题是:增长的人口是被转移出了盆地,还是被束缚在盆地之内。为了说明这个问题,笔者首先对一个家族三代人的分布、流动与婚姻圈的情况略做分析,然后再以20户三代家庭的调查资料加以补充。

笔者访谈的两位老人纳比(见图6—5)(男,88岁,标号10)与阿合马丹(男,77岁,标号7),都住在阔孜克村。他们与另外两个住

---

[1] 李银河:《生育与村落文化》,内蒙古大学出版社2009年版,第2页。

在阔孜克村（标号4）和塔斯托别村（标号9）的兄弟都在新中国成立前结婚，然后在1952年从奇台返回吐尔洪盆地。因此，这四个兄弟可以被视为新中国成立后盆地的第一代人。他们有6个姊妹存活下来，其中标号5嫁到了恰库尔图、标号8嫁到了萨尔托海、标号13嫁到了巴里坤县（哈密地区）、标号6、11和12嫁到了青河县。一个明显的特征是男性都留在了盆地，而女性都通过婚姻关系嫁到了较远的地方。

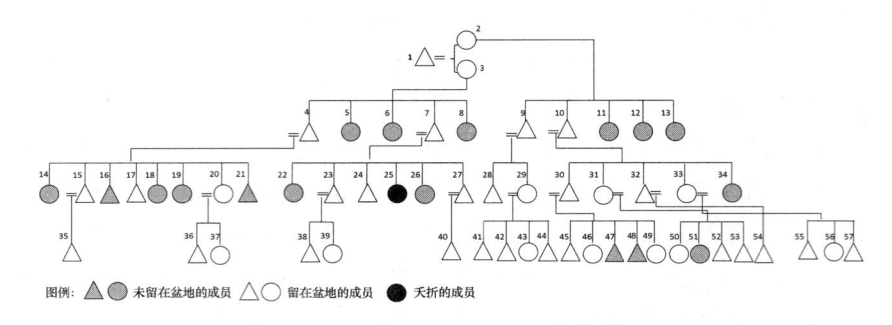

图例：▲ 未留在盆地的成员　△ 留在盆地的成员　● 夭折的成员

图6—5　纳比、阿合马丹的家族谱系

注：为了行文方便，笔者在谱系中每一位成员下面加了序号，每个序号都代表一位成员。

4个兄弟的子女存活下来的共有11女10男，大部分都出生于新中国成立后。目前，10位男性中标号15、17、23、27、28、30留在了盆地，标号16、21、24、32未留在盆地。在4位未留在盆地内的儿子中，标号16、21的户口迁出了盆地，另外2位只是最近两年才在县城买了房。因此，我们可以认为留在盆地的儿子有8位，有2位通过工作关系走出了盆地（分别在1992年和1998年）。11位女儿中，标号25在尚未结婚时夭折，标号20、29、31、33留在盆地，标号14、33嫁到了县城，标号19嫁到恰库尔图，标号18、22嫁到喀拉通克乡，标号26在哈萨克斯坦上学后留在了该国。第二代20位存活子女中有12位留在了盆地，8位走出了盆地。留在盆地的第二代的孩子中已有21个存活的子女，其中2个儿子（标号47、48）已在县城安家，1个女儿（标号51）嫁到了柯克托海镇，另外18个孩子尚未结婚。目前，祖孙三代留在盆地内的共有41人（含配偶），其中第一代5人、第二代18人、第三代18人（见图6—5）。

个案为我们提供了三代人分布、流动与婚姻圈三个方面的重要信息。下面我们将结合阔孜克村另外 20 户三代家庭的调查数据逐一对这三个方面进行分析。

表6—4　　　　　阔孜克村 20 户家庭两代人的分布与通婚范围

	村内	盆地其他村子	盆地外	合计	说明
存活子女	72	38	35	145	16 个儿子未在村内
村内儿媳来源	8	22	24	54	5 个未婚儿子在村内
已婚女儿嫁处	13	23	27	63	7 个未婚女儿在村内

在人口分布方面，第一代人留在盆地的比重明显低于第二代人。表6—4 是阔孜克村 20 户家庭第二代人的分布与通婚范围的数据。新中国成立前后开始生育的 20 位夫妇有 145 位孩子存活，其中将近 76% 生活在盆地内，仅有 24% 生活于盆地之外。在纳比和阿合马丹的个案中，第一代人中生活在盆地之外的皆为女性，都是通过婚姻关系流出。第二代人中除了大部分男性留在盆地内外，还有 36 位女性（不含 7 位未婚女性）留了下来。第二代男性中有 16 位未留在阔孜克村，其中 10 位在历次村落的分化中（详见后文）流动到了盆地内的其他村落，3 位与牧业队的女孩结婚后在牧业队安家，另有 3 位在县城购房并居住在县城。在纳比与阿合马丹的个案中，留在盆地的第二代人已生育了 21 个孩子（存活数）。已婚的 3 个孩子中，2 个男孩婚后在县城购房，1 个女孩嫁到了柯克托海镇。根据当前发展的趋势来看，会有更多的孩子通过教育和打工等方式流出盆地。第三代人留在盆地的比重应该比第二代人要小。另外，随着人均寿命的提高，三代同堂的情况比较普遍。这说明，人口增长一方面是由于生育的子女多半留在了盆地内，另一方面是由于人均寿命延长造成了三代人的叠加效应。

在人口流动方面，第一代人和第三代人的流动性比第二代人要强。第二代人出生和成长的年代主要集中在集体化时期，这一时期对人口流动的限制使得大部分人丧失了脱离盆地的机会。孙立平等人指出，改革前中国社会结构的明显分化是城乡两大社会群体和城市内干部、知识分子和工人群体间的划分。这种分化不仅是职业和阶层的差异，更是一种身份等级的差异，其主要特征是身份等级间界限分明、进出规则清晰、一旦具有某种身份就很难改变。① 与传统游牧社会个人依附于部落不同，由于资源都控制在公社之内，个体不仅在身份上依附于公社大队，也没有任何生产资料。这就牢牢地将村民与公社大队绑在一起，除了参军、提干和升学，几乎没有向外流动的可能。调查的3位男性有参军经历，转业回到了盆地成为兽医，但仍然生活在村落内。只有很少一部分出生于20世纪80年代的村民，通过务工、经商在县城购房，流出盆地。

第三代人的流动性也明显强于第二代人。他们中的一部分通过升学离开了盆地，一部分通过在喀拉通克、恰库尔图、县城务工、购房流出盆地，还有一部分人通过牧业、农业和商业收入在县城购房后流出。总的趋势是，第三代人留在盆地的比例越来越小，只要有机会他们就会选择离开盆地。这主要是因为盆地人口与资源压力，以及经济发展滞后所致。制度与社会结构的变化推动了这一进程。从制度层面来看，改革后城乡人口流动政策松动了，地方政府甚至出台了一系列的政策鼓励村民到县城或乡镇买房。2010年以来每个农业或牧业户口可在县城买一套优惠房，政府补贴3.5万元。改革后，总体性社会结构向分化性社会结构转变，资源不再完全集中在政府手中。市场经济的完善和工矿业的发展为年轻村民提供了大量务工、经商的机会，而教育的普及也为他们提供了升学的机会。这些新的机会都有助于年轻人走出盆地，使其流动性明显增强。以阔孜克村为例，2013年有60户年轻家庭常年在县城周边工矿企业务工，他们中的绝大部分表示不会再留在盆地。近年来，先后有10个孩子在疆内外的高校上学，大多数父母都期望孩子至少读到高中。在他们看来，只要读到高中就可以在县城周边找到一份工作。

以上信息也反映了哈萨克人婚姻圈的变化。传统哈萨克社会奉行"氏族（小部落）外婚"的制度，小部落内不允许通婚，并由"七代不婚"的习惯法予以规范。在现实中，往往比"七代不婚"的规范更为严格，规定"七河"之内也不允许结婚。哈萨克人有一个习俗，在孩子需要喂奶时，周围、邻里的妇女也可以为其他孩子喂奶，喝过同一位母亲的奶的就是兄弟。以往研究强调外婚规则的重要性，认为外婚旨在

---

① 孙立平等：《改革以来中国社会结构的变迁》，《中国社会科学》1994年第2期。

避免近亲结婚、提高本民族的健康水平。[①] 这种观点忽略了两个基本事实。一是通婚的范围不仅存在部落边界,新中国成立前一代人中大量女性嫁到青河县、福海县和阿勒泰地区其他市县的情况表明事实上也存在着地理边界。尽管地理边界并不如部落边界那样清晰,但总体上超出了现在行政乡(镇)的范围。二是通婚范围与牧民移动空间的关系。大范围的空间移动扩大了牧民的交往空间,而且与更远的部落通婚可以为化解周期性的自然灾害创造借用草场的机会。

图6—6的右图反映了20户阔孜克村家庭中第二代人的通婚范围,包括村内、盆地内其他村落和盆地外三个层次。由图可知,婚姻关系只有约40%在盆地之外完成,约有60%是在盆地内完成。盆地外的范围主要指与之相邻的柯克托海、铁买克乡、大桥林场、喀拉通克乡、恰库尔图镇和富蕴县城。盆地外的通婚范围也大大缩小了,而盆地内的婚姻关系绝大部分发生在村落之间。通婚范围的变化揭示出两个方面的重要信息:首先,女性流动主要局限在相对固定的空间之内,原本通过婚姻关系流出盆地的可能性大为缩减;其次,定居后地缘关系的重要性上升,人们倾向于在村落或盆地内缔结姻缘关系。与游牧时大范围的空间

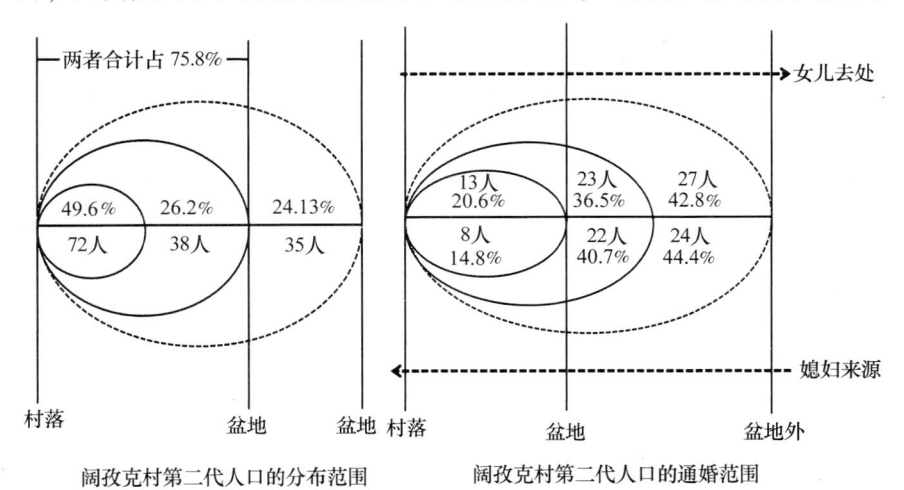

图6—6 阔孜克村第二代人口的分布与通婚范围

[①] 艾丽曼:《哈萨克族的通婚范围初探》,《新疆社会经济》1991年第4期。

移动不同，人们的交往范围局限在村落和盆地之内。与游牧时通过跨地域借用草场化解自然风险也不同，村落和盆地内的互助显得更为重要。在"游牧—定居"连续统中，村民的交往空间、社会关系网络和社会资源都被限定在盆地有限的空间之内。这一变化在婚姻缔结上的反映就是婚姻圈以盆地为中心，并被限定在盆地之内。

最近20年，举步维艰的农牧业使得村民的经济几无改善，而相邻乡镇的村民却因矿业、经济作物和旅游业很快地发展了经济。吐尔洪盆地在富蕴县的地位发生了逆转。尽管仍是粮仓，但粮仓已不足以吸引周边乡镇的女孩。反倒是，盆地的女孩外嫁之风潮持续不断。一个家庭中大女儿嫁过去后，在2—3年内就可能为其妹妹在当地找到满意的夫婿。这带来了两个方面的变化：一方面，第三代的女孩更多地通过婚姻关系走出盆地；另一方面，由于在盆地内找心仪的女孩很不容易，加上外出务工机会的增加，第三代的男孩更多地选择外出务工。在与这些男孩的交流中，笔者明显感觉到他们离开盆地，到县城和其他乡镇定居的渴望。在他们看来，到企业打工，到县城或企业周边乡镇买房是解决婚姻大事的关键。

起初笔者也尝试勾勒出第三代的婚姻圈，但在对已婚的30位年轻人做了调查后就放弃了。这一代人的婚姻嫁娶的方向相当分散，呈现出不规则性。这是因为青年男女不再是在大队、公社的集体劳动中相识，而是在企业的车间或朋友相聚的场合结识。交往的空间和范围都扩大了，而新的空间中人们可能来自四面八方。未来10年，第三代村民中至少有1/3—1/2的人会离开盆地，而且这种趋势还将随着流动性的增强而强化。

综上所述，在很长一段时期内盆地增长的人口向外流动、转移的机会相当有限。纽伯特的研究揭示出，人口增长并不一定会导致资源条件的恶化和生态环境的退化，但是一旦宏观制度与社会结构因素限制了人口流动就会导致相当严重的生态后果。[1] 在一个有限的空间内，当人口保持着高速的自然增长，而又缺乏转移出去的途径时，人口与资源、生态环境的动态平衡关系就注定不能维系。

---

[1] Ricardo F. Neupert, "Population, Nomadic Pastoralism and the Environment in the Mongolian Plateau", *Population and Environment: A Journal of Interdisciplinary Studies*, Vol. 20, No. 5, May, 1999.

第七章 失衡与调适

通过对生计方式、生活方式、环境态度和人口再生产模式的细致描述，盆地历史、社会与生态的复杂动态关系初步展现出来。各个层面的变化互为因果、相互强化，又都引向生态环境退化这一事实。盆地的故事既有特殊性，又有普遍性。20世纪90年代以来，人类学家游牧社会的研究范式转向政治生态学，关注"发展"导致的草原生态环境退化，以及面对退化时游牧民的抉择。这一章我们聚焦盆地生态环境退化这一问题，探讨哈萨克人为应对这一问题而采取的策略。

笔者用"失衡"一词来形容盆地面临的生态与社会风险，涉及两个方面：一是生态环境的退化和环境风险的增加，包括农田与山林生态系统的退化和频发的旱灾；二是人地关系的失衡，即人口容量突破了环境容量的限制。由于定居和农业将人口限定在一个相对固定的空间内，人口与资源的矛盾迟早会出现。如马尔萨斯所言，人口的增值力无限大于土地为人类生产生活资料的能力，一旦人口规模突破土地的供给能力灾难就将降临。[①] 这些问题的产生有着深刻的制度与社会背景，与过去几十年生计方式、生活方式和人口规模等方面的变化存在复杂的勾连。这些问题既对社区的发展形成制约，但也会催生谋求新的发展方式的迫力。

笔者用"调适"一词来描述哈萨克人面对生态环境退化问题时的行为抉择。每一个人都是一个能动者，其行为不仅受制于社会文化规则，还会通过实践再造社会文化规则。面对退化的生态环境，人群有能

---

① ［英］托马斯·马尔萨斯：《人口原理》，陈小白译，华夏出版社2012年版，第5—6页。

力在情境中做出迈向新的发展方向的决策，并通过实践重新调适人与生态环境的"失衡"关系。当然，这需要相应的制度与政策调整，需要社会经济条件的变化予以配合，也需要人们抓住机遇并采取行动。笔者将浓墨重彩地对盆地哈萨克人的发展策略做细致描述，对外部世界政治、经济与社会条件的变化进行探讨，并通过鲜活的个案来呈现和分析它们之间的关系。

第一节 自然生态失调：盆地生态环境的退化

1988年，费孝通先生在《话说呼伦贝尔森林》一文中提出了边区开发中"自然生态失调"的问题，指出"大兴安岭林业的发展，必须考虑到林区经济的全面开发，而在开发资源的过程中绝不应忘记了原来居住在森林里的鄂伦春民族。我们不仅要保证青山常在，还应保证各民族的共同繁荣"。① 英国的中国环境史学家尹懋可认为，滥伐森林并清除其他原生植被的原因不外乎三种，分别是：为耕作和定居而砍伐，为取暖、烹饪以及像烧窑和冶炼这类工业生产供应燃料而伐，以及为提供营建所需的木材而砍伐。② 在他看来，森林的萎缩或消失意味着失掉了环境缓冲，从而会有损于安全。森林消失相当于取消了百姓的环境保单，这反过来又会成为危害人与作物的渊薮。③ 显然，盆地正面临着自然生态失调的问题，原因及社会后果已经由尹懋可所研究，笔者主要分析盆地生态环境的退化。

一 农田生态系统的退化

游牧民定居后，生态环境经历了草原生态系统向农田生态系统的转换，牧民必须适应一个相对比较陌生的生态环境，并改变他们已经习得

---

① 费孝通：《话说呼伦贝尔森林》，载《费孝通民族研究文集新编·下卷（1985—2003）》，中央民族大学出版社2006年版，第218—219页。
② [英]尹懋可：《大象的退却：一部中国环境史》，梅雪琴等译，江苏人民出版社2014年版，第22页。
③ 同上书，第35页。

的环境行为。① 生态系统转换的核心是自然景观的重塑，即按照农业和定居的方式而非游牧的方式改造这个蛮荒的"自然世界"。

改造涉及河流、森林与草场，目的是创造一个适于农耕生活的新环境。吐尔洪河、喀英布拉克、小喀英布拉克等河谷灌木林、草场已经被清除，只是在吐尔河上游的阔孜克村保留了少部分的灌木林和草场。几条河流汇集处形成的台地和湖泊已经筑起高坝，原生的灌木林与草场都淹没在吐尔洪河水库之下。水库截断了这几条河流，流量较大的吐尔洪河转变为涓涓细流。吐尔洪河的终点阔克塔勒湖筑起了堤坝，形成了"二十三"公里水库。湖泊的西侧和北侧是库热特克村和阔克铁列克村近千亩的耕地，东侧和南侧保留了近千亩的草场。草场是阔克塔勒牧业村牛群的冬牧场，保留下来的原因是盐碱成分高而不利于农作物的生长。河谷两侧向山脚延伸的平原草场已经转变为耕地，共计6万余亩。草场的原生植被早已被清除，成为主要的产粮区。南北干渠将耕地划分为水浇地和旱地，干渠与河谷之间是水浇地，干渠与山脚之间是旱地。耕地已无法扩展，乡政府和一些村民尝试在近山山谷开垦新的耕地。

20世纪90年代以来，农田生态系统经历了持续的退化。首先，耕地经历了"黄黑土—灰黄沙土—黄沙土—白干土"的转变，土壤板结且肥力持续下降。为维持土壤肥力，人们在20世纪70年代开始使用农家肥，在20世纪80年代开始使用化肥，化肥的使用量越来越大。土壤涵养水分的能力锐减，抗旱能力减弱。其次，水库和干渠出现了蓄水能力弱化、堤坝老化和泥沙淤积等问题，无力保障农业生产用水。缺水成为盆地面临的最大问题，人们加大了在打井、修建养水站和改变灌溉方式方面的投入。然而，这些努力收效甚微，不仅很难维持单位面积产量，还加剧了对地下水资源的利用。最后，出现了牧草种类和数量的减少、病虫害增多、外来物种（草）入侵和水土流失加剧等现象。以上信息揭示出，盆地农田生态系统已经出现了严重的退化。

二 山林生态系统的退化

山林生态系统包括周边山林、山涧溪流和山地草原，它们构成的一

---

① 崔延虎：《游牧民定居的再社会化问题》，《新疆师范大学学报》2002年第4期。

个小生态环境。在这个小生态环境中，三者相互依赖，又彼此影响。前文已经对山林的消逝进行了描述，在此不再赘述。从生态系统的角度看，山林消逝必然对水源和山地草原产生影响。这一部分重点分析两个问题：一是水源与山地草原的变化；二是山林生态系统退化与农田生态系统退化相互强化的过程及其影响。

水源包括几条主要的山涧溪流，数量众多的山涧小沟，以及遍布在山林与河谷的泉水。泉水和山涧小沟的水最终都汇入喀英布拉克、库热萨伊、京什克萨伊、阔孜克萨伊等几条主要的山涧溪流。这几条溪流在盆地东北群山出口处汇入吐尔洪水库。在水库修建之前汇入吐尔洪河，蜿蜒穿过盆地后向西汇入阔克塔勒湖，并最终经柯克托海注入额尔齐斯河。形成了以山涧溪流为中心，山涧小沟为脉络，泉眼为网点的水资源网。以水资源为中心，形成了大小不一的山地草原。传统上，这些山地草原是牧民最重要的春季草场。但在草原和牲畜双承包后，这些草场被分给牧业一队和牧业二队的牧民作为夏季牧场。水资源的变化主要指水量的减少、水质的恶化和泉眼、小沟、溪流的干涸、断流和消失。山地草原的变化是指草场被冲毁或填埋，以及草原植被类型的变化等。

几乎每一条河流的河谷都拥有 4—5 个泉眼。它们由各种灌木、乔木和牧草包裹，水源主要来自渗入地下的雪水。新中国成立前，泉眼所在之处是牧民搭建毡房最理想的地方，既是因为方便人畜饮水，也是因为这些地方往往是牲畜最喜欢的牧草的分布之所在。直到 20 世纪 90 年代中期，大部分村民的水源仍然来自靠近山脚的泉水。塔斯托别村后的山坡原生长着茂密的爬山松，山坡西侧拥有长年不断的四处泉眼。泉水不仅为村民和牲畜提供了水源，而且也可以为周边的旱地提供灌溉。事实上，几个沿山分布的村落都和塔斯托别一样，在没有自来水之前都饮用泉水。自 2011 年在盆地调查以来，笔者从未见到常年冒水的泉眼，甚至很多地方连泉眼都找不见了。2013 年 5 月，笔者在塔斯托别村见到了一个出水的泉眼，但水流非常小，泉眼四周只零星分布着几棵爬山松。村民指出，这是因为在 5 月还有少量的泉水，再过 10 天这一口泉眼也将干涸。村民的解释是"山林和灌木林被砍光后，积雪融化后不再被土壤和植被吸纳，然后渗入地下。融化的雪水顺着光秃无土的山沟直接流入旱地之中，泉水当然也就没有了"。2002 年以前，地势较高的塔斯托别村和阔孜克村东南侧的新居民点都需要到地势较低的托普铁列克和阔孜克村打水。每家都备有3—5个大水桶，每桶交费0.5—1元，用马或牛将水驮回。

山林的消逝也导致山涧小沟季节性断流或干涸。山涧小沟的水源包括融雪后的季节性洪水，以及两侧的泉眼。这些泉眼和山脚泉眼的命运相似，只是干涸程度稍轻。山涧小沟也是山地草原主要的分布地带，一条小沟可供5—10户牧民使用。新中国成立前，这些小沟实际上是不同阿乌尔的春季牧场。在老人们的记忆中，大一点的沟可容纳2个阿乌尔，小一点的沟容纳1个阿乌尔。包产到户后，每个村获得一条溪流的山地草原为夏季牧场。这些草场又进一步按照沟的数量分成数片，村民就在各条沟中选择放牧地。山林消逝后，季节性的洪水不仅不断冲刷着两侧的草场，而且也将两侧山坡的泥土冲刷干净，这导致了草场被毁或是草场为碎石覆盖。洪水过后，通常泉水还能为这些山沟提供少量和短时期的水源，但并不足以在谷底维系一片水草丰美的草场。

山涧溪流（萨伊）的命运也好不到哪里，不仅来自山沟和泉眼的供给减少了，自身也深受山林消逝之苦。变化最大的是京什克萨伊、库热萨伊和阔依阿依达尔干。老人们告诉笔者，这几条萨伊原本树木就比较少。库热萨伊出口处是牧民的打草场，阴坡是松林，阳坡是灌木林。1985—1995年疯狂伐木的十年中，这些萨伊的山林也未能免遭浩劫。当我走进这些萨伊时，几乎很少再见到成片的山林，只有零星的乔木和稀疏的灌木林，出口处的打草场早已被开垦为耕地。另外两条萨伊的山林全部消失了，只留下了少量的灌木。与这三条萨伊的命运相比，喀英布拉克萨伊山林最为茂密。这片山林的植被原本就是最好的，所以即便山林已经稀疏，但还未达到不可逆的临界点。河谷两侧的草场还保留了山地草原的整体面貌。

我们应还记得达乃、额斯别克等人将草场变为耕地的一个原因就是山林消逝后草场质量的下降。在这几条萨伊中，山洪冲毁草场或呼啸而下的泥沙填埋草场已司空见惯。52岁的朱马是牧业一队的牧民，现定居在阔孜克村。他将其在库热萨伊的草场开垦为耕地，种植黑加仑。2012年，他在库热萨伊河谷的右侧挖了一个深3米、直径5米的大坑，用于蓄水。但在该年7月第二次洪峰时，被夹杂着大石头的洪水冲垮

消逝的草原

了。2013年1月笔者访谈他时，他正四处筹钱准备在4月重新挖一个蓄水池。不仅如此，61岁的额斯别克（临时护林员）也提供了库热萨伊变化的材料，并揭示了山林—泉水/山沟—萨伊—草场变化的因果关系链。

> 树被砍之后，很多泉眼都被堵住了，出不来水。我们在的库热萨伊原来有4—5个泉眼，现在这些泉眼都干了。在以前，泉眼中出的水会把人冲掉，现在已经干了3年了。我感觉干掉的原因有三个：首先是雪比以前少了，其次是树砍光了，最后就是地下水的水位也低了。其他萨伊的情况与库热萨伊的情况差不多。在树多的时候，融雪后的洪水就多。树少了，洪水就很少见。而且现在一发洪水，水都是黑的（以前是白的），里面夹杂着各种泥土、石块。原来，我们有4口泉水供应饮用水，现在那个地方只有1口泉水还在。树少了后，好草也就没有了。实际上，只要有树，草也就好，长得高。现在原来常见的煮桑（狐茅）、别特给（滨蒿），这些都是好牧草，现在很难找到。①

笔者已谈到了水库为淤泥填塞、蓄水能力下降的问题。这一问题主要是山林消逝后，水库被季节性洪水奔流而下的夹杂的泥沙、石块填埋所致。几条萨伊的交汇处原为水库的入口，一直以来都生长着一大片水生芦苇。在水库修建之前，人们就是用这种芦苇与灌木条一起作为房屋顶棚的材料，或是将之铺在地窝子的土炕上。但最近20多年来，芦苇消失了，一片冲积台地悄然形成，只是在台地中央尚留有一处缺口。台地上逐渐生长出杨树和柳树，到我们调查时台地已经转变为一片较为成熟的树林。牧业一队的两户牧民在两侧修建了住房，并开始在此种地。水库两侧阳坡的灌木也早已被清理干净，现已经光秃无土，偶尔有一丛爬山松在巨石之间的小坑中顽强地生存下来。水管站的刘耘田还记得，现在水库的闸门前还有一道3米深的闸门。到20世纪90年代中期，这道闸门已经为淤积的泥沙所填平。因此，刘耘田估计水库淤积的泥沙至

---

① 2013年1月19日在阔孜克村对额斯别克（男，61岁）的访谈。

少有将近 4 米。这成为水库最大的隐患，也导致蓄水能力不足以为社区提供充足的水源。

隐患导致每年 5 月和 7 月的两次洪峰来临时，水库必须开闸放掉多余的水。在村民的记忆中，20 世纪 80 年代的两次洪水都是"白水"，而现在几乎全是"黑水"。所谓黑水就是指夹杂了泥沙和石块的水，水的颜色由白转黑。黑水奔流而下，对堤坝下的草场和耕地形成了严重的威胁。38 岁的阿达是阔孜克村的村民。哥哥结婚后，他与父母同住，有 21 亩水浇地、10 亩旱地和 10 亩草地。为了生产更多的粮食，他将 10 亩草地改造成了耕地，并用水泵抽吐尔洪河的水灌溉。2002 年第二次山洪袭来时，新开的 10 亩耕地被冲掉了。冲掉的远不止他一家，10 户村民的 70 亩草地或耕地被彻底冲毁。洪水过后，地里全是泥土和石块，根本无法耕种。乡政府只好将之纳入退耕还林项目之内，希望逐渐恢复为旱柳林。但事实似乎并未如政府的意，因为到我们调查时也仅有几丛旱柳而已。被冲毁的耕地也不限于水库以下的耕地。由于几十年来，为获取柴火或开垦更多耕地，吐尔洪河下游的河谷也被开垦为耕地。沿着河流而上，随处可见被洪水冲垮的泥土。一些村民开始在耕地与河道之间夯筑土墙以避免耕地被毁。然而，收效甚微，很多夯筑的土墙也没能经受住洪水的冲刷，一些新夯筑的土墙已经被打开了大小不一的缺口。

分布在山脚的泉眼和自四周荒山而下的小沟是旱地主要的水源之一。前文已经说到，旱地无灌溉，主要依靠雪水滋润土壤。同时，在雪水渗入地下和旱地变得干燥后，泉水和小沟的水通常被用小渠引入旱地之中。这实际上为旱地作物提供了第二次浇灌的机会。尽管水量极为有限，但有助于保障作物丰收。此外，盆地是一个山前断裂盆地，四周是山坡，中央是谷底。对盆地而言，山涧溪流不仅是水库的水源，也是地下水的有力补充。山林消逝、水源减少、泉眼干涸也导致地下水的补给系统被破坏。像塔斯托别这样地势高的地方，甚至打井也很难出水，或是出水量根本就达不到灌溉耕地所需的量。

山林消逝、水源减少、草场和耕地质量下降之间存在一条明显的因果关系链。而在这条链条之外还有一条关系链：定居与农业政策，开荒与木材和燃料的需求，村民对自然的态度、禁忌和资源利用行为的变化，以及关于资源的价值观的转变。也就是说，资源条件的恶化和生态环境的退化是由外部关系链条对内部关系链条的影响所导致的,而连接内外链条的正是村民不当的资源利用行为。无疑,盆地生态环境的边缘化(资源条件恶化、生态环境退化)是生计与生活方式变迁的结果,但又是在制度与政策变化的情境中发生的。山林生态系统的退化首先对在山涧溪流从事农牧业生产的村民家庭经济带来重创,然后再重创盆地内的水库、耕地、草场资源条件。我们要意识到,这些资源都是村民赖以生存和发展最重要的生产资料,直接决定着家庭的经济条件。

三 环境风险加剧

生态的退化必然导致环境与社会风险的加剧。在干旱区草原,这类风险主要来自旱灾。人类学关注地方社区和人群在遭遇灾害后的社会脆弱性,以及当地人处理与回应灾害的策略。[1] 所谓社会脆弱性,是指生计受到灾害和环境风险冲击和压力时,受害者应对能力的大小,由个人和集体脆弱性以及公共政策所决定。可分解为两个方面:一是带有损害力的事件对于个人或群体生计的干扰后果,即风险暴露程度;二是个人或群体适应和应对这些变化的效果,即应对能力。[2] 脆弱性有着深刻的经济、社会、文化与政治根源,严重制约了地方社区与人群的发展。社会脆弱性可被定义为"双重暴露",即全球政治和经济变化与气候风险相互作用,同时影响着特定人群的生计和发展计划[3],表现为社区生产力发展受阻、生产边际效益递减和贫困加剧,即经济边缘化。[4]

在盆地,环境风险也主要来自旱灾。2007年以来,村民经历了3年大旱,最严重的2012年三个村的庄稼滴水未得。村民认为干旱并不完全是天灾。因为,如果水库的蓄水能力强,如果山沟和泉水能够为耕地补充水源,如果地下水位未明显下降,至少可以减少旱灾产生的影响。他们清楚地知道频繁的旱灾"是天灾不假,但更是人祸",罪魁祸

---

[1] 李永祥:《灾害的人类学研究评述》,《民族研究》2010年第3期。

[2] 张倩:《牧民应对气候变化的社会脆弱性——以内蒙古荒漠草原的一个嘎查为例》,《社会学研究》2011年第6期。

[3] 王晓毅等:《气候变化与社会适应:基于内蒙古草原牧区的研究》,社会科学文献出版社2014年版,第81页。

[4] Paul Robbins, *Political Ecology: Critical Introductions Geography*, Blackwell Publishing, 2004, pp. 76 - 77.

首是不当的资源利用行为。

为呈现吐尔洪盆地定居后灾害发生频率及其变化，我们整理了《新疆减灾四十年》《富蕴县志》、新闻报道中影响较大的旱灾与雪灾记录。资料显示：1959—2014年，旱灾共发生了13次，平均4.2年一次。旱灾频率波动较明显，20世纪80年代是高发期，70年代和90年代是低发期。2000年以后，呈快速增加趋势，共发生6次旱灾。雪灾共发生了20次，平均2.75年一次。雪灾频率呈下降趋势，20世纪80年代以前是高发期，之后逐渐减少，2000年以后仅发生2次。①

通过访谈，我们对盆地牧民的灾害记忆做了梳理。如图7—1所示，牧民对雪灾的记忆与文献记录有一定偏差，但在趋势上基本吻合。牧民对旱灾的记忆与文献记录的偏差比较明显。20世纪70年代以前，偏差较小。20世纪70年代到90年代，记忆与记录呈截然相反的状态。20世纪90年代后，在趋势上趋于一致，但记忆次数少于记录次数。应如何解释旱灾记忆与记录偏差的阶段性？可从三个方面进行解释：首先，

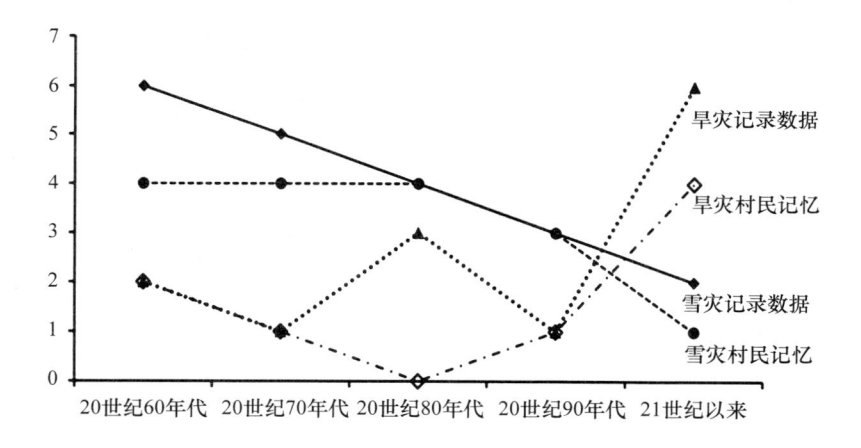

图7—1　灾害与牧民的灾害记忆

① 1990年以前的记录来自《新疆减灾四十年》；1990年后的记录数据来自《富蕴县志》，以及相关新闻报道（包括《阿勒泰大旱，乌伦古河断流》，2007年7月4日，天山网；《新疆阿勒泰遭遇严重干旱》，2008年7月4日，中国新闻网；《大旱致草场枯干毒草疯长，新疆富蕴百余牲畜误食毙命》，2014年9月12日，天山网）；牧民对灾害的记忆来自对盆地5位老人"灾害史"的访谈。

定居后修建了完善的水利灌溉工程，解决了农业用水问题。这是旱灾未减少，而牧民记忆次数相对较少的根本原因。其次，耕地开垦不久，尚未退化，涵养水分的能力较强，利于抗旱。最后，耕地只有约4.5万亩，低于当前6万余亩。同等条件下，每亩可获水量比现在更多。20世纪90年代后，记忆与记录的趋势趋于一致，但记忆的次数更少。这说明，水利工程仍在一定程度上发挥着抗旱的功能，但功能弱化的趋势已经显现。

灾害作为一种自然与社会风险，具有"属人性"。[①] 这意味着，只有对人的生产生活产生影响，才可能成为社会记忆的一部分。针对灾害，人们记忆了什么？

定居前后，雪灾记忆的变化不大。人畜伤亡、疫病流行与对生活的影响是最重要的内容，发生时间集中在冬春交接时，地点是冬季牧场与春季牧场。比如，1959年冬至1960年春，大雪将冬季牧场掩埋，3天内成批牲畜死亡，数十人因吃了死畜感染肺炎。1979年冬至1980年春，冬季牧场牧民被暴雪围困，仅有30%的牲畜存活下来，人们亦无法到山上伐木。1987年冬至1988年春，阿尔泰山的野生动物因无法觅食"死绝"，野鹿为生存跑进了村里。

与雪灾记忆不同，旱灾记忆发生了明显变化。定居前，旱灾记忆的载体是游牧业，核心是如何获得牧草，主要发生在春秋两季。定居后，旱灾记忆的载体是农业，核心是如何获得水源，主要发生在春夏交接之时。以2012年旱灾为例，牧民首先提到水库蓄水不足。每年5月20日前后为小麦放头水，水库水深应在8米以上。到6月5日，水深仍不足7米。歉收已不可避免，为保大局，水管站决定放水，每亩地的浇水时间由12分钟压缩至8分钟。即便如此，仍有3个村6000余亩耕地滴水未浇，粮食绝收。另外12个村亦受到不同程度影响，粮食减产30%—50%不等。2000年以来，旱灾已成为牧民时常要面对的自然与社会风险，不断唤起牧民对盆地"绿色如绸带"的记忆。

生态退化、灾害、环境风险、社会脆弱性与经济边缘化的相互强

---

① 潘斌：《风险社会还是信任社会———一种现代性的反思与重构》，载杨国荣《生活世界与思想世界》，华东师范大学出版社2011年版，第129页。

化，构建了特定社区或人群不可持续发展的困局。从某种意义上讲，当前盆地农牧业的发展困局就是生态退化与环境风险加剧导致的结果，具体表现为农牧业绝对收入与边际效益的递减。不仅如此，生态退化与环境风险还可能加剧社区内的不平等。阔孜克村 21 户村民中，拥有牲畜数量与出售牲畜数量、牧业收入之间存在偏离。拥有牲畜最多的 4 户出售牲畜最少，牧业收入也最低。偏离的原因是，富裕者承受旱灾这类环境风险的能力更强，可以通过购买饲草或请人代牧的方式保留牲畜。在农业生产上同样如此，富裕者可以通过打井、增加化肥使用量等方式解决缺少和耕地退化的问题。短期内，贫困者通过出售牲畜或流转耕地获得可观的现金收入，但却以丧失基本的生产资料为代价。非洲与蒙古国的研究表明，诸如灾害的环境冲击公平地打击到每个家庭，但贫困家庭肯定会受到更大影响，甚至会加剧社区内财富分配的不均。①

第二节 失衡：人地关系的变化

几十年来，盆地人口高速增长与耕地无法扩展的矛盾很快激化，"人多地少"成为人们概括盆地发展困局的首选词汇，马尔萨斯的预言如期而至。在"游牧—定居"连续统中，生计方式的变迁、技术的突破与有效的制度安排曾经有效地消解了新增的人口，但最终无力扭转人地（草场）关系由平衡向失衡转变的宿命。在此，不是为马尔萨斯的预言提供一个新的个案，而是要呈现在一个小社区中人地关系失衡是如何出现的，并解释曾经有效的策略在当前为何失去了效力。

一 动态平衡：游牧时期的人地关系

严格地讲，"人地关系"并不是分析游牧民人口与资源关系的准确概念，用"人与草场的关系"更为合适。总的来讲，游牧时期哈萨克人与草场之间保持着动态的平衡关系，这与传统型人口再生产模

---

① E. Fratkin, E. A. Roth, "Drought and Economic Differentiation among Ariaal Pastoralists of Kenya", *Human Ecology*, Vol. 18, No. 4, 1992；[蒙] 盖·坦普勒等：《蒙古国畜牧业经济中风险重要性的变化》，载张倩《游牧社会的转型与现代性（蒙古卷）》，中国社会科学出版社 2013 年版。

式相关。在此，我们还需要从人口、牲畜数量与草场面积角度，量化这种平衡关系。民国时期和20世纪50年代初期的调查数据为实现这一目标提供了可能，其他区域游牧社会研究的数据提供了跨文化比较的基础。

目前，新中国成立前富蕴县人口的统计资料有两个比较可靠的来源：一是民国三十三、三十四年（1944年、1945年）的人口普查；二是周东郊根据台吉管理的区域估计的户数或人口数。1944—1945年的人口普查中，富蕴县哈萨克族共有6655人，其中男性3391人，女性3264人。20世纪40年代富蕴县几个哈萨克部落主要由尕列里、哈列里、波浪白和达列里汗台吉管理，人口分别为3000人、430户、100户和114户，另外还有属于其他部落（如乃曼）的114户牧民。①根据老人们的记忆，1945年前后，盆地且柔奇、哈拉哈斯、木里合与萨尔巴斯的户数约为120户、30—40户、50户、20—30户，共计220—240户左右。

仅有户的数字还不足以完全把握20世纪40年代盆地人口的规模，还需要有户均人口数字来进一步说明。20世纪50年代少数民族社会历史调查提供了哈萨克主要聚居区不同部落或村落的人口数据，涉及现伊犁州的巩留县，塔城地区的托里县、额敏县，阿勒泰地区的吉木乃县、富蕴县和巴里坤县。表7—1分别来自这些地区具体村落或部落的人口资料，说明每个家庭的人口规模在4.34—5.6人之间，家庭规模的平均值为5.07人。若是按户均5.07人计算，20世纪40年代中期盆地人口规模约为1100—1200人之间。若是将与盆地相邻的柯克托海盆地120—150户的人口计算在内，则为1700—2000人之间。估计的人口规模只是指以吐尔洪盆地、柯克托海盆地为春秋牧场的牧民，可能比实际的人口规模要小。这是因为，排除了那些不以吐尔洪盆地、柯克托海盆地为春秋牧场，但与这两个盆地牧民共用同一片夏季牧场与冬季牧场的牧民。根据目前掌握的材料，吐尔洪盆地及其周边地区的哈萨克牧民占富蕴县哈萨克牧民总数的1/4—1/3。

---

① 周东郊：《新疆的哈萨克人（上）》，《边政公论》1940年第3期。

表 7—1　　　20 世纪 50 年代初哈萨克族家庭的人口规模　　　单位：户，人

部落/地域	总户数	总人口	其中男性	其中女性	户均人口
巩留县黑山坡	1206	5229	—	—	4.34
托里县托热部落	140	700	370	340	5
额敏县库马克村	63	303	161	142	4.8
吉木乃县哈孜别克氏族	114	739	373	366	5.13
富蕴县且柔奇氏族	178	1002	483	519	5.6
巴里坤西游牧区第二乡①	166	928	448	480	5.59
户均人口均值					5.07

注：数据来源于 20 世纪 50 年代初在哈萨克族牧区所做的几份调查报告。这些报告收录于《新疆牧区社会》。参见《新疆牧区社会》编写组《新疆牧区社会》，农村读物出版社 1988 年版，第 26、35、39、61、67、144 页。

进一步对相关数据进行分析，笔者注意到在阿乌尔内牧主、富裕牧民和贫困牧民在家庭结构上存在一些细微的差异，这首先体现在家庭人口的规模上。牲畜越多家庭的人口数也就越多，牲畜越少家庭的人口数也越少。托里县的托热部落的家庭人口数同样如此，牧主户均 7.6 人、富牧户均 3.5 人、中牧户均 6 人、贫牧户均 4.8 人、雇牧户均 4.5 人。② 从家庭结构上来看，大部分家庭是核心家庭或主干家庭，主要由父母和未婚孩子组成。存在少量扩大式家庭，主要是巴依和富裕者的家庭，由父母和已婚儿子的家庭组成。看来，克劳德认为哈萨克族的家庭多是扩大式家庭的观点并不可靠。③ 扩大式家庭更多的时候只是一种理想，大部分家庭所拥有的牲畜数量不足以支撑扩大式家庭。显然，家庭结构上

---

① 巴里坤县，位于天山北麓，境内大部分哈萨克族是在 20 世纪 10—50 年代的战乱中迁入，主要来自阿勒泰地区柯勒依部落。1952 年 10—11 月调查时，该县西游牧区第二乡共有 166 户，928 人，除了 4 户、30 人属于乃蛮（乃曼）部落外，其余全系柯勒依部落。在这些牧民中，哈拉哈斯部落 2 户 7 人，且柔奇部落 2 户 10 人，萨尔巴斯 2 户 7 人，木里合 5 户 24 人。参见中共新疆分局研究室、中共巴里坤县委联合工作组《巴里坤县西游牧区第二乡社会调查》，载《新疆牧区社会》，农村读物出版社 1988 年版，第 144 页。

② 刘锐等：《托里中心区哈族"托热"部落调查（1950 年 11 月）》，载《新疆牧区社会》，农村读物出版社 1988 年版，第 35 页。

③ Lawrence Krader, *Social Organization of Mongol-Turkic Pastoral Nomads*, Indiana University Publications, 1963, p.213.

的差异与经济水平呈现出明显的正相关。可能的原因是富裕者为维系家庭经济，尽可能地维持大家庭的形式，避免分家带来的财产析分和家庭经济条件的恶化。事实上，也只有他们才有能力维系这种家庭形式。贫困家庭倾向于保持小规模的人口结构，并在孩子婚后很快分家，旨在让小家庭各自寻求新的出路。表7—2所示为家庭人口规模与经济水平。

表7—2　　　　　　　家庭人口规模与经济水平　　　　　　单位：户，人

富蕴县且柔奇氏族6个阿乌尔				巴里坤县西游牧区第二乡			
牲畜数量	户数	人口	户均人口	牲畜数量	户数	人口	户均人口
350—1288	1	9	9	801—4235	6	58	9.6
200—349	2	20	10	501—800	2	13	6.5
100—199	5	40	8	301—500	15	108	7.2
40—99	9	57	6.3	151—300	28	178	6.3
20—39	16	81	5.06	51—150	80	406	5.07
0—19	18	90	6	0—50	35	175	5
合计	51	297	5.8	合计	166	938	5.6

资料来源：中共新疆分局研究室、中共巴里坤县委联合工作组：《巴里坤县西游牧区第二乡社会调查（1952年10—11月）》；杨廷瑞：《哈萨克族游牧区的"阿乌尔"（1959年）》，载《新疆牧区社会》，农村读物出版社1988年版。

20世纪60—70年代，生态人类学家曾运用"临界人口密度"的概念分析非洲游牧民与草原生态的动态平衡关系。这一概念在两个方面饱受批评：一则草原生态存在年度和季节性的差异，其资源储量并非是一个恒定值；二则临界人口密度依照的是资源最高值而设定的，但各种类型的传统社会从未达到过最高值。尽管如此，"临界人口密度"仍有助于我们理解现在讨论的问题。东非的游牧者了解并掌握"临界人口密度"，那就是每平方英里不得超过大约7人。但是从一系列实际的个案中可知，"即使在他们聚居的条件比较优越的地区，现存游牧民族的人口密度看来也远低于这个数字"。[①]

---

① [美] 马歇尔·萨林斯：《石器时代经济学》，张经纬等译，生活·读书·新知三联书店2009年版，第59页。

第七章
失衡与调适

1949年阿勒泰地区人口密度仅为0.8人/平方公里。① 为此，我们可以得出：游牧哈萨克人的人口规模远低于草原生态系统的承载能力。高死亡率导致家庭层次劳动力不足成为常态。这也是几乎所有传统社会的常态，并与以资源和劳动力低度利用、家户经济短缺为特征的低度生产的结构相适应。② 周期性劳动力不足的问题通过阿乌尔内的分工合作来解决，家户经济短缺则通过阿乌尔内的再分配来化解。借此，一个小规模的人口不仅可以维系物质与社会的再生产，也可以长期使人口保持在生态环境承载力之下的水平，从而在一个较长的时段中维系人与草原生态环境的动态平衡关系。

二 失衡：定居后人地关系的变化

笔者第一次见到吐尔洪乡老书记郑素美时，他就说"吐尔洪盆地最大的问题就是人多地少，而且从我当书记的时候（1978—1985年）就已经出现了这个问题"。然而，村民一致认为问题是1984年包产到户后才出现的。两种观点孰对孰错？随着调查的深入，笔者逐渐意识到两种观点都是正确的，而且揭示了体制变革对人们认识人口与资源、生态环境关系失衡时间上的差异。在人民公社体制下，这一问题并不涉及具体的个体和家庭，主要是由公社和大队协调、分配和使用资源。这正是书记感受到问题，而村民没有感受到问题的关键。包产到户后，家庭获得了资源的使用权，也承担起了在家庭内协调、分配和使用资源的责任。人地关系失衡首先就在家庭内呈现出来，并成为村民感受最深的问题。

1958年以来，吐尔洪盆地先后经历了3次村落分化（见图7—2）。每一次分化都以扩展耕地为目的，当然也有通过分化安置新增或新迁入人口的目的。第一次分化发生在1958年，主要是农业队与牧业队的分化。同时，抽调出懂得木工、制铁、制造马鞍子等技术的村民，共28户，组建了铁木加工厂（后与阔孜克村合并）。第二次分化发生在

---

① 杨利普：《新疆维吾尔自治区地理》，新疆人民出版社1987年版，第173页。
② ［美］马歇尔·萨林斯：《石器时代经济学》，张经纬等译，生活·读书·新知三联书店2009年版。

1960—1962 年。1960 年由阔孜克村分出 60 户组建了达尔肯村、30 户组建了吉格里拜村、21 户组建了拜依格托别村、70 户留在了阔孜克村。1962 年又由阔孜克村分出 30 户组建了吐尔洪公社家属队（后与吐尔洪村合并），从拜依格托别村分出 20 个年轻小伙子组建了库热特克小组（库热特克村的前身）。第三次分化发生在 1966—1978 年。1966 年从公社家属队分出 40 户组建托普铁列克村，从各队抽调青年男性组建了 50 人的民兵连（康阔勒特克村前身）和 20 户组成的水利队（后合并到阔孜克村）。1972 年，从拜依格托别村分出 30 户组建了阔克铁列克村，从牧业队迁回的 20 户牧民被安置在吉格里拜。1978 年，从牧业队迁回的 30 户牧民被安置在库热特克村。另外，在 1962—1973 年，为安置汉族、回族移民组建了喀拉奥依村、塔斯托别村、塔斯莫伊村（后与塔斯托别村合并）和基建队（后与吐尔洪村合并）。

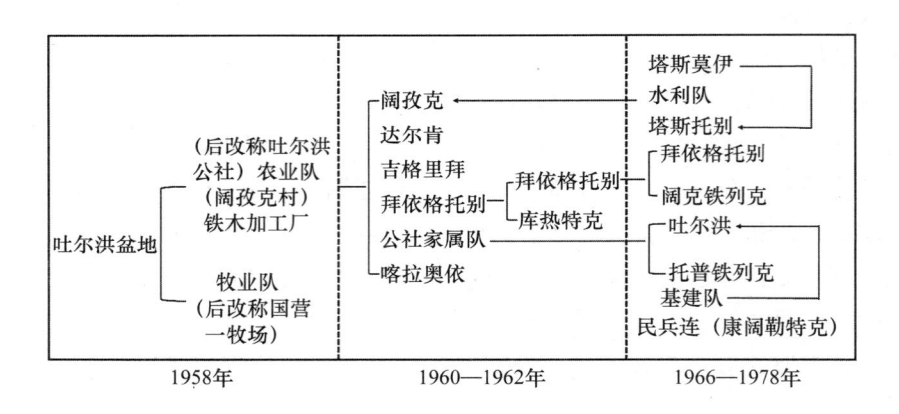

图 7—2　吐尔洪盆地村落分化过程

三次分化有三个共同点：首先，首要目的皆在于进一步扩展耕地、发展农业。新分化出的村民在新址首先是建房，之后即重复着 1958—1959 年在阔孜克开荒的过程。第三次分化出的村民提到，到新村时耕地已经开垦出来，但是基本无人耕种。他们的主要工作便是将"生地"变为"熟地"。其次，分出的村民多是单身汉或是新婚夫妻。主要原因是老家庭在原村落有房产，有子女需要抚养，有老人需要赡养。民兵连起初仅有 50 个小伙子，在此后十年中每年安置 10—20 个小伙子不等，到 1989 年就发展成为 421 人的中型村落，到我们调查时已是盆地人口第三多的大村落了。与老村相比，新村的人口增长更快，这主要是因为这些家庭都处于生育的高峰期。十来年后，新村就有可能为了就近耕种土地的便利再次分化。最后，盆地除了要安置农业队新增的人口，也承担了部分安置牧业队新增人口的责任，其中库热特克村和吉格里拜村就最为典型。这主要是因为劳动力的调动、分配并不完全以大队为单位，公社可以根据需要在不同大队之间调动、分配和安置劳动力。

除了村落分化这一途径外，公社还组建了各种社队企业或是季节性承包其他单位工程的劳动组织。社队企业包括铁木加工厂、水利队、机耕队、云母厂、奶粉厂、基建队等。这些社队企业多成立于 1970 年前后，有固定的职工，但也季节性地征调其他生产队的劳动力。固定职工不承担种地的任务，根据工作量和社队企业的效益获得收入。每个社队企业的人员都不多，但多是年轻劳动力。以机耕队为例，前身是 1964 年在铁木加工厂名下的拖拉机站，1971 年独立出来。机耕队起初只有 30 个单身汉，主要工作包括在春耕和秋收中完成犁地、播种和收割任务，以及在农闲时开垦更多的耕地。另一种形式是组织劳动力在农闲时承包其他单位的工程，比如大桥林场的伐木工程、县城相关单位的建房工程等。很多人提到在公社时期一年都无休息，农忙时在队里干活，农闲时被组织出去劳动。当然，额外的劳动也为村民带来了更多的收入，减轻了对耕地资源和农业收入的依赖。

在新村村民的记忆中，迁入时总是水草丰茂、清水长流。随着耕地的扩展、房屋和人口的增多，美景渐成追忆。人们总是率先耕种已经开垦的土地，然后沿着耕地的边缘向外扩展，用 5—10 年的时间扩展到山脚，直至无法扩展为止。房屋周边的灌木和小乔木首先被烧掉，然后人们再沿着山谷向前行进，最终让山谷的树林、泉眼和过膝的牧草都消失殆尽。

社队企业无耕地，通过承担的各种工作获得再分配收入。进入 20 世纪 80 年代，大部分社队企业都不再盈利，改革的浪潮和市场经济的发展最终宣告了它们解体的命运。然而，政府发现盆地已经没有多余的耕地为职工提供一份承包地了。职工的命运可想而知，除了被打乱分散到各个生产队别无他法。1982 年，机耕队第一批 30 余户家庭带着从公社购买来的播种机、收割机回到了他们父母所在的大队。1984年，第二批20户家庭离开机耕队时，甚至连机器也没有了。最可悲的是由汉族移民组建的基建队，他们并没有父母在生产队中，无处可去。最终，基建队以企业的名义继续存在，没有耕地，以建房和做门市生意为生。

一个值得关注的现象是，人民公社体制显然有助于解决新增劳动力的就业问题，而且这一问题主要集中在公社层面而非个体家庭层面。正如一些访谈者所说，"那时候谁也不用担心孩子没饭吃，劳动由公社和大队安排"。最具说服力的是社队企业的情况。社队企业的低效尽人皆知，如"干了一年，才挣120元钱""最后几年的工资到现在都是一笔糊涂账，没有人管，也没有人给我们结账"。实际上这只看到了公社力图通过社队企业创收、增收的一面，另一面则是它们可以安置新增的劳动力，并能够为农牧业生产提供必要的服务。正因如此，一开始就不挣钱的社队企业顽强地坚持到了1984年包产到户之后。

1984年秋收后，各个村都忙于土地的承包，而且很快就完成了。承包原则大同小异：首先，将耕地分为旱地和水浇地两类，阔孜克村还有少量的草地。然后，再根据平坦与浇水难易程度将水浇地分为三到四个等级。其次，村民也首先分为两类：有资格分地者和无资格分地者。有资格分地者包括劳动力和半劳动力。半劳动力指年龄在18岁以下和60岁以上者，他们往往只能分得劳动力的1/3—1/2。无资格者包括新出生未满周岁者和在乡里兽医站、医院和学校上班者。最后，在新一轮承包前，耕地"生不增，死不减"。

依据这些原则，各村根据当年耕地和有资格村民的人数确定了标准，土地多的村水浇地可达10亩/劳动力，少的村只有6亩/劳动力。1984年，阔孜克村仍是由三部分组成，并且独立完成了第一轮土地承包。团结一队水浇地的标准是8亩/劳动力、4亩/半劳动力，铁木加工厂是6亩/劳动力、3亩/半劳动力，水利队只有4亩/劳动力。一个家庭通常还能获得15—20亩不等的旱地和3—5亩草地。劳动力多的家庭可获得40—50亩水浇地、20亩旱地和5亩草地，而劳动力少、孩子未成年的家庭只能获得约30亩水浇地、15亩旱地和3亩草地。我们获得了1990年各村人口、水浇地总面积与人均水浇地面积的数据，盆地人均获得 8.6 亩水浇地（见表 7—3）。① 人均耕地高于人均值的村落都位于沿山一带（康阔勒特克除外），灌溉条件较差。这些村落人均耕地面积虽然高，但土地的质量相对较差。事实上，由于盆地亩均产量低，人均 8.6 亩的水浇地并不算多，这正是郑素美说在公社化时期就已经出现"人多地少"的原因所在。

表 7—3　　　　　　　　1990 年吐尔洪盆地各村的人地比例

村落	人口（人）	耕地面积（亩）	人均耕地（亩）
阔孜克	511	4200	8.2
达尔肯	434	4000	9.2
吉格里拜	344	3100	9.0
喀拉奥依	750	6200	8.3
塔斯托别	316	3000	9.5
拜依格托别	455	4200	9.2
阔克铁列克	267	4500	16.9
库热特克	300	3300	11
康阔勒特克	421	4000	9.5
塔斯莫纳依克	157	505	3.2
吐尔洪	852	4500	5.3
合计	4807	41505	8.6

2013 年，盆地总人口达到 8415 人，比 1990 年增加了 3608 人。同期，水浇地仍是 41505 亩，人均耕地仅为 4.9 亩，比 1990 年减少了 3.7 亩。"人增地不增"的矛盾凸显，并最终在家户层次表现出来。起初，人们通过继承制度的调整勉力为每一个新组建的家庭提供一份生产资料。然而，这一策略很快失效，出现了众多无地家庭。

包产到户后，传统的幼子继承制在生产资料的分配上复现，只是原来分牲畜，现在分地。20 世纪 60—70 年代出生的孩子在 80—90 年代相继进入婚龄，并在婚后 2—3 年内陆续分家。老人们仍按照传统，根

---

① 富蕴县地名委员会：《富蕴县地名图志》（内部资料），1991 年。

据儿子的数量将牲畜和耕地分为数份，儿子们依次拿走了属于自己的份额。然而，牲畜与耕地的差别在于前者可以自我增长，后者不行。实际上，游牧哈萨克人总是在牲畜数量恢复后才为下一个儿子娶妻和分家。盆地的气候决定了耕地的低产，一个家庭必须要保证一定数量的耕地才能维持生存。老人们发现大儿子、二儿子结婚分家后，留在老房子的水浇地已不足20亩，甚至更少。那些在1984年孩子们尚未成年的家庭，耕地在分配后更少，很多家庭不可能再依靠耕地为生。有意思的是，在游牧时期幼子总是多得一份家产，而现在幼子总是很难获得应有的份额。一些家庭在前几个儿子结婚时耕地就已经分完。后面的儿子结婚成家时，哥哥们每人拿出5亩耕地作为新家庭的生产资料。

村落内较为普遍的婚姻交换也加剧了耕地的分化。为了保证女儿婚后生活有保障，女方父母开始要求男方父母预留出耕地，甚至自己也为女儿准备5—10亩的耕地。在阔孜克村，有大约10%的家庭之耕地来源于双方家庭。

新的继承制度有两个重要的基础，一是传统幼子继承制，二是生存原则。后一项考虑看起来是一种无奈之举。由于吐尔洪乡是一个农牧业大乡，至今仍无工业，没有办法为年轻人提供其他领域的就业机会。为了保证每一个小家庭的生存，父母唯有细化均分耕地。20世纪90年代中期后，第三代也渐渐跨入婚姻和家庭的大门。1984年后从老房子独立出来的小家庭面临耕地再次细分的窘境。一些父母不再为新婚的儿子分配耕地，出现了分家不分地的情况。村落中出现了大量无耕地的小家庭，未婚的年轻人很难指望能拥有一份属于自己的耕地了。

这一时期，吐尔洪乡乃至富蕴县的第二产业和第三产业仍没有太大的发展，大量青年劳动力积压在乡村无处消解。很多村民指出20世纪90年代是吐尔洪治安最差的十年。年轻人没有就业出路，而家庭中也不需要他们的劳动。乡政府街道两侧汉族人开的台球室的灯光彻夜长明，甚至还开了2家歌舞厅。哈萨克小伙子三五成群在这些地方逗留，喝酒闹事。

包产到户后，人地矛盾第一次在这个曾经绿色如绸带的盆地集中爆发，并且让每一个村民都真实地感受到它的存在。笔者想补充的一点，即矛盾并不限于人口与耕地。急剧的人口增长也导致了对山林的过度利用，并引发了水源、耕地和草场的链式反应。若是仍然没有外部力量介入，尤其是提供新的就业机会，将剩余劳动力转移出去，人口、资源与生态环境的失衡将无法恢复。可喜的是，最近十余年一些新的趋势出现了，包括富蕴县工矿业的发展、教育的进一步普及和职业技术培训的推广、国家林业政策的调整等。同时，人口、资源与生态环境的失衡反过来成为社区寻求其他发展机会的迫力。自20世纪90年代初以来，一些村民尝试在农牧业之外寻求新的发展机会，逐渐积聚成一股强大的动力迫使年轻村民走出盆地。

第三节 调适：发展道路之抉择

所有人都认为欲求发展，必先移出一部分人口。老人不愿意离开故土，但希望子孙到外面的世界奔前程。中年人很清楚自己多半要在盆地终老，但还在尝试各种可能，至少希望为孩子走出盆地积累资本。年轻人很少再将自己的未来与盆地联系起来，初中毕业后就到外面闯荡。乡政府利用各种优惠扶持政策，为年轻人走出盆地创造机会。"走出盆地"是盆地发展的前提已成共识。"走出盆地"包括两条路径，一是村民生计与盆地的分离，二是村民生活中的资源利用与盆地的分离。下面将逐一说明这两条路径，并阐明它们的生态与社会意义。

一 两代年轻人的抉择

包产到户后，家庭中劳动力过剩与资源有限性的矛盾很快就凸显出来。由于父母、兄长正值壮年，年轻小伙子要么在家里闲待，要么就得到盆地之外尝试其他职业。20世纪最后十年，小伙子们多选择到县城、乌伦古河一带、喀拉通克铜矿等地季节性地打工。然而，这一代年轻人走出盆地者寥寥无几。他们在2000年前后相继成家，从父母手中分得了少量的耕地和牲畜。年龄和家庭的重担磨损了他们常年外出务工的意志，重新回归盆地，以农牧业为主要生计，但仍从事短距离和短期的打工——打零工。新世纪初成年的小伙子们也选择了外出打工的道路，但他们已经不能从父母手中获得一份生存保障——耕地和牲畜。小伙子们常年在外打工，经过5—10年的打拼在盆地外购房、成家，最终走出了盆地。两代年轻人应对家庭劳动力与资源之矛盾的策略相似，而结果相异。其中原因当然不乏个人努力,但更为关键的是制度、政策与社会经济条件的变化。在此通过几个典型个案来探讨他们的抉择,并对其相似的策略与差异化的结果做出解释。

1997年,17岁的沙玛初中毕业,发现家里根本就不需要自己参加劳动。父母正值壮年,有一个已在家劳动3年的哥哥和2个姐姐,还有一个正在读书的弟弟。全家人守着25亩水浇地、10亩旱地和5亩草地,家中有10匹马、30只绵羊和山羊。哥哥和姐姐负责农业生产,父母则负责牧业生产。次年,沙玛在县城的炼铁厂找了一份拉运矿石的工作,20元/天,干了4个月。之后两年,他又跟随阿勒泰市的一个老板和一个内地汉族老板淘金5个月,仍是20元/天。2001—2003年他一直在富蕴县的建筑工地上当小工,收入与之前相差无几,但学会了建房技术。2002年,哥哥结婚,家里的牲畜都被当作了彩礼,还花了1.2万元买了一栋红砖房。沙玛已到婚龄,他知道若是自己不挣钱,娶妻无望。2004—2006年夏季,乡政府组织挖机井和重建吐尔洪乡中学,他仍在工地做小工。与往年不同的是,冬季不再休息,而是到牧业队为牧民代牧,不要工资而只要羊。2007年,他为自己娶了妻子,和父母同住。

哥哥分家后留下了15亩水浇地、10亩旱地和5亩草地,沙玛不仅需要照料耕地和牲畜,还需赡养父母。初中毕业后,他第一次拿起了坎土曼,也第一次成为一家之主。他不再到盆地之外的地方打工,而是与几个同龄人一起在盆地内帮人盖房,年均收入5000—6000元。除了耕种自己的地,他还承包了其他村民10亩的水浇地,农业收入约为5000元。另外,沙玛养了10头牛和10只羊,每年出售1—2头牛、2—3只羊,牧业收入约为5000—7000元。2011年,他和哥哥为弟弟出钱办了婚事,但只给了弟弟5亩水浇地。访谈中,他摊开一双老茧纵横的手掌说道,"弟弟也得像我一样劳动"。

沙玛的经历是他这一代年轻人的普遍际遇。笔者的房东,阔孜克村现任村长叶合奔与他的经历如出一辙。劳动力过剩和盆地极为有限的发展机会将他们推出盆地,家庭的重担和分家后少量的耕地又将他们重新拉回盆地。但是,与父辈固守耕地和牲畜不同,他们试图在农牧业之外寻找其他机会增加经济收入。务工中学得的技术和近十年来新牧区建设、抗震安居房和富民安居房建设,为他们在盆地内季节性打工创造了机会。在持续干旱和耕地普遍退化的情况下，季节性打工对一个家庭而言就显得尤为重要。无技术的青年人依靠到乌伦古河流域汉族包地老板地里打零工（如浇水、捡葵花、捡打瓜）增加家庭经济收入。粮食、肉和乳制品来自农牧业，而现金收入主要来自打工。实际上，回归盆地的另一个重要原因是他们多少获得了一些耕地，并且多少能够实现粮食、畜肉和乳制品的自足。对他们而言，放弃基本保障转向风险更高的打工生活并非理性之举。

与沙玛不同，他的弟弟已别无选择，因为 5 亩水浇地甚至不足以让妻儿吃饱肚子。因此，婚后不久，弟弟就带着妻子到了喀拉通克铜矿，在那里租了一间 20 平方米的土房，在一家炼铁厂工作。2013 年 4 月，笔者在铜矿见到了这对小夫妻。两人的月收入合在一起有 3000—3500 元，希望在 5—10 年内在铜矿或县城买一套住房。调查发现了一个有趣的现象，包产到户后的十年中，父母仍然将耕地和牲畜在诸子中均分，并按照传统为与自己同住的儿子多留一份财产。这种继承制度的弊端很快就显现出来，表现为"每个小家庭都能够吃饱肚子，但谁都过不好"。一些父母开始改变传统的继承制度，不再将财产，特别是耕地均分，而是将耕地集中到一个或两个儿子的手中。父母鼓励和支持其他儿子到外面打工、跑车（在矿产企业的运输队中谋生）和安家，但会尽力为他们提供资金支持。在肉孜节和古尔邦节等重要节日中，出去的儿子仍有权利获得老房子养的牲畜及畜产品。

额斯别克原是牧业二队的牧民，育有 5 男 4 女。1984 年"草场与牲畜双承包"时，他不愿意继续游牧，并希望孩子能够在吐尔洪乡上完初中，选择了定居。大队将库热萨伊一块 80 余亩的牧场分给他作为春季牧场，另外又给了 50 头/只牲畜、一块夏季牧场和一块冬季牧场。老人将牲畜交给自己的弟弟放牧，而弟弟则获得了夏季牧场和冬季牧场的使用权。额斯别克经过 4 年的时间在春秋牧场开垦出 60 亩耕地，在库热萨伊修建了一道土坝，并通过水渠将水引入耕地。另外 20 亩靠近河谷的地留作打草场，为牲畜提供冬草。

1985 年，额斯别克生病，几年中耗光了家里近 100 头/只牲畜。1992 年后，孩子们相继成婚，女孩都嫁到了盆地的村落。大儿子成年后就到牧业队帮人代牧，积攒了 10 头牛和 30 来只羊。1995 年，大儿子结婚，利用牧民定居政策在定居点买了房子，获得了30亩耕地，但仍继续游牧。二儿子1996年初中毕业后，独自到柯克托海打工。2000年结婚时，额斯别克卖掉了自己所有的牲畜，用1.4万元给儿子在当地买了一栋老房子，没有给耕地和牲畜。三儿子在2008年结婚，额斯别克为其在阔克铁列克村买了一个院子，并分出了10亩地。这个院子占地2亩，前主人于2005年举家迁到了哈萨克斯坦。第四个儿子于2010年结婚，和额斯别克夫妇居住在一起，以余下的50亩地和少量牲畜为生。为了方便看病和孩子就学，他又一次卖光了所有的牲畜，花了5万元在阔孜克村买下了现在的院子。还有一个儿子刚高中毕业，在富蕴县八一钢铁厂打工。他并不打算给小儿子分地，希望孩子离开盆地。只要老房子能够保证足够的耕地，牲畜在几年内就可重新发展起来，而他也就可以为小儿子在县城买上一套房子。

2000年后，只留1—2个孩子在村落内，维持一定的耕地规模，继续发展农牧业几乎是所有父母的选择。前文提到的巴黑海也做出了同样的选择。大儿子与乡里的一个会计结婚，住在乡里，平时在县城打工。二儿子、三儿子都在喀拉通克铜矿的铁厂上班，都已结婚，在当地租房居住。两个儿子都希望在未来3—5年内在铜矿边上新的定居点买一套房子。四儿子初中毕业后就到县水泥厂工作了，准备结婚，并在县城买房。最小的一个儿子留在了身边，继承了家里33亩水浇地、10亩旱地和少量的牲畜。通过哥哥的关系，小儿子也在乡里一间摩托车修理铺当学徒，希望以后能在乡里开一间自己的铺子。

额斯别克和巴黑海的个案揭示了四个方面的重要信息：首先，村民已经意识到耕地不可细分，只有保持一定规模才可以保障家庭的生存和发展。从某种意义上讲，这既是向传统继承制度的回归，又是对传统继承制度的超越。耕地与牧场一样不可细分和自我增长，细分意味着每个小家庭拥有的生产资料都不足以满足生存和发展的需要。与传统继承制度不同，小家庭的发展不再来自牲畜的再生产，而来自在非农牧业领域寻求新的发展机会。其次，新一代年轻人的未来不在盆地，只有走出盆地才可能为自己及其家庭谋得生存和发展的机会。再次，打工的形式发生了重要变化。季节性和短距离的务工已经不再是新一代年轻人的首选，到工厂去成为大部分年轻人的主要出路。最后，打工不再是男性的专利,年轻女孩也加入打工者的行列,并在婚后继续与丈夫一起到盆地外打拼。这扩展了年轻人的生存、交往和婚姻圈的空间,也增强了经济独立性和在新的地方生存、发展的机会和信心。

如果说前两个方面的变化主要源自盆地内人口与资源矛盾的推力,后两个方面的变化就主要来自富蕴县工矿业发展创造的机遇和城镇生活的拉力。直到20世纪90年代中期,除了柯克托海稀有矿和喀拉通克铜镍矿外,富蕴县几乎没有像样的工业。然而,这两个企业都隶属于自治区有色金属公司,属于国有企业,几乎不在当地招工。20世纪90年代末,富蕴县探矿取得重大进展,发现矿产四大类92种,探明储量的矿产41种,矿床154个,尤以铁矿和铜矿最为丰富。很快,国内几乎所有的大型矿产企业(如宝钢、紫金矿业等)都在富蕴县城和喀拉通克铜矿周边修建了加工厂,大小不一的矿山则分布在春秋牧场和夏季牧场中。2002年,工业产值首次占到富蕴县国民生产总值的40%以上,其中矿业产值达3.2亿元,占工业总产值的80%。[①] 如图7—3所示,

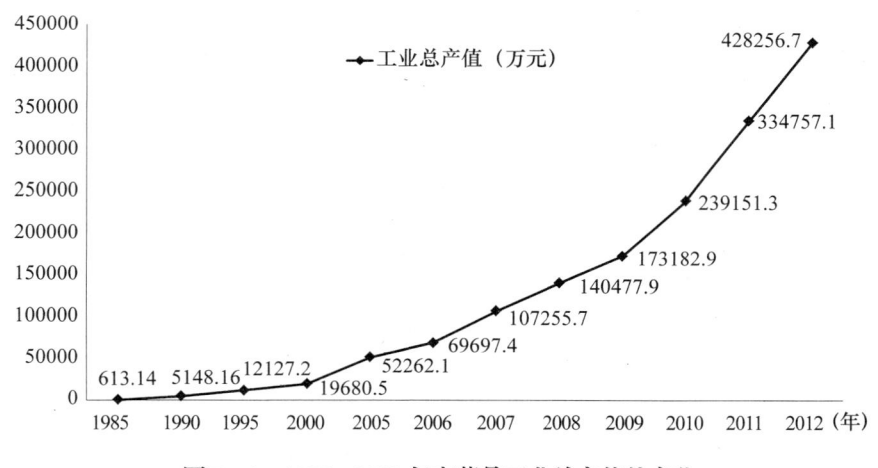

图7—3 1985—2012年富蕴县工业总产值的变化

资料来源:1985—1995年的数据来自《富蕴县志》,新疆人民出版社2003年版,第182页。2000年后的数据来自《新疆统计年鉴(2000—2012年)》。

---

① 新疆富蕴县国土规划局:《新疆富蕴县矿产资源规划研究》(内部资料),2005年,第6—9页。

2002—2012 年，富蕴县矿业和工业高歌猛进，尤其以 2005 年后的增长速度最快。现在，"富蕴"被解释为"天赋蕴藏"，以铁矿和铜矿最为丰富。2014 年，富蕴县地区生产总值达 48.37 亿元，工业所占比例高达 56.1%，贡献主要来自矿产资源领域。①

与柯克托海稀有矿和喀拉通克铜镍矿不同，新企业多为股份制企业，为富蕴县提供了大量新增就业机会。县里也适时地提出"矿业兴县"的口号，并给予企业用地、用水、招工等各方面的优惠。机会主要包括两类：一是企业管理和行政工作，二是矿山开发、运输和车间的技术工作。前一类多半为毕业的大中专学生所占据，后一类则为农牧区的青年劳动力（以男性为主）占据。这主要是因为前者对知识和专业技能的要求较高，而后者的要求较低。初高中毕业生不再回乡，而是直接住进了企业提供的职工宿舍。当然，正式上岗前需要通过相应的培训和考试。企业的增多也带动了富蕴县的商业和餐饮业，初高中毕业的女孩多选择在县城或企业周边的商场、超市、餐馆打工。

2013 年 2 月，笔者到县城和喀拉通克铜矿周边的棚户区做外出务工青年的调查。最终，对阔孜克村的 20 人（约占该村外出务工青年的 1/3）做了访谈，他们都不准备回去，原因包括三个：首先，在家中无耕地，也不指望能够获得耕地。其次，与农牧业收入相比，打工的收入比较稳定可观，月均 2000—2500 元。若是有驾照，愿意在矿山和厂区拉矿石（非常辛苦和危险的工作），月收入可达 4000—5000 元。这让他们看到了在这些地方生存下来并实现发展的可能，而且事实上有人已经成功实现了这一目标。最后，他们几乎从未真正从事过农牧业劳动，而且已经习惯了矿山、车间的工作和城镇的生活。与父辈和哥哥不同，他们在业余时间喜欢上网、聊天和看电影，而乡村的生活环境显然不能提供这些服务。

年轻人婚后会搬出集体宿舍，在企业周边租房生活。铜矿已经不再只有喀拉通克铜镍矿，已经出现了铁粉厂、皮革加工厂、面粉加工厂以及为职工提供生活服务的各类小企业、商铺和餐馆。在铜镍厂职工小区的外围形成了一大片棚户区，生活着 500—600 户来自四面八方的打工

---

① 新疆维吾尔自治区统计局：《新疆统计年鉴·2014》，中国统计出版社 2015 年版。

家庭。棚户区的房子都是就地取土夯实而起，将职工小区和厂房围在中间，只是在向西和向东的方向留了两个出口。棚户区内道路蜿蜒曲折，尚未硬化，无饮水、排水和排污系统。人们用手推车从职工小区购买饮用水，在棚户区的外围搭建了一圈简易厕所。棚户区最早出现于20世纪90年代初，新的打工者总是在外围添加一圈房子，逐渐形成了错落有致的5—6圈的空间格局。新婚夫妻通常需要在棚户区生活5—10年，之后才有资金在县城或就近购房。为解决日常吃肉、喝奶的问题，小家庭在棚户区外围的戈壁滩用土墙或铁丝网围出一圈草场，在里面养两三头牛、三五只羊。有的夫妻在有孩子后仍都在工厂上班，而将孩子送回村里由爷爷奶奶照料。有的家庭中妻子干脆辞掉工厂的工作，在棚户区里开个小店或是捡垃圾挣钱，孩子就近在铜矿小学读书。

尽管生活困难，但这些年轻人仍然愿意在外打拼，期待有朝一日从棚户区搬进楼房或拥有一处自己的院落。对有一定积蓄的小夫妻来说，实现梦想的日子就快到来了。富蕴县已经决定在铜矿以东的戈壁滩开垦约6万亩耕地，引入额尔齐斯河的水源，建立一个能容纳1000余户的新定居点。同时，以铜矿和定居点为中心建立喀拉通克镇。很多年轻夫妻都准备在新定居点花5万—6万元买一套房子，并获得50亩的耕地。另外，自2010年以来，富蕴县鼓励农牧区家庭到县城购房，每个户口补助3.5万元。阔孜克村已经有4户享受了这一补助。尽管能够在县城买房的凤毛麟角，但年轻夫妻和小伙子们看到了希望。

我们也应该关注国家和地方政府在转移劳动力方面做出的努力。近年来，吐尔洪乡政府有针对性地在农闲季节聘请县职业技术学校的老师、个体手工业者和厨师到各个村开展电焊、机械维修、十字绣、厨师的培训。在冬季，免费为村民提供驾驶技术的培训。2012年2月3日，我们跟随富蕴县一个电焊师傅走进了达尔肯村。在村长的院子中，师傅摆好电焊工具，村民三三两两陆续进了院子。师傅只是简单交代了技术的关键环节和安全操作规范后，就让村民直接上手，焊接各自带来的锄头、爬犁和生产生活用具。2010年援疆以来，每个村每年都可以挑选2—3名初高中毕业生，由县政府免费送到齐齐哈尔和哈尔滨的职业技术学校接受为期半年到一年的培训。根据县政府与企业签订的用工协议，这些学生考试通过后就可直接到工厂工作。在村民看来，培训效果最好的是驾驶、电焊和机械维修，因为这几项技能可以让村民很快找到工作。像十字绣、厨师之类的培训（主要针对女性）似乎效果不佳，村民开玩笑地说，"增加了沙发上的抱枕，提高了炒菜的质量"。这说明，培训如何更好地与企业的用工需求衔接是关键，也是今后培训的主导方向。

除了务工这一条道路外，自20世纪90年代以来还有三条走出盆地的道路：第一条道路是孩子升学。阔孜克村已有10位大中专毕业生或正在上大学的学生，除了1位就读于阿勒泰卫生学校的女孩回到村子里当村医外，都离开了或可能选择离开盆地。第二条道路是向哈萨克斯坦移民。这一现象出现在20世纪90年代中期以后。阿勒泰的哈萨克族主要来自阿尔泰山北麓的斋桑泊地区，与哈国哈萨克族的文化、行为方式与生产生活习惯相近。甚至一些村民在哈国还有一些亲戚，其中一些在1962年伊塔事件①中迁入苏联，并在哈萨克斯坦草原生活了下来。阔孜克村有5户迁入了哈萨克斯坦，都是分家后无地的年轻夫妇。他们通过亲戚，在哈国获得了牧场，以游牧业为生。另外，最近十来年有2户村民将孩子送到哈萨克斯坦上高中、大学，毕业后在当地工作安家。总的来说，迁入哈国的情况在盆地并不多见，平均每个村仅有4—5户。第三条道路是到新的定居点，也出现在20世纪90年代中期以后，主要受到了牧民定居工程的影响。牧民定居首先安置仍从事游牧的牧民，但农业村通常也可以获得2—3个指标。阔孜克村将这些指标首先分给那些儿子多、无耕地或少耕地，但能够承担定居费用（通常是3万—5万元）的家庭。2005年以来，先后有3户通过定居离开了盆地。在整个调查期间，铜矿的新定居点始终是村民谈论的焦点。2012年9月，县政府就新定居点安置牧民事宜在吐尔洪乡召开了一个广范围的座谈会。参加座谈会的包括乡政府的领导、村书记和村长，以及各村年长的、有威望的村民。村民提出定居不应只考虑牧业队的牧民，也要考虑像盆地这样人多地少农区的农民，并希望能够留出一部分指标给各个村。即便

---

① 伊塔事件：1962年4—5月，苏联政府通过其驻伊宁领事机构利用我方民族分裂分子煽动、胁迫伊犁、塔城边界地区之霍城、塔城、裕民3县6万余名中国公民携带家产、牛羊逃往苏联。伊塔事件对富蕴县的影响并不大，但在调查中还是有人提到零星有一些哈萨克人迁到了苏联。参见蒲开夫等《新疆百科知识辞典》，陕西人民出版社2006年版，第264页。

真有指标，大部分人也无法到新的定居点去。村民很悲观，因为到新的定居点需要支付 5 万—10 万元不等的费用，而大部分村民无力承受。

无论如何，让年轻人走出盆地已经成为共识，并且已经出现了各种机遇和道路。未来将会有相当比例的年轻人离开盆地，在县城、铜矿或其他地方购房，或是到新的定居点生活。更多的年轻人可能仍在"走出盆地"的奋斗途中。尽管他们尚未走出盆地，但会逐渐脱离农牧业而转向工业和服务业，或是到新的地方、新的行业寻求发展机会。当然，也会有更多的年轻人通过求学改变自己的命运。这将有效地缓解当前盆地人口与资源的矛盾。对继续生活在盆地的村民而言，年轻人走出盆地也为他们和社区的发展创造了新的机遇。

二 盆地内的新机遇

前文已分析了持续的干旱与水、草场、耕地和山林资源条件的恶化导致盆地农牧业双双陷入困境。不管是在社区层面，还是在家庭层面，似乎农牧业都走进了一个死胡同。但在困境中也隐现着新的机遇，前提是耕地在村落和家庭内的重新集中。近年来，隐现的机遇在国家惠农（牧）政策背景下得以显现，并逐渐在村落内形成了三种发展趋势。在此，我们首先通过胡鲁台的个案发掘隐现的新机遇，再通过另外三个个案探讨村民对新机遇的把握，进而分析盆地发展的可能性。

本书第四章中，已经对胡鲁台在伐木浪潮中发家的过程做了分析。利用伐木获得的收益，他在 1992 年花了 1.5 万元开了阔孜克村第一家商店。胡鲁台先是从吐尔洪乡、柯克托海的批发商手中进货，在村中加价出售商品。批发商中间赚取的利润是显而易见的，因此从 1994 年开始他就直接从乌鲁木齐进货。在 20 世纪 90 年代中期，阔孜克村每个家庭在他的商店中年均消费 1000 元。很多家庭无现金支付，而是在 9—10 月直接用牲畜抵消欠账。商店每年为家庭带来 50—60 只小畜，到 1998 年就拥有了 30 头牛、150 只绵羊和山羊。2000 年以前，代牧仍很少收取费用，胡鲁台就将牲畜交给牧业队的牧民代牧，畜产品则由代牧者支配。但是，冬季牲畜的圈养需要大量的饲草，这是一个棘手的难题。

20 世纪 90 年代是盆地牧业重现后最兴盛的时期。一些家庭因劳动力不足，无法兼顾农业和牧业。同时，种地不仅需要交税，而且还要承担相当多的集体劳动（修路、修渠、栽树等）。因此，一些家庭索性将耕地以较低的价格承包出去，专心发展牧业。1992年，胡鲁台瞅准时机，以60元/亩的价格承包了50亩耕地。最多的一年，他承包了15户280亩的耕地。很多村民都说"这家伙勺掉（傻掉）了，种地能赚钱吗?"胡鲁台有自己的算盘：若是只算耕地产出的粮食，自然是不赚钱。但若是考虑到耕地提供的饲草，则是比较赚钱的。1992年，胡鲁台购买了第一辆55式的拖拉机，免费给村民犁地、播种和收割。在自己忙不过来时（家中劳动力只有他和妻子两人），这些人就会过来帮着犁地、播种和收割。他将承包的地划分为8—10块，每块安排4—5个人，有效地解决了劳动力不足的问题。此外，他也重视农作技术，和乡里的技术员长期保持联系以便随时请教，每两年更换麦种，并按比例施肥。因此，其他村民亩产100千克，他可以达到300千克。

实际上，承包耕地不仅让他在农业上成功了，而且也有力地支撑了家庭牧业的发展。从胡鲁台的经历来看，这是一个"不安分"的人，善于抓住各种机会。这在他的商业活动中也体现出来。1995—1996年，他开始在阔孜克村帮助喀拉奥依村的回族商人马濡文收购畜皮，从每张中抽2元的提成。之后，他开始自己收皮子和山羊绒，绕开回族商人，直接与乌鲁木齐和米泉的商人联系。当盆地牧业再次衰落和粮食价格上升时，他又及时转收麦子和豌豆。最近几年，他每年在盆地收购150吨左右的麦子和豌豆，从中获利1万元。在访谈中，笔者力图弄清楚他究竟做过多少种生意。然而，胡鲁台自己也很难说清楚。对他而言，只要有机会和市场需求，就可能马上转向新的领域。

在吐尔洪盆地，胡鲁台并不是最成功的农民、最成功的牧民或最成功的商人，但他及时地抓住了各种机会，实现了发家致富的梦想。胡鲁台的成功揭示了三个方面的重要信息：首先，只要能够实现耕地的集中，加上掌握相应的农业生产技术，一个家庭可以通过农业实现发展；其次，耕地的集中和农业的发展可以为牧业的发展提供强有力的支撑，但前提是要解决农牧业生产的劳动力问题；最后，生计的多元化是实现社区和家庭经济发展的一条重要路径。沿着胡鲁台走过的足迹，一些村民以耕地的重新集中为基础开始尝试农业专业化、牧业专业化和生计多元化三条发展路径，并都或多或少地取得了成功。

36岁的叶博提是胡鲁台的弟弟。2005年，叶博提第一次承包了乡武装部一位职工的10亩水浇地，承包价为50元/亩。之后几年，尽管包地价格一路攀升至80元、100元、150元，但他还是一有机会就出手拿地（见表7—4）。原因有三个：首先，2005年以来国家取消了农业税，并且实施了120元/亩的粮农补贴政策。因此，包地的费用实际相当于国家的粮农补贴，包地者只需要承担农业生产的成本。其次，大量年轻家庭外出务工，在村落内留出了可承包的耕地。由于家庭内耕地的细分，年轻家庭通常只拥有5—10亩不等的耕地。一个小家庭独自耕种这些耕地并不足以维持生存和实现发展，而务工相对可观的收入和走出盆地的吸引力最终让年轻家庭退出了农业生产领域。这为耕地在村落内的流转和集中创造了机会，当然也为致力于农业实现发展的家庭提供了机会。最后，最近几年粮食价格的上涨让种粮成为一项有利可图的事业。

表7—4　　　　　　　　　叶博提的包地情况

年份	出租人	出租人年龄	承包面积	年限	出租原因
2005	扎里	35岁	10亩	2年（已退）	在乡里工作
2006	扎汗	35岁	9亩	2年（已退）	在恰库尔图打工
2008	叶尔肯	40岁	7亩	2年（已退）	酒鬼，自己不种地
2009	努尔江	35岁	7亩	2009—	在盆地内跑客运
2009	蔑乌木汗	34岁	13亩	3年（已退）	铜矿打工
2011	邓艾	42岁	15亩	2011—2016年	在外打工
2011	易河山	58岁	11亩	2011—	身体不好
2013	阿合买提	40岁	60亩	2013—	已到县城定居

与哥哥不同，叶博提并未发展牧业，家中只有1头牛和6只山羊。原因来自两个方面：首先，牧业生产成本较高，代牧费高，以及冬季圈养的饲草需求量大。2012年的代牧费的标准为：1头牛120—140元/夏天，1只绵羊或山羊12元/月（一个夏天约为60元/只）。冬季圈养成本较高，2头牛足以吃掉近1亩地的干草。若是将承包地的麦秆做干草出售，100亩地就可获利0.5万元。因此，去掉成本后，牧业收益比较

低。其次，家庭劳动力不足。由于孩子尚未成年，劳动力只有自己和妻子。若是同时发展农牧业，在农忙时就需要以 80—100 元/天雇人劳动，这将使得农业利润也大打折扣。因此，家中只饲养少量牲畜以满足日常生活的肉乳需求，而将重心放在农业上。

目前，阔孜克村有 15 户左右的家庭采取了与叶博提相同的策略，只是包地数量相对较少。同时，在阔孜克村也有 20 来户家庭将重心放在了牧业生产上。他们通常也耕种 30—40 亩不等的耕地，部分来自自己家庭，另一部分则通过承包获得。与叶博提不同，这类家庭在农业上的投入很少，也不重视种子的更换、施肥少和几乎不进行田间管理。对他们来说，只要种粮食就可获得国家 120 元/亩的粮农补贴，亩产并不重要（多为 100—150 千克/亩），关键是可以提供足够多的饲草。在这些家庭中，35 岁的叶克峰最为成功。不仅是因为他养的牲畜多，也是因为他成功地实现了牧业生产的商业化。

叶克峰的父亲乌克西曾在 20 世纪 70 年代担任铁木加工厂的书记，有 5 个兄弟，分家时仅得到了 10 亩水浇地和 10 亩旱地。若仅以 20 亩地为生，一家四口（育有一儿一女）只能吃饱肚子。在父亲乌克西的记忆中，叶克峰从小就喜欢骑马，而家中仅有的 2 匹马和 10 来只绵羊也一直由他照料。2009 年之前，叶克峰曾在牧业一队为牧民代牧，掌握了放牧技术。2009 年，富蕴县开始在牧区推广种公羊、种公牛项目，并为参与项目的农户（包括牧民）提供贷款和技术支持。2010 年，富蕴县开始试点农（牧）业专业合作社，同样为参加合作社的农户提供贷款和技术支持。利用这两次机会，叶克峰成功地从银行贷款 9 万元。2009 年，他首先用贷款的一部分承包了阔孜克村 100 亩的集体地（其中 80 亩为水浇地），其中 80 亩种小麦，20 亩种苜蓿。在他看来，因为有粮农补贴，承包集体地相当于没有成本，但却可以提供充足的饲草料。

用余下的贷款，他买入了几头种公牛，主要是为了应付检查。但实际上，他将大部分贷款用于牲畜的育肥和倒卖上。牧民 9 月下山时，他以较低的价格买入弱畜和幼畜，在冬季集中饲草、饲料育肥。次年 3—4 月将之售出，此时市场上牲畜数量最少，而价格最高。其策略实际上就是利用贷款赚取不同季节牲畜的差价。一方面取决于有足够的资金在牲畜价格最低时购入，并有足够多的饲草育肥；另一方面取决于对牲畜市场行情动态的把握。同时，叶克峰也善于抓住转瞬即逝的机会。村落中，始终有一些家庭因疾病、孩子上学、儿子结婚等各种原因需要很快卖掉牲畜。他看准机会，以略高于当时市场行情的价格买入，在适当的时候只要价格高出买入价100—200元就随即出售。显然，这种市场行为与传统的牧业生产大相径庭，把握市场机会，通过买入与卖出获利是关键。同时，叶克峰也深刻认识到传统牧业生产中依靠牲畜自我繁殖实现增值的合理性。因此，他总是保持20—30头牛、15—20匹马和50—60只羊的畜群规模，在夏天自己带到山中放牧。

在访谈中，笔者深刻地感受到叶克峰的精明。一方面，他善于把握政策提供的机会，成功地发展了牧业；另一方面，他又将传统牧业生产的技术、管理和理念与市场行为有效地结合起来。正是在这一点上，我们很难再视其为一位传统的牧民，而是能够准确把握市场机会、融合传统牧业生产之优势的、具有创新意识的"牧民"。叶克峰的成功说明，只要能够发挥传统牧业之所长，把握政策与市场提供的机遇，仍然有可能实现牧业和家庭经济的发展。

很多村民都试图尝试叶博提和叶克峰的发展路径。但是，两个方面的因素决定了这两条道路不可复制：一是，2011年后国家收紧了放贷政策。由于吐尔洪盆地多次发生无力还贷的情况，银行决定不再给村民贷款。二是，更多的人愿意承包村民的耕地，这使得集中100亩以上的耕地不再现实。耕地的流转、集中仍在继续，但范围由村落缩小至大家庭兄弟之间。结果是一些家庭拥有了30—40亩的耕地，以此为基础形成了10来头大畜或30—40只小畜的牧业经济，回到了农牧并重的生计形态。与20世纪80—90年代不同，这些家庭的男性通常还从事季节性的和短距离的打工。也就是说，在家庭中出现了生计多元化的趋势，而且这种趋势可能是大部分家庭的发展道路。

40岁的阿里2000年结婚，妻子也来自阔孜克村，之后随即从老房子里分出来。父亲给了他7亩旱地，岳父又给了15亩旱地。好在两块旱地都靠近河谷，可抽水灌溉，相当于水浇地。父亲还给了3只小绵羊、1只山羊和1匹小马，另外岳父给了1头小公牛。分家之初，他们没有自己的房子，只能住在老房子里。2003年，他们花了4300元买了同村一家搬到新定居点去的村民的房子。2011年开始，他们以100元/

亩的价格租种弟弟的 7 亩水浇地。29 亩耕地全部种小麦,除了少量出售外,大部分粮食自用。由于家中劳动力不多,他们在 2004 年卖掉了绵羊和山羊,主要养牛和马。因为牛、马在夏季可以放到山中,无须找人代牧,只需每隔两天到山中喂盐。2013 年 1 月调查时,有 5 头牛和 3 匹马。冬季牛、马所需的饲草全来自 29 亩耕地。阿里说,以现在耕地的情况来看,牲畜的规模不可能扩大,每年都要卖掉 1—2 头牛,挣 0.5 万—1 万元。

为了养家,他和妻子季节性地到乌伦古河流域的包地老板那里打工。这些老板主要来自北屯和奇台的农民,种着 200—300 亩甚至更多的打瓜和葵花。他和妻子每年 3—4 月、6—7 月和 10—11 月在当地村中租一间小房,跟着老板吃,承担播种、浇水、除草、打药、收割等工作。每天工作 10 个小时,挣 180—200 元,一年约 1 万元。通常,他们也会和村中其他 3 对夫妻一起,揽下一块地的活,干完后平分所得。

阿里每年还抽时间与村中另外三个同龄人进山拣石头。绵延的阿尔泰山除了是天然的优质牧场外,还散布着各种宝石矿,包括海蓝、碧玺、丁香紫宝石和乌宝石。自 20 世纪 80 年代中期以来,到山里拣宝石一直是村民重要的收入来源。进山的时间多在 7 月小麦收割前和 9 月小麦收割后,早上 7 点骑马出发,到晚上 8 点才能到。由于是深山牧场,有狼群出没,因此一个人是不敢进去的。一行 3—4 人带上做饭的工具、食物和厚厚的衣服,一次在山里待上 15 天。阿里曾和父亲、哥哥到山中拣石头,大致能够判断哪些地方有宝石,哪些地方已经被挖过。若是运气好,可能在 15 天中大有所获。2003 年,阿里就拣到一颗大的海蓝,卖了 3000 元,然后才买了房。宝石出售后,一起进山的人均分。2003 年至今,阿里每年都进山 2 次,年均挣 3000—4000 元钱。拣石头所得可以解决家庭一年所需的茶叶、盐和各种生活用品。

在阔孜克村,部分男主人 40 来岁的家庭和阿里一样,只是有的在乡政府的工地做小工,有的在盆地内开着面包车跑客运。小工和跑客运的年收入与到包地老板地里干活收入相当。也就是说,对这部分人来说,农业解决家庭的粮食需求,牧业解决所需的肉乳。村民每年仍然可能出售少量的粮食和牲畜,获得 0.5 万—1 万元不等的收入。现金收入另一主要来源是打工或其他行业的收入,是一个家庭最重要的收入来源。随着更多年轻人走出盆地,他们耕地的规模可能会有所扩大,但在短期内扩大的比例可能相当有限。随着新牧区建设和城镇化的推进,盆地内打工和其他行业挣钱的机会将增多,也将进一步改善村民的经济情况,并进一步提高这部分收入在家庭经济中的地位。

这部分人将成为今后盆地主要的劳动力,且要承担赡养老人和抚育子女的义务。因此,通过生计的多元化尽可能增加家庭收入是他们今后主要的出路。但是这一出路通畅与否取决于两个重要因素:一是喀英布拉克水库能否如期完工、投入使用,这将决定能否获得可靠的、充足的水源。二是山林退化能否得到有效遏制,因为山林的破坏严重地影响着水源、草场、水库和耕地资源。如果说走出盆地和盆地内新的机遇重在调适失衡的人口与耕地资源的关系,那么如何恢复山林生态系统就是调适盆地外部空间的关键。只有内外两个空间的资源条件得到改善,生态环境得到恢复才可能彻底地调适失衡的状态,并为盆地的可持续发展创造机会。

三 燃煤时代

无度伐木的浪潮几乎在一夜之间就销声匿迹了。很多村民提到1992年夏季,自治区林业厅的检查组在吐尔洪林区做常规检查,正好撞见护林员带领一帮人砍伐了一大片成熟林。很快几位护林员就被抓了起来,并被送进了监狱。另一说法是村民听闻护林员带着一帮人在砍伐树林,各村聚集了约500人到山上和护林员理论,质问"为何不让我们砍伐,而你们却私自砍伐"?。事件最后闹到了自治区,护林员被抓,而村民伐木的行为也受到了更为严格的控制。两种说法在笔者对大桥林场职工的访谈中都未得到验证,但确实有几位护林员在这一年被抓坐牢。

实际上,20世纪80年代以来额尔齐斯河和乌伦古河流域森林退化早已经引起了各级政府的注意。根据相关调查,1963—1980年额尔齐斯河林地面积共减少了45.5万亩,损失达66.1%。用材和烧柴的需求量大大增加是首因,其次才是毁林开荒和放牧。[①] 1990年5月12日,自治区颁布《新疆维吾尔自治区关于实施〈森林法〉的若干规定》,明

---

① 樊自立等:《新疆阿勒泰地区自然资源保护问题》,《资源科学》1983年第2期。

确规定封禁期内禁止砍柴、放牧、狩猎和挖药材,但强调林场应该优先供应林区牧民定居和棚圈用材。在林场老职工的记忆中,20世纪90年代后的几个新变化反映了政策的变化:首先,大桥林场的采伐指标减少,主要工作逐渐由伐木转向育林。其次,1988年成立了林证科,之后村民过检查站就需要林场开具的调拨单、护林员的条子和林证科在木头上烙下的钢印。并在1992年前后集中抓了一批偷盗木材的村民,管理逐渐规范。最后,乡政府也承担起了监督村民的工作。1994年后,吐尔洪的村民只能户均获得10来方的柴火,而且主要是林场伐木后留下的树枝、树皮和枯木。

柴火和圆木的价格也提高了很多,分别为60—70元/方和600元/方。在这种情况下,村民建房更多地利用之前留下的圆木或拆旧房留下的木料,建房用材逐渐与山林远离。村民仍然在冬季规定的一个月中拉回10方木材,精打细算地依靠它们度过严冬。一些家庭开始在冬季聚集在一个房间中过夜,其他房间则几乎不再生火。同时,一些村民开始重新在秋季之前晾晒粪饼,白天生火做饭利用畜粪,只是晚上就寝前在火炉中添加柴火。在最冷的一个月,村民以近200元的价格购买约1吨的煤炭,以保证安然度过。县城、乡镇和周边无林区的村子彻底与柴火告别了,从1994年开始就完全依靠煤炭过冬。夏季,村民的燃料主要来自河谷、道路两侧干枯的树木,以及在夏季牧场放牧时捡的枯树和倒树。

与此同时,林场的主要工作也开始转向育林。喀英布拉克的山林最为茂密,也是被破坏最严重的林区。林场从1995年开始在此植树造林,工作主要由护林员完成。护林员批条子的权力被收回,他现在的工作除了造林,还需要承担监督偷伐林木和防止山火的工作。但是由于吐尔洪盆地气候寒冷,树种与别处不同,生长极为缓慢,而且土壤贫瘠。因此15年造林、封山育林的效果并不是很好,只有少部分树存活下来。大桥林场提供的吐尔洪林区图中有阴影且标号的地方仍是树林,而空白之处则无林木覆盖。我们可以看到,阴影和空白交叉出现,而且越是靠近盆地空白面积就越大。库热萨伊、京伊什克萨伊的情况似乎更糟。这说明,吐尔洪这类高寒地区,森林一旦被破坏,就很难恢复。

1998年长江流域的洪灾彻底拉响了中国生态灾变的警笛,也拉开了全国范围实施"天然林保护工程"(简称天保工程)的序幕。国务院批准的"东北、内蒙古等重点国有林区天然林资源保护工程实施方案"中明确新疆天然林资源保护工程的实施范围为"天山西部林业局和阿尔泰山林业局"。1998年9月12日,自治区林业厅做出立即停止发放采伐许可证的规定。实际上,1997年富蕴县就为大桥林场在县城划出30亩地,并顺利将其搬迁到县城。次年9月24日又无偿在县城划拨2767公顷的土地交由林场经营,作为林场转产后的水土开发资源。2000年后,村民连砍柴火的权利也丧失了,必须依靠奇台县北塔山的煤炭度过漫长、严寒的冬季。

告别山林催生了一些运输、售卖煤炭的专业户。44岁的沃扎是牧业一队达乃的长子,于1984年在阔孜克村定居。2000年,他贷款买了一辆大卡车,并从2003年开始从北塔山拉煤到阔孜克村。每年8—12月,沃扎往返8—10次,一次拉25吨,年均2000吨。他从吐尔洪出发,经过恰库尔图、萨尔托海、奇台,然后再到北塔山,单线距离400公里。回来的路线不变,沿途只要有村民买煤,他就随即卖掉。除了他,阔孜克村还有一户卖煤的,有一半的人都在沃扎处买煤。2003年,北塔山一吨煤出厂价为130元,到阔孜克村为250—300元/吨,原因是路线太长和沿途过路费太高。最近两年,阔孜克村的煤炭价格上涨到了500—550元/吨。在供暖的季节,平均每户消耗4—6吨煤。若以2012年全村205户计算,相当于消耗1000余吨的煤炭。表7—5所示为图四海一家一年的收支情况。

表7—5　　　　　　　**图四海一家一年的收支情况**

收入项	基本情况	明细	支出项	基本情况	明细
农业	18亩地	自用	礼金	节日和托依	4000元
牧业	7头牛、1匹马、7只绵羊	9000元	煤炭	4吨	2000元
打工	20天	2000元	教育	2个孩子	2000元
其他	—	—	其他	日常生活	2000元
合计	11000元		合计		10000元

注:图四海,男,阔孜克村村民,42岁,有一儿一女,共4口人。图四海的家庭是该村较为贫困的家庭,煤炭支出占全年家庭支出的1/5。另外,18亩耕地中,10亩种麦子,8亩种苜蓿,分别满足家庭粮食和饲草需求。种地的支出与国家粮农补贴基本相当,但也几乎没有收入。

实际上，很多村民连煤炭都买不起。在调查时，笔者发现一些村民只能一次买1吨，不够了只好跟人赊账或是借钱买煤。在沃扎2007年的账本中，有一半的村民都是靠赊账，并在之后2—3年内陆续还清。第二年的账本中，仍然出现他们的名字。普遍的贫困让很多村民难以承受"昂贵"的煤炭，一些村民唯有省下冬宰的羊以换得安全过冬。在很多村民的记忆中，以前冬宰至少要宰掉1头牛、2—3只羊，现在只能宰掉1—2只羊。贫困的村民家庭，煤炭支出通常占到全年支出的1/5。村民都知道告别山林可以换来"青山绿水"，但现实的情况是加剧了贫困。

自20世纪90年代中期以来，村民尝试着各种可能调适已经失衡的人口、资源与生态环境的关系。调适的策略包括外出务工、到新的定居点或是通过升学、移民的方式脱离盆地。走出盆地为留在盆地内的村民创造了新的发展机会，包括：农业的专业化、牧业的专业化和生计的多元化。制度、政策与社会经济条件的变化成为重要的推动力量，而且地方政府也试图通过各种途径改善和调适人口与耕地资源的关系。同时，国家林业政策的变化推动了伐木时代向燃煤时代的转变，村民告别了山林。山林生态系统正在缓慢地恢复，但却给生活在这片土地的村民造成了严重的经济负担。总的来说，这些调适策略起到了一定作用，但是效果还不是很好。这说明，草原社区生态环境一旦失衡，就很难在短期内得到恢复。调适将会是一个长期的过程，不仅需要当地人的努力，也需要制度、政策和社会经济条件的支持和配合。此外，也应通过政策补偿他们做出的牺牲，避免对社区发展造成不利影响。

综上，失衡制约了社区和家庭经济的发展，但反过来也促使人们对失衡关系进行调适。在家庭和个体层次，年轻人逐渐尝试到盆地外寻求新的发展机会，包括季节性与短距离的打工、常年打工、国际移民和升学等途径，以及到新的定居点定居。20世纪90年代外出的年轻人十年后渐渐回归盆地，但新世纪的年轻人无可奈何地选择了脱离盆地和农牧业。这为留在盆地的村民创造了新的发展机会，包括农业与牧业的专业化和生计的多元化路径。长远来看，脱离盆地、农牧业专业化和生计的多元化是三条齐头并进的道路，既利于社区和家庭的发展，也有利于失衡关系的调适。地方政府已经深刻意识到盆地的发展必先移出相当一部分的人口。因此，他们利用各种优惠扶持政策为年轻人提供培训，尽力解决困扰盆地发展的水资源问题。近年来，乡镇的各项公共事业建设，为那些留在盆地的中年人提供了务工机会，丰富了这些家庭的生计类型，也增加了他们的收入。县域内工矿业的发展、其他产业的兴起和定居工程的推进，为走出盆地的年轻人提供了生存和发展的空间。在国家层次，新牧区建设、抗震安居和富民安居工程、援疆工程的实施，以及农牧业合作社等政策为基层政府创造条件调适失衡关系提供了可能。天保工程的实施为调适失衡的山林生态系统提供了制度保障。尽管如此，但目前调适的效果还不是很好。路漫漫其修远兮，调适也将是一个长期的、复杂的动态过程。

第八章 移民与盆地

20世纪60年代以来,移民改变了盆地相对单一的民族结构,使之成为一个各民族相互嵌入的社区。移民包括回族、汉族、东乡族和撒拉族,主要来自甘肃、四川、河南、山东、安徽等十多个省区。根据前文论述,在此将回族、东乡族与撒拉族统称为回族。2012年,盆地哈萨克族、回族与汉族的占比分别为83.2%、7.1%和9.7%。移民抱着"吃饱肚子"的目的来到盆地,自发流入新疆,在政府有组织安排下进入盆地,聚居在喀拉奥依村、塔斯托别村、塔斯莫依村和基建队。他们参与了盆地开荒、兴修水利的进程,引入了"精耕细作"的农作技术、知识和文化观念,自身也深受哈萨克人生计与生活方式的影响。与哈萨克人一样,移民也是几十年来盆地发展、资源与生态环境复杂动态过程的直接参与者和推动者。忽略了移民所扮演的角色,就注定不能完整地阐释这一过程。

包产到户后,回族、汉族移民发展出了与哈萨克居民不一样的生计模式,资源利用方式呈现出多元化趋势。回族村民有效地将农业、牧业与商业结合起来,发展出多种经营但重在商业的经济结构;部分汉族村民则发展了副业,形成了农业、牧业与副业的组合,但重在农业的经济结构;还有一部分汉族村民主要以门市贸易和建筑业为生,形成了以服务业为主的经济结构。族群经济上的选择既以传统的生计模式为基础,又抓住了市场经济提供的新机遇,形成了具有差异性与互补性的经济结构。在此基础上,族群间就形成了稳定的共生关系。共生关系不仅促进了族群间的社会交往,而且为族群成员跨越社会与文化边界创造了条件。回汉移民生计多元化的努力也为哈萨克年轻居民树立了榜样,并深刻地影响了他们的选择。因此,忽略了移民发展道路的多元化实践和族群间的共生关系，也注定不能洞悉哈萨克族村民在调适与草原生态环境关系过程中发展路径的选择。

第一节 迁移之路

18世纪中叶后，回族、汉族在新疆北部草原地区繁衍生息，但长久以来仅停留在与阿勒泰地区相邻的奇台、阜康、乌苏等准噶尔盆地北缘一线的绿洲。20世纪40年代末，富蕴、青河、福海等县的回族、汉族居民仍然极少。但是，哈萨克人与奇台的回族、汉族保持着长期的接触，并在秋冬时拉上牲畜、畜产品与他们交换粮食。在夏季亦有一些回族、汉族游商到夏季牧场用盐、日用品与牧民交换畜毛。20世纪50年代末这一局面发生了变化。一方面三年自然灾害造成了内地大量人口向新疆的自发流动，另一方面牧区建设（特别是发展农业）亟须大量擅长农耕的劳动力。在两方面因素的作用下，回族、汉族移民在20世纪60年代初期集中进入盆地，又引发链式迁移，使迁移潮持续到20世纪70年代中后期。本节拟探讨回族、汉族移民原居住地与迁入地（吐尔洪盆地）的动力，迁移得以发生的各种条件，移民的特征与类型，以及移民的安置情况。

一 迁移的动力与条件

葛剑雄指出，移民是"具有一定数量、一定距离，在迁入地居住了一定时间的迁移人口"。[①] 对移民的研究，首要问题是弄清移民迁移的动力与条件。

19世纪末，美国社会学家莱文斯坦就试图对移民的迁移规律进行总结。他认为：人口迁移并非完全盲目无序流动，而是遵循一定的规律。人口迁移的动力，是推拉因素作用的结果。在"推拉模型"中，"推力"指原居地不利于生存、发展的种种排斥力，它可以是战争、动乱、天灾、生态环境恶化等对某一地区具有普遍性影响的因素，也可以是某一小群体遭遇的意外或不幸。"拉力"则是移入地所具有的吸引

---

① 葛剑雄等：《简明中国移民史》，福建人民出版社1993年版，第1页。

力，它可以是大量呈现的新机会，也可以是仅仅对某一小群体的特殊机遇。李明欢指出，"推拉模型"之所以"长盛不衰"并"放之四海"，主要在于它只是设计了一个简易灵巧的大框架，往里进行实质性"填充"的学者们享有相当自由的想象空间。①

至今，推拉理论仍然被广泛应用于移民研究，但其简易灵巧的大框架也存在几个明显的问题。其一，"推拉模型"将"迁移"描述成某一群体被动地被"推"、被"拉"的过程，无视移民主体在这一过程中的主观能动性。其二，"推拉模型"无法回答当原先存在的"推拉"因素发生变化之后，为什么移民行为并不一定立刻停止；反之，在另外的个案中，某些"推拉"因素并未发生明显变化，移民行为却减少或下降了。其三，在相似的"推拉"因素的作用下，同一群体中有的人走上了移民道路，有的却依然故我，安于现状，原因何在？其四，移民行为完全是推拉因素作用下的"理性选择"吗？其中难道不存在偶然的恣意行为吗？②

为解决这些问题，埃弗雷特·S.李细化和完善了推拉理论的分析框架，包括四个因素：原居住地的因素、迁入地的因素、中间障碍的因素、个人的因素。③原居住地与迁入地的因素不完全是推力或拉力，实际上都同时包含着两种力量。推拉理论的一个基本假设是，迁移行为是在对原居住地与迁入地推力和拉力理性权衡后发生的行为。在原居住地，推力与拉力的合力最终决定人们是否会选择迁移行为。但迁入地的拉力往往表现得并不是很充分，因为人们获得迁入地信息的可靠度、全面度显然与原居地不可比。迁入地的拉力并不完全是迁入地真实经济、社会、政治或其他方面之优势，主要取决于人们对这些"优势"的认识和判断。认识和判断可能出现偏差，这就是为什么有的迁移行为表现出非理性的特征。

埃弗雷特·S.李未对中间障碍因素做明确界定，因为在具体的迁移行为中这些因素都不一样，可能是迁入地与原居住地的距离、交通条

---

① 李明欢：《20世纪西方国际移民理论》，《厦门大学学报》2000年第4期。
② 同上。
③ ［美］埃弗雷特·S.李：《迁移理论》，转引自顾宝昌《社会人口学的视野：西方社会人口学要论选译》，中国人口出版社1996年版，第315页。

第八章 移民与盆地

件,也可能是诸如柏林墙一类的政治壁垒。但毫无疑问的是,这些中间因素超出了迁入地与原居住地的范畴,并对推拉力量的消长产生影响。这一观点相当重要,其实质是在原居住地与迁入地之间架起了一座可供分析的桥梁。但一个关键问题是,外在于原居住地与迁入地的因素是否就表现为障碍,而迁移行为关键就是对障碍的克服?若是主要表现为障碍,则人们应倾向于选择障碍小的地方。但事实上,人们的选择可能与之相悖,这说明迁入地的选择还有其他层面的考量。曾少聪在华人移民东南亚的研究中,既强调原居住地和迁入地的社会背景,又强调东西洋航路的开辟与西方殖民者东来两个关键因素。[①] 前者是原居住地与迁入地的推力和拉力。后者一方面克服了迁移的中间障碍,另一方面则促成了迁移可能产生的机遇和迁入地的拉力。因此,应该在原居住地与迁入地之间引入中间因素,但最好将之视为宏观经济、社会、政治与制度条件。

个人的因素相当重要,是另外三项因素的联结点。在埃弗雷特·S.李的分析中,最终决定迁移行为是否发生的,是个体对推力、拉力和中间障碍因素权衡的结果。当原居住地的推力和迁入地的拉力较大,而中间障碍因素又能得到克服时,群体性的迁移就可能发生。而当原居住地与迁入地的力量发生逆转后,就可能出现反向迁移,首要原因是原居住地的有利因素可能消失或变小。[②] 在出现迁移的推力、拉力和条件时,一些人可能选择迁移,而另一些人可能依然故我。这主要是个体的性格或个人原因所致,比如:有人生性厌烦变动,而有人则生性为变动而变动。一些人也可能因偶发事件、情感或理智的紊乱而迁移。[③]

一个普遍被注意的现象是,最早的移民在迁入地生存和扎根后,会进一步带动原居住地新一轮持久的移民潮。这是因为,移民也会形成一系列的以血缘、乡缘、情缘等为纽带的人际关系组合。又由于长期与原居住地保持着联系,因此移民可能将迁入地的信息更准确、更广泛地传

[①] 曾少聪:《漂泊与根植:当代东南亚华人族群关系研究》,中国社会科学出版社 2004 年版,第 78 页。

[②] [美] 埃弗雷特·S.李:《迁移理论》,转引自顾宝昌《社会人口学的视野:西方社会人口学要论选译》,中国人口出版社 1996 年版,第 323 页。

[③] 同上书,第 317—318 页。

播,为新移民降低迁移成本。一些学者还注意到,迁入地可能实行为"家庭团聚"开绿灯的移民政策,促进了网络的延伸,产生了"移民增值效应"。另外,当迁入地收入、生活水平高于迁出地时,就会增强尚未迁移家庭的"相对失落感",刺激他们移民。①

吐尔洪的移民主要来自20世纪60—70年代的移民及其后裔。首批30户移民于1961年春季到达盆地,来自三年困难时期受影响最严重的甘肃、四川、河南、安徽和山东五省份。之后两年,盆地又接收了同样原因迁移到此的三批约60户移民。第二次移民的高潮发生在1966—1967年间,他们多是第一批移民的同乡或亲戚,并在移民前多与第一批移民取得了联系。第三次移民高潮发生在1975—1980年间,在移民前也与早期移民取得了联系。在谈到为何要迁移时,第一批移民提到最多的原因是老家无粮可食,饿死了很多人,迁移的目的就是为了"活命"。之后两批移民则提到"吃不饱""生活条件差"等原因。

已有研究表明,三年困难时期是新中国人口流动最为频繁的时期之一,并主要以自发移民为主。移入地则以新疆、黑龙江、内蒙古等新开发地区为主。据统计,1958—1961年,新疆自发移民达86.14万人,其中约一半的移民流入生产建设兵团,另一半流入南北疆农牧区。1964—1968年又有20.39万自发移民进入新疆。② 移民主要来自甘肃、河南、四川和山东等省的农村。除了甘肃以外,上述地方是我国的人口大省,也是最重要的粮食产区。根据盆地70户移民的调查,依据户数的多寡,原居住地的排序为甘肃、四川、安徽、河南、山东,另外还有少部分移民来自陕西、河北、江苏等地(见图8—1)。③

这一时期,迁出地因素主要来自粮食生产形势的急剧恶化。五个主要地区的人均粮食产量跌到谷底时每人每天远不足0.5公斤,造成了严

---

① 李明欢:《20世纪西方国际移民理论》,《厦门大学学报》2000年第4期。
② 杨政等:《新疆人口省际迁移研究》,《新疆大学学报》1995年第2期。
③ 2012年,盆地回族(含东乡与萨拉)、汉族移民共454户。但这只是户籍登记的户口数,实际仍在盆地生活的只有不到200户。这200户中相当大一部分人在冬季与孩子一起居住在县城,只是夏季回到盆地种点蔬菜和养鸡、养鸭。以塔斯托别村为例,户籍登记127户,除了16户哈萨克族外皆为汉族,但实际在村内生活的只有45户。因此,70户实际占居住在盆地移民总数的35%以上。70户移民中,汉族43户,回族27户。

第八章
移民与盆地

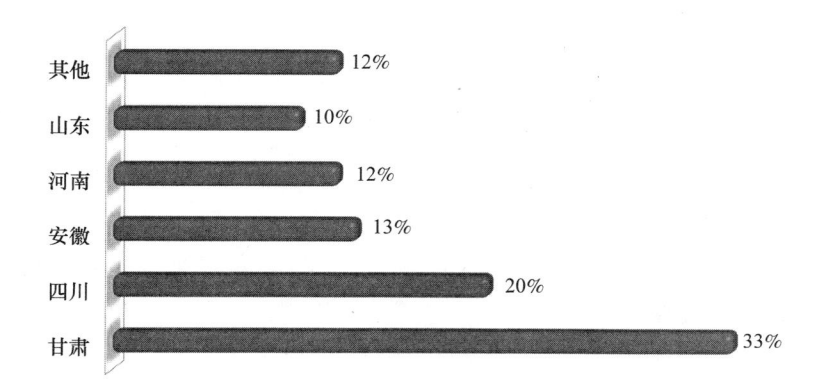

```
其他     12%
山东     10%
河南     12%
安徽     13%
四川     20%
甘肃     33%
```

图 8—1　盆地移民原籍地情况

重的全局性营养匮乏。① 更糟糕的是，一些省份（四川、安徽、河南）因为各种政治上的原因隐瞒了灾情，在灾荒达到高峰之际仍然坚持调出粮食，进一步加剧了灾荒的影响。② 在此，仅以几个主要省份在1959—1961年粮食生产与人口迁移情况说明这一点。

> 安徽省在上述3年中总人口共减少460万人，减幅超过13%，是全国最高的。……四川省直到1958年人均粮食产量在全国所有省份中仍高居第3位。……3年中粮食减产了一半，减幅是全国最大的，加上在这种情况下，仍坚持向外省调运粮食（1959年四川省粮食总产量比1958年暴跌三成，粮食收购量却增加20%），结果酿成大灾荒。……仅1960年和1961两年，全省就减少了约900万人。……青海、甘肃两省在前一阶段（1949—1958年）移民大量迁入，人口发展迅速位居全国前列。从1959年起粮食连续几年大幅减产，按人均计算跌到了全国最低水平，……甘肃省在1960—1961年间也有几十万人迁出……本省不少地方也有许多农

---

① 张善余：《中国人口地理》，科学出版社2003年版，第208页。
② 周飞舟：《"三年自然灾害"时期我国省级政府对灾荒的反应和救助研究》，《社会学研究》2003年第2期。

民为逃荒而流向新疆、陕西、内蒙古等省份。①

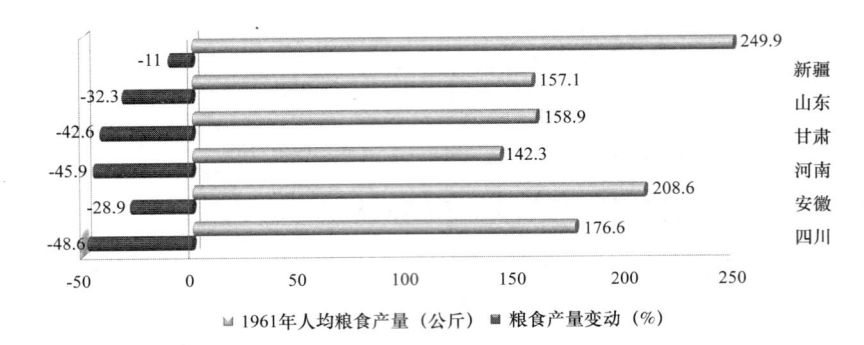

省份	粮食产量变动（%）	1961年人均粮食产量（公斤）
新疆	-11	249.9
山东	-32.3	157.1
甘肃	-42.6	158.9
河南	-45.9	142.3
安徽	-28.9	208.6
四川	-48.6	176.6

图 8—2　1960 年前后几个主要省份粮食生产形势

与之形成鲜明对比的是，新疆的粮食生产形势比较好，这是移民选择新疆最重要的因素。1958—1961 年，新疆粮食产量减少 11%，仅高于云南的 10%，明显低于四川、安徽、河南、甘肃、山东的 48.6%、28.9%、45.9%、42.6% 和 32.3%（见图 8—2）。人均粮食产量跌到低谷时仍达到每人每天不少于 0.5 公斤，大体可以满足生理需求。② 这就在原居住地与迁入地之间形成了明显的推力和拉力。

实际上，大部分移民对新疆并不了解，也没有明确要迁移到新疆哪个具体地方的目标。其中一些移民有在新疆工作或落户于兵团的亲戚，知道新疆"地广人稀"，也抱着投靠亲戚的想法。如王濡超本是到乌鲁木齐投靠在乌鲁木齐县当副县长的舅舅，但舅舅已经被"打倒"。恰逢富蕴县招募劳动力，也不知道富蕴县究竟在何处，就随着汽车到了吐尔洪盆地。另一些移民只是听到过关于新疆的宣传，特别是受到 20 世纪 50 年代初期国家招募内地青壮年迁居新疆时的口号"新疆是个好地方"的影响。调查时，一些移民提到"都说新疆好""新疆是个好地方"，就跟随人群坐上了到新疆的火车。

与第一批移民不同，之后两批移民对新疆的了解程度更高，这主要得

---

① 张善余：《中国人口地理》，科学出版社 2003 年版，第 211 页。
② 同上书，第 208 页。

第八章 移民与盆地

益于第一批移民与原居住地的联系。一些人通过与移民的书信得知新疆口粮供应充足，一日三餐皆有白面或黑面馒头。同时，很多移民在迁入初期尚未婚配，而盆地居民以哈萨克族为主，因此三五年后就需回家办户口迁移手续、探亲和找媳妇。他们带回了新疆的信息，带动了新一轮的移民潮。后两批移民中相当一部分是通过"亲戚带亲戚"的方式移入，而且一开始就获得了吐尔洪公社开具的户口迁移证明。也有一部分移民在到乌鲁木齐后因无法在预先计划的迁入地落户，转而落户吐尔洪的情况。与第一批移民相比，大部分移民仍以生存为前提，但也有一部分人夹杂着逃离政治压力的目的。喀拉奥依村的回族村民马诚亮的爷爷曾是马步芳部队的一名营长，塔斯托别村的汉族村民吴子坤的父亲曾是地主，他们在老家面临严酷的阶级斗争。当他们听说新疆阶级斗争氛围相对较为宽松时，迁移就是逃避斗争最好的路径。此外，还有移民提到受到了老家和盆地工分差距（老家 0.2 元/工分，盆地 0.4 元/工分）的影响。

显然，迁移行为受到了迁出地因素和迁入地因素的影响。迁出地因素主要来自生存压力，这也包括较为严酷的阶级斗争氛围。迁入地因素包括较高的经济和生活水平，以及较为宽松的阶级斗阵氛围。第一批移民受迁出地因素的影响更大，目的是为了求得生存。他们或多或少地有迁移的大方向，但没有具体的目标，这是缺乏准确信息所致。后两批移民受迁出地因素的影响仍然很大，但目的不再仅仅是为了求"生存"，也包括获得更有保障的生存条件。一个重要原因是大部分人都通过关系网络获得了迁入地比较准确、可靠的信息，另一个重要原因则是原居住地与迁入地收入水平差异造成的"相对失落感"。因此，他们的动机更复杂，也说明迁入地因素的影响有所增加。

迁移行为得以发生还必须具备相应的社会条件。就盆地的移民而言，社会条件包括两个方面：一是国家政策，二是盆地安置移民的能力与意愿。

新中国成立后不久，新疆就迎来了新中国成立以来第一次人口迁入高峰。1953—1955 年，新疆有计划地从内地招收了一批技术干部和知识青年。1954 年迁入人口 50 万人，当年迁移净增人口 16.8 万人，迁移增长率 34.34‰。[①] 这一批移民被称为"国家计划性移民"，在"支

---

① 周崇经：《中国人口（新疆分册）》，中国财政经济出版社 1990 年版，第 77 页。

援边疆建设"的名义下被有组织地输送到南北疆各主要城镇和兵团。同时，自发移民也大量存在。如新中国成立到1953年，山东、安徽、河北、河南、广西、四川、青海等省份不完全统计，农民盲目外流的就有14万人。① 在富蕴县其他地方调查时，笔者就曾经遇到过1954年前后从甘肃移入新疆的回族、东乡族移民。这得益于这一时期对城乡、乡村和地区之间人口流动较为宽松的政策。1958年，全国范围内的户籍管理制度建立，在乡村形成了以人民公社为主体的户籍管理体系，人口流动被严格限制。不过在三年困难时期，大规模的人口流动冲破了制度的藩篱。就新疆而言，几乎没有对流入新疆的移民进行遣返。相反，他们被有组织地安排移入天山南北的农牧区。另一个有利因素是，兰新铁路的通车消除了内地向新疆移民的空间障碍。

20世纪50年代末以后，"粮食自给"成为牧区必须面临的现实问题。新疆、内蒙古等主要牧区普遍选择了开垦草原、发展农业的路径。② 由于牧区缺乏劳动力，本地牧民又不懂耕作技术，亟须善于农耕的汉族、回族移民。以吐尔洪盆地为例，在1961—1963年吸纳了3批近100户回族、汉族移民后，在1966—1967年又吸纳了100多户移民（大部分为单身男性）。这些移民的主要工作就是开垦耕地、种植粮食和兴修水利，也承担着传播农耕技术、知识和观念的职责。随着定居和农业进程的加快，在1975—1978年又吸纳了100多位单身男性组建基建队，完成本地居民无法完成的建房、打井、开矿等集体工作。为招募移民，富蕴县民政部门专门派人到乌鲁木齐的火车站、汽车站、收容所招募劳动力，并用汽车将他们分批次地拉到吐尔洪、喀拉通克、库尔特、铁买克等新形成的农业社区。

就甘肃籍的回族与汉族移民而言，还有一个重要条件，历史上新疆就是他们在遭遇自然灾害、战争、社会动乱后的避难所，有"走西口"之传统。这是由于新疆距离甘肃较近，而且新疆人口少、自然生态环境优越，适于各种农作物之生长。对回族移民来说，还有一个优势——新

---

① 李飞龙：《改革开放以前中国农村社会的人口流动（1949—1978）——基于国家和社会的视角分析》，《天府新论》2011年第2期。

② 马戎：《体制变革、人口流动与文化整合——一个草原牧业社区的历史变迁》，载潘乃谷等《社区研究与社会发展》（中），天津人民出版社1996年版。

疆多数民族信仰伊斯兰教，有助于移民融入迁入地社会，而且伊斯兰教本身也鼓励人们迁徙。①

二 移民的特征与类型

汉族、回族移民构成了盆地移民的主体，汉族移民的人数略多。尽管两族移民的动机和条件相同，但又呈现出不同的特征。

汉族移民以单身男性青年为主，且多是一个家庭中的长子或未婚儿子中最大的一个。就年龄构成来看，移入时的年龄多介于18—25岁之间。在谈到移民的原因时，除了"求生存"，还经常提到"家里孩子比较多，我是家中的老大或老二"。这说明，选择迁移有缓解家庭经济压力的目的。另外，通常的情况是一个家庭中年长儿子先移民，在盆地扎根后再带出1—2个弟弟。这也可能是汉族移民的一个典型特征，比如在华人向东南亚移民的过程中就有类似的情况。福建漳州地区有抱养子的习俗。目的是让抱养子在海外拼生死，养子在海外获得成功时，养父母再把自己生的儿子带到海外。② 陈孔立指出，"早期移民多数是单身的青壮年男子，冒险前来开垦，携带家眷的很少，随着开发的进程，有了立足之地，才开始从祖籍地'搬眷'前来"。③ 因此，一个家庭根据家庭子女数量、家庭条件来选择需要迁移的子女。一旦子女在迁入地取得成功或生存下来，就可以为家庭其他孩子创造新的生存与发展机会。

与汉族移民不同，回族移民多是举家迁移，原因可能来自两个方面。首先回族有早婚的习俗，14—15岁即可成婚。从盆地回族移民的迁入年龄来看，多介于15—30岁之间。他们都已经结婚，并多育有2—3个孩子。因此，他们要么选择举家一起迁移，要么男子先迁移，2—3年后再接来妻儿。另一个原因可能是由于原居住地恶劣的自然地理条件。甘肃籍的移民中，90%以上来自临夏回族自治州东乡族自治县。该县土地贫瘠，有"十年九旱"的说法。1952—1962年十年间，

---

① 陈文祥：《1950年后东乡族移居新疆原因探析》，《新疆大学学报》2005年第5期。
② 曾少聪：《漂泊与根植：当代东南亚华人族群关系研究》，中国社会科学出版社2004年版，第67页。
③ 陈孔立：《清代台湾移民社会研究》（增订本），九州出版社2003年版，第13页。

除1955年无干旱记录外，年年皆有大旱。据县志记载，清代、民国时期，因灾荒和动乱，东乡的居民就大批迁往临近的康乐、广河、和政、临夏、积石山县等地，而且多是举家迁移。① 事实上，至今东乡的经济发展水平仍不如吐尔洪。由于盆地回族女孩多选择外嫁他处，在本地找不到媳妇的回族青年多回老家娶妻。因此，举家迁移不仅由已婚这一事实所决定，也包括寻找更适于生存之地的主观动机。

因此，不管是汉族移民，还是回族移民，其迁移行为都是在充分考虑了迁出地、迁入地和各种社会条件后，家庭或个人做出的理性选择。就目的来看，盆地的移民主要还是为了求得生存，属于典型的生存型移民。只是到了20世纪80年代末，一些新移民来到盆地，从事各种商业活动或工程建设项目。他们的目的不再是求生存，而是求发展，而且正是盆地发展的机会让他们留在了这片土地上。

葛剑雄指出，中国历史上的移民有各种类型，有其不同的特点，但就性质而言，却基本只有两种——生存型和发展型。所谓生存型的移民，就是为维持自身的生存而不得不迁入其他地区定居的人口，或者说是以改变居住地点为维持生存的手段的迁移行为。移民的主要原因是迁出地的推力，如自然灾害、战争动乱、土地矛盾、人口压力等，而不是迁入地区的拉力或吸引力，如更好的生活环境、生产条件、发展机会等。对这些移民而言，迁入地的选择余地很小，实际上往往只能确定要迁移的方向或地区。② 在他看来，中国历史上大部分移民都属于这一类型。这一观点与盆地移民的情况相符。不管是三年自然灾害导致的生存危机，还是特定时期的政治压力，本质上都威胁着移民在原居地的生存。如前所述，大部分移民并没有具体的迁移目的地，只是能够确定向新疆移民的方向。但是，对第二批、第三批移民而言，迁入地的拉力也很重要。而且，他们通过移民网络获得了盆地的一些基本信息，相当大一部分人一开始就确定以盆地为迁入目的地。因此，即便是生存型移民，迁移的目的和动力往往也是比较复杂的。

---

① 东乡族自治县地方史志编纂委员会：《东乡族自治县志》，甘肃文化出版社1996年版，第81、98页。

② 葛剑雄等：《简明中国移民史》，福建人民出版社1993年版，第504页。

第八章
移民与盆地

在盆地，除了 20 世纪 60—70 年代的移民及其后裔外，还有一部分 20 世纪 80 年代末以后的移民，笔者称之为新移民。这不仅是因为迁移时间较晚，也是因为他们具有老移民所不具备的特点。新移民的居住地不在村落，而在吐尔洪乡政府两侧的街道，并通常被当地人划入基建队的范畴。改革开放后，农村经济的普遍好转让新移民在原居地就已摆脱了生存之忧。人口流动控制松动后，为他们走出原居地，在城乡之间或跨地区之间流动创造了条件。丁元竹说道，"这一切（为生存而逃荒、流浪），在经济与社会日益发展的今天，已成为陈迹，继之而起的是为了事业的奋斗，生活的美好和个性的发展而自主选择新的工作地域和工作部门的流动人口群，他们流动的目的是为了实现自己的人生价值"。① 无疑，新移民属于典型的发展型移民。所谓发展型的移民，就是为了物质生活或精神生活状况的改善而迁入其他地区定居的人口，或者说是以提高物质生活或精神生活的水平为目的的迁移行为。产生这类移民的主要原因不是迁出地区的推力，而是迁入地区的拉力或吸引力。②

盆地究竟具有何种魅力让新移民愿意留在这个边陲小镇？一些个案为我们提供了线索。47 岁的阳云德是河南人，于 1989 年到吐尔洪务工。阳云德本是木工，也是泥瓦匠。木工和泥瓦匠在老家的工资很低，一天才 4 元钱。从姐姐（已在基建队安家）那里得知盆地正进入建房高潮，而且急缺木工、泥瓦匠，工资每日能达到 8 元钱。他在盆地干了 3 年，工资也涨到 15—20 元/天。原本计划回老家的阳云德，最后选择了留在盆地，因为在这里挣钱机会更多。第四年，他把老婆、孩子都接了过来，并在基建队落户。阳云德自己仍四处打工，给老婆承包了 2 亩的菜园。小家庭日子过得越发红火，最近几年再也没想过回老家的事情了。36 岁的柳胜谷 2000 年从重庆老家来到盆地投靠哥哥。在老家时，他已经在垫江县的一所职业技术学校学会了家电维修技术。哥哥是 1988 年来到吐尔洪的，在盆地搞建筑，并落户于基建队。柳胜谷到盆地后，先是在街道租了一间土房，从事电器维修。过了 3 年，他和姚晏新（最早开门市的基建队汉族移民）的三女儿结婚，并接过了姚家的

---

① 丁元竹：《社会流动人口的新特点及其成因》，《内部文稿》1998 年第 21 期。
② 葛剑雄等：《简明中国移民史》，福建人民出版社 1993 年版，第 505 页。

一间店面。除了继续做维修外，他开始卖家电，逐渐成为当地数一数二的富户。在他看来，老家的竞争太激烈，而盆地既卖家电又懂维修的比较少，钱也好挣。因此，柳胜谷也选择在基建队落户，暂时还没有搬出盆地的计划。

阳与柳的个案说明，他们迁移的动力的确主要来自盆地的拉力，用他们的话说就是"好挣钱"。这一方面得益于改革开放后政策的变化和市场经济的发展，但另一方面也得益于他们在盆地的亲缘关系。事实上，新移民大多与他们一样具有三个方面的共性：首先，迁入地首选不是村落，而是乡镇。对他们而言，目的不是为了获得土地以农牧业为生，而是看准了盆地发展提供的经商、务工机会。因此，在职业上就与老移民区别开来。其次，他们都在盆地有亲戚，并且通过亲缘关系获得了比较准确的信息。因此，迁移不再是"盲目"的，有很明确的目标。最后，通过亲缘关系、姻缘关系融入当地社区至关重要。事实上，这甚至成为事业能否成功、能否实现发展计划最重要的条件。

一个应注意的事实是，在同一群移民中生存型与发展型移民往往是同时并存的。在同一个迁移过程中两种移民也会同时存在，而且目的与后果并不一定统一。① 事实上，与柳胜谷同期到达盆地的还有来自重庆的何恩国（38岁）与来自甘肃的汪泓源（39岁）。他们开始都是在县城打工，结识了出生于塔斯托别村的妻子。然后与妻子回到塔斯托别，继承了岳父的土地，以农牧业为主要生计。两者的一个共同特点是家中子女太多，无耕地，家庭经济条件也不好。也就是说，从移民的动机来看包含了求生存和求发展两种目的，而最终因婚姻关系使他们转换为侧重生存的移民。另一个值得关注的现象是，基建队经商的移民在商业取得成功后，通常会搬迁到更有商业潜力的县城或其他城镇，这为新移民获得从事商业活动的机会创造了条件。新移民实际上也多是以盆地为跳板，在积累足够资本后也会追随成功者的脚步移出盆地，为更晚到来的移民提供机会。因此，单纯地根据生存型移民与发展型移民来分析还是不够，必须充分考虑不同时期的时代背景和社会条件才能够认识两者的差异。

---

① 葛剑雄等：《简明中国移民史》，福建人民出版社1993年版，第506页。

第八章
移民与盆地

三　移民的安置

1958年，严密的户籍制度在全国各地建立起来。因此，移民首先需要突破原居住地的户籍管理制度。在没有迁移户口证明之前，移民不可能从原居住地迁走户口。但在饥荒最严峻的时候，他们根本无暇顾及户口，一个村中三五人一起踏上西去的道路。他们首先得设法绕过原居住地公社、县设置的防治盲流的哨卡，坐火车或汽车到达中转站兰州。兰州是通往新疆火车的起点，全国各地拟奔向新疆的移民皆在此会聚。一些人很快买到前往乌鲁木齐的车票，或是挤上已经开动的列车。一些人则没那么幸运，在车站就被当地警察拦截遣返。移民随身携带三五十元现金、被褥和碗筷，奔波6—10日后终于到达乌鲁木齐。一些人在乌鲁木齐有亲戚或老乡，在离开原居住地之前就已经取得联系。到达乌鲁木齐后，在亲戚或老乡家中住上三五日。此类移民多希望留在乌鲁木齐，但困难时期的混乱和城乡人口流动的限制注定这一目标不可能实现。因此，很快就在各街道民政部门报了名，并被转入乌鲁木齐市收容站，等待分配。无亲戚或老乡的移民，就地在乌鲁木齐市火车站或汽车站打地铺，等待民政部门的登记和分配。一些人随身携带的现金已经告罄，因此当听说阿勒泰地区富蕴县招收劳动力时，很快就决定到富蕴县去。

富蕴县与乌鲁木齐之间路程500余公里，但公路只能通到吉木萨尔县，有300余公里全是戈壁和草原。卡车（军用大解放汽车）往返一次要耗时数日。在这些日子里，移民被集中到收容所。每家获得了一个煤油炉和3元救助金，每人获得3—5个土豆和3—5个馍馍（馒头），借此度过数日的等待。汽车到来，车无座位，只是用帆布搭起防风棚，20—30人拥挤在一起。临行时，工作人员装上水和三天的干粮。若是顺利，2日内可抵达富蕴县城。若是遭遇暴风雪，则可能需要耗时3—4日。在县城，移民再次被分为2—3组，分别被安排到喀拉通克、吐尔洪和铁买克。第一批30户移民于1961年2月抵达盆地，他们被安排在阔孜克哈萨克族村民的牛圈或马圈内。一些移民自从原居住地迁移开始，已经在路途中耗时2—3个月，甚至更长的时间。

牛圈和马圈皆以生土夯墙而成，用灌木和杂草支起顶棚，圈内仅有沙土堆砌的土床一张。若是携家带口，则可获得一处单独的圈舍。若是单身汉，则5—6人共享一处圈舍。公社干部为每个圈舍先期准备了一捆干柴和一捆麦秆。干柴用于生火、做饭和取暖，麦秆用作"床垫"。北方移民很快在圈舍内搭建了简易火墙。南方移民则相当被动，无从知晓如何搭建火墙，只得求助于北方移民。三五日后，移民被组织成一个小组，与哈萨克族村民一道上山伐木和在如羊肝般的草场上切开新生活的第一道印记。在此期间，汽车先后又拉来了3批移民。到开春时，移民已有80—90户的规模，公社决定为他们单独建队。队被命名为喀拉奥依，是公社第五个生产大队，因此又被称为五队。春耕后，移民获得了20日建房的时间。期间，他们无须参加公社的劳动，但仍然可以获得工分。北方移民与盆地哈萨克族村民一样，用两块木板隔出1米左右的空间，夯土为墙。南方移民则将麦秆切碎，将之与泥土混合、搅拌，以土块做墙。到9月秋收后，人们再用杂草、灌木、泥土在墙上搭上顶棚，然后搬进了"新家"。

  移民扎根后，很快与老家取得联系，将盆地生活情况告知亲友乡亲。出于经济上的贫困、伊斯兰教禁止宗教外婚和政府禁止族际通婚（避免矛盾）的原因，未婚的单身汉在盆地是找不到媳妇的。两三年后，他们回到家乡娶妻，并将妻子也带了过来。老家一些子女多、经济困难的家庭，未婚长子或次子很快就跟随他们的步伐向吐尔洪盆地移民。同时，20世纪60年代中期，仍然有大量内地自发移民不断涌入乌鲁木齐。富蕴县仍然用军用卡车将他们拉回。一些人被分到了喀拉奥依村，一些人则被分到了吐尔洪公社在恰库尔图的农业队。分到喀拉奥依的村民仍和前辈一样首先住进了牛圈、马圈，之后独自建房，三五年后再回家乡娶妻。到20世纪70年代初期，已经形成了120余户的规模，其中回族70户，汉族50户。以街道为界，街道南侧为回族小队，北侧为汉族小队。

  1964—1965年，有70余户（大部分是单身汉）汉族移民被安置到了吐尔洪公社乌伦古河南岸西侧的恰库尔图村（2003年以该村为基础，单独兴建了恰库尔图镇）。该村始建于1961年，第一批村民是从吐尔洪盆地分出的哈萨克族定居村民。新来的汉族移民与哈萨克族村民一道参与了该区域土地的开垦、水渠的修建工作。然而，随着盆地耕地的扩大

第八章 移民与盆地

和人口的增多，1958年修建的简易水库已不能满足供水需求。1965年，吐尔洪公社向富蕴县申请在盆地东北侧修建吐尔洪水库。申请很快被批复，同时富蕴县也开始在喀拉通克、铁买克等主要的农区修建水库。恰库尔图30位汉族单身汉被抽离出来，于1965年9月在恰库尔图成立了八队，并很快开赴吐尔洪盆地。这就是八队（塔斯托别村）的雏形。他们在水库与铁木加工厂之间修建了地窝子，从1966年春到1970年一直在此全年修建水库。期间，他们不用参加盆地的农业生产，在冬季也从其他大队调集劳动力一起修建水库。

眼见水库将成，移民希望能够在水库下方为他们划一片土地，单独建队。然而，出乎他们意料的是，公社准备开垦盆地西南5公里外的小盆地——恰尔干。这些移民再次被安排到恰尔干修建水库、开垦耕地，并在此建房。同时，喀拉奥依的汉族单身汉也被安排过去。期间，一些村民回老家找来媳妇。由于恰尔干水源极少，仅能开垦不足2000亩的耕地，加上无电、无学校，公社于1971年将之迁回盆地。然而，盆地已经没有条件较好的地方留给他们。最终在公社的协调下，八队从民兵连（康阔勒特克村）和胜利二队（托普铁列克村）在盆地西南侧各分出1000亩水浇地，自己又在靠近山谷的地方开垦了1500多亩的旱地，被命名为塔斯托别。至今，塔斯托别仍是盆地人均水浇地最少的村，而且因为地势高低不平，浇水极为困难。由于地势较高，直到2003年村民仍没有用上自来水，夏季用大渠的水，冬季用爬犁子到水库或吐尔洪河拉水。

1977年，公社从喀拉奥依分出15户单身汉，并将之安置在盆地西北侧一处荒石坡下，命名为"种子队"（又名塔斯莫伊，2008年与塔斯托别村合并）。种子队获得的耕地可算是盆地最好的地方，就位于吐尔洪河的南岸，距离康阔勒特克村仅1公里。然而，这些耕地也可算是最坏的地方。因为北大渠沿着荒石坡山脚向西延伸至拜依格托别，而种子队的地位于吐尔洪河南岸，无法依靠大渠浇水。由于荒石坡与吐尔洪河之间仅有很小的空间，全被用于建房，因此种子队无旱地。自20世纪70年代以来，村民唯有依靠水泵抽吐尔洪河的水或利用水井的水灌溉。种子队建立的目的是实验种田。新的种子、农药、化肥都首先在此试行，然后才扩展到其他村落。可以说种子队是盆地农业进步的先锋，常年保持在 300 千克/亩的水平。随着单身汉们结婚和其他汉族移民的迁入，到 1983 年已有 30 户居民、157 人。

20 世纪 70 年代中期后，仍有不少内地汉族移民投靠其在喀拉奥依、塔斯托别和塔斯莫伊的亲戚、老乡。牧场的领导们一方面希望发展社队企业以改变单一农牧业的生计结构，增加牧场收入；另一方面，也希望建立社队企业为农牧业的发展提供支持。在此背景下，78 位单身汉被组织起来，在乡政府对面建立了名为基建队的社队企业。既然是社队企业，就无耕地，也无须和其他队村民一样耕种。基建队的移民除了承担牧场、农业队和牧业队的基础建设，如打机井、修路、建房、修牲畜的饮水池和药池外，还被组织到富蕴县城承包医院、学校、电影院的建设工程。然而，基建队的业务还不限于此。这一时期，一牧场在额尔齐斯河谷的东沟开设了一个云母矿，基建队被分为两组，轮换到山里开矿。移民在基建队工作三五年后，也回到老家娶妻。女人们被安排到云母矿清洗云母，同样按照工作挣工分。在冬季，他们也被组织到林场承包木材搬运的工作。随着成家者越来越多，移民逐渐搬出了早先的集体宿舍，在乡政府街道北侧开始独自建房，逐渐形成了以街道为中心的聚居村落。

老移民告诉笔者，基建队实际仅运转了 2—3 年。由于效益不好，到包产到户时其实就无人管理，人们各自寻求出路。由于是社队企业，他们没有耕地，这使得包产到户后基建队无法像其他队的村民一样获得承包地。公社起初准备将他们重新安置在阔克塔勒湖的东侧，那里有一大片尚未开垦的碱滩，但移民拒绝了这一安排。道理很简单，此处草都难以生长，更别说种地了。因此，直到 2010 年，基建队一直以企业的名义存在，无耕地。尽管如此，由于地处乡政府的地理优势，又靠近街道，一些村民在改革后开始经营门市，逐渐形成了当前 54 家店铺的局面。另一些房屋不靠街道的村民，男性继续通过建房手艺谋生，女性则在靠近吐尔洪河谷的河滩或自家院子内种菜挣钱。2010 年，吐尔洪乡最终决定将基建队与街道南侧吐尔洪村的一部分合并，成立了吐尔洪街道社区。但这并未给移民的生活产生影响，他们依然从事门市贸易、建房或打小工、种菜等各种生计方式。

综上，我们看到移民的进入也是一个连续的过程。就过程来看，尽管移民属于自发性的，但政府直接参与程度相当之高，并一直是实行移民最重要的动力。就其目的来看，主要是为了推动民族融合与边区开发。① 到20世纪80年代初盆地的村落布局和民族分布格局已经成形，至今未有明显的变化。后面两节，我们将会看到这种安置对移民的生活，特别是改革开放后移民的生活，以及三个族群的关系产生了深远的影响。

第二节 移民的生活

一个哈萨克族社区，在吸收了回族、汉族移民后转变为多民族杂居的社区。这种居住格局对不同民族的生活产生了哪些方面的影响是笔者最关注的问题之一。前面几章已经谈到移民对哈萨克族村民生计、生活方面的影响。现在，另一个问题浮现出来，即移民的生活与哈萨克族村民的生活，以及和在原居住地的生活有何不同？李晓霞对新疆汉人社会地方文化的研究认为，移民生活具有多元性、变动性与非传统性的特点。② 这一节，笔者首先考察集体化时期移民经济生活，然后探讨改革后移民经济生活多元化过程，最后对移民的社会与文化生活进行分析。

一 集体化时期移民之经济生活

院落布局是考察三个族群经济生活差异比较理想的切入点。哈萨克族的院落总是以住屋和牲畜圈舍为中心，住屋通常位于大门的正前方，牲畜圈舍则位于住屋的左侧或右侧，住屋另一侧则是堆积如小山丘的冬草。住屋、圈舍、草垛之间无清晰的区隔。它们围出一大块空地，这是哈萨克族村民晾晒畜粪的地方，牲畜回家后总是可以在空地来回游荡。很少有人会将空地硬化，杂草也无人理会。哈萨克族村民也普遍养鸡，据说它们可满院子飞奔。汉族移民的院落总体上被分割为两个空间，家人居住、生活的空间和牲畜的圈舍。两个空间通常用一堵土墙作为区隔，仅留下一扇小门相通。住屋两侧分别建有鸡圈、鸭圈，养猪的村民

---

① 靳薇：《新疆维汉民族关系的社会学研究》，《西北民族研究》2001年第4期。
② 李晓霞：《论新疆汉族地方文化的形成及其特征》，《民族研究》1998年第3期。

在鸡圈、鸭圈后面另外建有猪圈。住屋与牲畜的圈舍之间往往还有一片菜地,在功能上也起到住屋与圈舍的区隔。菜地通往住屋的部分则被硬化,作为家人活动、朋友来访的生活空间。下雨或积雪消融时不用担心陷入松软的泥土之中。回族移民的院落介于哈萨克族与汉族之间,他们将牲畜的圈舍整个移到住屋之后,也通常用木门和土墙做区隔。与汉族村民的院子相比,少了菜地和猪圈,但同样对空地进行了硬化。

通过院落布局的差异,笔者希望说明三个族群生活需求的差异决定了院落之布局。在分析移民经济生活之特性前,我们首先对他们与哈萨克族村的共性略做说明。首先,他们都生活在人民公社体制下,生活的时间和节奏都严格受到体制的束缚。其次,农业是他们共同的、最主要的生计。农事安排都是高度组织化的,比如,春耕、中耕、秋收、开垦耕地、兴修水利等。最后,对山林资源的利用也遵循同样的时间、计划和安排。

差异性主要受到了移民传统文化与生活需求的影响,这在汉族移民与哈萨克族村民之间表现得尤为突出。由于同是穆斯林,遵守相同的禁忌,回族移民与哈萨克族村民之间的差异相对较小。

猪圈的配置显然为汉族村民所独有,因为伊斯兰教禁食猪肉。对汉族移民而言,在一个哈萨克族为主的社区买到猪肉是不现实的,事实上即便是在笔者调查时吐尔洪乡都没有一家猪肉店。公社将移民单独建队,在居住空间上将穆斯林与非穆斯林区别开来,这为养猪提供了可能。喀拉奥依村有回族、哈萨克族和汉族,街道南侧为回族、哈萨克族的居住区,街道北侧为汉族居住区。塔斯托别村也有几户为大队放牧的哈萨克族村民,他们单独在村落的西南角形成一个小的聚居点,与汉族村民相分离。在喀拉奥依村调查时,曾经遇到一位姓张的河南老汉。他在1966年移入盆地时,被安置到达尔肯村。最初两年,他和在老家时一样,在院子中建了一个猪圈,养了两头猪。尽管哈萨克族村民并未与老张产生冲突,但大队干部还是提醒他要尊重当地习俗,并建议他不要继续养猪。过了两年,老张搬到了喀拉奥依村,继续他的养猪事业。所有汉族移民都有养猪的经历,一是满足饮食中对猪肉的需求,二是将之作为一项副业增加家庭收入。20世纪90年代,塔斯托别村每年生猪出栏达近100头。有三户村民以养母猪为业,为周边(包括柯克托海、铁买克）汉族村民提供猪仔。一般的汉族村民家庭也多养 2—3 头猪。人们在入冬前宰杀 1—2 头猪，将肉冻在房屋外，这样一个冬季都可享用猪肉。夏季，村民无法冻肉，唯有从柯克托海或县城每月买一次猪肉。

家禽的饲养也是汉族移民最先引入盆地。在老移民的记忆中，哈萨克族村民甚少养家禽。但由于宗教上对家禽并无像禁食猪肉之类的限制，因此家禽很快出现在哈萨克族、回族村民的院落内。家禽的功能，一方面是为了满足家庭的肉食需求，另一方面禽蛋可以出售以增加收入。值得注意的一个现象是，包产到户后哈萨克族村民很快告别了家禽养殖。可能的原因是，集体化时期少量的自留畜不足以解决一个家庭所需的肉食，因此以家禽作为补充。当家庭重新发展牧业后，家禽的功能率先弱化了。对汉族村民而言，夏季没有办法冷冻猪肉，因此每月宰掉一只鸡、鸭或鹅就可解馋和补充营养。他们通常在每年 4 月买入幼苗，进入冬季后将家禽全部宰掉，和猪肉一样储存起来。一个重要原因是，家禽熬不过吐尔洪长达 8 个月的严冬。另一个现实的原因是，在盆地也没有地方可以买到新鲜的家禽。

菜园也是汉族移民院子独有的空间。在盆地调查期间，最难以忍受的就是长期吃不到蔬菜，即便在夏季亦是如此。在哈萨克族的饮食结构中，蔬菜仅限于洋葱、土豆和黄萝卜，而且多是在炖肉时加入少许。为解决这个问题，笔者需要每周到乡或县城的餐馆饱食一顿蔬菜大餐，积蓄一周的能量，才能继续田野工作。喀拉奥依村的移民于 1967 年在吐尔洪河修筑了一道简易土坝。由于地处盆地最低洼处，河水在用土坝抬高后可以顺着土渠流到每家每户的院子内。移民在院落内开垦出约 0.5 亩（一个院子 1.5—2 亩不等）的菜地，在夏季种上油麦菜、芹菜、土豆、大白菜等短季节的蔬菜。实际上，靠近河谷的低地也被开辟为菜园，专门为公社食堂供应蔬菜。土渠顺着村内纵横交错的道路蜿蜒伸展，在每户村民的院墙脚开一个口，将水引入菜地。塔斯托别和塔斯莫伊的居民就没这么幸运，由于地势较高，无法将水引入院落。他们用水桶将洗菜、梳洗等留下的废水储存起来，用于菜园的灌溉。这两个村的蔬菜种植规模相当小，仅能满足家庭所需。

由于盆地气温寒冷，无霜期不足 100 天，因此很多蔬菜都无法种植。比如，包菜在霜期来临之前根本无法成熟，辣椒、茄子、西红柿、冬瓜、丝瓜同样如此。经过几年的摸索，移民找到了适于盆地的蔬菜品种，包括：土豆、大白菜、油麦菜、小油白菜、蒜苗等。技术上的突破在20世纪90年代初期实现了。一位甘肃籍的汉族在柯克托海有一位在蔬菜队工作的亲戚。他发现，柯克托海的蔬菜队通过在屋子里较早育苗或是通过在木板和厚薄膜搭建的温室里育苗，就可以种植包括洋葱、胡萝卜、四季豆等蔬菜。回来后，这位老乡如法炮制，其他汉族村民也很快依样画葫芦，蔬菜品种和种植面积都得到了增加。2013年4月，我们在塔斯莫伊和塔斯托别发现，村民家的阳台上都摆放着"花盆"。仔细一看，盆内无花，全是菜苗。村民说，现在他们在农历元月十五前后就先将种子撒在花盆中，利用房屋内的暖气确保温度。到5月中旬无霜期结束后，再将幼苗移栽到菜园中。5月中旬笔者在喀拉奥依村调查时，看到村民正忙于在菜园中种菜。一些村民对育苗技术再次做了改进，在院内建立了蔬菜大棚。大棚一侧夯筑土墙，然后再用厚薄膜或玻璃创造了蔬菜适宜生长的小环境。

  与汉族村民一样，回族村民也在院子中种少许的蔬菜，但更多地种土豆。与汉族村民销售部分蔬菜不同，土豆主要是为冬季储存蔬菜。受汉族村民的影响，一些哈萨克族村民也开始在院子中种植蔬菜，以土豆为主。一些哈萨克村民也尝试种油麦菜、生菜等"毛毛菜"，但数量极少，而且看来种植技术也还不纯熟。事实上，我们只是在康阔勒特克村曾经看到两户哈萨克族村民种植毛毛菜，大部分人到乡里的菜店或是汉族村民的菜园里购买。

  与原居住地的差异来自哈萨克族生计方式和草原生态环境的影响，表现为移民多养牛、羊，甚至一些人比哈萨克族村民养得更多。

  1965年从安徽投靠堂姐而来的老沈（男，70岁）在1970年向一位维吾尔族老乡花了60元钱买了第一头牛。维吾尔族老汉是铁木加工厂的一位铁匠，20世纪50年代到吐尔洪，娶了一位哈萨克族老婆。老沈相中了铁匠的一头牛，商定50元的价格。等他去牵牛时，哈萨克族老婆要求加价到60元。老沈无奈多出了10元，把牛牵了回来。次年，老沈妻子生下一名女婴。牛也产了一头犊子，牛奶就被用作老婆月子期间的营养品和幼儿的补品。一家人也养成了烧奶茶、喝奶茶的习惯。这

第八章 移民与盆地

头牛在之后几年为一家人带来了6—7头小牛，老沈每年宰掉一头牛作为冬肉。同时，他也开始养羊。羊是以10—15元的价格从公社购买的淘汰羊（秋季时公社处理的羸弱母羊）。最多时，家里有5头牛和20只羊。在斗资批修时，老沈悄悄托人把羊卖给了柯克托海的工人，挣了好几百元钱。这一时期所有移民都有养牲畜的经历。在生活物资贫乏的年代，他们既可以通过牲畜获得珍贵的奶制品、肉制品，又可以获得少量的现金收入。牛羊被作为自留畜保留在家中，但必须严格控制数量，否则就有可能被扣上"走资本主义道路"的帽子。因此，村民要么在牲畜多时尽可能吃掉，要么像老沈一样托人卖掉。

塔斯托别村53岁的黄向晨也养牲畜，而且据说是当地养得最多、最好的汉族移民。1998年，他有5头牛、5匹马和70来只羊。另外，他每年还养2—3头猪。由于养的牲畜太多，唯有聘请哈萨克族村民代牧。我们将会看到，正是代牧成就了他与一位哈萨克族妇女饱受非议的姻缘。在此，笔者要谈的是黄向晨关于选择养牛、养羊的解释。他认为，盆地并不适合养猪，有两个原因：首先，粮食产量有限，养猪需要大量粮食，成本太高；其次，冬季太冷，猪的肉膘大都被用于抵抗严寒，很难育肥。与养猪不同，牛、羊具有先天优势。冬季可以依靠秸秆饲养。夏季，除了供应畜奶的牲畜，移民所有的牲畜都可交给同村哈萨克族村民赶到山中放牧。几乎所有访谈的移民都认可黄向晨的解释，这让笔者想起了马文·哈里斯关于"爱猪者与憎猪者"的论述。

马文·哈里斯发现，世界上热爱猪类的地区，集中在新几内亚和南太平洋美拉尼西亚诸岛。在该地区，那些以村庄为单位，靠种植为生的部落，把猪视为圣物，专门用作祭奉祖先，或把猪视为重大日子如婚礼、葬礼的美味佳肴（事实上，汉族也如此）。与之相反，基督教和伊斯兰教都憎恶猪肉，甚至禁食猪肉。这与其诞生地的生态特征相关。西内盖夫（在现以色列境内）曾是游牧民族的生活地区，这里是没有森林的平原和山地，干旱缺雨，土地不易灌溉。这样的生态环境适宜以草、树叶为食的反刍动物（牛、羊），而非以坚果、果实、块茎植物和粮食为食的猪。在粮食极为珍贵的草原地区，养猪无异于与人夺"食"，加之需要圈养，这会破坏动物、植物与人类在一个自然与文化生存空间中和睦相处的关系。因此，禁食猪肉的教规无疑成为一个合乎情理的对付生态环境的战略。① 显然，移民在与哈萨克族村民的交往中，在适应盆地生态环境的过程中，洞悉了此地的生态特征。养牛羊可视为他们对特定生态环境之适应策略，而养猪更多地出于胃的需要。

　　回族移民与汉族移民一样，也出于同样的原因饲养牛、羊和家禽。事实上，他们在甘肃老家时就以牛、羊为副业。喀拉奥依的牧羊人除了2户哈萨克族村民外，还有2户回族村民。41岁的阿訇马国护的父亲就曾为大队放牧，负责112匹/头马和牛。夏季，他和哈萨克族牧羊人一样到西北萨伊中的山地草原放牧，在积雪尚未覆盖盆地时在河谷放牧。实际上，回族村民对马、牛、羊的习性了解程度不逊于哈萨克人，这正是他们在改革开放后很快发展起倒卖牲畜、皮毛生意的原因之一。

　　移民对山林资源的利用本质上与哈萨克族村民并无大的区别，但在初期还是呈现出了一定差异。对于拥有马、牛和爬犁的哈萨克族村民来说，最好的燃料就是山林的树木而非盆地周边的灌木。事实上，他们总是利用冬季上山的机会拉下夏季也足够用的柴火。初到盆地的移民缺少上山的马、牛和爬犁，而且赶爬犁看似简单实则困难。这让大部分移民，尤其是南方的汉族移民，没有办法到山林中获得燃料。他们用藤条或灌木枝编织成背篓，出工前到周边山坡砍下能烧1—2日的柴火。在燃煤时代到来之前，移民多借此获得燃料。首先的伐木区是村落周边，然后逐渐向山谷延伸。等到周边山坡灌木消失后，他们再向更远的山坡进军。调查时，移民总是说"山林都是哈萨克砍光的"，而哈萨克族村民则回击"泉水都是移民砍灌木弄没的"。理解泉水消失之谜，需要对盆地生态环境做一个简单的回顾。山涧溪流顺着山谷流向盆地，山谷两侧多为茂密的灌木覆盖，其下分布着大小不一的泉眼。当灌木砍光后，融雪不再下渗，冲刷碎石堵住泉眼。双方的指责皆有道理，这说明移民也是盆地资源条件恶化和生态环境退化的始作俑者之一。

　　综上，移民的生活显然受到两方面力量的影响：一是传统生活方式，二是哈萨克族的生活方式和草原生态环境的影响。两者交织造就了移民生活的独特性。显然，移民的生活与哈萨克族的生活差异甚大。正

---

　　① ［美］马文·哈里斯：《母牛·猪·战争·妖巫——人类文化之谜》，王艺等译，上海文艺出版社1990年版。

如上面已经谈到改革开放后哈萨克族村民牧业重现与专业化一样，回族、汉族移民的经济生活也出现了多元化的趋势。

二 移民经济生活的多元化

1984 年包产到户的春风也给移民的生活带来了巨大的变化，喀拉奥依、塔斯托别和塔斯莫伊的回族、汉族移民与哈萨克村民一样获得了承包地和少量牲畜。移民也很快发展、壮大了牧业，农业的集约化进程也进一步加快。但在两个方面与哈萨克族村民区别开来。首先，牧业的发展并不如哈萨克村民那样一帆风顺，受到两个方面因素的限制：一方面，不具备放牧的知识和经验，另一方面不具备与牧业队牧民的亲缘关系——社会资本。其次，移民毫无选择地将生产重心放在了农业的集约化上。因此，并未出现农业短期的衰落，而是一开始就通过化肥、农药、种子的投入来增加农业产出，延续了其在集体化时期的先锋角色。一些移民率先通过土地的流转、集中实现了农业生产的专业化。就农业而言，移民一直是哈萨克族村民的榜样。另外，汉族村民开始扩大菜园面积，并将多余的蔬菜卖给哈萨克族村民。

真正使移民与哈萨克族村民生计区别开来的是市场的力量，表现为市场开放催生的各种经商机会。包产到户对基建队村民而言无异于一场生存危机。因为失去了人民公社体制的保障，不再能够通过集体的劳动获得工分。"穷则思变"的法则很快在基建队移民生计选择中呈现出来。他们利用地处乡政府街道的优势和市场开放的机会，很快发展出门市贸易的生计模式，占据了为村民提供生产、生活必需品供应的领域。没有门市的移民，则利用建房技术，抓住 20 世纪 80—90 年代建房高潮的机遇，成功地占据了建筑业高地。与汉族移民不同，回族移民则抓住了盆地与外部世界的流通领域。他们控制了牲畜、畜产品（畜毛、山羊绒等）、海蓝与黄金等产品的收购与销售领域。下面，笔者以多位汉族和回族商人的个案为线索，展现这一充满变化的、生机勃发的多元化过程。

1982 年，30 岁的黄胜利在吐尔洪乡街道北侧修建了一间面积仅为 15 平方米的土坯房，作为商店（当地人称之为"门市"），出售日用百货品。这是盆地最早的一家私人商店，15 年后一间更宽的商铺取代了土坯房。在谈到为何选择开商店时，黄提到了三个原因：首先，基建队没有地，必须想办法自谋生路。其次，当时乡里仅有一家供销社。供销社的货物既不能满足人们的需求，而且价格很死。这提供了可乘之机，因为黄胜利允许讲价、赊账和以农牧产品交换商品。最后，他从妻子亲戚那里搞到了1000元钱，加上自己积攒的1000元，有足够的资本维持商店的运营。商店主要出售烟酒、糖茶、秋衣秋裤和各种村民可能需要的东西。次年，姚晏新开了第一家成衣铺，汤庶煌开了第一家零食店。他们都采取了低价、赊账和以物易货的策略，生意相当红火，很快就将供销社逼入绝境，直至倒闭。

在这一批商铺老板的记忆中，1990—2000年是生意最好的年月。改革开放后，哈萨克族村民的经济条件得到极大改善，人们消费需求开始增多，对质量的要求也提高了。为此，黄与几家店铺一道直接到乌鲁木齐市碾子沟进货。一则免受县城老板中间环节的克扣，二则可以拿到质量更好、更新潮的商品。店铺也增加了不少新货，比如牛仔裤、夹克衫、香皂、洗发水、食用油等。总之，只要有村民问"啥东西有没有"，老板们就得赶紧想办法进货。所以，这些店铺无一例外地看起来就像一个杂货铺。另一个原因是，这一时期牧业队转场仍需在盆地休整。牧民沿着山脚搭建一圈的毡房，在上山之前必须采购足够多的日用品。

姚晏新很快发展了第二产业。20世纪80年代末第一代身份证开始办理，但盆地竟没有一家照相馆。乡政府找到姚晏新，看他能否解决这一问题。姚机警地抓住这一机会，次日就到乌鲁木齐二手市场买了一台凤凰相机。琢磨数日后，照相馆开了起来。盆地几乎所有的一代身份证相片都出自这台二手相机。他不再为村民定制成衣，转而开了一家服装店和鞋店。因为村民经济改善后，对老式定制成衣不再青睐。姚的长子已经成年，他很快在服装店一侧加修了一间土房，也开了一间门市。

自行车也开始进入盆地哈萨克人的生活。最初，自行车由乡政府、学校和医院工作人员引入盆地。随着村民收入的提高，在彩礼中首次出现了自行车的身影。但是，村民必须到县城才能买到这一"奢侈品"。张尹柏（男，45岁）发现了这一商机。他率先在街道南侧开了第一家自行车店，并提供三年维修的服务。20世纪90年代中期，张尹柏又在

第八章
移民与盆地

自行车店旁边开了农机修理铺，这得益于小型农业机械的普及。很快，这一领域就出现了新的竞争者，各家店铺也将自行车纳入了采购、销售范围。

没开商铺的基建队村民也找到了挣钱的路子。生于20世纪60—70年代的孩子，到20世纪80年代末就陆续进入婚龄，建房潮也如期而至。建房的工作很自然地就落到了基建队村民的手中，因为他们的技术最好，并深受哈萨克族村民信任。60岁的吴永健与另外五六个村民一起组成了建筑队，专门承包建房工程。夏天，他们奔波于各个村落，承包5—6栋土房或红砖房，年均挣得3000—4000元钱。他们的妻子则发展了蔬菜生意。一些人承包了吐尔洪村村民靠近河谷的耕地，将之开垦为菜园。一些人则从县城采购蔬菜。她们用毛驴车或牛车拉着蔬菜在各个哈萨克族村子游走。哈萨克族村民有牲畜、家禽，但却很少有现金。因此，家禽、禽蛋与蔬菜的交换发展起来。女人们再将换得的家禽、禽蛋拿到柯克托海或县城出售。47岁的唐琼英在1992年改变了这一模式，她在街道北侧开了第一家固定的蔬菜店。夏季蔬菜来自承包的菜园，冬季则来自县城的批发市场。

20世纪90年代，无所事事的哈萨克族小伙子、回族小伙子成天在街道游荡。杨老大发现了一个新的商机，他在姨父姚晏新的服装店外摆了2张台球桌。年轻人三五成群地在此逗留，一局台球收0.5元。很快，所有的商铺门前都摆上了台球桌。杨随即转换策略，买下了吐尔洪乡中学门口右侧的土房（原是中学一位老师的住房），独家经营学生用品，这改变了他依附于姨父的命运。理发店也作为新生事物粉墨登场。王百万很快在店铺对面盖了一间土房，并让长女到县城的理发店当了一年学徒。王濡超也抓住机会，花了2万元买下了经商发财的老李（已故）的店铺。他给大儿子王辛开了一家餐馆，因为儿子已经在乌鲁木齐学厨师3年。汤庶煌的长女则继承了父亲的商业头脑，不仅开了一家餐馆，还创造性地在餐馆上面开了第一家舞厅。

21世纪最初几年，盆地的生机依然不减，店铺老板们的生意一如既往地红火，同时也发生了一些重要变化。摩托成为继自行车后的新一项"交通革命"，引入者仍是政府、学校和医院的工作人员。与自行车一样，摩托很快也进入了普通大众的生活。张尹柏再次看准机会，处理掉所有积压的自行车，销售摩托。为此，他专门到山东蓝翔技校学了一年摩托车维修课程。根据经验，他知道在吐尔洪必须提供相应的维修服务，才能够获得哈萨克族村民的芳心。因为一旦摩托出了问题，村民无处修理。维修服务本身也是一项最重要的收入来源。2001年，他从县城拿回了第一辆摩托，很快就以3500元的价格卖了出去，净挣250元。大部分商铺老板们对摩托生意持观望态度。对哈萨克族村民而言，摩托似乎超出了他们的消费能力。然而，张尹柏最终占得了先机，很快成为吐尔洪乡数一数二的"商界大鳄"。2005年后，老板们也快速跟进，并掀起了盆地商界第一次"价格战"。一些商铺为吸引顾客，打出"零首付、零利息"的招牌。除了像喀拉海这样的"吝啬鬼"外，大部分哈萨克村民都卷入了"摩托"刮起的旋风之中。零首付、零利息不仅吸光了村民之后几年的收入，而且使他们陷入与商铺老板的债务关系之中。老板们也不轻松，他们用了3—5年时间才收回大部分债务，避免了"关门大吉"的厄运。黄胜利在这股旋风中独善其身，在价格战开战之初就机警地退出了这一领域。

21世纪另一重大变化是新牧区建设如火如荼在盆地展开，道路与抗震安居工程在夏季吸引了多个工程队进驻。外地商人开始进入盆地，力图绕过本地的回族商人，直接收购牲畜、畜产品和农产品。特别是在9—10月牧民下山之时，大批来自乌鲁木齐、米泉、北屯的商人云集于此。一个现实的问题是，盆地长久以来没有接待游客的旅馆、宾馆。吴永建适时地买下了原边防武警的连片土房（边防武警另建新居），将之改造成简陋的、盆地唯一的旅馆。2年后，依靠挖海蓝发财的叶明德（男，61岁）在老吴的对面开了一家新的旅馆。他们每年依靠旅馆获得1.5万—2万元的收入。乡政府发现了这一问题。2012年，他们利用街道改造工程和富民安居工程项目，鼓励基建队村民集资修建新的商铺。很快三栋两层小洋楼矗立起来，而张尹柏再次改变了经营方向。他将所有积蓄投了进去，耗资100多万元买下了半栋小洋楼，开了第一家宾馆。宾馆有6个标间，这为他带来了新的财富。

富民安居工程给基建队村民带来的影响可谓喜忧参半。黄胜利发掘了新的商机，他在自家院子开了一家塑钢窗户车间。技术全靠自学，聘请了2位哈萨克族小伙子做工，材料则从乌鲁木齐华凌市场直接订购。

第八章
移民与盆地

与他一样，吴福正也抓住了机遇。他将门市关掉，专营水泥、石灰等建材，获利匪浅。然而，富民安居工程并未给从事建筑业的移民带来机遇，反倒是抢了他们的饭碗。因为工程需要大量的资金垫付，而且通常是由乡政府统一承包出去，因此只有"大老板"才有能力抓住这一机会。这使得他们只有继续发挥建筑技术的特长，在工地上谋得打工机会。

当一些商铺老板不断变换经营业务之时，另一些老板则依然故我，坚守门市生意。在他们看来，门市生意的风险最小，资金回笼快，村民需求只增不减。这一类人大概有10位左右。另一些老板则表现出保守与进取的双重取向。一方面仍然经营门市，另一方面通过子女或亲友拓展新的商业领域。王百万一方面和妻子固守"云琴商店"，另一方面鼓励和支持长女开了第一家理发店。2011年，次女与林场退休职工张新兵之子张震结婚。王百万将手中一间商铺交给女婿，开了一家电器行。张震中专毕业，专业是电子技术。利用这一优势，他率先在商铺中出售电脑。客户群是正在上初中、高中的孩子，以及乡政府、学校、医院的工作人员。与张尹柏的策略一样，他也提供维修服务。笔者已经在第三章提到，20世纪90年代中期后，木匠们失去了挣钱的法宝。年轻人更青睐新式家具，并要求彩礼中涵括电视、冰柜等新生事物。张震也出售新式家具和电视、冰柜等大家电。在他看来，多元的经营策略才可能在日趋激烈的竞争中取胜。和张震竞争的是前文提到的姚晏新的女婿柳胜谷。

基建队汉族移民经济生活的多元化过程中隐藏着几股重要力量：首先，体制与政策变化造成的无地为生之处境迫使移民"思变"，探索各种发展的可能性，并及时抓住市场开放所创造的机遇。其次，门市对公社提供的各种服务功能之取代，而盆地内部需求之变化推动了商业范围的扩展。由于哈萨克族在全乡人口中的比重，因此他们无疑是最大的客户群。这标志着"公社—大队"体制下集体组织形式逐步转变为市场经济型的社会化服务，也标志着草原牧区社会、经济发展中的重要结构性变化。[①] 再次，移民对政策、市场和村民需求变化的敏锐洞察，以

---

① 马戎：《牧区体制变革与草场使用、人口迁移、社区生活及草原生态系统的变迁》，载周星等《社会文化人类学讲演集》（下），天津人民出版社1996年版，第676页。

及它们为求发展而做出的各种创造性抉择。事实表明，只有那些能够"敏锐"洞悉商机、敢于求变的移民才可能在商业上获得成功，而那些坚守建筑业的移民则可能因为经济社会条件的变化而遭受"厄运"。最后，在实践中移民创造了"商业网络"。店铺中的1/3为四个家族所控制，而且他们之间交织着较为复杂的姻缘关系。"商业网络"牢牢地将门市生意控制在他们手中，这也正是回族、哈萨克族村民难以突入其中的关键。

改革开放后，一批回族村民选择了另一条经商之路。他们将盆地的农牧产品和海蓝、黄金等贵重物品倒卖出盆地，控制着盆地与外部市场间的流通领域。调查时，他们经常将自己与基建队的汉族商人做比较。在他们看来，汉族商人才是大老板，因为他们控制着门市。有意思的是，汉族商人认为门市挣的不过是小钱，回族商人挣的才是大钱。有一次，笔者将这个问题抛给最早经商的回族村民马诚亮。老人沉默片刻，给出了一个意想不到的答案。他认为，差别不在于谁挣钱更多，而在于两者选择的道路完全不同。汉族商人偏重日常消费领域，不喜欢冒险。回族商人胆子大，敢冒险，偏重于牲畜、畜产品的倒卖。他们是外面大老板与盆地村民的中间人，在流通过程中赚取佣金或差价。

他用自己的经历"现身说法"。改革开放后，进山淘金者增多。事实上，盆地就有汉族人（如杨老大）在内地找好人手，然后进山淘金的。20世纪80—90年代，富蕴县专门设立了黄金缉私队，他们和公安局定期查山，淘金者淘到黄金后在山里就近挖坑埋掉。通过兰州的亲戚，马诚亮得知兰州黄金价格为60元/克，而在盆地仅30元/克。这是一个良机，他遂从银行贷了8000元款，在秋季进入额尔齐斯源头河谷。在那里，马碰到了几个挖金子的四川人，说"老乡有没有东西，我是回族人"（回族人多做此生意）。四川人拿出一个疙瘩，马用火烧出其中的水银。四川人见他懂行，以35元/克的价格卖给马200余克。次日，马就带着黄金到了北屯，以50元/克的价格卖给了北屯的商人。之后十年，他每年5月进山，收货后就辗转到兰州、广州等地。每年11月回到盆地，净挣3万—5万元。

20世纪90年代中期，马诚亮发现内地对皮毛的需求急剧增长，而盆地的畜牧业也再次步入全盛时期。在这一时期，马回了一趟甘肃老家，看到当地回族商人都收皮子（羊皮和牛皮）。此时，对倒卖黄金的打击力度空前加大，他开始琢磨转换生意。当时，县贸易公司垄断了当地皮毛收购，一张羊皮的收购价仅为1—2元。在乌鲁木齐和米泉，一张羊皮可卖到5—6元。回到盆地，马在白天进入夏季牧场，长子坐镇家中，以3元/张的价格收购村民送来的皮子。由于县里视倒卖皮毛为"投机倒把"，他在收上200—300张皮子后就赶紧在晚上找车拉到县城，再从县城找车拉到米泉的收购点。后来，他结识了柯克托海矿务局运输队的卡车司机张某。于是，平日里他将皮子藏好。在张去乌鲁木齐时，将皮子藏于卡车之中，免去了找车、换车的麻烦和被没收的风险。最多的时候，他一天可以收到300—500张皮子。在生意最好的两年，他从皮子生意中挣了近20万元。喀拉奥依村另外还有5户从事这一生意。77岁的赵万良也是最早做生意的回族村民，收过黄金和皮子。不同的是，他在乌鲁木齐有一位哥哥。他让哥哥在乌鲁木齐帮着收废弃的铁窗。皮子出售后，赵再将铁窗拉回盆地。对盆地村民而言，铁窗远比以往使用的木窗好，因此铁窗生意颇好。

很快，其他回族村民也加入到皮子收购行列中，并将收购的皮子转售给马和赵。马与赵还在各个哈萨克族村子收了一名徒弟，让他们代收本村皮子。需要补充的是，收皮子的同时他们也收购羊绒。但是羊绒生意的成本较高，他们都没有足够的资金。因此，他们只能扮演外地商人与牧民、盆地村民间的中间商。比如，1998年马的一位河北朋友托他收1吨左右的羊绒，并先把钱打到马的账上。羊绒收上后，他将之托运到河北，从中获得佣金。这些年，马除了倒卖皮毛外，也倒卖羊或倒卖畜肉。在牧民下山的季节，每年倒卖2—3车羊（每车150—200只）到乌鲁木齐、米泉。在冬季，他收购牛、马、羊，每年倒卖畜肉40余吨。2000年时，他已经成为盆地远近闻名的"富人"。

转折出现在2000年前后，回族村民发现皮毛生意很难维持。以往一年收羊绒30吨、驼毛10—20吨，2005年后驼毛甚至收不够1吨。原因来自三个方面：

第一，盆地牧业的再次衰落，这导致牲畜的急剧减少。马说，"过去的话，一个民族（哈萨克人）宰1个牛，7—8个羊，现在好好不宰了。现在就是银行贷款，农民种完地，把贷款一还，就没啥钱了嘛"。

2000年后，富蕴县给盆地开出的发展药方是"农区畜牧业"，鼓励银行为村民贷款以扶持日渐衰落的牧业。由于贷款以户为单位，村民便通过分家立户以获得更多的贷款。结果几乎所有的家庭都背上了债务。然而，大部分哈萨克族村民并未将贷款用于扩大畜牧业，这既受到盆地资源条件、生计结构、社会结构等现实因素的影响，也受到消费理念的影响。哈萨克族村民并非如汉族一样将贷款用于购买农资，也并非如回族村民一样将贷款用于购车跑运输，而是用于摩托、彩电、冰箱等"奢侈品"的购买上。事实上，笔者从未精确计算出一户哈萨克族村民一年收支的情况。当我们试图精确地计算农药、化肥、种子、人工的支出，以及一年中买了几桶油、给孩子买了几件衣服等开支时，往往会惹恼受访者，并向我们抱怨道，"这比胡大的审判还严"。① 调查时家里剩下多少钱，就是他们的收入。获得的贷款也通常被算是到手的"收入"。既然已经是我的了，当然就可以用于"奢侈品"的消费。三五年后，他们就不得不卖掉所剩不多的牲畜以偿还贷款。这说明，维持收支平衡和"理性"消费理念之培育比适应定居农业生活更为艰难。

第二，牧民定居导致牧民牲畜数量减少。直至今日，定居仍被视为改变草原地区生产生活落后最有效的发展路径，甚至也被视为改变草原生态退化的必然选择。这种观点的逻辑一是"牧业落后论"的意识形态，二是游牧民被视为环境退化的始作俑者。就吐尔洪的个案来说，两种论调显然都有失偏颇。尽管如此，大部分牧民还是被有组织地"引导"定居了。政府给予定居者优惠，他们不仅可以获得30—50亩不等的耕地，而且也能享受约5万元的补贴。定居的费用并不算高，但却需牧民耗尽1/2以上的牲畜。2012年2月，我们对吐尔洪乡牧业二队哈

---

① 这一现象可能受到了哈萨克族传统生计方式的影响。对游牧哈萨克人而言，接羔后畜群的数量和出栏后畜群的数量相减就是一年的收入。又由于传统游牧业几乎没有生产资料的投入，因此他们没有像农耕者和经商者一样的"收支平衡"的经济理性。另外，调查时很多人提到哈萨克人不存钱。根据笔者的观察，确实如此。哈萨克村民通常在9—10月牲畜销售后，集中消费，这也是商铺生意最好的季节。每年春耕前，贷款下来的时间也是他们集中消费的季节。当然，这两个季节通常也是孩子上学、添加农资和主要节日的时节。无储蓄习惯可能也受到传统习惯的影响。对游牧哈萨克人而言，牲畜就是他们最好的银行。出栏之日也是集中消费之日。这说明，游牧的生计方式深刻地影响了哈萨克人的消费理性，即便经历了几十年的定居生活，其影响仍然存在。

拉吉拉定居点 15 户牧民（调查时仅有 17 户牧民迁入）定居后的经济情况做了调查。户均拥有 70 头/只牲畜，但牲畜占有极不均衡。40% 的人拥有不到 50 只，26.6% 的人拥有 51—100 只，只有 33% 的人拥有 100 只以上。与 1952 年且柔奇部落的水平相对比，无论是牲畜总量，还是户均占有量都明显减少。为了定居，一些牧民甚至卖光了所有牲畜。有 2 户完全没有绵羊，3 户仅剩 10 只绵羊。这些家庭不可能继续游牧，从事农业或进城务工是唯一选择。每年 9—10 月数万牲畜云集的盛景消失了。回族商人们倒卖牲畜、畜产品的生意自然变得萧条。

第三，外界的收购商绕过回族商人直接与牧民打交道。2011 年 8 月 20 日前后，笔者在夏季牧场调查时，来自乌鲁木齐、米泉、吐鲁番等地的商人开着大卡车挨家挨户地"拜访"牧民的毡房。他们要么以现金与牧民达成交易，将尚未下山的羊、牛装车拉走。要么留下定金，说好何时来装羊、装牛。这完全出人意料，因为距离出栏尚有一个月的时间。这些商人告诉笔者，"羊少了，要赶在下山前预订古尔邦节所需的牲畜"。由于交通便利，大卡车可直抵深山牧场。预订既确保了在 9—10 月能够收到足够多的牲畜，也可以绕开回族商人以减少成本。

应对变化有两种方式：首先，大部分回族商人退出了生意场，回归农业，并利用积蓄和贷款为孩子买大卡车，让孩子走出盆地。2005 年前后，喀拉奥依村中购买了 25 辆 20—30 吨的大卡车。每辆卡车需花 30 万—40 万元不等，主要是靠贷款。按照政策，每个户口可以贷 8 万元。为了贷款，一个家庭很快分成了 4—5 户。拥有卡车的年轻村民加入了富蕴县各个矿山企业的"运输大军"，用 5—6 年的时间还完贷款。其次，转行倒卖粮食和海蓝。马诚亮现在很少再收皮子，而是收 20—50 吨不等的麦子、豌豆。粮食生意远不如皮毛生意，因为他面临着商铺老板、新崛起的哈萨克族老板（如胡鲁台）和外地老板的竞争。另一些人转而收购海蓝，并且多少发了点财。哈萨克族村民在农闲时仍然进山"拣石头"，然后卖给回族商人。42 岁的马志军从小跟随父亲收购皮子，2000 年后转收海蓝。最近几年，他带着收购的海蓝远赴广州、澳门、香港、北京等城市，成为新一代崛起的回族商人。

上述个案验证了马诚亮的观点，回族商人敢冒险，擅长在流通领域中获利。从某种意义上讲,回族商人是盆地村民与外在世界的连接点,而且似乎这也符合其"民族特性"。1986年费孝通访问临夏时遇到广河县的一位20多岁的回族青年杨麻尼。1979年,杨听说四川藏区的人们需要穿毛皮袍子,肯出价钱。他就在街上买了一些羊皮,缝了几件袍子,带到甘孜。一件20元成本的袍子,很快就被以上百元的价格抢购一空。临夏回族多靠沟通甘、藏贸易而发迹。费老指出,甘肃临夏正处于藏、汉两大民族之间,也是农牧世界的连接带,回族在此生存下来并形成了善于工艺和经商的悠久传统。[①] 在对马诚亮的访谈中,笔者一直好奇他为何敢"第一个吃螃蟹"。老人捋了捋胡子,说道,"家里有12口人,不做生意养不活。况且,我们祖上在临夏时就做生意"。

在此,笔者想进一步对回族商人的生意做一点补充分析。与汉族商铺老板相比,回族商人的生意显然更多地受到外部力量,而非盆地的内在需求之影响。不管是黄金、海蓝,还是皮毛,都明显受制于国家和地方政府的制度与政策。在国家的严密控制下,这些物资在盆地内和盆地外形成了明显的价格差。利用这种价格差让一部分人很快地发了财。生意的成功也取决于外地商人不能直接与当地人交易,回族商人利用这一机会,使自己成为中间人,从中获得佣金和酬劳。但是,一旦政策收紧,他们就必须转行。当外部力量绕开他们,或是本地其他族群也加入倒卖行列,其中间人的角色就弱化或是消失了。当然,生意也受到村民与牧民供应能力之影响,但供应能力显然也受制于各种外部力量。我们注意到,改革后回族村民也发挥所长,力图突破盆地资源的约束,开拓新的生计道路。在一段时间内,他们成功了。但由于受制于各种外部力量,至少在现阶段多元化过程受到了阻碍。仍然有年轻人在经商的道路上探索,但更多的年轻人告别了父辈们经商的道路,选择了务工、跑运输等新的生计形式。

三 移民的社会与文化生活

本节最后一个部分,笔者拟对移民社会与文化生活之特性做一个简略的探讨,为下一节族群关系的分析做铺垫。总的来说,汉族与回族村

---

① 费孝通:《临夏行》,《费孝通文集》(第十一卷),群言出版社1999年版。

民的社会与文化生活都存在一个地方化的过程,并或多或少地受到当地哈萨克族社会文化生活之影响,与原居住地相比也发生了较为明显的变化。

苏北海在20世纪50年代曾对新疆汉人社会文化生活做了这样的描述:新疆汉人服饰,多与内地相同,食品以面为主,米次之,而一般人更久染回、维族之风习,喜食抓饭、牛奶,尤以羊肉家常之食品。其他岁时风习、宗教、丧葬亦各依附原籍,乡土为准,并不变其本来面目。其俗之一年四季节日,与吉凶,庆吊,概与内地相同。[①] 新中国成立以来,地方化进程仍在继续,并随着移民的不断涌入和与当地民族交融的深入,新疆汉人社会文化生活又增添了新的内容。李晓霞对此做了归纳,认为新疆汉人社会的地方化包括语言方言化、饮食地方化、礼俗的简洁化、双重的地区观念等几个方面。[②]

就盆地汉族移民的情况来看,语言方言化并不十分明显。大部分移民仍然保留了原籍地之方言,并非以甘肃、陕西方言为基础而形成的"新疆话"为交际语。以四川人为例,他们不管是在与笔者的沟通中,还是与其他地方移民的沟通中,都坚持用四川话。但是也存在两方面的细微变化:首先,天南地北的移民都能够听懂彼此的方言,能够较为正常地交流,语音、语调与原居住地已有细微的调整。其次,借用了部分哈萨克族的语言词汇(如馕、皮牙子、巴郎等)。语言方言化不明显之原因在于,移入时间尚短,且移入时皆已成年。第二代和第三代移民"新疆话"的流利程度明显增高,但仍或多或少地保留着原居住地方言的口音。由于大部分第二代、第三代移民已经或正在迁移出盆地,因此盆地移民的语言方言化过程将受阻。

饮食的地方化是一个普遍特征,已经融入了哈萨克族肉、乳和北方面食的饮食结构。但同时,四川人、河南人、山东人、陕西人仍然保留了原居住地的饮食习惯,如四川人仍然喜食米饭而非面食。礼俗的简洁化同样十分明显,传统节日中仅保留了春节、元宵节、清明节、端午

---

① 苏北海:《新疆十四民族之源流、分布及风习、文化概述》,转引自薛宗正《汉族》,新疆美术摄影出版社1996年版,第69页。

② 李晓霞:《论新疆汉族地方文化的形成及其特点》,《民族研究》1998年第3期。

节、中秋节等重要节日，主要以家庭为单位进行，无群体性庆典。大部分节日已经退去了符号、象征的色彩，多以阖家团聚为目的。人生礼仪上也呈现出简洁化的特征。2013年4月，笔者在塔斯托别和喀拉奥依分别参加了一位四川籍与一位河南籍移民的葬礼。两者并无明显区别，仪式较简朴，甚至连守灵、放鞭炮、风水先生选坟地的过程都消失或弱化了，死者由亲朋帮助料理后事。简化最主要的原因是在吐尔洪找不到完成各项仪式的"专业人才"，也不具备相关的知识。

最明显的特征是双重地区的观念，表现为两个故乡的观念。一方面是以同乡、老乡关系形成的、以原籍地为基础的纽带，有着深厚的情感基础。交友圈子以老乡为主，甚至村落政治也以籍贯分派。2013年2月新一轮的乡村选举之际，副乡长、司法所、边防派出所派出四位干部进驻塔斯托别村，挨家挨户做工作。该村长期以来存在着四川人、河南人、安徽人、甘肃人之间争夺村落领导权的"斗争"。斗争经常导致村政荒废，甚至造成无人愿意担任支书、主任的局面。因此，在选举前必须理顺不同派系之关系，并在村委中予以平衡。另外，移民在扎根后，每两年都要携家带口回乡探亲访友、祭奠祖先，而他们的家也成为新移民最早的落脚点。由于漫长的冬季无法劳作，一些移民在秋收后举家回到老家过冬。一些人在老家仍然有高堂需要奉养，还有兄弟姊妹需要走访，关键是他们希望子女记住自己的"根"，不要"忘本"。

陈孔立指出，移民社会结构的首要特征是以祖籍地进行组合，然后才会由移民社会向定居社会转变①，逐渐在迁入地形成以共同生产生活为基础的地缘关系。由于移民来自四海，且迁移时并非举家而迁，因此在迁入地没有形成较强的血缘关系（如家族与宗法制度）。这就使得地缘关系显得尤为重要，因为日常生产生活中彼此的互助是生存和发展的重要条件。移居时间越长，移民就越适应盆地的气候，反倒是回到老家后身体上会出现各种不良反应。比如，四川移民往往无法忍受老家湿冷的冬季，原本计划待一个冬季，实际上一个月不到就回到了盆地。这使得移民产生了对盆地的依赖感和难以割舍的情感，使之成为出生地或祖

---

① 陈孔立：《清代台湾移民社会研究》（增订本），九州出版社2003年版，第15、21页。

籍地之外的另一故乡。"两个故乡"也揭示出移民身份的模糊性，并对其再次迁移行为产生影响。李晓霞指出，移民处于在新疆是内地人，在内地是新疆人的尴尬状态。① 因此，当移民选择迁移出盆地时，首选地并非一定就是老家，很多人会优先选择到县城或城镇生活。

　　回族移民的社会文化生活也经历了地方化过程，并且几乎和汉族移民的经历一致。在语言上，他们仍然保留了甘肃方言，只是东乡族移民大多淡忘了"东乡语"。② 但是，东乡语的"淡忘"并非只是迁入吐尔洪盆地后才发生的，在年长者的记忆中早在临夏时就已经出现了苗头。不过，在迁入盆地后，由于与汉族、回族移民杂居，而且未形成聚族而居的居住格局，因此淡化的进程有所加快。在饮食上，一方面接受了哈萨克族和汉族诸多饮食习俗，如喜食抓饭、奶茶和蔬菜；另一方面，仍然保留了原居住地的习惯，如待客仍以三泡茶而非奶茶，而且惯用玻璃杯而非茶碗。

　　礼俗的简洁化，尤其是宗教仪式的简洁化也在回族移民中发生了。回族移民都信仰伊斯兰教，但有老教（格的目）和新教（伊合瓦尼）之别。③ 20世纪80年代中期以前，盆地没有回族的清真寺，人们多在家中完成各种仪式。这受到两个方面因素的影响：一是政治氛围不允许，在历次政治运动中宗教总是受到压制；二是移民首要目的是求得生存，而且没有能力兴建清真寺。改革开放后，国家的宗教政策开

---

　　① 李晓霞：《论新疆汉族地方文化的形成及其特点》，《民族研究》1998年第3期。

　　② 东乡语属于阿尔泰语系蒙古语族，是东乡民族内部的主要交际工具。由于东乡族和汉族、回族交往频繁，特别是和回族在宗教、婚姻等方面的联系非常密切，因而东乡语中汉语借词很多，占40%以上。此外，还有不少阿拉伯语借词。国家民委《民族问题五种丛书》编辑委员会甘肃省编辑组：《裕固族东乡族保安族社会历史调查》，甘肃民族出版社1987年版，第122页。

　　③ 格的目是中国伊斯兰教最早的一个教派。18世纪以来，为与其他教派相区别，始名"格的目"，意为古老，故又称"尊古派"或"老教"。格的目尊奉伊斯兰教逊尼派信仰，属哈乃斐教法学派。重视五件天命功课和六大信仰，视坐静修持为副功。在长期的发展过程中，不断受汉文化的影响，教义中含有不少儒家思想。"伊合瓦尼"意为"同教兄弟"，通称新教。19世纪90年代由著名阿訇马万福创建于河州。20世纪30年代以来，该派在甘肃、青海、宁夏地方政权的大力支持下，在这些地区确立了优势地位。伊合瓦尼教义的基本特点是"尊起、革俗、反对异端"。它认为"五件天命"是一切宗教功课中的基本功课，绝不能有所松懈，要求以阿拉伯语标准语音读《古兰经》。参见宁夏回族自治区政协文史资料委员会等《西北回族与伊斯兰教》，宁夏人民出版社1994年版，第338—340页。

放，但仍对清真寺的开放和建设的数量有着相当严格的控制，一个村只能有一座清真寺。1983年，在乡政府的支持下，喀拉奥依的回族村民捐资在街道北侧修建了一座清真寺（老教），以方便教民的宗教生活。直到1987年新教清真寺落成，教民不分新教、老教都在一个清真寺中做礼拜。

新教、老教之间起初尚无冲突，但时间一长两者在宗教仪式和行为实践中的差异就凸显出来。比如，老教信徒每年都要请阿訇到家念、吃、拿，即"念经"、吃"饮食"和拿"哈吉牙"（散钱之意）。新教信徒则反对这种"吃念"行为，认为如果念了就不吃不拿，吃了就不念。这些差异最终导致分寺，于1987年在街道南侧建立了新教的清真寺。根据20世纪50年代的调查资料，民国时期老教和新教鲜有通婚的情况。① 老人们认为，主要是为了避免一个家庭中仪规差异带来的不便。然而，清真寺修好后在村里甚至找不出一位可胜任阿訇的村民。1991年，村民不得不从甘肃请来初学成的年轻阿訇马伟祥。1994年，马国护从阿勒泰地区伊斯兰经文学校学成归来，才接过了马伟祥的阿訇之位。但在现实生活中，老教、新教的区别并不大。人们尽管知道谁是老教，谁是新教，但并不妨碍双方的往来，甚至婚姻的缔结。这是由于迁居于这个以哈萨克族为主的多民族社区，回族人口规模有限，要想保持教派内婚相当困难，也不现实。事实上，正如我们下一节要谈的，族内婚也很难保持，近年来回族村民与哈萨克族、汉族村民缔结婚姻的情况开始增多。

更多的变化表现在不同年龄人群在宗教知识、宗教实践和对宗教规范遵守程度的分化。陈文祥对伊犁地区霍城县四个东乡族聚居村落的调查揭示出，越是年轻对宗教知识掌握的程度就越少，宗教实践（如五功、礼拜）的频率就越低，遵守规范约束的能力就越弱。② 喀拉奥依村同样如此，中年人、年轻人除了在肉孜节、古尔邦节等重大节日中到清真寺做礼拜外，很少再到清真寺。喝酒、吸烟等不符合教规的行为比较

---

① 国家民委《民族问题五种丛书》编辑委员会甘肃省编辑组：《裕固族东乡族保安族社会历史调查》，甘肃民族出版社1987年版，第127页。

② 陈文祥：《新疆东乡族文化变迁研究——以老城村及其他三个村为个案》，博士学位论文，兰州大学，2007年，第129—131页。

常见。对于这些行为，老人们很无奈。他们说"现在女孩嫁给汉族、俄罗斯族等非穆斯林男子，男孩取汉族媳妇的情况都出现了，而且似乎成了一种趋势。尽管非穆斯林男女必须入教。但他们在行为上是否遵守了不吃大肉（猪肉）的规定，我们谁知道。况且我们自己的孩子都不再按要求去礼拜，喝酒、抽烟也很普遍"。一些更细微的变化也在发生，如有的已婚女子不再用盖头遮脸，而用1平方米左右的小纱巾将头发拢起。从功能上说，纱巾并不能按照教规完全遮盖头发、耳朵和颈项，而是转变为一种文化与族别的象征符号。

双重的地区观念在回族移民中表现得非常突出。他们常将自己与河南回族、青海回族区别开。这一方面是为了突出甘肃籍的重要性，并以此作为村落内回族移民最重要的情感纽带；另一方面则是为了强调其宗教的正统性，因为他们认为河南、青海回族受汉族文化影响太深。河南籍金姓回族在迁入盆地后很快就在家庭中取消了春节等"汉族"节日，并将两个女儿分别嫁给了甘肃籍的东乡族和回族家庭，旨在融入甘肃回族移民群体。一个家庭中，父母总是力图为至少一个儿子从老家娶一个妻子，一方面是因为在本地找回族媳妇殊为不易，但更是为了与老家保持持久的关系。同时，年老移民多愿意在盆地终老，他们已经习惯了盆地的生活，并且盆地的各方面条件比老家优越。

综上，我们看到移民的社会与文化生活同样受到三个方面因素的影响：首先，原居住地传统的社会文化特征得到了部分的延续，并且移民在观念上仍然认可自己或祖辈出生的"故乡"；其次，在与哈萨克族杂居的过程中，移民在语言、饮食等方面吸纳了新的内容，使之表现出多元性与变动性的特征；最后，移民在适应盆地自然与社会环境的过程中，在某些方面突破了传统，使移民的社会文化生活呈现出非传统的特征。由于没有形成更大人群的聚居格局和特定时期政治、社会条件等原因，这使得突破在一定程度上表现出被动适应的特征。比如回族村民宗教仪规的简化或淡化，又比如汉族移民丧葬习俗的简化。突破也表现出主动突破传统社会文化规范的一面。移民本身就是在原居住地有创新精神、富于冒险精神的群体。在新的居住地，移民在很大程度上摆脱了传统文化之氛围，尤其是家族和宗法制度的影响，这为移民突破传统规范创造了条件。下一节我们将会看到，移民社会文化生活之变化与改革开放后经济生活多元化过程在盆地族群共生关系的构建过程中扮演了相当重要的角色。

第三节 共生：日常生活中的族群关系

在这一节，将集中探讨回族、汉族移民与哈萨克村民在日常生活领域中的关系。首先，运用人类学中关于族群边界与社会学中关于族群社会分工的理论，对改革后三个族群的经济活动进行类型化处理。在此基础上，分析三者在经济领域形成的共生关系。其次，分析共生关系在族群文化与社会结构交往层次的拓展。再次，探讨最近20年发生在三个族群间的通婚情况。最后，探讨族群关系对社区发展、资源与生态环境关系的影响。

一 经济生产模式与共生关系

1969年，弗雷德里克·巴特在《族群与边界：文化差异的社会组织》一书的序言中，宣称对族群及族群关系的研究首要焦点是要去定义群体的边界，而不是它所包含的文化因素。边界本质上是族群在互动过程中选择的确立成员资格与排斥在外的方式，并不排斥存在文化差异的族群进行互动。[①] 在一个多元族群社会系统中，经济生产模式的差异通常被作为一项重要的社会边界。当多个族群杂居时，生态环境特征、资源条件和族群的经济生产模式就构成了一个小生态环境。巴特为我们提供了巴基斯坦斯瓦特地区巴坦人、科希斯坦人、古吉拉特人三个族群关系的个案。每个族群的经济生产模式都被作为其他族群生存的小生态环境的一部分，而族群依靠其经济生产模式占据不同的生态位。族群关系就被转化为不同生态位之间的关系。[②] 包括两种可能性：如果族群利用不同资源，或是处于弱势的族群可以利用更边缘的资源，族群就可共生。若是族群间还存在频繁的产品、劳动力和信息交换，共生关系就具

[①] Fredrik Barth, *Ethnic Groups and Boundaries: The Social Organization of Cultural Difference*, by Universitetsforlaget, Bergen, Oslo, 1969, p. 16.

[②] 罗意：《人类学农牧关系的研究范式及其转变》，《西南民族大学学报》2012年第11期。

第八章
移民与盆地

备了相互依赖性、稳定性和持续性。[①]

共生关系的形成和维系以无资源竞争和经济生产模式的差异性与非自足性为前提。无资源竞争足以确保族群恪守边界，差异性与非自足性构筑族群间产品、劳动力与信息交换的基础。然而，共生关系并非自发形成，因为共生的格局显然受到族群力量对比之影响，否则谁也不愿意利用边缘而非中心的资源。换言之，共生关系是族群博弈的结果。萨尔兹曼发现族群博弈以控制核心资源为中心，但在博弈中谁也不可能控制所有资源，失利的一方就被赶往资源条件差的生态位。为了维系资源占有的现存格局，需要通过中间力量（如更高级别的王室）或制度化的机制（如族群间的朝贡机制）来协调和防止资源争夺。[②] 中间力量必须超脱于博弈的族群，而制度化的机制则需要更高一级的力量来制定或协调。这些力量主要来自民族国家政府，或是殖民政府。因此，共生关系的形成过程交织着族群的博弈、外部力量的干预和族群对不同"生态位"生态环境特征与资源条件的适应等多重因素。更进一步讲，共生关系的形成无疑是一个历史过程，也是权力关系运作的结果。[③] 无论如何，一旦经济生产模式按照族群确定下来，小生态环境中的族群关系也就在这样的经济生产格局下得以展开。

20世纪50年代以来，大量自发的汉族、回族移民进入内蒙古、新疆等传统牧区，深刻地改变了当地的民族结构和经济生产模式。马戎对内蒙古一个牧业村的研究表明，汉族农民被"引进"从事各种本地蒙古族牧民无力或不愿意承担的集体工作（如打井、建房、割草、运输等）和农业生产。移民承担的这些工作与蒙古族牧民的游牧业形成互补，在社区内构建起不同族群的共生关系。改革开放后部分移民迁移出了牧业社区，但他们多在城镇安家，并从事服务业、商业、手工业、运

---

① Fredrik Barth, "Ecological Relationship of Ethnic Groups in Swat, North Pakistan", *American Anthropologist*, Vol. 58, No. 6, 1956.

② Brain Spooner, "Politics, Kinship, and Ecology in Southeast Persia", *Ethnology*, Vol. 8, No. 8, 1969.

③ Ugo Fabietti, "Power Relations in Southern Baluchistan: A Comparison of Three Ethnographic Cases", *Ethnology*, Vol. 31, No. 1, 1992.

输业，继续维系和巩固了与蒙古族牧民的共生关系。①

20世纪50年代以来，国家有组织地在阿勒泰地区组织哈萨克族牧民定居，发展农业。又有组织地移入了大量擅长农业的维吾尔族、汉族、回族、东乡族移民。几十年来，在这一地区形成了一些以农业为主的多民族社区。吐尔洪就是其中一个，而且情况似乎比马戎研究的社区更为复杂，表现在三个方面：首先，社区除了汉族移民，还有回族移民；其次，盆地已经转变为一个以农业为主的社区，哈萨克族村民也从事农业生产；最后，汉族与回族移民除了从事非农、非牧的集体劳动和服务业、商业、运输业外，大部分移民也从事农牧业。改革开放前，每个族群都为公社经济发展做出贡献，再借由公社的再分配与其他族群发生关系，初步构建了族群在经济上的共生关系。改革开放后，借助社会分工，三个族群形成了密切的横向交换关系，共生关系进一步发展。

下面首先对改革开放后三个族群的经济生产模式做类型化处理。实质是以经济生产模式的差异为标准，将族群置于小生态环境中的不同生态位（见图8—3），进而分析他们的经济交换关系。在经验研究的基础上建构几种理想型，所反映的是具有群体性的经济生产模式。

哈萨克族村民经济生产模式的特征是农牧兼营。在小生态环境中，他们始终居于核心，占据着最重要的生态位。这不仅是因为其人口规模最大，也是因为其农牧业生产是另外两个族群经济生产结构的基础。他们是农牧产品最主要的提供者，为回族商人的"倒卖"生意提供产品。他们是代牧者，几乎所有移民的牲畜都通过他们放牧。同时，他们也是各种商品、蔬菜和建房等社会服务的主要消费者。因此，汉族商人总说"我们挣的钱都是哈萨克人的钱。他们有钱，我们生意就好"。回族商人则说"哈萨克人牲畜多，我们生意就好。现在牲畜少了，我们的生意也就没有了"。哈萨克族村民收入的季节性差异也决定了回族、汉族商人收入的季节性差异。每年9—10月牲畜出栏的时期，回族商人获得年收入的1/2以上。这一时期也是哈萨克族婚礼、托依最集中，消费能

---

① 马戎：《内蒙古草原牧区的蒙汉关系演变及影响因素——以锡盟东乌旗一个牧业社区为个案》，《西北民族研究》2009年第4期。

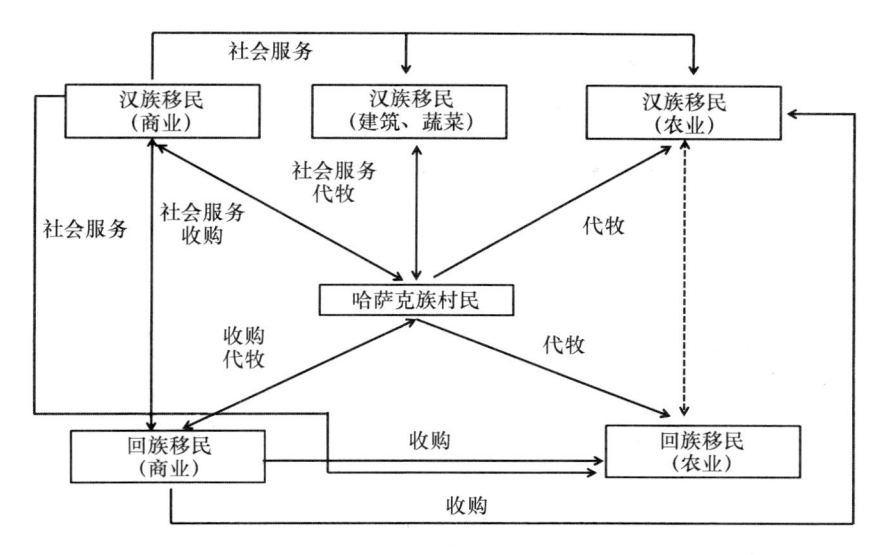

图 8—3　哈萨克族、回族与汉族的经济交换关系

力最强的时期。这两个月为汉族商铺老板们带来全年收入的近 1/2。可以说，哈萨克族村民农牧兼营的经济生产模式是盆地经济兴衰的关键，对回族与汉族商人的经济收入也具有决定性。

回族移民可分为两部分。一部分移民并未经商，其经济生产模式也以农牧业为基础。除了代牧以外，在族群的经济交换关系中与哈萨克族村民无异。他们和哈萨克族村民之间的交集主要是代牧关系。另一部分是经商的回族，他们是农牧产品最主要的收购者，同时也是商品、蔬菜和建房等社会服务的消费者，牲畜也由哈萨克族村民代牧。

汉族移民的情况比较复杂，具体可以分为三种类型：第一类是未经商的，以农牧业的经济生产结构为主的移民。其角色与未经商的回族村民相同。第二类是经商的汉族移民。他们是商品、蔬菜等社会服务的主要提供者，并且根据村民的需要不断调整社会服务的内容，至今仍然在这一领域占有不可替代的位置。第三类是从事建筑业和蔬菜种植业的移民。他们负责为盆地其他各族村民建房和供应蔬菜。在哈萨克族、回族村民普遍养家禽的年代，他们和这些村民之间存在着蔬菜和禽蛋的交换关系。同时，这类移民也是回族商人农牧产品的提供者，还是汉族商人的主要客源之一。

综上，哈萨克族村民、回族商人、回族农民、汉族商人、汉族建筑业与蔬菜种植从业者、汉族农民占据了盆地经济关系网络中的不同生态位。每一种经济生产模式与生态环境、资源条件一道组成了不同群体赖以生存和发展的小生态环境。在这个小生态环境中，存在着密切和复杂的经济交换关系，物品、劳动、服务和资金通过关系不断流动，构成了一张动态的交换关系网。

不同生态位之间的关系有强弱之分，使共生关系表现出不同的类型特征。回族商人、汉族商人、汉族建筑业与蔬菜种植业从业者和哈萨克族村民之间的交换具有双向性。任何一方经济的发展都需以另一方为条件，或是必须借由另一方来实现，是一种一荣俱荣的关系。就经济生产模式来看，不仅不存在资源竞争关系，而且具有互补性，相互依赖性强，我们可将之称为共生互补型。回族农民、汉族农民与哈萨克族村民之间的关系是单向的，主要表现为代牧关系。在他们的经济交换关系中，回族与汉族农民对哈萨克族村民的依赖性更强。所以当代牧费用上涨后，代牧关系就终止或短时期消失了。同时，他们之间又不存在资源竞争关系。这是因为人民公社制度在移民进入盆地初期就制度化地解决了资源分配问题，后面的包产到户制度延续了这一资源分配形式。因此，尽管经济生产模式无互补性，但任何一方的资源利用都不以牺牲其他方为代价，是一种无竞争关系。回族农民与汉族农民之间的关系更弱，甚至不存在代牧关系。然而，制度安排同样解决了两者的资源分配，因此也是一种共生但无竞争的关系。

也存在对他族的"污名化"，如"哈萨克人老实（傻）""回族啥都敢做（指违法生意）""汉族人太精明（滑头之意）"。但同时，人们更经常提到的是"哈萨克人放牧最厉害""汉族地种得最好""回族会做皮毛生意""汉族开门市挣钱"。这说明"污名化"只是日常生活中族群关系的一部分，并不影响对他族和自己经济优势的认知，也不影响族群在经济上的共生关系。

改革开放以来，三个族群经济生产模式的多元化过程也可被视为"职业分工"过程。马戎指出，各个族群的成员也会在一定程度上参加进这个社会分工的发展进程。各族群的参与既可能体现在不同国家、不同地区之间的行业分工上，也可能体现在同一个国家、同一个地区甚至同一座城市的行业或职业分工上。历史上沿袭下来的不同族群在经济活动方面的传统，对于我们理解今天在社会分工体系中"族群分工"的现象有着重要启示。[①] 职业分工使每一个族群都以其他族群的经济生产模式为条件，并在功能上将不同族群整合进了一个共同的经济生活体系中，使他们在经济利益上的共同性日益增强。涂尔干指出，由于社会成员生活方式不同，所从事的活动不同，所以他们之间的相互依赖性就很强，团结的网络就能够在他们中间发展。[②] 这是一种典型的"有机性团结"，社会分工造成的异质性和相互依赖巩固和发展了族群间的共生关系。而且，这一过程并非局限在盆地这个小社区之内，它只是新疆整体族群分工的一个缩影。李晓霞指出，"受到传统生产生活方式的影响，维吾尔族与回族人在经商方面，汉族人在种植蔬菜方面，哈萨克族人在放马牧羊方面各有所长，统一的市场和相同的生产目的——赢利把各民族组织起来，实现共同发展"。[③]

建立在经济生产模式基础上的共生关系对族群间的文化与社会融合有何影响？巴特关于巴坦人的研究提供了答案。在他看来，处于共生关系中的族群保持着密切的社会交往，部分成员甚至可能通过各种方式跨越文化与社会边界，加入其他族群。跨越边界的成员，必须掌握加入族群的语言和礼仪，并在文化上部分地与之同化。[④] 从某种意义上讲，建立在经济生产模式基础上的共生关系是族群文化与社会融合的现实基础。

二 共生关系的拓展

回族与汉族移民的社会文化都存在一个地方化的过程。从人类学的角度来看，这实际上是一个文化适应（Acculturation）过程，指当具有不同文化的各群体进行持续的、直接的接触之后，双方或一方原有文化

[①] 马戎：《族群关系变迁影响因素的分析（民族社会学连载之二）》，《西北民族研究》2003年第4期。

[②] [美]刘易斯·A. 科瑟：《社会学思想名家——历史背景和社会背景下的思想》，石人译，中国社会科学出版社1990年版，第117页。

[③] 李晓霞：《新疆民族混合家庭研究》，社会科学文献出版社2011年版，第46—47页。

[④] Fredrik Barth, "Pathan Identity and Its Maintenance", *Ethnic Groups and Boundaries: The Social Organization of Cultural Difference*, by Universitetsforlaget, Bergen, Oslo, 1969, p. 125.

模式因之而发生的变迁。① 但文化适应的概念显然忽略了族群社会结构层次的变化。因此，戈登主张用"同化"（Assimilation，"融合"之意）取代文化适应的概念，并强调同化有七个维度：文化融合、结构融合、通婚、认同、态度上的相互接受（没有偏见）、行为上的互动（没有隔离）、公民的相似性（没有价值和权力冲突）。他也对变量之间的关系做了三个假设：（1）在主要民族和少数民族集团的接触过程中，将首先发生文化同化或文化适应；（2）文化同化甚至可能在其他类型的同化尚未发生的情况下出现，而这种"独自发生的文化同化"持续的时间可能是无限期的；（3）如果结构同化与文化同化同步或者发生在文化同化之后，那么所有其他类型的同化将不可避免地接踵而至。② 在此，笔者拟运用戈登的理论对盆地三个族群文化与结构的融合进行探讨，并分析不同类型的共生关系对这两个维度所产生的具有差异性的影响。

　　文化的融合首先表现在最基本的物质文化层面，比如饮食习惯、出行方式、居住形式等。这是融合最容易发生的层面，表现为普遍吸纳了哈萨克族肉乳为主的饮食结构、与哈萨克族村民一样用马爬犁出行和在住屋中置放火炉，等等。同时，哈萨克族村民的饮食结构中也逐渐加入了汉族喜食的蔬菜，所以在卖菜的移民看来"哈萨克族人最大的变化开始吃菜，而在20世纪90年代以前他们一直认为'吃菜就如同羊吃草'"。在居住形式上，哈萨克族村民普遍采用了北方土坯房、土块房的建筑形式。值得注意的是，物质文化层面的融合多少带有适应盆地气候和定居生活的因素。在语言上，回族、汉族移民多少都能听懂简单的哈萨克语，能够用哈萨克语和哈萨克族村民打招呼。

　　在行为方式上三个族群也出现了融合的迹象，汉族、回族移民对哈萨克族村民的日常礼仪、消费方式和行为习惯多有了解。比如，服装店的老板们都知道"黄色"的衣服、鞋子，可能导致女性身体暴露的衣服不能卖。若是服装中有吊带，则需要在吊带外加上一件披肩。理发店

---

① ［美］密尔顿·M. 戈登：《同化的性质》，载马戎《西方民族社会学的理论与方法》，天津人民出版社1997年版，第92页。
② ［美］密尔顿·M. 戈登：《种族和民族关系理论的探索》，载马戎《西方民族社会学的理论与方法》，天津人民出版社1997年版，第113页。

很少提供染发、画眉的服务，因为他们知道年轻人染发、画眉在村落中不为老人们所认可。商人们对哈萨克族村民收支与消费的季节性差异，以及消费习惯有着深刻的认识。村民在无收入的季节可以先在商店记账，牲畜出栏后再去结账，"挂账"的形式为双方所认可。移民都知道在长者和阿訇面前不能抽烟、喝酒，见到他们需要问好。

同时，移民与哈萨克族村民文化层次的融合程度有明显的差异。汉族、回族商人们的哈萨克语掌握得最为流利，甚至可以用很不常用的"玩笑"（多带有性的暗示）与哈萨克村民交流。这些人早年多有在各个哈萨克族村落游动经商的经历，在密切的经济互动关系中很快就掌握了哈萨克语。以王百万为例，他在1978年从一位苏州手艺人那里买了补鞋的机器，并学会了补鞋技术。到1989年开商铺之前，他常年带着这套机器辗转于盆地各个村落，甚至在夏季定期到夏季牧场为牧民补鞋。因此，他很自豪地告诉我们，"盆地老一点的哈萨没有自己不认识的"。再以柳胜谷为例，初到盆地的几年，他的生意一直不是很好。主要原因是听不懂哈萨克语，而当他逐渐能够听懂、会说哈萨克语后生意就很快好转。在他看来，学习哈萨克语是在盆地经商的生存之道。与商人们相比，居住在村落的、以农业为主要生计的回族、汉族移民对哈萨克语的掌握程度就要低很多。早期到达的移民多能够听懂，有的也能说，但却说不出或是不愿意说。由于哈萨克族村民普遍具有一定的汉语表达能力，因此在遇到和笔者一样哈萨克语水平不高的回族、汉族移民时多说汉语。两类移民在哈萨克语能力上的差异说明工具理性在族际交往中扮演着相当重要的角色，取决于哈萨克语对其生计的重要性。越是重要，学习和掌握哈萨克语的动机就越强，与哈萨克族文化的融合程度就越高。

另一个值得关注的现象是，文化融合有层次性差异。戈登将文化特质分为两类，即本质的文化特质和非本质的文化特质。前者指宗教信仰和实践、民族价值观、历史语言和对共同经历的认识等——文化遗产与传统，后者则指服饰、举止、感情表达方式和发音上的小毛病等——群体适应当地环境的历史上与现实的坎坷过程的产物。[①] 非本质文化特质

[①] ［美］密尔顿·M. 戈登：《同化的性质》，载马戎《西方民族社会学的理论与方法》，天津人民出版社1997年版，第104—105页。

最容易为人所接受和实践，但对本质的文化特质之涵化则相当困难。

在盆地，族群间在一些文化特质上出现了趋同现象，但一些重要的文化边界依然强有力地存在着。比如宗教教义、宗教仪式和宗教典籍仍然起着族群分界的区隔作用，即便是在同为穆斯林的回族移民与哈萨克族村民之间仍然如此。一些移民与哈萨克族村民之间保持着节日、仪式、托依的走动，但通常只是在仪式开始前拜访并送上"礼金"，之后便会离开。在一些移民看来，哈萨克族村民邀请自己参加托依，"敛财"（收礼金）的动机大于情感的交流。他们很难理解哈萨克族村民为何会不考虑经济收入情况而"非理性地"卷入"托依灾"中。这是因为他们未能洞悉部落情感、义务在哈萨克族村民生活中的重要性。在哈萨克族村民看来，邀请移民参加托依说明两者之关系已经发展成为朋友关系。既然是朋友，就有邀请和参加托依的义务。"哈萨事情太多"是移民选择退出参加托依的理由，或是以送上礼金后离开表达"不满"。再比如，尽管经商的回族、汉族村民哈萨克语掌握的程度相当之高，但在交流中多限于生产、生活、商业等方面。在价值观念、思维方式和现代科学技术等较深层次的语言接受和交融程度尚浅，正如靳薇在维汉关系的研究中所发现的"对语言交融带来的文化涵化不能过于乐观"。事实上，哈萨克族也很难接受汉文化。在新疆，由于穆斯林生活方式较强的排他性，宗教作为民族的边界至今仍是一个民族隔离和抵制文化涵化的重要因素。① 简言之，族群间的文化融合基本上仍是浅层的。②

社会交往方面与文化融合具有相似性。集体化时期，公社为妥善安置移民，解决移民生产中放牧的需求，给每个移民为主的大队安排了2—3户牧马放羊的牧民。几十年后，生活在这些村落的哈萨克族村民的子女皆已结婚，聚居在村落一角。换言之，尽管村落内包括多个族群的居民，但在居住格局上是分离的。这对不同族群成员的社会交往产生了影响，表现为每个族群的居民首先以族别划分交往范围。在汉族居民中，又再次以祖籍地划分交往范围。社会交往局限在重要节日中的互访，比如哈萨克族、回族的古尔邦节、肉孜节，汉族的春节。在婚礼和

---

① 靳薇：《新疆维汉民族关系的社会学研究》，《西北民族研究》2001年第4期。
② 李晓霞：《新疆民族混合家庭研究》，社会科学文献出版社2011年版，第50页。

第八章
移民与盆地

葬礼中，汉族居民除了送上礼金外，也参与聚餐。但哈萨克族与回族居民因宗教信仰的因素，只送礼金，在节日的互访中只吃瓜子、花生等干果。这部分移民与哈萨克族村民社会交往的空间往往局限在村落内，而且多是在"同村"关系的名义下展开。

相对而言，经商的回族、汉族移民与哈萨克族的社会交往范围更大，但在交往层次上仍然是浅层的。这部分移民交往的对象并不以村落或特定空间范围来划分，而是以交往对象的身份和工作性质来划分。比如，移民普遍地与乡政府哈萨克族干部与工作人员、村里的支部书记与主任保持着仪式性的互访。一年中，他们可能需要参加10—15场托依，支付礼金3000—4000元。但在谈到交往的目的时，多数人指出是为了维系经济上的往来，如选择在某个餐馆就餐、在某个商铺购买节日福利，等等。与村落内族群间的社会交往不同，此类交往主要出于工具性的目的，很少涉及情感的交流。

因此，社会交往与文化交融方面具有相同的特征，即是一种浅层交往。这表现为，人们只是出于地缘关系或是以工具理性为目的展开族际间的社会交往。从社会结构的层次，我们可以将社会交往区分为初级群体和次级群体。初级群体是一个相对较小，有多重目的的群体。群体成员的互动亲密无间，并存在一种强烈的群体认同感，包括家庭、同辈群体、邻居朋友圈和成人俱乐部等。群体成员的关系是一种个人的、情感的、不容易置换的关系，以大量的自由交往和全部人格的互动为特征。次级群体是与初级群体相对的概念（如工作群体）。尽管也许与合作者会产生偶然的密切关系，但工作关系倾向于算计的、工具性的，是一种冷淡关系（次级关系）。[1] 就盆地的情况来看，族际间的社会交往的层次显然是次级群体的，关系也是一种次级关系。这说明，社会结构融合远未完成。因为社会结构融合意味着"社会结构的相互渗入"，实际上也就是各族群成员彼此进入另一方的"初级群体"。[2]

综上，与共生但无竞争的族群成员间的文化与社会结构融合情况相

---

[1] ［美］戴维·波普诺：《社会学》（第十版），李强等译，中国人民大学出版社1999年版，第174—176页。

[2] 马戎：《民族社会学——社会学的族群关系研究》，北京大学出版社2004年版，第205页。

比，处于共生互补关系中的族群成员间的文化与社会结构融合程度更高。但就目前的情况来看，三个族群的文化与社会结构融合尚处于浅层，融合远未完成。我们应还记得戈登的第三个假设，即如果结构同化与文化同化同步或者发生在文化同化之后，那么所有其他类型的同化将不可避免地接踵而至。那么在文化与结构同化都未完成的情况下，族际间的婚姻同化究竟呈现出怎样的特征？

三　族际通婚与边界跨越

婚姻同化被认为是结构融合不可避免的产物。一旦婚姻同化发生，偏见和歧视便不再是问题，群体关系变成一种包括所有群体成员的"内群感"，世俗问题的价值冲突也将消解。正如戈登所说，"剩下的几类同化都完成了，就像一系列安排得很好的十柱戏一样，迅速连续地向前滚动"。[1] 因此，族际通婚率通常被作为衡量族际关系最重要的指标之一。在现实中，只有当两个族群群体的大多数成员存在着十分广泛而普遍的社会交往，彼此之间在政治、经济、文化、语言、宗教和风俗习惯等各个方面达到相互一致或高度和谐，两族之间才有可能出现较大数量的通婚现象。达到这一目标所需主要条件包括：（1）两个族群的文化同化已经达到较高的程度、族群之间没有语言障碍，宗教上互不冲突或至少能彼此容忍，而不是绝对排斥；（2）两个族群成员相互之间有很多的社会交往机会，人们有可能相识并相爱；（3）两个族群彼此之间没有整体性的偏见与歧视；（4）个人所在家庭与族群社区对于族际通婚也不持反对态度甚至持比较积极的态度。[2] 四个条件满足越多，通婚的阻力越小，反之越大。

到笔者调查时为止，吐尔洪盆地共有13例族际通婚的个案。回族男性与哈萨克族女性6例，回族女性与哈萨克族男性1例，回族女性与汉族男性2例，回族男性与汉族女性1例，汉族男性与哈萨克族女性2例，回族女性与俄罗斯族男性1例。由于伊斯兰教将所有人群划分为穆

---

[1]　[美]密尔顿·M.戈登：《同化的性质》，载马戎《西方民族社会学的理论与方法》，天津人民出版社1997年版，第106页。

[2]　马戎：《民族社会学——社会学的族群关系研究》，北京大学出版社2004年版，第237页。

第八章 移民与盆地

斯林与非穆斯林群体，因此回族与汉族、俄罗斯族的婚姻被当作同一类型来处理。下面，分别对回族与哈萨克族、回族与汉族和俄罗斯族，以及汉族与哈萨克族的通婚进行分析。

回族与哈萨克族的通婚最早发生在1990年，一位回族女孩嫁给了同村的哈萨克族男孩。他们是初中同学，男孩从小在汉语学校上学。两者在上学中生发爱意，并决定结婚。有意思的是，双方家庭都没有明确反对，其中最重要的一个原因是都信仰伊斯兰教。女孩的母亲不是很情愿，但当女孩强烈地表达非男孩不嫁后，母亲最终做出了让步。有意思的是，回族村民对这一族际通婚个案的记忆比较模糊，甚至在访谈时被无意识地遗忘。他们记忆犹新的是第一个回族男孩娶哈萨克族女孩的个案，原因是在这一个案中曾发生了冲突致人死亡的事件。而且，人们也将这一个案作为回族与哈萨克族通婚的起点，认为自此以后回族男孩娶哈萨克族女孩渐成一种趋势。

> 这个小伙子你见过，就是哈三。他的老婆是阔孜克村的一个丫头，两个也不知道是怎么认识的（根据哈三的访谈①，他在阔孜克村收皮子，与女孩相识）。刚开始，我们这边倒是不怎么反对，女孩那边反对得厉害。但这个丫头跟他父亲说，你要是不同意我就搬到哈三那里住。老父亲没办法，只得同意，但前提是要按照哈萨克族的习俗办事。哈三的父母死得早，但兄弟还是按照哈萨克族的习俗，给了牛、给了羊，事情也就定了下来。到订婚那天，我们村的小伙子一起到阔孜克去喝酒。喝酒中间，一个哈萨克族的小伙子（丫头的堂兄弟）就说了一句"我们哈萨克族的丫头，为啥要给你们回族"。我们村的小伙子不愿意了，双方就打群架，结果哈三的堂兄弟被打死了。但是，最后这桩婚姻并没有受到影响，两个还是结婚了。被打死的哈三的堂兄弟，也没有公安来说怎么处理，反正埋掉就完了。死的这家，也到阔孜克去闹过，但最后还是不了了

---

① 2013年4月6日，笔者在富蕴县见到了哈三，并做了访谈。他不愿意就族际通婚的事情多谈，但从提供的信息中可以说明马国护的叙述基本准确。马国护的叙述也得到了哈三的姑父马英的验证。

之。这是发生在 1993—1994 年的事情,现在哈三他们还是过得好好的。①

这个个案反映出一个重要信息,即在通婚态度上回族比较能够接受,而哈萨克族反对立场比较明显。而且,这也是冲突致人死亡的真正原因。同时,女孩父亲接受的底线是要按照"哈萨克习俗"办事。态度上的差异可从两方面予以解释。李晓霞在新疆族际通婚的研究中发现,维吾尔族、哈萨克族、柯尔克孜族的婚姻多是族内婚,族际通婚的指数在中国 55 个少数民族中排在最后 3 位,哈萨克族的族际通婚率仅为 2.21%。② 而且,哈萨克族比较能够接受的是哈萨克族男性娶其他族群的女性,很难接受其他族群的男性娶本族群的女性。笔者就这一现象向老人们请教。在他们看来,娶他族女性为妻,孩子仍然是哈萨克族。若是哈萨克族女子嫁给他族男性,孩子便不再是哈萨克族。女孩父亲反对她嫁给哈三的另一个原因来自群体内部的压力。哈萨克族族际通婚率低的一个现实因素是普遍聚居在新疆北部草原地区,事实上在本族内部不存在找不到配偶的情况。尤其在吐尔洪这种哈萨克族占绝对多数的地方,来自同族异样的眼光、非议和谴责让女孩的父亲感到"羞愧"和压力。

在回族男性与哈萨克族女性的通婚中,一个重要现象是女孩通常需要和父母及本族群内部成员做"斗争"。斗争有两种形式,即逃婚或是搬到男子家中居住形成事实上的婚姻关系。女孩往往还需搬出《婚姻法》作为捍卫自己婚姻自由权力之武器。结果通常是父母屈服,但要求男方按照哈萨克族的习俗办婚礼。实质是以相互妥协的方式挽回自己及家族在同族社会内丧失的"颜面",并减轻来自同族社会的压力。下面的一个个案就很典型地呈现出了这一特征:

> 我自己的大儿子娶下的哈萨克丫头,找的哈萨克丫头是富蕴县城的,是打工认识的。这个哈萨克媳妇的家里反对,不同意。丫头

---

① 2013 年 4 月 3 日在喀拉奥依村对马国护(男,41 岁)的访谈。
② 李晓霞:《新疆民族混合家庭研究》,社会科学文献出版社 2011 年版,第 81—82 页。

说，你要不同意我就直接跟着走了。最后，就让我们去找她妈妈，她妈妈就说我们丫头不给回族。最后丫头自己跑来了，结婚证已经领了，就让我们到房子里办喜事。婚后几天，她的妈妈来了。最后，她妈妈都同意了。我们没钱，按照哈萨克习俗给了2头牛、1匹马、2个大羊。2个孙子的身份证报的是回族，他爸爸是回族嘛。①

与哈萨克族族际通婚率相比，回族族际通婚比较普遍，通婚对象包括维吾尔族、汉族、俄罗斯族。但就盆地的回族来说，回族男性娶哈萨克族女性有着重要的现实原因。如图8—4所示，富蕴县回族仅有1920人，主要集中在吐尔洪盆地喀拉奥依村、喀拉通克乡和富蕴县城。20世纪90年代以来，随着盆地经济条件在富蕴县的逆转，大部分回族女孩和女孩的父母倾向于在盆地以外寻找配偶，村内回族内婚的格局被打破。一些村民开始从临夏老家为儿子娶妻，因为老家的经济条件比盆地更糟。但是，回老家娶妻需要耗费大量财物，很多家庭无力承受。老人们指出，娶哈萨克族老婆的回族男孩都来自村落中最穷的家庭，而且这些男孩多喝酒、闹事，本村姑娘对他们都了如指掌。在同族群中没办法找到媳妇的回族男孩不得不到其他族群中寻找配偶，这就必然导致族际通婚的出现。

一个关键问题是，为什么是哈萨克族而非汉族。宗教信仰是最重要的因素，在族际通婚中除了族群的边界外，还存在一道难以逾越的宗教信仰边界。尤其是当非穆斯林群体与穆斯林群体在饮食习惯、行为方式和文化理念存在重大差别的情况下更是如此。马戎指出，在族际通婚当中人们是有"种族选择"或"族群选择"的。不管人们是否公开承认，人们在选择或者为其子女选择配偶时在对方的"族群背景"方面，存在着一个明确或模糊的"排序"。② 回族阿訇、老人认为"哈萨克族和我们一样，都是穆斯林"，这为族际通婚减少了一项最重要的障碍。

---

① 2013年3月26日在喀拉奥依村对陈广才（男，67岁）的访谈。
② 马戎：《民族社会学——社会学的族群关系研究》，北京大学出版社2004年版，第440页。

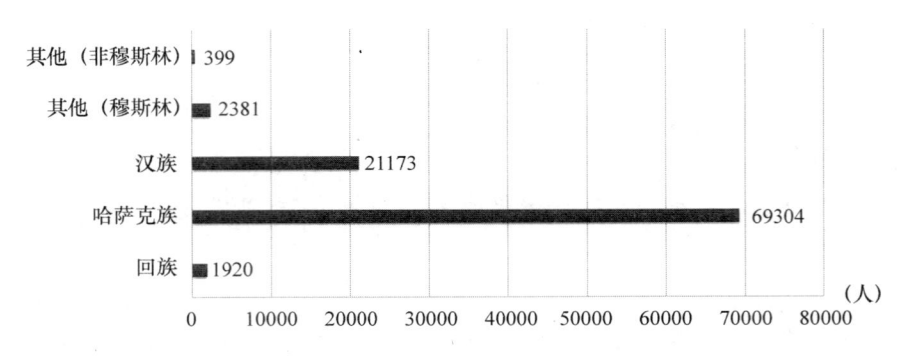

其他（非穆斯林） 399
其他（穆斯林） 2381
汉族 21173
哈萨克族 69304
回族 1920

图8—4 2012年富蕴县主要民族的人口规模

资料来源：《新疆统计年鉴（2012年）》，中国统计出版社2013年版。

也存在回族女孩嫁给汉族、俄罗斯族等非穆斯林男子的情况，并且都出现在同一个家庭中。67岁的陈广才与第二任妻子育有5女3男，他们有一个女儿嫁给了俄罗斯族、一个女儿嫁给了汉族，还有一个儿子娶的是哈萨克族女孩。大女儿已经40岁，初中毕业后留在喀拉奥依村当代课老师。当时，乡政府领导告诉他们说会给大女儿转正，因此夫妇俩并不希望大女儿嫁给本村的回族。然而，大女儿教书十年后仍未转正，年龄已过了25岁。回族向有早婚的习俗，男孩、女孩十七八岁多已婚配。结果很难为大女儿找到年龄相当、未婚的回族夫婿。最终，他们将女儿嫁给了县水泥厂一位离异无子的俄罗斯族男性。陈指出，若是女儿只有20岁，他们绝不会接受非穆斯林女婿，但现在看来是没有办法了。他们对女婿的唯一要求就是"入教"，否则他们将无法面对同村的回族村民。有意思的是，大女婿很快为他们的次女在县城找了一个汉族丈夫。在汉族女婿入教后，婚礼很快就举行了，老两口没有反对。这验证了民族社会学的一个重要假设，即族际婚姻的后代和族际婚姻的兄弟姐妹更容易接受和异族通婚。① 尽管如此，但家中女儿嫁给非穆斯林总是容易为同族人所非议。为解决这一问题，夫妇俩最终将剩下三个女儿都嫁给了回族。同时，他们为后面两个儿子从老家物色了回族妻子。对后面几个孩子婚姻的安排，显然有重新回归本地回族社会，赢得回族

---

① 李晓霞：《新疆民族混合家庭研究》，社会科学文献出版社2011年版，第99页。

第八章
移民与盆地

社会信任和好感的目的。

还有回族男子章虎娶汉族女孩的情况。该男子初中毕业后就在外四处打工，2003年在喀什认识了一位四川籍的汉族女孩。这位女孩出生在阿克苏，父母将她嫁给了当地一位汉族新移民。但女孩本人不愿意，逃婚到了喀什，并与章虎相识。章虎父母尚在，但他未征得父母同意就在喀什与女孩成婚。婚后，他们回到喀拉奥依。父母见事已至此，就请阿訇做了入教仪式。女孩婚后长期居住在村子里，奉养公婆。有意思的是，女孩戴上了黑色盖头，而且比回族妇女更严格遵守这一规范（如前所述很多回族妇女只戴头巾，甚至连头巾也不戴）。在村落中，女孩刻意与同村汉族保持距离，并主要与临夏回族交往。一些汉族老人提到他们很少见到她，甚至不知道她的姓名。2011年，章虎带着妻子回到阿克苏，拜见了女孩的父母，获得了他们的认可。就女孩的行为来看，显然是刻意地标识自己已经是"穆斯林"的宗教身份。这在我们马上要谈到的汉族男性娶哈萨克族女性的个案中也出现了类似的情况。

盆地第一个汉族男性娶哈萨克族女性的个案发生在20世纪80年代中期，乡卫生院的医生白某娶了哈萨克族同事的妹妹。牵线的不是别人，正是女孩的哥哥。与第一段哈萨克族男性与回族女性的婚姻一样，他们的婚姻并未在盆地引发讨论。婚后白某很快调到了县城，之后又调到了阿勒泰市。人们谈论最多的是塔斯托别村的黄向晨与拜依格托别一位哈萨克族丧偶女性（实际是维吾尔族，但在身份证上填写的是哈萨克族）的二次婚姻。我们先来看一下黄的自述：

> 我这一段婚姻是第二段，前一个妻子是在2001年去世的。现在的这个是维吾尔族，是在这边长大的，父亲是在恰库尔图那边的，已经去世了。她过去的男的是拜依格托别的，比较穷，他们是换亲。因为生活不下去，到我们队上放羊。在这里放了4年羊，认识了。过去，国家有一个规定（20世纪60—70年代），我们这个地方不同民族之间不允许结婚。我们2007年谈上的，到县上办的，乡里办不了，程序复杂多了（与同族婚姻相比）。到县上找民政局，人家来调查你们是如何结合的。乡里出证明，调查清楚了才给我们打的结婚证。

她们家根本不同意，说"我们是伊斯兰教，你是汉族"。媳妇自己的亲戚多，光姊妹就 8 个。她前夫的家庭（哈萨克族）反对得最厉害，之前的老公病得去世了。关键就是，老公去世了，但还属于这个家庭，她还有四个孩子。如果没有孩子，事情好办一些。她的几个孩子都在我这边，他们也没有能力养。再说你再婚了，自己一个家庭，亲戚肯定不会养。妻子前夫的亲戚，找过我麻烦，就是对你没兴趣，你给他打招呼也不理你。

我的儿子也快 20 岁了，我就说我找了个哈萨克族。他们说你自己找的，没意见。父亲和兄弟姊妹都同意，前妻的兄弟和嫂子也没意见，我们现在还在来往，都是老新疆人。村里的人肯定有意见，你一个汉族娶一个不同民族，他们的出发点不一样，有一些对民族的偏见。我自己倒没什么困扰。他们在我面前不说，但在背后肯定会说。这里的民汉关系也是比较好的，回族和哈萨克族结婚的也有好几个。我们队上的老汉就说，汉族没有丫头了吗？没有媳妇了吗？其实，在我心里我不这样想，因为我就觉得都一样。我找她的时候也不知道她是维吾尔族，她身份证上也是哈萨克，她的父亲在温都哈拉，不会说维语。现在汉族比较排斥我，关系疏远了，原来我们在一块都是不错，还是有一点不一样的感觉。

我变化多了，整个都变了，猪不养了，大肉（猪肉）不吃了，死的东西不吃了。仪式上，我直接入教了。不入教根本不行，找的是全县最大的阿訇（小阿訇没有这个权力）。有洗肠仪式，但实际上是端一碗水，里面放的白砂糖，你手压着《古兰经》，念念经，然后喝掉，就叫洗肠。家里也有变化的，原来的房子是汉族的装饰，睡床，现在也睡床，这个房间（哈族的装饰）是她的亲戚朋友过节来住的地方。孩子们还是经常回来，可能对家里现在的布置还是有不适应，但他们不会说。

我在哈萨克人里头名声比较好，你一入教后少数民族就对你尊敬得很。现在我还不会做乃麻子，有想法，但是还没学。礼拜和一天的五功都不做，还没有"进化"到那一个程度，也没有必要，那些都是可有可无的"过程"。在和哈萨克人打交道的时候，会以哈萨克人的方式，但是回到家里还是我。也不参加他们的乃孜尔，

第八章 移民与盆地

就是过古尔邦节和肉孜节要到清真寺去念经，回来要宰羊，因为不念经不能宰羊。托依和恰依也都请我，我加入了哈萨克的恰依，我没参加几年。我参加了1个，就是经常在一块聚会，就是我们队上的这十几家，冬天没事聚在一起煮肉吃。之前，我从不去恰依。

我们这个儿子（妻子的儿子）的媳妇是跑过来的，她们家就不愿意，因为你的妈妈跟了汉族了，就不同意。这个民族儿子领媳妇回来后，儿媳妇的家庭来闹得厉害，说要把丫头拿走，是阔克塔勒村的。20多个亲戚都来了，就说他妈妈跟了汉族了，不清真、不干净，所以必须得拿走。但是这个丫头愿意，最后是派出所和司法所解决的，因为女方自愿嘛。还有个二丫头，都已经订婚三个月了（结婚前），最后吹了。①

黄的个案揭示出，宗教边界的约束力丝毫不亚于族群边界，甚至比族群边界更为强大。在回族男性与哈萨克族女性的通婚中，尽管哈萨克族社会并不鼓励和支持，但尚能通过妥协的方式予以接受。当面对非穆斯林的汉族成员时，整个家族（包括前夫的家族）都竭力反对，甚至对子女的婚姻也产生了相当不利的影响。另外，哈萨克族女子丈夫死后，特别是还有未婚子女时仍被视为家族的"遗产"。丈夫家族的反对既出自内心不能接受她嫁给非穆斯林男子，也是出于维护其家族在当地哈萨克社会的声望。宗教边界存在的另一个证明是，与回族、哈萨克族结婚的非穆斯林成员必须入教，而且在行为方式上必须表现为一个合格的穆斯林。这一情况在嫁给回族的哈萨克族女性身上表现不强，只是需要学习回族传统食品的制作和习惯家居布置的特征。这说明，族际通婚者在跨越族群边界的同时，也需要跨越宗教边界。越是非穆斯林，就越需要在文化和行为上与穆斯林成员部分地同化，至少表面上必须如此。

事实上，不管是哈萨克族，还是回族，都比较反对与非穆斯林成员结婚。影响态度的并非是经济原因（汉族成员的经济条件普遍较好），也并非完全是宗教情结，而是对生活在一起后可能发生的各种冲突的担忧。老人们常常抱怨，年轻人为了结婚既不顾婚后孩子的事情，也不顾

---

① 2013年4月28日在塔斯托别村对黄向晨（男，53岁）的访谈。

身后事。在富蕴县曾经出现过汉族丈夫先去世后，回族妻子与丈夫家族就葬礼形式爆发的争论和冲突。这些现实的教训告诉老人们"活着的事情好办，死后的事情难办"。

> 我们富蕴县死掉了2个人，拿下（娶）的都是回族的丫头，死的是汉族。人家说你究竟是按照汉族的埋，还是按照回族的。这个回族媳妇就说要按照回族的习惯埋，说比较好一些。但是，汉族的兄弟人多，他们觉得是要按照汉族的来。但媳妇跟死掉的汉族才是一家人，其他汉族兄弟不是一家人说了不算，所以最后按照回族的来埋。回族的阿訇也不行，真正的回族你按照回族的埋，你是个汉族你按照汉族的埋。这个阿訇也不说话，你说这个丫头回族不是回族，你嫁了个汉族，是汉族也不是，你又是回族。她结婚的时候反对意见就很大，房子里的老人谁也不愿意把她给汉族。阿訇处理这个事情，就是媳妇说按照回族的埋就按照回族的埋掉了。其实我们担心的不是现在的事情，以后生活的矛盾多，问题大得很。感情不好的时候，一辈人活几十年，你一点矛盾没有吗。年轻人不考虑这些事情，但一到老了后就必须考虑这些事情。原来少，现在多，都普遍了。现在年轻人都去城市里去了，他说汉族人也是人，回族人也是人，谁的条件好就跟谁了嘛。丫头都这样想，都这样，你没有办法。①

对"身后事"的担忧在新疆穆斯林与非穆斯林群体的族际通婚中是一个普遍现象。王有才在《南疆故事》中，细腻地描写了两对汉—维夫妇对自己离世方式的选择。莎车县城的塔吉古丽与老丁（汉族）已经结婚近50年，孩子们报的都是汉族，家中的生活混杂着汉、维双重习惯。随着身体日渐衰老，她也在为丧葬之事受煎熬。她希望能够葬在维吾尔族墓地，和母亲在一起。但在这里"穆斯林如果与异教徒通婚，就意味着背叛了伊斯兰教，维吾尔族墓地在现实中等同于穆斯林墓

---

① 2013年5月2日在喀拉奥依村对赵万良（男，77岁）的访谈。

地"。① 对身后事的担忧导致一些在一起生活数载的家庭离异（穆斯林成员希望通过离异重新回归穆斯林社会），一些穆斯林甚至在结婚之初就需要对此做好心理准备。然而，年轻人自主性的增强，尤其是有了《婚姻法》赋予的结婚自由的权力，最终迫使老人们退让。

黄的个案也反映了汉族在族际通婚中的态度。总的来说，他们并不赞成与哈萨克族、回族等穆斯林成员通婚，但相对能够容忍而不会采取公然阻止的行为。这也是新疆汉族社会一个普遍的特点，这可能是由于汉族本身并无像伊斯兰教这种全民性的、具有较强排外性的宗教信仰。族际通婚中的汉族成员必须入教，但入教的形式意义大于实质意义。汉人社会给予汉族成员的压力也不大。尽管访谈中很多人并不认可黄的行为，甚至骂其是"勺子"（傻瓜），但多是在背后议论或是有意识地与之保持距离。然而，尽管黄最终如愿以偿，但他和妻子都付出了相当高的代价。表现为黄与当地汉人社会距离拉大，妻子也被迫与自己的亲属（包括前夫的家族）断绝了往来，而且也影响了子女的婚姻。一个有意思的现象是，汉族受访者都坚称不会把女儿嫁给回族或哈萨克族。人们常说"他们信教，事情比较多"。李晓霞指出，"本地居民对彼此之间的文化距离及一些社会关系的距离有着更清楚的认识和体验，会更多地屈服于群体之间的差异和分界意识，而外来人口则可能更容易被个体魅力所吸引，对群体压力认识不足"。②

盆地三个族群中，回族的族际通婚率最高。这应该与回族的人口规模相关，如图8—4所示富蕴县的回族相对较少，这使得那些无法在本族群找到配偶的人只有外向寻求配偶。彼得·布劳在分析族际通婚时指出，"小群体的族际通婚率高于大群体"。③ 如前所述，这一选择往往是一种无奈之举。与回族相比，富蕴县汉族人口规模相对较大，在同族中寻找配偶相对容易。由于汉族年轻人的流动性更大，多在初中毕业后就选择在城镇打工，有更多结识同族成员的机会。另外，与回族相比，汉族男子找哈萨克族女子的阻力要更大，面临着跨越族群与宗教双重边界

---

① 李晓霞：《新疆民族混合家庭研究》，社会科学文献出版社2011年版，第219页。
② 同上书，第120页。
③ [美] 彼得·布劳：《不平等与异质性》，王春光等译，中国社会科学出版社1991年版，第50页。

的问题。事实上，在塔斯托别村有 7 位年龄超过 35 岁的单身汉。由于各种原因，他们没有外出务工，而在本地也很难找到媳妇。

从参与族际通婚的个体特征来看，主要是该社会中的边缘性群体。如因贫困、酗酒而找不到老婆，再比如因年龄问题而找不到合适的丈夫。族际通婚者在婚后多数选择搬到县城居住，或是常年在外打工。这可以被视为逃避群体内压力的一种方式。事实上，黄与其妻子也可被看作是边缘性群体的一员，因为他们都中年丧偶。新疆族际通婚的调查发现，族际通婚现象不仅容易在社会地位较高（包括受教育程度较高、职业地位较高等）的人群中出现，在社会下层中也相对较多。前者是因为拥有更多族际交往的机会，更少偏见，而且对自己生活有较多选择的自由；后者则是因为没有条件进行选择，在同族中不能找到配偶时，只能退而求其次。[1] 从今后的趋势来看，回族与哈萨克族，尤其是回族男子与哈萨克族女子的通婚可能会持续增加。但是，回族、哈萨克族与汉族的婚姻增加的可能性比较小。事实上，黄的个案只是极少数的例外，并不具有代表性。

四　族际关系对社区发展的影响

本章最后一个部分拟探讨族际关系对社区发展的影响，尤其是汉族、回族生计多元化过程对哈萨克族村民生计选择的影响。必须说明，这种影响大多数情况下不是直接的、显性的，而是在日常的族际交往中以潜移默化的方式进行着。正如汉族、回族移民在农业集约化过程中扮演的先锋角色一样，他们在生计多元化进程中仍然延续了先锋角色，并具有"走出盆地"的示范效应。

汪泓源在孩子出生后就和妻子长期在塔斯托别村生活。他缩减了打工的距离，选择在县城和吐尔洪乡范围内季节性务工，以便照顾妻儿。工程老板通常选择在本地招收"小工"，并且更愿意聘用汉族、回族村民。然而，由于汉族、回族村民人数较少，因此通常还需招收 2—3 名哈萨克族年轻小伙子。老板招工态度上的差异源自哈萨克族村民的工作习惯，包括"干一阵就坐在一个地方喝茶、吃馕，然后再干上一阵"

---

[1] 李晓霞：《新疆民族混合家庭研究》，社会科学文献出版社 2011 年版，第 103 页。

"每日而不是每月结工资""干一天歇一天，或是干三天歇两天"。这种工作习惯可能与传统游牧业的生产特点有关。在游牧过程中，工作都是季节性和间接性的，转场时相当紧凑，但放牧时就相对清闲。事实上，这也是"旧石器"时代的节奏特点，即干一两天活，歇一两天工——歇工的时候就在营地中坐看云卷云舒。①

显然，这种工作习惯与在规定时间内连续单调地从事同一工作并不相符。这也给汪泓源等汉族、回族务工者带来了困扰。比如，他们希望每日都干两个小时，以便尽快做完一个工程，再转向下一个工程，但哈萨克族小伙子不愿意。因此，工程老板通常只在无人可招的时候招哈萨克族村民，并且将人数控制在3人以下。老板还需每日随身携带部分现金，以应付随时可能的"结账"要求。这说明，摆脱游牧生产、生活节奏的影响可能比掌握工作技能更需时日。但在与汉族务工者共同工作的过程中，一些哈萨克族小伙子逐渐适应了持续的单调工作节奏，也适应了按月"结账"的管理方式。在汪泓源看来，这一过程可能需要2—3年的时间。

另一个案来自笔者在阔孜克村的房东叶合奔。1997年，叶合奔在初中毕业后与同村的几个小伙子一起到富蕴县某建筑工地打工。在工地上摸爬了5年后，他发现一些汉族打工者2—3年后就从内地老家或在本地找上5—6个人一起承包一些小工程。在工地的几年中，他学会了贴墙砖和地砖的技术。期间，他结识了在富蕴县城某回民餐馆打工的妻子。2003年后，他在村中召集了6位在建筑工地打过工，懂得贴砖技术的村民，自己组成了一个"小工程队"。他们在富蕴县城和北屯（兵团城市）承包小工程，这些小工程通常是大工程的一部分。妻子辞去了回民餐馆的工作，成为小工程队的"大厨"。叶在包工程的几年中集聚了在同村年轻人中的人气，2012年他回到村中击败了主宰村政20多年的老主任。

在调查期间，叶与妻子正重新规划他们今后几年的发展道路。村主任的职务将其束缚在村内，外出包工不再现实，他们必须"改弦易

---

① ［美］马歇尔·萨林斯：《石器时代经济学》，张经纬等译，生活·读书·新知三联书店2009年版，第27页。

辙"。几经商量，他们选择了两条道路。叶除了耕种自己的承包地外，准备在村中承包更多的耕地，然后再通过银行贷款购入牲畜，走农牧互补的发展道路。在这项计划中，牲畜并不是以传统的方式饲养。他们准备在每年的4—5月到米泉的种羊基地购买羊羔，然后将羊羔拉回盆地交给一位有经验的牧民代牧。在冬季来临前处理掉一批羊羔，剩下的牲畜则用麦秆育肥后在春季出售。另一条道路则是要发挥妻子"厨艺"的特长。他们准备盘下乡政府新修商品房的一处门面，开一家"哈萨克族风味"餐馆。在县城回民餐馆的打工经历让她确信自己的厨艺远胜其他餐馆的"大厨"（以笔者在他们家生活的经历来看，确实如此）。在谈到为何选择这两条道路时，叶指出在回族村和汉族村都已有成功先例。再以自己的经验来看，他认为"他们可以做到，我们也可以"。

我们也注意到两个潜在的问题亟须哈萨克族村民克服：首先，资金问题。在贷款政策收紧的情况下，很多人可能会和叶合奔一样面临缺乏资金实现"宏伟"发展计划的现实问题。其次，商业领域已经被回族、汉族移民所控制，哈萨克族村民很难突破他们的垄断。以吐尔洪乡街道两侧的门市为例，54家门市中有2/3控制在汉族移民手中。尽管近年来，哈萨克族村民已经开设了近20家门市，但就经营效果来看不甚理想。由于资金短缺，一些门市只能从汉族移民开的门市进货，实质成为分销商，从中赚取微薄的利润。此外，哈萨克族村民进入门市贸易和农牧产品收购领域可能会打破业已形成的族群间的共生关系格局，进而引发不同族群间的竞争和关系的重新调整。

事实上，这两个个案只是目前出现在哈萨克村民中诸多例子中的一个。我们应还记得提到过的包地人叶博提、经商的胡鲁台、巴黑海学摩托修理技术的小儿子和在车间打工的年轻人们。盆地的资源压力和农牧业发展之困境迫使哈萨克族村民必须选择新的发展道路。这些问题同样也是回族、汉族移民面临的问题。不同的是，移民先于哈萨克族村民探索各种"走出盆地"的可能性，并发展出了几种被证明可行的发展路径。这些发展路径和一些移民的成功为哈萨克族村民提供了范例，更重要的是为他们提供了可资借鉴的经验和教训。移民一方面通过生计多元化实践逐步走出盆地，脱离传统的农牧业生产；另一方面，在与哈萨克族村民的日常互动中发挥着示范效应,间接地推动了哈萨克族村民走出盆地。因此,共生的族际关系发挥着传递经验、知识与教训的功能,也间接地推动了盆地发展、资源与生态环境关系的调适。

第九章 结论

毋庸讳言,草原社区的发展、资源与生态之关系的研究仍然有待深入。以往研究惯于在"定居前与定居后""传统与现代"二元论的视角下探讨草原社区的发展、资源与生态的关系问题,而对"定居前"转向"定居后""传统"迈向"现代"的过程和过程中三者关系的动态性、复杂性甚少留心。认为定居就是游牧民由"传统"迈向"现代"的发展之路,而经济与生态的边缘化不过是发展中的问题,并相信这些问题最终都可以通过"发展"来解决。那么,如果选择的"发展路径"就是经济与生态边缘化的肇因,又如何通过"发展"来解决这类问题?政治生态学的研究提醒我们,不当的"发展路径"与生态退化具有内在的逻辑关系,"发展路径"及其隐藏的意识形态就应当被质疑。因此,只有在历史、政治、经济与社会情境中考察社区发展与生态退化的过程,才能更好地理解社区发展与生态退化的复杂动态关系,并通过社区经济与生态边缘化过程的分析来反思发展之路径与意识形态。本书在田野调查的基础上,对中国新疆北部草原地区一个定居哈萨克社区的发展、资源与生态的关系进行了较为系统的考察,其特点是改变了以往二元论视角,把研究中心真正转移到社区发展、资源与生态的复杂动态过程。在本章中,笔者拟对本书的主要观点做一总结,在此基础上,对微型社区的发展、资源与生态之关系的研究取向提出一些相应的思考。

一 社区发展与草原消逝的双重过程

吐尔洪盆地经历的生态变化,最明显的是绿色如绸带的草原之消逝。草原、山林、泉水、珍禽野兽大都消失不见,而连片的麦田、荒芜的山坡、不再丰盈的河流与湖泊走入人们的生活,人们不得不面对持续

第九章 结论

和日益严重的干旱。在告别游牧生活的同时，并未能拥抱定居许诺的美好生活。这些变化始于20世纪50年代合作化运动。在之后的岁月里，变化表现出一如既往的、持续的、难以回头的趋势。与草原生态变化同步发生的是社会文化的变迁，涉及生计方式、生活方式、人口与社会结构的变化，以及移民的进入和族际关系的构建等方面，而这些变化都被视为定居后的"发展"及其结果。因此，盆地的发展与草原的消逝都发生在制度、政策、社会经济条件等外部因素编织的一张巨网之中。只有理解了盆地"镶嵌"于更大的社会体系中，并实证地分析社会与生态变迁两条演进轨迹的互动，才可能对盆地的发展与草原消逝之过程做出深入的解释。

笔者以图9—1来对本书的研究进行总结。首先，"游牧—定居"连续统包括生态与社会文化变迁的过程，而且这两个过程是共时发生的。从发展的角度来看，中轴线两端代表着游牧与定居。从生态环境的角度来看，中轴线两端代表"绿色之绸"与"消失的草原"。中轴线中的方框代表社会发展与草原生态变化的现实阶段。方框行进的趋势总体是向定居和消失的草原靠近，但也可能出现短暂的反复。影响过程的是内部因素和外部因素，但内部因素同时也受到了外部因素的影响。内外因素最终都汇集到行动者身上，并由行动者的实践实现改造现存社会结构秩序与草原生态之目的。

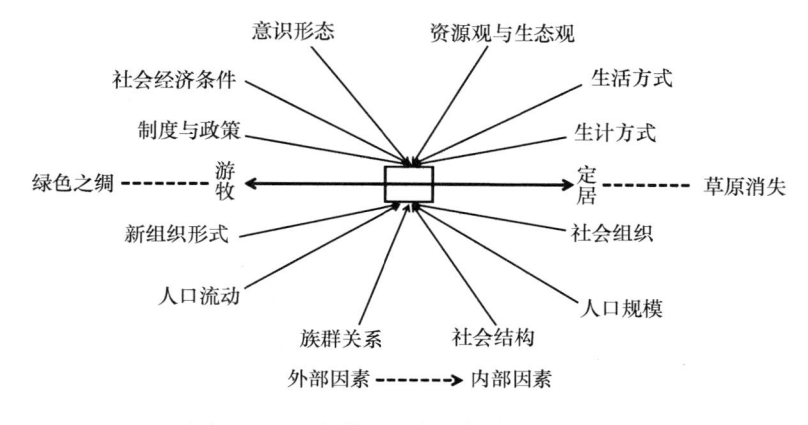

图9—1 吐尔洪盆地发展与草原消逝关系图

内部因素包括生计与生活方式、人口规模与再生产模式、资源观与生态观，社会组织和社会结构。生计与生活方式是资源利用的方式，既受资源条件与生态环境的制约，又反过来对其产生直接的影响。社会组织是资源利用的组织形式，涉及草场资源的分配和利用规则，以及组织内的互助与产品的再分配。资源观与生态观包括人们对待自然的态度、关于资源的价值观和资源利用禁忌，起着规约人们资源利用行为的功能。人口规模是维系人与资源、人与草原生态平衡的关键，通过人口再生产模式来实现，并受到社会结构（如婚姻圈、家庭的代际结构）的影响。从本书的分析中可以看出，内部因素之间存在着复杂的关系和亲密的互动，并与资源条件与生态环境之间保持着较强的功能关系。当游牧社会保持独立性——很少受到外在世界之影响时，游牧民与草原生态的短期与长期平衡都能得到保证，而其资源利用方式与社会文化结构就会得到延续和维系。

外部因素包括制度与政策、新的组织形式、社会经济条件、人口流动、族群关系，以及发展观和意识形态。变化首先来自制度与政策，尤其是定居和农业发展政策，很快地改变了牧民的资源利用方式。与此同时，新的组织形式迅速建立起来。不管是人民公社时期的大队，还是包产到户后的家庭，都改变了资源利用的组织与分配形式，也对组织内个体和家庭的资源利用行为产生影响。由于缺乏向外流动的机会，人口转型造成了人口"爆炸"，导致了与草原生态关系的失衡。为发展农业，盆地还吸纳了大量回族、汉族移民。他们不仅直接参与和推动了盆地农业的扩展、集约化与山林资源的利用，还传播了农耕技术、知识与理念。共生的族群关系为资源利用方式的交流、借鉴创造了机遇。当然，多元化本身又以市场经济的繁荣与矿业经济的兴起为条件。去集体化后，三个族群的资源利用方式出现了多元化趋势，实质是对人与草原生态失衡关系进行调适。

另外，定居和农业的背后首先是"牧业落后论"的意识形态，而改善牧民的生产生活、医疗卫生、教育条件则反映了国家在牧区实现发展与现代化的诉求。每一项新的变化都会带来外部因素之间的链式反应，比如农业与定居、移民、族际关系、人口转型之间就存在一定的因果关系。此外，一些制度与政策会带来超出预期的变化，比如"死亡

第九章 结论

控制"革命导致了人口爆炸。无疑，一旦外部因素介入并改变社区内的某一因素，就会引发与资源和生态环境相关因素的链式反应，最终导致社会结构与生态秩序的变迁与再造。

尤其应该注意的是，外部因素介入的前提是部落制度诸多政治与社会功能被新的制度取代。路径是将个体和家庭从部落氏族关系的结构中分离，将他们直接带入国家体制，而让部落氏族制度退居于情感、日常生活互助的领域。牧改和镇压班德是国家推动集体化的先声和前提，旨在使牧民的忠诚对象由部落氏族转移到集体，最终在国家那里。这就为政策的实施、新的组织形式、定居与农业的推进创造了条件。去集体化后，家庭成为生产生活的组织单位，但其活动仍主要受到了国家政策的影响。国家推行的市场改革，一方面为个人与家庭资源利用行为的多元化创造了机遇，另一方面也改变了人们生活的社会经济环境。体制、政策、组织形式、社会经济条件的变化会对社区及生活在社区的人的资源利用行为产生影响，最终在经济与生态领域表现出来。因此，一方面，中国草原社区的际遇在世界范围内具有普遍性，而且在意识形态上也是如此。但另一方面，中国草原社区发展与生态环境的关系演变又具有特殊性，尤其是国家力量直接且强力介入，以及通过政策的变化来主导人与草原关系的变化。

一个重要的问题是内外因素如何互动，如何融入到"游牧—定居"连续统中。笔者认为最重要的就是行动者及其实践。去集体化后，社区内各种需求的满足需要新的力量来填充。改革后三个族群在传统经济生产模式的基础上，发展出多元化的生计模式。每一个"成功者"都充分利用了社区内外的社会关系，如让牧业队的亲戚代牧、在村落中培养徒弟、从亲戚那里获得资助等。人们借助关系获得资本，占据社区经济交换关系网中的"生态位"。这又取决于政策变化创造的机遇，以及人们对机遇的把握。个体的行为或成功具有示范效应，很快被转化为一种群体行为。当有人突破禁忌、规范而伐木，人们就会尽可能多地伐木，导致"公地悲剧"。当一些人在新的生计方式中成功（专业化的农牧业、门市贸易、倒卖生意），人们也会快速跟进，进而导致不同群体的关系和人与生态环境的关系之调整，最终再造社会结构秩序与草原生态环境。

综上所述，本书所描述的吐尔洪盆地的发展与草原生态的退化是集体化时期国家对草原社区有组织改造和去集体化后有组织引导，以及社区内传统社会文化结构与行动者实践共同作用的结果。在这个过程中，国家是社区发展、资源与生态关系变化的推动者。传统社会文化结构被削弱，但仍然制约着人们的资源利用行为，并在一定程度上仍然是人们创造性实践的基础。在实践中，行动者将内外因素糅合在一起，再造了社会文化结构与草原生态环境。三方面力量的交织，造就了过程的复杂性和动态性，而且在结果上表现出超出预期的多种可能性，比如关于自然的态度与观念之双重性，以及它们与行为之间的断裂。这表明，过程比结果更值得去分析，而且显然过程并未走向终结，它还在继续。

二 社区发展与生态环境之关系的研究框架

当笔者尝试以吐尔洪盆地的个案为基础勾勒一个生态人类学分析社区历史、社会与生态关系演进过程的初步框架时，坚持认为，在中国西北边境的这个草原社区所发生的事情，在中国其他地方同样有迹可循。如马戎对内蒙古呼尔其格嘎查的调查就揭示出，"政府政策—管理体制—经济活动—生态环境"就是中国生态环境变化的因果链条。[1]

对吐尔洪盆地的研究之所以具有理论意义，不在于这一研究记述了这个社区历史、社会与生态关系变化的过程，而在于反映了中国当前社会发展的总趋势。在国家发展与现代化的宏伟蓝图中，任何一个社区都不可能超脱于世。我们必须明白，小社区的发展、生态变迁与国家和区域政治经济变化之间并不存在截然的分水岭。通常情况下，国家在场是社区变迁的直接诱发因素。但社区及社区内生活的人并不截然是被动的承受者。一方面传统社会组织、制度、文化观念仍可能变换形式被融入新的制度与政策实践之中，或是在短暂地被人们遗忘后重获新生进入人们的生活；另一方面，行动者总是在内外因素的交织中寻找实现利益、价值的机会，在很多时候表现为具有创造性的实践，从而潜移默化地改造现存社会结构与制度格局。反映在资源利用与生态环境的关系中就是

---

[1] 马戎：《牧区体制改革与草场使用、人口迁移、社区生活及草原生态系统的变迁》，载周星等《社会文化人类学讲演集》（下），天津人民出版社1996年版，第663页。

第九章 结 论

生计、生活方式的多元化实践。在国家、社区与行动者的互动中，人口与社会结构、文化观念、资源利用行为都在不断地再生产，并不断地对传统进行改造。这些方面的变化最终会与生态环境发生关联，使人与生态环境的关系重新调适与整合。

外部力量与内部因素的互动、行动者的作用正是以往研究中所忽略的关键因素。但是，一些以往重要的分析策略对我们形成新的、具有操作性和解释力的框架是有帮助的。事实上，若是不考虑外部力量与行动者这两个因素，这些分析策略仍然相当有效。而且，这些分析策略毫无疑问已经在本书的研究中予以运用。最具价值的莫过于斯图尔德文化生态学的分析范式。正如丽莎·格扎盎所指出的，作为一种跨学科的方法，政治生态学结合了政治经济学和文化生态学，将两者置入一个分析框架之中，从而提供了研究人类与环境复杂的、动态互动的一种有效视角。[①] 在笔者看来，斯图尔德提供了分析社区发展、资源与生态关系最基本的横向维度，是我们研究的起点，但需要做修正。

文化生态学方法一直为生态人类学所推崇，一个重要原因是这套方法层次分明、简便且易于操作。文化生态学有三个基本步骤：第一项步骤是分析生产技术与环境之间的相互关系。所谓技术通常包括了通称为"物质文化"的大部分，如农牧业的技术与重要工具的制造。相当于图9—2中生计与生活方式中人们利用资源的技术、策略和工具。第二项步骤是分析以一项特殊技术开发以特定地区所涉及的行为模式，如群体的人口规模、生产生活组织等。在图9—2中与人口规模、社会结构相当。第三项步骤是确定环境开发所需的行为模式影响文化的其他层面至于何种程度。在这一层面，斯图尔德的论述相当模糊，包括历史影响、意识形态等。在图9—2中，笔者倾向于视之为信仰与观念，因为它们是在与特定生态环境互动过程中形成的规范行为模式的意识形态，其实反过来也制约着行为模式。[②]

[①] Lisa L. *Gezon*, "of Shrimps and Spirit Possession: Toward a Political Ecology of Resource Management in Northern Madagascar", *American Anthropologist*, New Series, Vol. 101, No. 1, Mar., 1999.

[②] ［美］史徒华：《文化变迁的理论》，张恭启译，（台湾）源流出版事业股份有限公司1989年版，第48—51页。

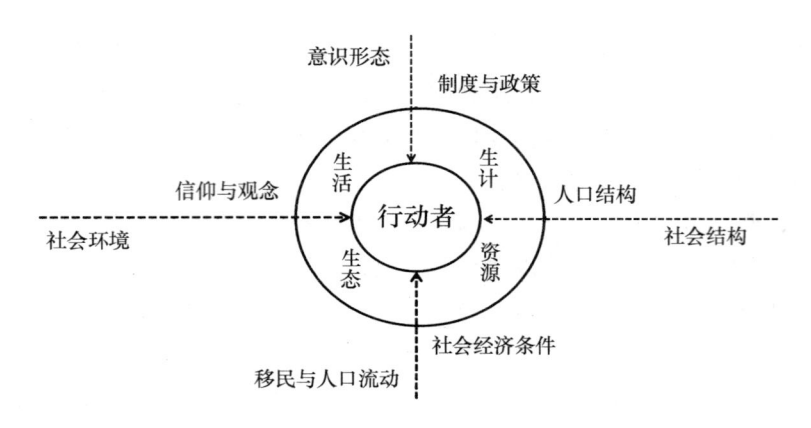

图9—2 社区发展与生态环境变迁分析框架

在格尔茨看来，文化生态学方法创立了一套具有整合性的概念体系，即一套有效的"生态系统"。在这个系统内，文化与环境要素交互作用：从"人"的角度与从"自然"的角度进行分析的分野从此消失了，因为这两种视角实质上属于同一个系统中交替使用并相互转换的分析方法。① 但问题在于，文化生态学的方法比较侧重于"生态环境资源—生产技术—行为模式—文化的其他层面"的单向分析，对反向作用的关注不够，或是对反向运行的机制没有做出说明。以至于，文化生态学的观点通常被概括为"特殊环境决定特殊文化"。② 本书的研究很明显受到了文化生态学方法的启发。但在笔者看来，在分析社区发展与生态环境变迁时，需要重视对生计、生活方式、资源价值观、生态观、人口结构与社会文化结构之间存在的密切的功能关系进行分析，并且要强调行动者或群体如何在密切的功能关系中做出资源利用行为的抉择——行动者视角与决策模式。这就避免了是单向还是双向的问题，核心就转向行动者如何做出抉择，以及资源利用行为对社会文化结构与生态环境的影响。

此外，文化生态学方法忽略了一个重要的变量，即社区周边的社会

---

① Clliford Greetz, *Agricultural Involution: The Process of Ecological Changes in Indonesia*, Berkley and Los Angeles: University of California Press, p. 8.

② ［英］凯·米尔顿：《环境决定论与文化决定论：对环境话语中的人类学角色的探讨》，袁同凯等译，民族出版社2007年版，第57页。

环境。这可能表现为社区族群与周边其他族群的关系,也可能表现为社区与城镇、市场的关系。正如本书第三章提到的,吐尔洪牧民在新中国成立前之所以发展出小规模的农业,关键就在于由于距离市场太远而无法获得粮食。王建革关于蒙古高原农牧生态的研究揭示出:越是靠近农区,牧民就越是无须发展农业。越是远离农区,牧民就越是需要自己发展农业。① 巴特对巴基斯坦斯瓦特地区巴坦人、科希斯坦人、古吉拉特人三个族群关系的研究中发现,族群的资源利用方式(农业、半游牧、游牧)使三个族群占据了小生态环境中不同的生态位,但这又是由三者在历史与现实中的力量差异所致。② 因此,在横向维度中应该加入社区周边的社会环境,并注意分析社会环境对族群资源利用方式的影响。

为了分析社区以外力量的作用,我们必须引入一个纵向的维度,强调社区外部力量如何被引入到社区内。外部力量主要来自国家权力与政策,正如戴维斯和郝瑞指出的那样,中国的"国家权力与政策推动了社会转型,而不是社会转型推动了国家政策"。③ 这些力量可归纳为四类:(1)制度与政策,包括宏观制度、政策与不同领域的具体政策。(2)社会经济条件,指社区外的乡镇、县域及与之相关区域的经济社会发展情况。它们既超脱于社区,又在社区之内。(3)意识形态包括制度与政策所反映的"发展观"和"现代性"之类的"世界理想",以及随移民、新的生计方式等而引入的资源观与生态观。我们还必须意识到,"发展观""现代性"都是当代世界的主导意识形态,具有普遍性。(4)移民与人口流动,包括人口迁入与人口迁出的双向流动,以及由此形成的族际关系。不同力量之间的复杂交织和亲密互动必然对一个社区内的不同因素产生影响,最终影响到整个社区的社会结构与生态环境秩序。

另外,如果研究者只是关注一个较短时间内的种种变化可能很难理解发展与生态环境变迁的复杂动态关系,因为一些变化引发的结果需要

---

① 王建革:《农牧生态与传统蒙古社会》,山东人民出版社2006年版,第263页。

② Fredrik Barth, "Ecological Relationship of Ethnic Groups in Swat, North Pakistan", *American Anthropologist*, Vol. 58, No. 6, 1956.

③ [美]阎云翔:《私人生活的变革:一个中国村庄里的爱情、家庭与亲密关系(1949—1999)》,龚小夏译,上海书店2006年版,第252页。

一个较长的时间才会显现出来。这就要求研究者要有历时的视角，在一个较长的时段中来分析研究对象，探讨研究的问题，并最好视发展与生态环境的变迁为一个连续过程。

在具体研究中，应该去发掘外部因素对社区内人们生活的哪些层面产生了影响。我们必须意识到，并非只要说明它们的存在就可以揭示其对社区的影响，而是要在日常生活领域观察行动者的行为、了解行动者行为选择的决策过程和一些典型个人的人生经历。在笔者看来，行动者是内外因素交汇之处，行动者在实践中将内外因素糅于一体，生产和再生产着社会文化结构和人与生态环境之关系。我们必须意识到，个人处于一个家庭之外然而仍在社区之内的"地方世界"。[1] 地方世界中包括了社区内的社会文化结构因素，但又与外部政治经济条件有着各种复杂联系，是大社会中的"地方世界"。对个体行为选择、实践的分析旨在揭示出不同要素的组合、互动与重组过程，实现内与外、纵与横的结合，从而对社区发展与生态环境变迁做出解释。

以上提出的分析框架只是在吐尔洪盆地个案基础上提出的初步设想，也是今后笔者希望在相关的实证研究中继续探讨和完善的，这有赖于通过更多深入个案研究基础上的比较研究来实现。笔者认为，过程生态人类学与政治生态学为生态人类学在微型社区中处理当代发展、资源与生态之关系问题提供了极具启发的理论与方法。引入过程生态、人类学和政治生态学的理论与方法，并将之创造性地与田野调查的实际相结合，有助于推动国内生态人类学研究在理论与方法上的发展，也将为相关问题的实证研究提供强有力的理论与方法论武器。

三 草原社区发展的经验、教训与前瞻

最后，笔者希望对当前盆地新出现的两个变化做简要的分析，揭示盆地在发展与生态环境两个方面面临的不可持续问题，也是对政治生态学关于经济与生态边缘化假设的回应。正如本书呈现的，不可持续并非是新近才出现的新问题，这说明过去60多年这个草原社区经历的"发

---

[1] ［美］阎云翔：《礼物的流动：一个中国村庄中的互惠原则与社会网络》，李放春等译，上海人民出版社2000年版，第216页。

第九章
结 论

展"值得反思。事实上，地方人群也在反思盆地以往发展中的教训，并致力于寻求各种新的可能性。国家生态文明战略的实施无疑为这类草原社区找到与生态环境相和谐的可持续发展之路创造了新的机遇。

不同时期人们对发展目标的表述略有差异，如改变牧区生产落后与人民生活水平低下的现状、实现人畜两旺，但终极目标是让"落后"的草原地区赶上全国发展的步伐，并在草原地区实现现代化。沃勒斯坦曾就发展背后的需求展开论述，认为发展有双重目标：一方面，发展意味着内部更大的平等，即社会（社会主义）根本变革；另一方面，发展意味着经济增长，"赶上"先进。[①] 就盆地而言，第一个目标似乎实现了，人们获得了更好的生产、生活、教育、医疗与卫生条件，过上了先辈们不曾享受过的安逸生活。第二个目标在一段时期内似乎也实现了，盆地成为令人羡慕的"粮仓"。然而，好景不长，盆地在改革开放后再次沦为富蕴县最贫困的地区，仍然在追赶"先进"的道路上奋进。一个重要原因是在农业发展过程中，盆地陷入了经济与生态双重边缘化的泥潭中。人口增长和耕地的低产，迫使人们开垦更多的耕地，采用集约化的手段更多地利用资源，以保障人的生存和维持经济水平不下降。正如笔者已经阐明的，对资源的过度利用带来了盆地农田与山林生态系统的失衡，也就是出现了严重的生态环境边缘化的问题。生态的边缘化反过来又对人们的经济生活产生多种不利影响，自然灾害频发、农业歉收或停滞、牧业再次衰落说明经济上也出现了严重的边缘化。

边缘化的事实让我们反思一个重要问题，即获得"更多"是否就意味着发展？至少，从人类学的角度来看，答案是否定的。从资源与生态的角度来看，若是继续沿着农牧业集约化的道路行进，若是所有人都在盆地内求生存和发展，经济与生态的双重边缘化将不可逆转。萨林斯的观点颇具启发——实现丰裕有两条可行的路径。要么生产多些，要么需求少些，欲求便能"轻易满足"。[②] 对比定居农业与游牧两种资源利用方式，我们可以说前者以生产多些实现丰裕，后者以需求少些实现丰

[①] ［美］沃勒斯坦：《发展是指路明灯还是幻象》，载许宝强等《发展的幻象》，中央编译出版社2001年版，第12页。

[②] ［美］马歇尔·萨林斯：《石器时代经济学》，张经纬等译，生活·读书·新知三联书店2009年版，第2页。

裕。当然，当前的形势已经不容"走回头路"，而且也不具备现实条件。但是，游牧民通过草原资源有限度的利用方式、顺应自然的态度和恪守资源利用的禁忌来维系人与草原生态平衡的经验告诉我们：控制对资源的索取、重建资源利用的伦理规范和保持对自然的敬畏是实现"丰裕"的必然选择。这也意味着，以往盆地发展的路径及其隐藏的意识形态亟待调整。我们已经看到了这种趋势，如年轻人走出盆地、天然林保护、退耕还林等。事实表明，一旦对生态环境的"需求更少"就可以为改变生态与经济边缘化创造新的机遇。

  调适之路注定不会一帆风顺，因为总是有新的需求会打乱调适的步伐。为解决干旱、缺水对农牧业生产的限制，乡政府已经决定在吐尔洪水库的主要水源喀英布拉克再修建一个小型水库。这一计划做了精细的计算，按照目前盆地农牧业用水量来计算，新水库落成之日便是旱地变良田之时。村民满怀期待，但又心怀疑问。新增的蓄水真的能够流入我的地里吗？如前所述，近年来的干旱当然有自然的因素，但老板们"偷走"村民的水源无疑加剧了干旱的危害。另一个新的变化是盆地西南不到10公里的山中发现了铁矿，一家大型矿产企业已经着手开采铁矿，并拟沿着盆地西南山脚一侧修建一条拉运矿石的道路。在笔者最后一次调查时，该企业的先头部队已经在老派出所进驻。村民对矿山的感情比较复杂：一方面期待着矿山提供新的就业机会，道路的修建也将给盆地商业、服务业、农牧业带来新的机遇；另一方面矿产资源开发对资源和生态环境的破坏又显而易见。尽管地方政府承诺，矿山用水将不占用村民生产用水，并会科学规划矿山可能带来的生态问题，但富蕴县其他地区矿产资源开发引发的严重生态问题还是让村民忐忑不安。

  因此，一方面盆地已经走上经济与生态环境双重边缘化调适的正确道路，另一方面又出现了新的干扰因素。在两者的交锋中，盆地将走向何处？过去60多年的经验和教训告诉我们，草原社区的发展、资源与生态的关系具有复杂性和动态性，很多变化会超出规划者的预期，而且一些看似可行、美好的政策和蓝图可能会带来意想不到的经济、社会与生态的不良后果。即便在经济上取得了短期的辉煌成就，也终将是昙花一现。

附录

附录一　田野图片

吐尔洪河谷还有一些地方可以看到"绿色之绸"的影子（2012年7月）

盆地已经是一个人口稠密、农田遍布的社区（2013年1月与2013年8月）

两侧荒芜的群山和扩展至山脚的耕地（2012年8月与2013年5月）

群山深处的密林已然消失（2013年2月）

季节性山洪犹在，而河谷草场已经退化（2013年5月与2012年6月）

附 录

水库无水，河道干涸（2013年8月）

牧业与农业仍然是人们最重要的生计方式（2011年7月与2013年5月）

集约化之路仍在继续（2013年5月）

341

附录二 主要报道人信息

序号	姓名	民族	年龄	所属乡镇（单位）与职业
1	姜万里	汉	52	富蕴县草原站干部
2	叶博提	哈	43	富蕴县草原监理所干部
3	阿勒腾别克	哈	32	富蕴县吐尔洪乡中学教师
4	叶尔江	哈	29	富蕴县草原监理所巡检员
5	杨某	汉	47	富蕴县农业局干部
6	玛吉拉	哈	75	吐尔洪乡中学退休教师
7	刘坤兵	汉	67	吐尔洪乡门市老板
8	穆塔黑	哈	66	吐尔洪乡达尔肯村村民
9	阿玛力亚提	哈	44	吐尔洪乡干部（主管农业）
10	萨比	哈	64	吐尔洪乡中学退休干部
11	托克尼	哈	83	吐尔洪乡吐尔洪村村民
12	扎热木汗	哈	62	吐尔洪乡阔孜克村村民（老兽医）
13	王如湖	汉	71	吐尔洪乡塔斯托别村村民
14	马诚亮	回	66	吐尔洪乡喀拉奥依村村民
15	郑素美	汉	73	原吐尔洪乡干部，富蕴县干部
16	乌克西	哈	72	吐尔洪乡阔孜克村老干部，村民
17	宰勒恩	哈	86	吐尔洪乡阔孜克村村民
18	徐天明	汉	67	吐尔洪乡喀拉奥依村村民
19	老沈	汉	70	吐尔洪乡喀拉奥依村村民
20	王百万	汉	54	吐尔洪乡门市老板
21	托勒翁	哈	48	吐尔洪乡阔孜克村村民，木匠
22	戴雪芬	汉	54	吐尔洪乡原计生干部

续表

序号	姓名	民族	年龄	所属乡镇（单位）与职业
23	陈淑娟	汉	76	富蕴县县医院退休妇产科医生
24	库丽帕西	哈	69	吐尔洪乡阔孜克村村民
25	艾达海	哈	73	吐尔洪乡阔孜克村村民
26	祖拉依木	哈	71	吐尔洪乡阔孜克村村民
27	安贴克	哈	81	吐尔洪乡阔孜克村村民
28	胡李牧	哈	76	吐尔洪乡阔孜克村村民
29	加肯	哈	64	吐尔洪乡退休干部，阔孜克村村民
30	杰恩斯古丽	哈	45	吐尔洪乡阔孜克村村民
31	沃热斯拜	哈	69	富蕴县恰库尔图镇老医生
32	赛比拉	哈	68	吐尔洪乡达尔肯村老接生婆
33	马海	哈	53	吐尔洪乡阔孜克村村民，代牧人
34	然阿由恩	哈	49	吐尔洪乡达尔肯村
35	艾善	维	80	吐尔洪乡阔孜克村村民
36	贝勒海	哈	69	吐尔洪乡阔孜克村村民，原机耕队干部
37	达乃	哈	69	吐尔洪乡牧业一队牧民
38	古拉普	哈	55	大桥林场退休职工
39	李某	汉	51	大桥林场干部
40	娜克拉	哈	66	吐尔洪乡阔孜克村村民
41	哈热雅	哈	73	吐尔洪乡吉格里拜村村民
42	朱麦海	哈	54	吐尔洪乡吉格里拜村村民，阿肯（诗人）
43	沙玛	哈	32	吐尔洪乡阔孜克村村民
44	额斯别克	哈	61	吐尔洪乡牧业二队村民
45	沃扎	哈	44	吐尔洪乡阔孜克村村民
46	易米提	维	62	吐尔洪乡阔孜克村村民
47	巴黑海	哈	52	吐尔洪乡阔孜克村村民
48	叶博提	哈	35	吐尔洪乡阔孜克村村民（包地人）
49	胡鲁台	哈	54	吐尔洪乡阔孜克村村民
50	白提哈	哈	63	吐尔洪乡阔孜克村村民
51	喀特兰	哈	76	吐尔洪乡吐尔洪村村民
52	刘某	汉	59	吐尔洪乡水管站工作人员

续表

序号	姓名	民族	年龄	所属乡镇（单位）与职业
53	易河山	哈	60	吐尔洪乡达尔肯村老干部
54	阿合马丹	哈	75	吐尔洪乡阔孜克村村民（牧马人）
55	克列尔汗	哈	75	吐尔洪乡拜依格托别村村民
56	喀拉海	哈	56	吐尔洪乡阔孜克村村民，老赤脚医生
57	吴某	汉	73	吐尔洪乡塔斯托别村村民
58	马英	东乡	75	吐尔洪乡喀拉奥依村村民
59	单某	汉	41	奇台县到吐尔洪乡的包地老板
60	黄胜利	汉	60	吐尔洪乡最早的门市老板
61	刘红萍	汉	37	吐尔洪乡门市老板
62	马国护	回	41	吐尔洪乡喀拉奥依村阿訇
63	马伟祥	回	47	吐尔洪乡喀拉奥依村阿訇
64	张尹柏	汉	45	吐尔洪乡门市老板、宾馆老板
65	赵万良	回	77	吐尔洪乡喀拉奥依村村民，商人
66	哈攀	哈	80	吐尔洪乡阔孜克村村民
67	纳比	哈	93	吐尔洪乡阔孜克村村民
68	别克波拉提	哈	29	吐尔洪乡阔孜克村村民
69	赛力克	哈	41	吐尔洪乡阔孜克村村民

注：访谈多在2011年6月—2013年5月中的10个多月内完成。表中只是列举了部分主要的报道人，实际上还有更多的报道人未列入，在此对田野中访谈的个人给予感谢。

附录三 中英译名对照

译名	英文名	译名	英文名
哈扎诺夫	Anatoly M. Khazanov	埃文斯．普理查德	Evans-Pritchard
弗雷德里克·巴特	Fredrik Barth	菲利普·C. 萨尔兹曼	Philip C. Salzman
拉达·D. 哈德森	Rada Dyson-Hudson	内维尔·D. 哈德森	Neville Dyson-Hudson
艾纽特·弗拉琴	Elliot Fratkin	约翰·乌鲁斯	Unruh, John D.
朱利奥·帕斯提戈	Julio C. Postigo	克雷赛尔	Gideon Kressel
阿尔弗雷德·汉德森	Alfred E. Hudson	劳伦斯·克劳德	Lawrence Krader
托马斯·巴菲尔德	Tomas J. Bardield	琳达·班森	Linda Benson
英格瓦·斯文凯	Ingvar Svanberg	凯瑟琳·高尔文	Kathleen A. Galvin
凯若琳·汉弗瑞	Caroline Humphrey	戴维·史尼斯	David Sneath
克利福德·格尔茨	Clifford Geertz	理查德·斯曼斯科	Richard Symanski
琳达·斯怀德	Ninda Swilder	阿文隆·梅尔	Avinoam Meir
里卡多·F. 纽波特	Ricardo F. Neupert	保罗·里特尔	Paul E. Little
奥尔诺夫	Benjamin S. Orlove	马文·哈里斯	Marvin Harris
朱利安·斯图尔德	Julian Steward	莱斯利·怀特	Leslie A. White
罗伊·拉帕波特	Roy Rappaport	安德鲁·维达	Andrew Vayda
罗伯特·莱顿	Robert Layton	托马斯·埃里克森	Thomas Hylland Eriksen
保罗·罗宾斯	Paul Robbins	托马斯·巴西特	Thomas J. Basset
丽莎·格扎盎	Lisa L. Gezon	奈杰尔·拉波特	Nigel Rapport
乔安娜·奥弗林	Joanna Ovezring	贾斯丁·雅各布	Justin Jacobs
马歇尔·萨林斯	Marshall Sahlins	曼德斯切德	A. Manderscheid
欧内斯特·舒斯基	Schusky, Ernest L.	G. W. 柯克斯	George W. Cox
M. D. 阿特金斯	Micgaek D. Atjins	拉铁摩尔	Owen Lattimore

续表

译名	英文名	译名	英文名
弗吉尼亚·纳扎瑞	Virginia D. Nazarea	罗伊·艾伦	Roy F. Ellen
乔纳森·弗里德曼	Jonathan Friedman	凯·米尔顿	Kay Milton
玛格丽特·米德	Margaret Mead	詹姆斯·弗雷泽	James George Frazer
维克多·特纳	Victor Witter Turner	盖内特·哈丁	Garret Hardin
托马斯·马尔萨斯	Thomas Robert Malthus	邦妮·纳迪	Bonnie Anna Nardi
玛丽·道格拉斯	Mary Douglas	哈维兰	William A. Haviland
罗伯特·瑞德菲尔德	Robert Redfield	布雷恩·斯普纳	Brain Sponner
乌戈·法比特	Ugo Fabietti	密尔顿·戈登	Milton M. Gordon
戴维·波普诺	David Popenoe	彼得·布劳	Peter Michael Blau
沃勒斯坦	Immanuel Wallerstein	理查德·谢弗	Richard T. Schaefer

参考文献

一 中文专编著

[1] 阿勒泰地区地方志编纂委员会：《阿勒泰地区志》，新疆人民出版社2004年版。

[2] 安俭：《中国游牧民部落制度研究》，甘肃人民出版社2005年版。

[3] 陈孔立：《清代台湾移民社会研究》（增订本），九州出版社2003年版。

[4] 崔明昆：《民族生态学理论方法与个案研究》，知识产权出版社2014年版。

[5] 东乡族自治县地方史志编纂委员会：《东乡族自治县志》，甘肃文化出版社1996年版。

[6] 杜荣坤、何星亮、吴宏伟：《中国少数民族现状与发展调查研究丛书：富蕴县哈萨克族卷》，民族出版社2001年版。

[7] 费孝通：《乡土中国·生育制度》，北京大学出版社1998年版。

[8] 《费孝通文集》（五），群言出版社1999年版。

[9] 《费孝通文集》（第十一卷），群言出版社1999年版。

[10] 《费孝通民族研究文集新编·下卷（1985—2003）》，中央民族大学出版社2006年版。

[11] 富蕴县史志编纂委员会：《富蕴县志》，新疆人民出版社2003年版。

[12] 顾宝昌：《社会人口学的视野：西方社会人口学》，商务印书馆1992年版。

[13] 葛剑雄、吴松弟：《简明中国移民史》，福建人民出版社1993

年版。
[14] 国家民委《民族问题五种丛书》编辑委员会甘肃省编辑组：《裕固族东乡族保安族社会历史调查》，甘肃民族出版社1987年版。
[15] 《哈萨克族简史》编写组：《哈萨克族简史》，新疆人民出版社1987年版。
[16] 黄中祥：《哈萨克词汇与文化》，中国社会科学出版社2005年版。
[17] 李晓霞：《新疆民族混合家庭研究》，社会科学文献出版社2011年版。
[18] 李银河：《生育与村落文化》，内蒙古大学出版社2009年版。
[19] 梁达新：《新疆维吾尔自治区的畜牧业》，畜牧兽医图书出版社1958年版。
[20] 刘书润：《这里的草原静悄悄：刘书润解说草原生态和文化》，知识产权出版社2012年版。
[21] 吕红平、张呈琮、陆杰华、和云：《中国少数民族地区人口状况研究》，中国社会科学出版社2010年版。
[22] 马戎：《西方民族社会学的理论与方法》，天津人民出版社1997年版。
[23] 马戎：《民族社会学——社会学的族群关系研究》，北京大学出版社2004年版。
[24] 宁夏回族自治区政协文史资料委员会：《西北回族与伊斯兰教》，宁夏人民出版社1994年版。
[25] 努尔别克·阿布肯：《哈汉辞典》，民族出版社2005年版。
[26] 潘乃谷、马戎：《社区研究与社会发展》（中），天津人民出版社1996年版。
[27] 蒲开夫、朱一凡、李行力：《新疆百科知识辞典》，陕西人民出版社2006年版。
[28] 苏北海：《哈萨克族文化史》，新疆大学出版社1989年版。
[29] 田雪原：《中国民族人口》（第1集），中国人口出版社2001年版。
[30] 田雪原：《中国民族人口》（第4集），中国人口出版社2005年版。

[31] 王明珂:《游牧者的抉择——面对汉帝国的北亚游牧部族》,广西师范大学出版社2008年版。

[32] 王明珂:《父亲那场永不停息的战争》,浙江人民出版社2013年版。

[33] 王晓毅、张倩、荀丽丽:《非平衡、共有和地方性——草原管理的新思考》,中国社会科学出版社2010年版。

[34] 王晓毅、张倩、荀丽丽:《气候变化与社会适应:基于内蒙古草原牧区的研究》,社会科学文献出版社2014年版。

[35] 王建革:《农牧生态与传统蒙古社会》,山东人民出版社2006年版。

[36] 王仁:《新疆阿尔泰山脉野生植物图谱》,新疆科学技术出版社2011年版。

[37] 谢立中:《结构—制度分析,还是过程—事件分析》,社会科学文献出版社2010年版。

[38] 谢晓钟:《新疆游记》,中国国际广播出版社2016年版。

[39] 新疆八一农学院:《新疆植物检索表》(第一册),新疆人民出版社1982年版。

[40] 新疆八一农学院:《新疆植物检索表》(第二册),新疆人民出版社1983年版。

[41] 新疆八一农学院:《新疆植物检索表》(第三册),新疆人民出版社1983年版。

[42]《新疆哈萨克族迁徙史》编写组:《新疆哈萨克族迁徙史》,新疆大学出版社1993年版。

[43]《新疆减灾四十年》编委会:《新疆减灾四十年》,地震出版社1993年版。

[44]《新疆牧区社会》编写组:《新疆牧区社会》,农村读物出版社1988年版。

[45] 新疆社会科学院历史研究所:《新疆简史》(第三册),新疆人民出版社1987年版。

[46] 许宝强、旺晖:《发展的幻象》,中央编译出版社2001年版。

[47] 薛宗正:《汉族》,新疆美术摄影出版社1996年版。

[48] 荀丽丽：《"失序"的自然：一个草原社区的生态、权力与道德》，社会科学文献出版社2013年版。

[49] 银帆：《哈萨克族民间故事选》，上海文艺出版社1986年版。

[50] 尹绍亭：《人与森林——生态人类学视野中的刀耕火种》，云南教育出版社2003年版。

[51] 杨国荣：《生活世界与思想世界》，华东师范大学出版社2011年版。

[52] 杨利普：《新疆维吾尔自治区地理》，新疆人民出版社1987年版。

[53] 杨善华：《家庭社会学》，高等教育出版社2006年版。

[54] 杨庭硕、田红：《本土生态知识引论》，民族出版社2010年版。

[55] 杨廷瑞：《哈萨克族游牧区阿乌尔》，新疆人民出版社1959年版。

[56] 札奇斯钦：《蒙古文化与社会》，（台湾）商务印书馆1992年版。

[57] 张倩：《游牧社会的转型与现代性（蒙古卷）》，中国社会科学出版社2013年版。

[58] 张善余：《中国人口地理》，科学出版社2003年版。

[59] 张天路：《民族人口学》，中国人口出版社1998年版。

[60] 张天路、宋传升、马正亮：《中国穆斯林人口》，宁夏人民出版社1991年版。

[61] 郑卫东：《村落社会变迁与生育文化——山东东村调查》，上海人民出版社2007年版。

[62] 曾少聪：《漂泊与根植：当代东南亚华人族群关系研究》，中国社会科学出版社2004年版。

[63] 中国人口学会、甘肃省人口学会：《全国少数民族人口论文资料选编》，甘肃人民出版社1982年版。

[64] 中国社会科学院语言研究所词典编辑室：《现代汉语词典》（第五版），商务印书馆2005年版。

[65] "中央研究院"近代史研究所：《中俄关系史料·外蒙·中华民国六年至八年》，（台湾）"中央研究院"近代史研究所1959年版。

[66] 周崇经：《中国人口（新疆分册）》，中国财政经济出版社1990年版。

[67] 周星、王铭铭：《社会文化人类学讲演集》（下），天津人民出版社1996年版。

[68] 周亚成、阿依登、王景起：《哈萨克族定居村落：胡阿根村社会调查周志》，新疆人民出版社2009年版。

二 中文译著

[1] [英] 艾伦·巴纳德：《人类学历史与理论》（修订版），王建民等译，华夏出版社2008年版。

[2] [英] 埃文斯·普理查德：《努尔人——对尼罗河畔一个人群的生活方式和政治制度的描述》，褚建芳等译，华夏出版社2002年版。

[3] [俄] 巴透尔德：《七河史》，赵俪生译，中国国际广播出版社2013年版。

[4] [美] 彼得·布劳：《不平等与异质性》，王春光、谢圣赞译，中国社会科学出版社1991年版。

[5] [澳] Colin G. Brown、Scott A. Waldron、John W. Longworth：《中国西部草原可持续发展研究：管理牧区人口、草场和牲畜系统》，赵玉田、王欧主译，中国农业出版社2009年版。

[6] [美] 戴维·波普诺：《社会学》（第十版），李强等译，中国人民大学出版社1999年版。

[7] [美] 当·查提、绰伊·斯特恩博格：《现代游牧民及其保留地：老问题，新挑战》，知识产权出版社2012年版。

[8] [美] G. W. 柯克斯、M. D. 阿特金斯：《农业生态学》，王在德译，农业出版社1987年版。

[9] [英] 凯·米尔顿：《环境决定论与文化理论：对环境话语中的人类学角色的探讨》，袁同凯、周建新译，民族出版社2007年版。

[10] [美] 克利福德·格尔茨：《追寻事实：两个国家、四个十年、一位人类学家》，林经纬译，北京大学出版社2011年版。

[11] [美] 拉铁摩尔：《中国的亚洲内陆边疆》，唐晓峰译，江苏人民出版社2010年版。

[12] [美] 理查德·谢弗：《社会学与生活》（插图修订第9版），刘鹤群、房智慧译，世界图书出版公司2013年版。

[13]［美］刘易斯·A. 科瑟:《社会学思想名家——历史背景和社会背景下的思想》,石人译,中国社会科学出版社1990年版。

[14]［英］罗伯特·莱顿:《他者的眼光:人类学理论导论》(修订版),罗攀、苏敏译,华夏出版社2008年版。

[15]［美］罗伯特·瑞德菲尔德:《农民社会与文化:人类学对文明的一种诠释》,王莹译,中国社会科学出版社2013年版。

[16]［美］玛格丽特·米德:《代沟》,曾胡译,光明日报出版社1988年版。

[17]［美］马文·哈里斯:《母牛·猪·战争·妖巫——人类文化之谜》,王艺、李红雨译,上海文艺出版社1990年版。

[18]［美］马歇尔·萨林斯:《石器时代的经济学》,张经纬、郑少雄、张帆译,生活·读书·新知三联书店2009年版。

[19]［英］奈杰尔·拉波特、乔安娜·奥弗林:《社会文化人类学的关键概念》(第二版),鲍雯妍、张亚辉译,华夏出版社2009年版。

[20]［美］欧内斯特·舒斯基:《农业与文化:传统农业体系与现代农业体系的生态学》,李维生等译,山东大学出版社1991年版。

[21]［美］乔纳森·弗里德曼:《文化认同与全球性过程》,郭建如译,商务印书馆2003年版。

[22]［以色列］裘德·马特拉斯:《人口社会学导论》,方时壮、汪念郴译,中山大学出版社1988年版。

[23]［美］史徒华:《文化变迁的理论》,张恭启译,(台湾)远流出版事业股份有限公司1989年版。

[24]［英］托马斯·马尔萨斯:《人口原理》,陈小白译,华夏出版社2012年版。

[25]［英］维克多·特纳:《象征之林:恩登布人仪式散论》,赵玉燕、欧阳敏、徐洪峰译,商务印书馆2006年版。

[26]［美］威廉·A. 哈维兰:《文化人类学》(第十版),瞿铁鹏、张钰译,上海社会科学院出版社2006年版。

[27]［美］阎云翔:《礼物的流动:一个中国村庄的互惠规则与社会网络》,李放春、刘瑜译,上海人民出版社2000年版。

[28]［美］阎云翔:《私人生活的变革:一个中国村庄里的爱情、家庭

与亲密关系（1949—1999）》，龚小夏译，上海书店 2006 年版。

[29]［英］尹懋可：《大象的退却：一部中国环境史》，梅雪琴、毛利霞、王玉山译，江苏人民出版社 2014 年版。

[30]［英］詹姆斯·弗雷泽：《金枝》（上），赵昀译，陕西师范大学出版社 2010 年版。

[31]［日］佐口透：《新疆民族史研究》，章莹译，新疆人民出版社 1993 年版。

三 中文论文

[1] 艾丽曼：《哈萨克族的通婚范围初探》，《新疆社会经济》1991 年第 4 期。

[2] 白剑光：《晚清阿尔泰边防研究》，博士学位论文，河北师范大学，2009 年。

[3] 陈文祥：《1950 年后东乡族移居新疆原因探析》，《新疆大学学报》2005 年第 5 期。

[4] 陈文祥：《新疆东乡族文化变迁研究——以老城村及其他三个村为个案》，博士学位论文，兰州大学，2007 年。

[5] 陈祥军：《游牧知识与草原生态——以阿勒泰富蕴县哈萨克游牧民为例》，博士学位论文，中山大学，2010 年。

[6] 崔延虎：《亚洲北部草原地区牧业人口自然观与环境态度的调查与分析》，载新疆师范大学文化人类学研究所《文化人类学辑刊》（第 1 辑），新疆人民出版社 1994 年版。

[7] 崔延虎：《穿越城镇游牧：都市化进程与牧道的窘境》，《中国都市人类学通讯》（内刊）2001 年第 3—4 期。

[8] 崔延虎：《游牧民定居的再社会化问题》，《新疆师范大学学报》2002 年第 4 期。

[9] 崔延虎：《权力、权利与利益如何在资源开发中实现平衡——从阿尔泰山区看我国牧区落实科学发展观过程中亟须解决的问题》，《中国民族报》2011 年 2 月 4 日第 5 版。

[10] 丁元竹：《社会流动人口的新特点及其成因》，《内部文稿》1998 年第 21 期。

[11] 樊自立、宋郁东、木沙：《新疆阿勒泰地区自然资源保护问题》，《资源科学》1983年第2期。

[12] 韩昭庆：《美国生态人类学研究述略》，《原生态民族文化学刊》2012年第1期。

[13] 胡火金：《"尚中"观与中国传统农业的生态选择》，《南京农业大学学报》2002年第2期。

[14] 贾丛江：《关于汉唐时期汉文文献所录阿尔泰山游牧人活动情况的几个问题》，《新疆文物》（内刊）2011年第1期。

[15] 贾合甫·米扎尔汗：《新疆哈萨克族传统社会经济和社会生产》，《新疆社会经济》1999年第2期。

[16] 贾合甫·米扎尔汗：《哈萨克族的草原物质文化》，《新疆社会经济》2000年第1期。

[17] 贾忠科：《哈萨克族人口素质分析》，《中央民族学院学报》1983年第2期。

[18] 靳薇：《新疆维汉民族关系的社会学研究》，《西北民族研究》2001年第4期。

[19] 莱再提·克里木别克：《新疆哈萨克族阿肯弹唱的形式、内容和保护》，《新疆艺术学院学报》2007年第4期。

[20] 李飞龙：《改革开放以前中国农村社会的人口流动（1949—1978）——基于国家和社会的视角分析》，《天府新论》2011年第2期。

[21] 李洁、徐黎丽：《试论1949年以后新疆汉族移民的类型与功效》，《北方民族大学学报》2009年第2期。

[22] 李明欢：《20世纪西方国际移民理论》，《厦门大学学报》2000年第4期。

[23] 李晓霞：《新疆游牧民定居政策的演变》，《新疆师范大学学报》2002年第4期。

[24] 李晓霞：《论新疆汉族地方文化的形成及其特征》，《民族研究》1998年第3期。

[25] 李永祥：《灾害的人类学研究评述》，《民族研究》2010年第3期。

[26] 林丽娥:《中国农耕文明与农耕文化之探讨》,(台湾)《中华学苑》1985年第31期。

[27] 刘鑫渝:《土地制度变迁视野下的哈萨克牧区社会——以新疆新源县为例》,博士学位论文,吉林大学,2011年。

[28] 刘志扬:《居住空间的文化建构:白马藏族房屋变迁的个案研究》,《民族研究》2011年第3期。

[29] 罗意:《人类学农牧关系的研究范式及其转变》,《西南民族大学学报》2012年第11期。

[30] 罗意:《"游牧—定居"连续统:一种游牧社会变迁的人类学研究范式》,《青海民族研究》2014年第1期。

[31] 罗致平、白翠琴:《哈萨克法初探》,《民族研究》1988年第6期。

[32] 路慧琴、侯建华、于慧琼、王兰婷:《富蕴县哈萨克族0—4岁儿童死因分析》,《中国公共卫生》1995年第10期。

[33] 孟楠:《哈萨克三玉兹考略》,《新疆大学学报》2003年第1期。

[34] 马戎:《族群关系变迁影响因素的分析(民族社会学连载之二)》,《西北民族研究》2003年第4期。

[35] 马戎:《内蒙古草原牧区的蒙汉关系演变及影响因素——以锡盟东乌旗一个牧业社区为个案》,《西北民族研究》2009年第4期。

[36] 倪华德、苏北海:《哈萨克族的印记口号研究》,《民族研究》1982年第4期。

[37] 聂爱文:《牧民定居及其牧民未来发展——以雀儿沟镇为例》,《青海民族研究》2007年第1期。

[38] 聂爱文:《哈萨克族禁忌的人类学解读》,《西域研究》2002年第3期。

[39] 聂爱文:《定居、牧民生活以及适应策略——以雀儿沟镇哈萨克族为例》,《内蒙古社会科学》2009年第5期。

[40] 聂爱文:《食物、信仰及游牧知识体系——新疆哈萨克族餐桌上的羊》,《北方民族大学学报》2011年第6期。

[41] 孙立平、王汉生、王思斌、林杉、杨善华:《改革以来中国社会结构的变迁》,《中国社会科学》1994年第2期。

[42] 吴兴旺:《家庭生命周期与家庭经济周期性波动规律——一项以

少数民族相关材料为主的实证研究》，《民族研究》1999 年第 4 期。

[43] 王建革：《内蒙古草原传统的游牧生态及其在近代的变迁》，《中国经济史上的天人关系学术讨论会论文集》，中国农业大学出版社 1999 年版。

[44] 王欣：《当代新疆牧区社会文化的变迁——以哈萨克族牧区为中心》，《陕西师范大学学报》2009 年第 4 期。

[45] 王跃生：《家庭生命周期、夫妇生命历程与家庭结构变动——以河北农村调查数据为基础的分析》，《社会科学战线》2011 年第 6 期。

[46] [美] 谢丽·奥特纳：《20 世纪下半叶的欧美人类学理论》，何国强译，《青海民族研究》2010 年第 2 期。

[47] 杨廷瑞：《游牧业的四要素》，《新疆社会经济》1995 年第 2 期。

[48] 杨政、原新、童玉芬：《新疆人口省际迁移研究》，《新疆大学学报》1995 年第 2 期。

[49] 叶尔森：《哈萨克族毡房建筑空间解析》，硕士学位论文，天津大学，2009 年。

[50] 永寿：《新疆哈萨克人之生活风习》，《边事研究》1937 年第 6 期。

[51] 袁复礼：《新疆之哈萨克民族》，《禹贡》1937 年第 1—3 期。

[52] 张国荣：《缺能山区不同树草种、畜粪和秸秆的燃烧值比较》，《宁夏农林科技》1990 年第 6 期。

[53] 张倩：《牧民应对气候变化的社会脆弱性——以内蒙古荒漠草原的一个嘎查为例》，《社会学研究》2011 年第 6 期。

[54] 郑刚、任强：《新疆哈萨克族人口现状分析》，《新疆大学学报》1992 年第 3 期。

[55] 中山大学历史人类学研究中心：《东阿尔泰山的古代文化遗存》，《新疆文物》（内刊）2010 年第 1 期。

[56] 周东郊：《新疆阿山区概况》，《新疆论业》1940 年创刊号。

[57] 周东郊：《新疆的哈萨克人（上）》，《边政公论》1947 年第六卷第三期。

[58] 周东郊：《新疆的哈萨克人（下）》，《边政公论》1947 年第六卷

第四期。

[59] 周东郊:《新疆阿山东部之哈萨克》,《西北论坛》1947 年创刊号。

[60] 周飞舟:《"三年自然灾害"时期我国省级政府对灾荒的反应和救助研究》,《社会学研究》2003 年第 2 期。

[61] 周亚成:《哈萨克族妇女生育习俗调查》,《西北民族研究》1996 年第 2 期。

[62] 周亚成:《哈萨克族游牧生产习俗的变迁与经济发展》,《民族研究》2000 年第 3 期。

[63] 周亚成、王景起:《哈萨克族定居前后文化生活比较研究——以阿什里哈萨克民族乡胡阿根村为例》,《西北民族研究》2005 年第 4 期。

[64] 周亚成、阿依登:《哈萨克族经济转型中的贫富差距调查:以胡阿根村哈萨克族为例》,《中央民族大学学报》2005 年第 4 期。

[65] 周亚成:《哈萨克族牧民定居的文化心理变化与心理疏导》,《西北民族研究》2010 年第 1 期。

四 英文著作

[1] Alfred E. Hudson, *Kazak Social Structure*, Yale University Press, 1938.

[2] Anatoly M. Khazanov, *Nomads and the Outside World* (Second Edition), Translated by Julia Crookenden, The University of Wisconsin Press, 1994.

[3] Caroline Humphrey and David Sneath, *Culture and Environment in Inner Asia*, Cambridge: The White Horse Press, 1996.

[4] Caroline Humphrey and David Sneath, *The End of Nomadism? Society, State and the Environment in Inner Asia*, Duke University Press, Durham, 1999.

[5] Clliford Greetz, *Agricultural Involution: The Process of Ecological Changes in Indonesia*, Berkley and Los Angeles: University of California Press, 1963.

[6] Emilio F. Moran, *Human Adaptability: An Introduction to Ecological An-*

thropology (Second Edition), Westview Press, 2000.

[7] Fredrik Barth, *Nomads of South Persia: The Basseri Trible of the Khamseh Confederacy*, by Oslo University Press, 1961.

[8] Fredrik Barth, *Ethnic Groups and Boundaries: The Social Organization of Cultural Difference*, by Universitetsforlaget, Bergen, Oslo, 1969.

[9] Laurence Krader, *Social Organization of the Mongol – Turkic Pastoral Nomads*, The Hague: Mouton, 1963.

[10] Linda Benson and Ingvar Svanberg, *The Kazaks of China: Essays on an Ethnic Minority*, Sweden: Ekblads, Västervik, 1988.

[11] Linda Benson and Ingvar Svanberg, *China's Last Nomads: The History and Culture of China's Kazaks*, Armonk, NY, and London: M. E. Sharpe, 1998.

[12] Nora Haenn and Richard Wilk, *The Environment in Anthropology: A Reader in Ecology, Culture and Sustainable Living*, New York University Press, 2006.

[13] Paul Robbins, *Political Ecology: Critical Introductions Geography*, Blackwell Publishing, 2004.

[14] Roy A. Rappaport, *Pigs for the Ancestors: Ritual in the Ecology of a New Guinea People*, Yale University Press, New Haven and London, 1977.

[15] Roy A. Rappaport, *Ecology, Meaning and Religion*, Published by North Atlantic Books, 1979.

五 英文论文

[1] Andrew P. Vayda and Bonnie J. Mc. Cay, "New Dirctions in Ecology and Ecological Anthropology", *Annua Reviews of Anthropology*, Vol. 4, 1975.

[2] Andrew P. Vayda, "Explaining Why Marings Fought", *Journal of Anthropological Research*, Vol. 45, No. 2, Summer, 1989.

[3] A. Manderscheid, "Decline and Re-emergence of Nomadism: Tibetan Pastoralists Revive a Nomadic Way of Life and Production", *Geojounal*,

Vol. 53, 2001.

[4] Arun Agrawal, "Sustainable Governce of Common-pool Resources: Context, Methods, and Politics", *Annual Revies of Anthropology*, Vol. 32, 2003.

[5] Astrid Cerny, "In Search of Greener Pastures: Sustainable Development For Kazak Pastoralists in Xinjiang, China", *Dissertation, University of Washington*, 2008.

[6] Avinoam Meir, "Demographic Transition Theory: A Neglected Aspect of the Nomadism-Sedentarism Continuum", *Transactions of the Institute of British Geographers*, New Series, Vol. 11, No. 2, 1986.

[7] Avinoam Meir, "Comparative Vital Statistics Along the Pastoral Nomadism-Sedentarism Continuum", *Human Ecology*, No. 1, 1987.

[8] Benjamin S. Orlove, "Ecological Anthropology", *Annual Review of Anthropology*, Vol. 9, 1980.

[9] Bonnie Anna Nardi, "Modes of Explanation in Anthropological Population Theory: Biological Determinism vs. Self Regulation in Studies of Population Growth in Third World Countries", *American Anthropologist*, New Series, Vol. 83, No. 1, Mar., 1981.

[10] Brain Spooner, "Politics, Kinship, and Ecology in Southeast Persia", *Ethnology*, Vol. 8, No. 8, 1969.

[11] David G. Anderson, "The End of Nomadism? Society, State and the Environment in Inner Asia (review)", *Anthropological Quarterly*, Vol. 75, No. 1, Winter, 2002.

[12] Don Bedunah and Richard Harris, "Observation on Changes in Kazak Pastoral Use in Township in Western China: A Loss of Traditions", *Nomadic Peoples*, Vol. 9, 2005.

[13] Eric Alden Smith and Mark Wishnie, "Conservation and Subsistence in Small-Scale Societies", *Annual Review of Anthropology*, Vol. 29, 2000.

[14] E. Fratkin, E. A. Roth, "Drought and Economic Differentiation Among Ariaal Pastoralists of Kenya", *Human Ecology*, Vol. 18, No. 4, 1992.

[15] Elliot Fratkin, "Pastoralism: Governance and Development Issues", *Annual Review of Anthropology*, Vol. 26, 1997.

[16] Elliot Fratkin, Eric Abella Roth, and Martha A. Nathan, "Pastoral Sedentarization and Its Effects on Children's Diet, Health, and Growth Among Rendille of Northern Kenya", *Human Ecology*, Vol. 32, No. 5, October, 2004.

[17] Gideon Kressel, "The Transformation of Nomadic Society in the Arab East", *American Anthropologist*, Vol. 105, No. 4, 2003.

[18] Fredrik Barth, "Ecological Relationship of Ethnic Groups in Swat, North Pakistan", *American Anthropologist*, Vol. 58, No. 6, 1956.

[19] Fredrik Barth, "On the Study of Social Change", *American Anthropologist*, New Series, Vol. 69, No. 6, Dec., 1967.

[20] Garrett Hardin, "The Tragedy of the Commons", *Science*, Vol. 162, 1968.

[21] Jianchu Xu, Yong Yang, Zhuoqing Li, Nyima Tashi, Rita Sharma, and Jing Fang, "Understanding Land Use, Livelihoods, and Health Transitionsamong Tibetan Nomads: A Case from Gangga Township, Dingri County, Tibetan Autonomous Region of China", *EcoHealth*, Vol. 5, 2008.

[22] Julio C. Postigo & Kenneth R. Young & Kelley A. Crews, "Change and Continuity in a Pastoralist Community in the High Peruvian Andes", *Human Ecology*, Vol. 36, 2008.

[23] Justin Jacobs, "The Many Deaths of a Kazak Unaligned: Osman Batur, Chinese Decolonization, and the Nationalization of a Nomad", *The American Historical Review*, Vol. 115, No. 5, December, 2010.

[24] Kathleen A. Galvin, "Transitions: Pastoralists Living with Change", *Annual Review of Anthropology*, Vol. 38, 2009.

[25] Lawrence Krader, "Ecology of Central Asian Pastoralism", *Southwestern Journal of Anthropology*, Vol. 11, No. 4, 1955.

[26] Lawrence Krader, "Principles and Structures in the Organization of the Asiatic Steppe-Pastoralists", *Southwestern Journal of Anthropology*,

Vol. 11, No. 2, 1955.

[27] Lisa L. *Gezon*, "of Shrimps and Spirit Possession: Toward a Political Ecology of Resource Management in Northern Madagascar", *American Anthropologist*, New Series, Vol. 101, No. 1, Mar., 1999.

[28] Mary Douglas, "Population Control in Primitive Groups", *The British Journal of Sociology*, Vol. 17, No. 3, 1966.

[29] Ninda Swilder, "The Political Context of Brahui Sedentarization", *Ethnology*, Vol. 12, No. 3, 1973.

[30] Philip C. Salzman, "Adaption and Political Organization in Iranian Baluchistan", *Ethnology*, Vol. 10, No. 4, 1971.

[31] Philip C. Salzman, "The study of 'complex society' in the Middle East: a Review Essay", *Int. J. Middle East Stud*, Vol. 9, 1978.

[32] Philip Car Salzman, "Continuity and Change in Baluchi Trible Leadership", *International Journal of Middle East Studies*, Vol. 4, No. 4, 1973.

[33] Paul E. Little, "Environments and Environmentalisms in Anthropological Research: Facing a New Millennium", *Annual Review of Anthropology*, Vol. 28, 1999.

[34] Rada Dyson-Hudson and Neville Dyson-Hudson, "Nomadic Pastoralism", *Annual Review of Anthropology*, Vol. 9, 1980.

[35] Raymond Hames, "The Ecologically Noble Savage Debate", *Annual Review of Anthropology*, Vol. 36, 2007.

[36] Ricardo F. Neupert, "Population, Nomadic Pastoralism and theEnvironment in the Mongolian Plateau", *Population and Environment: A Journal of Interdisciplinary Studies*, Vol. 20, No. 5, May, 1999.

[37] Richard Symanski, Ian R. Manners and R. J. Bromley, "The Mobile-Sedentary Continuum", *Annals of the Association of American Geographers*, Vol. 65, No. 3, 1975.

[38] Robert Mc. C. Netting, "Household Organization and Intensive Agriculture: The Kofyar Case", *Journal of the International African Institute*, Vol. 35, No. 4, Oct., 1965.

[39] Robert Mc. C. Netting, "Fighting, Forest, and the Fly: Some Demographic Regulators among the Kofyar", *Journal of Anthropological Research*, Vol. 29, No. 3, Autumn, 1973.

[40] Robert Mc. C., "Netting and John Caldwell, On Anthropology and Demography", *Current Anthropology*, Vol. 28, No. 2, Apr., 1987.

[41] Roy F. Ellen, "What Black Left Unsaid: On the Illusory Images of Green Primitivism", *Anthropology Today*, Vol. 2, No. 6, Dec., 1986.

[42] Thomas J. Basset, "The Political Ecology of Peasant-Herder Conflicts in the Northern Ivory Coast", *Annals of the Association of American Geographers*, Vol. 78, No. 3, 1988.

[43] Ugo Fabietti, "Power Relations in Southern Baluchistan: A Comparison of Three Ethnographic Cases", *Ethnology*, Vol. 31, No. 1, 1992.

[44] Unruh, John D., "The Relationship between Indigenous Pastoralist Resource Tenure and State Tenure in Somalia", *GeoJournal*, Vol. 36, No. 1, 1995.

[45] Yenhu Tsui, "Swinging between Nomadism and Sedentarism: A Case Study of Social and Environmental Change in Nomadic Society of Altay Stepples, Xinjiang", *Nomads People (Special Issue)*, *Ecological Narratives on Grassland in China: A People-Centred View*, Vol. 16, No. 1, 2012.

[46] Zukosky, M. L., "Grassland Policy and Politics in China's Altai Mountains", *Dissertation*, *Temple University*, 2006.

六 其他文献

[1] 崔延虎：《新疆北部草原地区可持续发展研究——草原社会、经济、文化、环境与可持续发展》（打印稿），2001年。

[2] 富蕴县党史研究室：《峥嵘岁月》（内部资料），2012年。

[3] 富蕴县地名委员会：《新疆维吾尔自治区富蕴县地名图志》（内部资料），1989年。

[4] 富蕴县农业区划办公室：《新疆维吾尔自治区富蕴县农业区划》（内部资料），1988年。

［5］富蕴县政协文史资料编辑委员会：《富蕴县政协文史资料》（内部资料），2008年。
［6］新疆富蕴县国土规划局：《新疆富蕴县矿产资源规划研究》（内部资料），2005年。
［7］新疆畜牧业经济研究会：《新疆畜牧业经济调查（1978—1982）上辑》（内部资料），1982年。
［8］中国科学院新疆综合考察队：《新疆综合考察报告（1956年）》（内部资料），科学出版社1957年版。

后　　记

　　2000年，当我在高考志愿一栏填写上"民族学"时，我对"民族学"一无所知，更不会想到有机会攻读人类学的博士学位。自小生活在汉人社会中，使我从未有"民族"意识。长期在云南、新疆这两个多民族地区求学、工作和生活使我逐渐具备了民族意识，也逐渐将民族学、人类学作为我的工作与事业。在此，我想向求学路中给予我各种帮助的师友、亲人表示内心诚挚的谢意。

　　首先我要感谢的是导师曾少聪教授。三载门下受教，曾老师对我的学习和生活给予了许多指导、支持和帮助。我从曾老师身上学到的不仅是思考问题、研究问题和分析问题的方法，还有勤勤恳恳、求真务实的工作和研究态度，更有待人处世的真诚、坦率和宽容。最让我难忘的是，曾老师学术视野相当开阔，不拘泥于某一问题与领域的研究，鼓励学生探索和创新。在老师的支持和鼓励下，我才有充分的时间、精力和信心从事新疆牧区社会的研究，并如期完成了博士论文。对于我来说，这是人生中最宝贵的一笔财富，我将倍加珍惜。在厦大求学期间，石奕龙、余光弘、郭志超、张先清、宋平、董兆辉、孔青山、邓晓华、林红等老师都曾给予我不同方式的指点和帮助，他们对待学问的认真态度，让我十分感动。

　　我的本科与硕士研究生阶段是在云南大学度过的，在这所学校里，我不仅幸运地找到了人生的伴侣，也有幸遇到了许多良师。云南省社科院的杨福泉研究员是我硕士阶段的导师，云南大学人类学系的尹绍亭教授对我的硕士论文给予了细心的指导。在云大求学期间，两位老师不仅悉心指导我的学业，将我带入到生态人类学领域，还为我在伍玛瑶人类学博物馆安排了兼职工作，并资助我完成了在中缅边境拉祜族地区的田野调查。对于我这个贫困的农家子弟而言，这无异于雪中送炭，使我永生难忘。

我也要感谢在新疆师范大学工作期间结识的诸多良师益友。社会文化人类学研究所的崔延虎教授不仅帮助我联系了新师大工作，也将我从云南的山地带入了新疆的草原。可以说，我选择做牧区社会的研究很大程度上是受到了他的影响和鼓励。每次田野归来，我总是占用他的办公室，并不厌其烦地向他请教。事实上，博士论文中的很多观点都是在与他反复的讨论中萌发的。民族学与社会学院的迪木拉提·奥迈尔教授既是我工作中的领导，也是我工作和学习中的师友，对我有知遇之恩。在读博期间，我有幸成为他主持的国家社科重大项目子项目的主持人。若是没有这笔项目经费，我的田野调查必将受到影响。不仅如此，他还为我在读博期间参加各种学术会议提供经费支持。我也曾多次就博士论文的主题向他请教，并从多次的交流中获益匪浅。此外，我也要感谢刘学堂、王平、刘湘晨、关丙胜等教授和老师，以及新疆社会科学院的李泽、李晓霞等研究员，他们也通过各种方式对我的田野调查和论文写作提供了支持与帮助。

在新疆富蕴县的田野调查中，当地相关部门的工作人员和村民给予我极大的支持，没有他们的支持和帮助就没有这篇博士论文。2010年当我首次进入田野时，富蕴县政府办的郭文、孙吉祥、江涛热诚接待了我，并为我联系档案馆、畜牧局、农业局等部门以查阅材料。几年的交往让我们成了开诚布公、真诚相待的朋友，以至于我已经记不清曾经在一起有过多少次把酒畅谈。原吐尔洪乡的老书记郑素美、原富蕴县草原监理所的叶尔博拉提、吐尔洪乡的书记张知政、吐尔洪乡的乡长木拉提别克等也在田野调查中为我提供了帮助，也成为我重要的访谈对象。

当然，也不能忘却的是那些可爱的村民。阔孜克村两任书记蒙力克、森别克和现任村长叶克本为我在该村的调查提供了一切可能的帮助。叶克本一家不仅为我提供住处，还为我联系访谈对象，并多次与我探讨研究的主题。在此，我也要特别感谢两位关键报道人喀特兰与贝勒海。我还记得2012年2月的一个夜晚，在恰库尔图低矮的房屋中与喀特兰见面的场景。老人尽管已年过七旬，但眼光仍犀利如锋，端坐在土炕上为我详解20世纪40年代吐尔洪的美景，仍然保持着"巴依"后人的尊严。我也记得 2012 年 8 月的一个夜晚，在阔孜克村与贝勒海老人畅聊一晚的场景。次日，老人将《吐尔洪人民的历史》的手稿交到我手上。两年来，我一直致力于翻译这本 20 万字的手稿。2014 年 9 月，手稿翻译完毕，交到了老人手中。

我也要感谢在田野中给予我帮助的学生们。凯萨尔、博拉提、阿莱、帕拉沙特、朱马等学生都曾在田野中担任翻译，也都曾对田野资料进行过翻译和整理。若是没有他们的工作，对我这个不具备哈萨克语说写能力的人来说，博士论文几乎是不可能完成的任务。

我还要感谢我的同门们，论文中的许多观点都是在与他们的切磋中形成的。此外，在厦门大学读书期间结识的朋友们也在平日的交流中"奉献"了他们的真知灼见，而和我一起爬山的兄弟则为我平日的生活增添了乐趣。

感谢中国社会科学出版社的姜阿平编辑，没有她的支持和帮助，此书尚难出版。

我特别想要感谢逝去的母亲。在我们三兄妹求学途中，母亲最为辛苦。我时常回忆起母亲清晨 5 点起床为我们准备早饭，晚上 11 点仍然为晚自习归来的我们准备晚饭的场景。我也时常自责，因为正是我们三兄妹求学的漫漫长路让母亲常年如一日地躬身耕地，劳其一身为我们筹集学费。在我即将工作之时，母亲因肺癌离世。希望这本博士论文能够告慰母亲的在天之灵。我也要感谢年老的父亲，是他用铁锤一锤一锤敲打石块将我们三兄妹送进了大学，改变了我们的命运。每次见到父亲，都感觉到岁月无情的痕迹，但父亲一句"不用你们操心，在外多注意"的朴实话语总是最能温暖我的心怀。我要感谢两位姐姐，她们不但多年来在经济上支持我，也在精神上支持我、鼓励我和温暖我。

我要感谢我的妻子、女儿、岳父和岳母。我和妻子相识于云南大学的公共课堂，十多年来她从未质疑我所追求的事业，总是默默地在背后支持着我，我非常爱她。2011 年，我们的女儿呱呱坠地。女儿已经成为我最重要的精神支柱。不管是一天工作后拖着疲惫的身体回到家中，也不管是满脸尘土地从田野归来，女儿的笑声、哭声总是能让我将疲惫、尘土、烦恼抛诸九霄。我特别要感谢岳父岳母，在我读博期间二老帮我抚育幼女、照顾家庭。没有他们的支持，我是无法安心完成学业的。

  我于2014年9月从厦门大学毕业，之后两年我仍坚持在阿勒泰从事田野工作，并对博士论文进行修改和完善。与博士论文相比，本书在文章结构上做了一些调整。一是在"导论"部分单独拿出一节阐述采用的理论，对过程生态人类学与政治生态学做了比较系统的梳理；二是增加了"顺应与控制"一章，将原来分散到各章涉及环境态度的部分抽出来单独成章，以揭示环境态度及其变迁的重要性；三是增加了"失衡与调适"一章，从原其他章节中将涉及生态后果与人群对生态后果适应的内容抽出来单独成章，增加了灾害及牧民应对灾害之策略等内容，旨在集中系统地呈现失衡与调适的过程。

罗　意

2016年11月20日于乌鲁木齐